Ullstein

ÜBER DAS BUCH:

Sie ist eine liebende, empfindsame Frau: Alexandra, Gattin des letzten russischen Zaren. In den Wirren des Ersten Weltkriegs schreibt sie Briefe an Nikolaus II. Es sind eindringliche Zeugnisse eines Zeitabschnitts, der sich dem Ende zuneigt – eine Herrscherdynastie hört auf zu existieren. Eine Frau, in mystischer Weise an den geheimnisumwitterten Rasputin gebunden, schreibt an ihren Mann. Staatsgeschäfte und intime Sehnsucht bilden die Spannungspole eines historisch einzigartigen Briefwechsels, der in dieser Vollständigkeit seit siebzig Jahren erstmalig wieder in deutscher Sprache vorliegt.
Die Briefe der letzten russischen Zarin werden durch ihr Tagebuch ergänzt, geschrieben 1917/18 auf der Odyssee der letzten Romanows, in den Verbannungsorten Tobolsk und Jekaterinburg, bis zur Ermordung in einer Sommernacht 1918.
Begleitet wird diese Briefdokumentation von essayistischen Anmerkungen der Herausgeber, die ein stimmiges Bild jener Zeit entwerfen, in der Alexandra ihre Briefe schrieb.

DIE HERAUSGEBER:

Hans-Dieter Schütt, geboren 1948, Theaterwissenschaftler und Journalist, lebt in Berlin. Er veröffentlichte Bücher u. a. über Reinhold Messner, Uta Ranke-Heinemann und Regine Hildebrandt.
Raymund Stolze, geboren 1945, ist Journalist und Lektor. Er lebt in Berlin.

Hans-Dieter Schütt
Raymund Stolze (Hrsg.)

ALEXANDRA – die letzte Zarin

Briefe und Tagebücher
1914–1918

Ullstein

Biographie
Ullstein Buch Nr. 35360
im Verlag Ullstein GmbH,
Frankfurt/M – Berlin

Originalausgabe
Mit 8 Seiten Abbildungen

Umschlagentwurf:
Jutta Schneider
Unter Verwendung eines Fotos des
Archivs für Kunst und Geschichte, Berlin
(Alexandra Feodorowna)
Alle Rechte vorbehalten
© 1994 by Ullstein Verlag GmbH,
Frankfurt/M – Berlin
Printed in Germany 1994
Gesamtherstellung:
Ebner Ulm
ISBN 3 548 35360 6

Januar 1994
Gedruckt auf alterungs-
beständigem Papier mit
chlorfrei gebleichtem Zellstoff

Die Deutsche Bibliothek – CIP-Einheitsaufnahme

Aleksandra < Rossija, Carica > :
Alexandra – die letzte Zarin: Briefe und
Tagebücher 1914–1918 / Hans-Dieter Schütt;
Raymund Stolze (Hrsg.). – Orig.-Ausg. –
Frankfurt/M; Berlin: Ullstein, 1994
(Ullstein-Buch; Nr. 35360: Biographie)
ISBN 3-548-35360-6
NE: Schütt, Hans-Dieter [Hrsg.]; GT

DER WAGEN DES LEBENS

... dann rollen wir im Abendschummer,
gewohnt an Stoß und Stein,
Zur Herberge in halbem Schlummer ...
Die Zeit haut auf die Pferde ein.

Alexander Puschkin

Jugendbildnis

Inhalt

Vorwort
9

Zum Tagebuch der gefangenen Zarin
27

Nachsätze
35

Die Dynastie
41

Briefe 1914
44

Briefe 1915
67

Briefe 1916
201

Das Tagebuch der gefangenen Zarin 1918
310

Zarin Alexandra mit ihrer jüngsten Tochter Anastasia (1901)

Vorwort

Hans-Dieter Schütt
Raymund Stolze

*». . . und Leben,
vergessen und verscharrt,
meldet sich zurück«*

Nicht Menschen sterben.
Welten hören auf.
Jewgeni Jewtuschenko

1.

Die letzte Zarin, ihre Briefe und Tagebücher. Eine Zeit ersteht, die längst vergangen schien – ehe der europäische Umbruch am Ende unseres Jahrhunderts zu unerwarteter Prüfung zwingt, was wirklich war, was wirklich ist, was wirklich bleibt. Weltbilder sind aus den Fugen geraten, »selbst die Gräber öffnen sich, und Leben, vergessen und verscharrt, meldet sich zurück« (Alexander Solschenizyn).

Bis in die achtziger Jahre hinein diente in der Sowjetunion wie im Osten Deutschlands die Erwähnung von Bürgerkriegsgegnern der Bolschewiki lediglich als Anlaß zu moralisch-politischen Urteilen, die Lenins Partei und den »real existierenden Sozialismus« in ein helleres Licht geschichtlicher Größe rücken sollten. Doch schon unter Gorbatschows Glasnost-Politik setzte ein neues Interesse an der Vergangenheit ein; gesucht wurde nach verborgener Wahrheit hinter unglaubwürdig gewordenen, ideologisch aufgerüsteten Klischees von siebzig Jahren Sowjetmacht.

Der klägliche Putsch vom August 1991, in dessen Folge wir mit der Aufbereitung der hier veröffentlichten Brief-Dokumente begannen, sowie das Ende des kommunistischen Systems haben diesen Prozeß historischer Wieder- und Neuentdeckungen wesentlich beschleunigt. Zum einen geht es gegenüber bisher nur verzerrt und tendenziös dargestellten Personen und Vorgängen um historische Gerechtigkeit im Sinne informeller Aufklärung (was kritische Bewertung ja keinesfalls ausschließt). Zum anderen wächst Interesse an Biographien, weil auch Bedürfnis nach neuer Identifikation und Orientierung nach Trost und Halt befriedigt werden will.

»Ach, so meinen wir, wir seien zugedeckt mit den trockenen Resten der Vergangenheit – könnten wir doch nur sehen, wieviel dicke und fruchtbare Triebe sich den Weg aus dem Einst in den alten Kulturboden bahnen, den man das Heute nennt...« (Milo Dor)

2.

Weiße Nächte. Mittsommerwende im Juni. Diese atemberaubende Schönheit. Das Sonnenlicht weicht erst gegen Mitternacht einer mystischen Dämmerung. In solcher Atmosphäre Zarskoje Selo sehen, das heutige Puschkin! Der gleichnamige Dichter war es, welcher der Sommerresidenz der Zarenfamilie, den Anlagen, Statuen, Bauten und Seen, rund fünfundzwanzig Kilometer südlich von Petersburg, die einfühlsamsten Gedichte gewidmet hat. Zarskoje Selo war breits die Lieblingsresidenz von Katharina der Großen. Pavillons und Erinnerungsmale schmücken den Park. In einem der Säle des Palais war von 1755 bis zum Zweiten Weltkrieg das legendäre Bernsteinzimmer untergebracht. Ach ja, Puschkin. »Er macht es mir so leicht, an die Wehmut des Todes zu denken, und seinetwillen würde ich mein Grab, wenn es denn eines Tages soweit sein wird, gern in Sankt Petersburg sehen.«

Schreibt Alexandra ahnungslos, 1913.

Sankt Petersburg. Petrograd. Leningrad. Und mit Beschluß vom 12. Juni 1991: wieder Sankt Petersburg. Eine Stadt kehrt zu sich selbst zurück. Und auch in den angebrochenen Zwischenzeiten des Herbstes 1992 sind in dieser Stadt so viele Städte enthalten: Es ist die Stadt Puschkins, die Stadt Dostojewskis, es ist die Stadt der Zaren, und irgendwie erinnern die Kolossalbauten am Moskauer Prospekt auch daran, daß dies eine Stadt Stalins war. Nur eine Stadt Lenins finden wir nicht. Die Denkmäler am Rande der Innenstadt hinterlassen nur die Erinnerung an eine herrisch-beschwörende Geste. Das hochgereckte Kinn ist längst auf die Brust der Geschichte gesunken. Kein Führerblick geht mehr ins Wesenlose. Zuerst sind die Namen und Symbole geändert worden, dann sollte die Wirklichkeit folgen. Die Rechnung ging nicht auf. Leningrad nannte sich die Stadt wohl erst, als sie im Sozialismus zur Provinz geworden war.

Zunächst war da eine Festung, ein Hafen. Dann wuchs eine Residenz mit Palästen, Marställen und Kasernen. Trezzini, Rastrelli, Montferrand, Stakenschneider – die Namen der Baumeister locken auf See; von dort aus muß man den ersten Stadt-Augenblick erleben. Als habe man das Panorama einer Weltausstellung des 19. Jahrhunderts vor sich. Erst am Rande des Zentrums, wo die Klöster und Mietskasernen der späten Zarenzeit stehen, wirkt die Stadt russisch. Es ist eine träumende Stadt, ohne Entscheidungskraft. Knapp zwanzig Minuten hinter dem Newski-Prospekt beginnen die karelischen Wälder: Niemandsland.

Die Stadt steht auf Sumpf. Fast jedes Jahr im Herbst wird sie überschwemmt – von den »langen Wellen« aus der Ostsee. Dann werden Keller zu Kloaken, aus den Kanaldeckeln tritt Wasser und Gestank. Die Visionen eines Zaren hoben die Stadt aus dem Morast, die Taten der Planwirtschaft drückten sie wieder nieder.

Am Kai der Roten Flotte hinter der Isaaky-Kathedrale steht der »Eherne Reiter«. Katharina II. ließ ihn für Peter den Großen bauen, auf einem gigantischen Felsblock, der per Schiff aus Finnland herbeigeschafft worden war. Es ist das Denkmal, an dem die Bewohner der Stadt ihre Phantasie reiben, immer wieder. In Puschkins berühmtem Gedicht wird der

Held, Eugen Onegin, von der gespenstischen Statue durch die Stadt gejagt, bis er in den Überschwemmungswellen des Jahres 1824 ertrinkt. Bei anderen Dichtern kündet der Reiter von Aufruhr und Untergang. Dieser Reiter sitzt der Stadt im Nakken. Er zeigt den eisigen Triumph der Autokratie. Wie das neue Petersdenkmal im Innenhof der Peter-und-Pauls-Festung am nördlichen Newa-Ufer: ein dicker, glatzköpfiger Zar, mit dünnen Krallenfingern und dumpf-bösem Blick. Der Städtegründer, der Sklavenschinder: ein Todesengel – Zarenwahrheit.

Der Filmjournalist Andreas Kilb hat in der *ZEIT* beschrieben, was diese Stadt, die so eng mit der Zaren-Dynastie verbunden war, wohl nicht besser charakterisieren kann:»In Sergej Eisensteins Revolutionsfilm *Oktober* sitzt nach der Erstürmung des Winterpalais ein Kind auf dem Zarenthron. Es schläft. Die siegreichen Matrosen stoßen ihre Bajonette in die Kissen der Zarin: Weiße Federn fliegen heraus und segnen die Kämpfer. Bei Eisenstein tilgt die Revolution die Tyrannen. So hätte es sein müssen. So war es nur im Kino.«

3.

Herbst 1894. Auf der Krim stirbt Zar Alexander III. Im Hintergrund einer zeitgenössischen Fotografie der Trauerfeierlichkeiten sieht man den sechsundzwanzigjährigen Thronfolger Nikolaus, einen schlanken Mann mittlerer Größe, mit dem breiten, offenen Gesicht des Vaters und den eindringlich-warmen Augen der Mutter. Sie, eine hochgewachsene Frau mit hellen Augen und schöngeformten Zügen, so die Chronisten, hält seine Hand. Es ist die Braut des Zarewitsch, Prinzessin Alice von Hessen. Nach dem frühen Tod ihrer Mutter wurde sie von ihrer Großmutter, Königin Victoria, in England erzogen.

Wenig später ist sie Alexandra Fedorowna, Frau des Zaren Nikolaus II., des nunmehrigen Herrschers aller Russen. Die letzte Zarin. Sie ist es, die ihrem Mann Mut und Selbstbewußtsein für das künftige Amt nahezu einredet, denn fast hätte Nikolai auf den Thron verzichtet. Die Krönungsfeierlichkeiten finden im Frühjahr 1896 mit byzantinischer Pracht im Moskauer Kreml statt. Überschattet ist das Ereignis von einem Unglück im nahe gelegenen Chodynka: Bei einem Volksfest werden zweitausend Menschen in der Panik eines Gewühls zerquetscht.

Die Politik des Zaren: keine Reformen. Aber industrielle Entwicklung und hektische Urbanisierung – eine französische Milliardenanleihe hilft. Immer stärker werden jedoch die Rufe nach Freiheit und Demokratie. Im Fernen Osten stoßen die Interessensphären Rußlands und Japans zusammen. Es kommt zum Krieg, ausgelöst durch die Japaner. Russische Regimenter verbluten in der Mandschurei. Die Flotte des Zaren versinkt. Die Niederlage zerreißt endgültig das Band zwischen Nikolai II. und dem Volk. 1905 bebt die russische Erde. Revolution – nur mit Widerwillen stimmt der Zar einem Parlament, der Duma, zu, die jedoch keine Entscheidungsgewalt hat.

Als Ende Juni 1914 die kaiserliche Yacht mit der Zarenfamilie an Bord in einer finnischen Bucht vor Anker liegt, erhält Nikolai II. ein Telegramm. Das Attentat von Sarajevo! Wird Deutschland wagen, »das vereinte Rußland, Frankreich, England« anzugreifen, wie der Zar formuliert? Und er gibt sich selbst die Antwort: »Nein, denn Deutschland hat schließlich nicht den Verstand verloren.«

Fünf Wochen später befindet sich Rußland im Krieg. Und blutet erneut. Es fehlt an Waffen, an rückzugdeckender leichter Artillerie.

Es ist die Zeit, da der Zar mehr und mehr Opfer seiner Unentschlossenheit und seelischen Schwankungen wird. Die Briefe, die die Zarin fortan schreiben wird, gewinnen strategisches Gewicht ...

4.

So bieten die vorliegenden Texte, in vollständiger Fassung erst- und letztmalig 1921 in deutscher Sprache erschienen, mehr als eine zeitgenössische Geschichtsquelle ersten Grades. Sie eröffnen uns weitaus Gewichtigeres als nur ein abgeblaßtes Erinnerungsbild. Natürlich war die Zarin keine Politikerin, deren chronistisches Bemühen verführerisch an Rechtfertigungszwänge und taktisch motivierte Interpretationen von Taten und Personen gekoppelt wäre. An Politik war sie nur insofern interessiert, als davon das Schicksal ihres Mannes und ihrer Kinder abhing. Aber unter diesem Aspekt verwandelt sich das Schicksal Rußlands in diesen seltenen Dokumenten durchaus zu jener äußerst individuellen Angelegenheit, die Zarin Alexandra nach sehr persönlichen Maßstäben zu beeinflussen und möglicherweise sogar zu entscheiden suchte.

Das gibt den Briefen Charakter, hebt sie über die Trockenheit moderner Staatspapiere hinaus, gibt ihnen die Spannung jenes ewigen Streits zwischen Seele und Verstand. So wollen die Texte wohl in erster Linie als Liebesbriefe gelesen werden. Liebesbriefe einer vierzigjährigen Frau, deren Fühlen von Unruhe, Sorge und Sehnsucht bestimmt ist. Aber darin klingt ebenso unzweifelhaft auch jene bräutliche Ursprünglichkeit an, die an den Liebesbeginn erinnert.

In den zwei Jahrzehnten ihrer Ehe hat diese Frau erfahren, daß sie ihrem Mann Stütze und Mitarbeiterin sein muß. Denn Nikolai II., der auch nach der Revolution von 1905 die Geschicke seines Hundertachtzig-Millionen-Volkes fast unumschränkt beherrscht, bleibt ein Schwankender, Weichherziger, Schüchterner. Nur selten beharrt er auf Entschlüssen. Entscheidungen des frühen Morgens überdauern oft nicht den späten Nachmittag. Ein kleiner, bürgerlicher Charakter, der den Lasten des Amtes kaum gewachsen scheint. Und so mischt sich in die strömende Zärtlichkeit der Briefe Alexandras von Tag zu Tag deutlicher ein beträchtlicher Einschlag gebietender Mütterlichkeit. »Jede Frau empfindet mütterlich auch gegen den Mann, den sie liebt; das ist ihre Natur, wenn es wirklich tiefe Liebe ist.« Solche Erkenntnis gibt den Briefen der Zarin bei aller inneren Demut mitunter etwas Treibendes, Dringliches, Vorzeichnendes. Auch wenn es Dokumente zeitweiliger Trennung sind – die Briefe erzählen die Geschichte dauernden Zusammenseins. Und tatsächlich: Seit die Zarin im Herbst 1894 russischen Boden betreten hat, ist sie ihrem Mann kaum von der Seite gewichen. Kein Brief an Nikolai Alexandrowitsch, der nicht sehr grundsätzlich wie die Besiegelung eines Verhältnisses klingt, das über Stürme und Launen des Tages erhaben ist.

Und dies, obwohl Alexandra meint, daß den Zaren seit seiner Thronbesteigung ein schweres Schicksal mit dämonischer Hartnäckigkeit bedrohe: Niemals nämlich verläßt sie der Gedanke, daß »er doch am 6. Mai geboren ist«, dem Tage Hiobs, den »der Böse mit Arglist zu betrügen trachtete«. Und so erlegt Alexandra sich besondere Wachsamkeit auf – um dem kleinen Thronfolger, den sie 1904 nach Leiden und Enttäuschungen während des Russisch-Japanischen Krieges zur Welt gebracht hat, ein tragbares Erbe zu hinterlassen. »Babys wegen dürfen wir nicht schwach sein«, schreibt sie einmal. »sonst wird er eine noch schwerere Herrschaft haben, wenn er unsere Fehler gutmachen und die Zügel, die Du verloren hast, wieder anziehen muß. Du hast für Fehler zu büßen aus der Zeit Deiner Vorgänger, und Gott weiß, welche Schwierigkeiten Du bekämpfen mußt. Laß unsere Erbschaft für Alexei leichter werden. Er hat einen festen Willen und starren Kopf. Laß die Dinge nicht Deinen Fingern entgleiten, damit er nicht wieder alles aufzubauen hat.«

Mahnende Eindringlichkeit angesichts eines sonderlichen Kabinetts. Goremykin, der Premier, mit dem Rußland in den Ersten Weltkrieg zieht, ist ein Greis von fast fünfundachtzig Jahren. Die meisten Minister: unfähig oder intrigant, ohne Zivilcourage. Die personellen Veränderungen während des Krieges werden an der Sachlage nichts ändern; die neuen Männer sind entweder von gewohnter Energielosigkeit oder sie suchen hinter dem Rücken des Zaren Tuchfühlung mit der Duma.

So versucht die Zarin selbst, die Lücke mangelnden Ratschlags zu schließen; und sie wäre wohl beizeiten vor der drückenden Verantwortung dieser Passion zurückgeschreckt, vertraute sie nicht jenem Mann, der ihr seit Jahren als unmittelbarer Sendbote Gottes galt – Rasputin.

5.

Rasputin? Nein, sie mag es nicht, wenn man ihn mit diesem Namen nennt! Der stammt aus sündiger Jugend, die sich in den verlorenen Dörfern der Tobolsümpfe abspielte, drüben in Westsibirien. Er ist von Rasputnik abgeleitet, dem russischen Wort für Schürzenjäger. Weiberheld. Böse Zungen in Petersburg oder an der Moskwa gebrauchen diesen Namen weiter: In Wirklichkeit heißt er Grigori Jefimowitsch Novy, und die Zarin nennt ihn Grigori oder auch nur »unser Freund«. Mit ihm verbindet sie jenes mythische Verhältnis, das im 18. Jahrhundert die »schöne Seele« mit ihrem Erwecker verknüpfte; jenes Gefühl unergründlicher Verbundenheit, »das die ersten Christen an die Apostel schmiedete«. In ihren Augen ist er vom Himmel selbst gesandt, um den Zaren über die züngelnde Gehässigkeit der »Gesellschaft hinweg die Stimme der russischen Erde hören zu lassen«.

Ein ungepflegter sibirischer Bauer war er zunächst. Struppiger Bart, speckig-langes Haar und seltsam glänzende blaue Augen. Er bietet sich an, die Blutungen des kleinen Zarewitsch zu stillen ... Niemals zweifelt Alexandra an Rasputin. Ihr Glaube an ihn bleibt unerschütterbar. Als er ihr kurz nach der Revolution von 1905 durch den Beichtvater des Zaren, den Archimandriten Thephan, zugeführt wurde, ist es durch sie hindurchgegangen wie eine Erlösung. Es waren jene Revolutionsereignisse, die sie in tiefe Depressionen gestürzt hatten. Die Kartätschenschüsse auf das kaiserliche Zelt bei der Wasserweihe im Januar 1905; die Metzeleien des »Blutigen Sonntags« vor ihrem Fenster; der terroristische, tödliche Bombenanschlag auf ihren Schwager, den Großfürsten Sergius, im März 1905 auf dem Roten Platz; die Ermordung des Ministerpräsidenten Stolypin ein Jahr später im Theater Kiew vor ihren Augen. Dazu die Entdeckung, daß ihr Sohn jene Bluterkrankheit geerbt hatte, die in ihrem väterlichen Haus wie ein Fluch fortlebte: Hämophilie. Die schuldbewußte Mutter ist untröstlich; sie weiß, daß diese Krankheit nur von Frauen übertragen wird . . .

Die Zarin sucht Zuflucht im Übersinnlichen. Schon vorher hatte sie ein französischer Thaumaturg – jener Monsieur Philippe, der in den Briefen wiederholt genannt wird – zum ersten Mal mit transzendentalen Kräften, mit der Lehre von den Wundern, in Verbindung zu bringen versucht. Ein Heiligenbild hinterließ er ihr, daran ein Glöckchen, angeblich mit der Kraft des Anschlagens, wenn »ein schlechter Mensch die Schwelle des gar guten Hauses betritt«. Nein, das genügt ihr nicht.

Grigori jedoch war es, der die Seelensorge dämpfte! Seine mystischen Lehren nahmen sie gefangen; und als sich gar herauszustellen schien, daß seine Gebete wirklich die Kraft besaßen, die Krankheit des kleinen Zarewitsch zu erleichtern (man munkelte, daß »Babys« Blutungen durch Pulver gestillt würden, die Rasputin dem burjatischen »Wunderarzt« Badmajew verdanke), da wurde ihr der Beistand des blassen, hageren Mannes mit den durchdringenden hellgrauen Augen vollends unentbehrlich.

Dennoch: Im Frühjahr 1911 hatte sie sich eine Zeitlang von Rasputin trennen müssen, als in Petersburg bedenkliche Gerüchte über dessen Privatleben auftauchten. Der Beschuldigte selbst fand wohl nur matte Ausreden und schwächliche Behauptungen, um die kräftigen Anwürfe zu entkräften. Aber selbst in seinen Weibergeschichten sah die Zarin eine gottgewollte Prüfung, die ihre Bindung an den Geheimnisvollen nur fester werden ließ. Nach einer Wallfahrt ins Heilige Land kehrte Rasputin im Winter 1911 an den Hof zurück. Ihn zu verehren, galt ihr wie ein Gang in die Kathedrale von Kasan, wie ein Gebet vor der Ikone Andrej Rubljows, die ihr Zimmer schmückte. Den stechenden, nahezu eifersüchtigen Schmerz des Zaren übersah sie geflissentlich.

Als dann die Kriegsfeuer am Himmel aufsteigen, liegt Grigori krank im Heimatdorf Pokrowskoje; ein Weib, die Petersburger Prostituierte Kinia Gussewa, hatte ihn erdolchen wollen – ihr Messer war an ihm jedoch nur abgeglitten. In fliegender Aufregung telegrafierte Alexandra. Was Grigori antwortete – ernst, sorgenvoll und energisch –, läßt sie sofort den Zaren lesen. Rasputin rät vom »Petersburger Katastrophenkurs« ab. Daß Rußland dennoch mobil macht, daß sich der Zar durch Kriegsminister Suchomlinow und Generalstabschef Januschkiewitsch um die Rücknahme der Mobilmachungsorder betrügen läßt, daß dadurch die deutsche Kriegserklärung nahezu unvermeidlich wird – es schmerzt Alexandra tief. Sie, die längst keine Deutsche mehr ist, es vielleicht nie war. Denn den Hauptteil ihrer Jugend hatte sie nach dem frühen Tod ihrer Mutter, der Prinzessin Alice von Großbritannien und Irland, am englischen Hof verbracht; ihre Muttersprache war Englisch, nicht Deutsch. Nun ist sie Russin mit Leib und Seele, und die Überreichung der deutschen Kriegserklärung, so berichtet der Schweizer Erzieher des Zarewitsch, Pierre Gilliard, »hat ihr wohl fast das Herz gebrochen, auch weil Rußland gegen den Rat des weisen Grigori in diesen Weltkrieg eintrat. Das war in ihren Augen Gotteslästerung.«

Als dann der Zar an die Front reist – das zu Briefen drängende Mitteilungsbedürfnis Alexandras setzt erst in diesem Moment richtig ein –, wird ihr Rasputin, nun wieder zurückgekehrt nach Petersburg, erneut lebenerhaltende Stütze und Beistandskraft. Immer wieder taucht sein Name in den Briefen auf – da mag Nikolaus laut oder leise Unmut zeigen – soviel er will ...

6.

Unter diesem Aspekt ist es weibliche Finesse, die in den Briefen deutlich wird. Denn kaum eine schroffe Aufforderung findet sich; alles ist in die Form behutsamer Anregungen, flüchtiger Fragen, beiläufiger Vorschläge gekleidet. Leicht, mit gleichsam fliegender Feder, springt die Zarin vom Thema ab, obwohl fürchtend, daß der Zar unberechtigte Einmischung in sein Geschäft vermuten könnte. Wohl um jeglichem Mißtrauen vorzubeugen, schreibt sie am Schluß eines langen Briefes, er werde sie nun sicher für eine kleine Gans halten, die ihren Mund nicht halten kann. Oder er werde nun denken, sie sei doch ganz und gar die Schwester Ellas, der Großfürstin Sergius, die ihn so gern mit kirchenpolitischen Entwürfen quält.

Unmerklichkeit heißt das Regime der Zeit, und so gewöhnt sich auch der Zar an die vorauseilende Klugheit des »heiligen Grigori«. Solchermaßen bestärkt, wird in Alexandras Briefen der Hinweis auf jene Selbstsüchtigkeiten immer bedrängender, die sich in den Hauptquartieren an den Zaren hängen. Mehr und mehr wird die Zarin zur unmittelbaren politischen Kraft. Und folgerichtig bietet diese Frau den Führern der Duma-Opposition, den Blättern der Oktobristen und Kadetten zwar verschleiert, aber doch erkennbar Anlaß, gegen sie den Vorwurf zu erheben, sie maße sich Funktionen an, die ihr partout nicht zustünden.

Was die Anregungen und Wünsche der Zarin betrifft, so bewegen diese sich freilich, ihrer eigenartigen Beeinflussung durch Rasputin entsprechend, fast geradlinig im Sinne einer straff reaktionären Politik. Der Zar: von Gott eingesetzt, das Volk: ein Millionenheer der Demütigen – so lautet die Ordnung. Einzig Rasputin, der Gott spielen darf, ist auch Volk – wenn er will. Wünscht er es, so ist die Zarin beispielsweise bereit, von ihrer ursprünglichen Abneigung gegen eine Einberufung der Duma abzusehen. Ihre Überempfindlichkeit gegen das Parlament konzentriert sich nun auf die autonomen Kriegsorganisationen, die sich Mitte 1915 bilden – das Überkriegsindustriekomitee in Petersburg, den Semstwo- und Städteverband in Moskau und das »Besondere Komitee beim Kriegsministerium«, das zwischen den beiden Körperschaften und der Regierung vermitteln soll. Im übrigen verstärkt sich jedoch Alexandras Neigung, dem Zaren äußerste Energie zu predigen. So lassen sich Dutzende von Briefstellen anführen, die den Zaren veranlassen mußten, sein Ohr den verfassungsmäßig gesicherten Wünschen des Landes zu verschließen: »Sei Peter der Große, Iwan der Schreckliche, Kaiser Paul, zermalme sie alle unter dir.« Unaufhörlich, wie der Tropfen auf den heißen Stein, bedrängt Alexandra ihren Mann.

Der Großfürst Nikolai ist zu entlassen, der Zar selbst muß den Oberbefehl übernehmen! Auf keinen Fall darf der parlamentarischen Opposition ein Zugeständnis gemacht werden! Die Ersetzung des streng reaktionären Oberprokurators beim Heiligen Synod, Sabler, durch den liberalen Moskauer Adelsmarschall Samarin ist zu verhindern! Als Samarin trotzdem ernannt wird, ruht die Zarin nicht eher, bis sein Rücktritt beschlossen ist und nach einem kurzen Interregnum des Senators Wolzin erneut ein Vertrauensmann Rasputins, Professor Rajew, an seine Stelle tritt.

Auch gegen die Ernennung des Reichsrates und Senators Chwostow zum Minister des Innern macht sie Bedenken geltend – bis sie von Rasputin hört, daß der eigentlich doch für den Posten in Betracht käme. »Nun, wo Grigori Chwostow empfiehlt, fühle ich, daß er der richtige Mann ist, und deshalb will auch ich ihn sehen.«

Als Kriegsminister Suchomlinow abgesetzt und verhaftet wird, schreibt sie z. B. gegen den Nachfolger Poliwanow an, oder sie will Boris Stürmer an der Stelle des greisen Goremykin als Ministerpräsidenten sehen. Als Stürmer wegen Unfähigkeit Ende 1916 seinen Stuhl räumen muß, schreibt die Zarin ihrem Mann nervös, die Absetzung habe ihr einen starken Schmerz versetzt.

Bei den Veränderungen, die 1915 und 1916 im Innenministerium vollzogen werden, hat Alexandra regelmäßig ihre Hand im Spiel. So, als Protopopow Minister wird, ein egozentrischer Streber, der das Image des Zaren-Kabinetts stark belastet. Er hatte sich durch Vermittlung des »Wunderarztes« Badmajew an Rasputin herangemacht. Mehr und mehr wird Grigori zum »Königsmacher«. Andererseits sorgt er als »Stimme der russischen Erde« durchaus auch dafür, daß Nöte und Sorgen des russischen Volkes der Zarenfamilie bekannt werden. Seien es Berichte über die Stimmung in den Betrieben oder über die Lebensmittelversorgung der Großstädte, sei es die Fahrpreisregelung in den Petersburger Vorortzügen.

Treffendes und Überspanntes in Wesen und Wirken Rasputins stachelte zunehmend den Zorn der Großfürsten an. Sie sehen in diesem Mann, der die Zarin hörig machte, einen Schwindler, der die gewonnene Autorität für selbstsüchtige Zwecke ausnutzt. Die Zarin fühlte dies, und so zieht sich durch ihre Briefe wie ein roter Faden die Idee, den Zaren gegen seine eigenen Verwandten einzunehmen. Die Absetzung des Großfürsten Nikolai Nikolajewitsch ist ihr Werk. Ein Rechthaber, ein Reichsverderber. Sie stichelt und bohrt, bis ihr Mann am Ende eigentlich nur eines glauben kann: »Nikolascha« wollte sich als Generalissimus aller russischen Heere den Kriegssieg an die eigene Fahne heften, den Zaren stürzen und sich selbst als Nikolai III. an dessen Stelle postieren. Die Zarin wollte er in ein Kloster sperren, Rasputin gar töten lassen. Wie weit dabei im Unterbewußtsein Alexandras die traurig-bittere Erkenntnis mitschwingt, daß Nikolai Nikolajewitsch der einzige Großfürst ist, der die gewaltige Energie des »Eisernen Zaren« geerbt hat, oder wie weit ihr Groll geheime Verzweiflung darüber ist, daß der Zar von der Autokratennatur seines Gegenspielers leider nur sehr wenig besaß – das steht dahin.

Mit ähnlicher Erregung weist die Zarin immer auch auf Nikolaschas Frau und Schwägerin hin, die Großfürstinnen Stana und Miliza Nikolajewna. Als Töchter des ehrgeizigen Königs Nikita von Montenegro, der von kriegerischen Auseinandersetzungen der Großmächte eine Kräftigung der eigenen Stellung erwartete, sind beide erbitterte Gegnerinnen des »fatalen Friedenspredigers« Rasputin. Aus diesem Grund hat die Zarin den Großfürstinnen bereits vor dem Krieg nicht über den Weg getraut; Beweis: der erste Brief dieses Bandes, der im Frühjahr 1914 geschrieben ist und trotzdem genauso bitter über die »schwarzen Weiber« spricht wie spätere Auslassungen der Zarin.

Ein weiterer Gegner der Zarin, vor dem sie ihren Mann

wieder und wieder zu warnen sucht, ist der als Historiker bekannt gewordene Großfürst Nikolai Michailowitsch, wie Nikolascha ein Oheim des Zaren. »Er hat mich immer gehaßt und seit zweiundzwanzig Jahren schlecht über mich gesprochen«, schreibt sie über ihn, »er ist die Verkörperung von allem, was schlecht ist; wer uns ergeben ist, ekelt sich vor ihm; selbst diejenigen, die uns nicht sehr lieben, sind von ihm und seinem Gerede angewidert. Er und Nikolascha sind meine größten Feinde in der Familie, abgesehen von den schwarzen Weibern – und Sergei.« Dieser Sergei ist der jüngste Bruder Nikolai Michailowitschs, der die Zarin nicht nur durch seine skandalösen Beziehungen zu der Tänzerin Krschezinska, sondern auch durch seine scharfe Zunge und sein taktloses Benehmen vor Fremden verletzt.

Vor dem eigentlichen Haupt der »Großfürstensippe« aber, der Zarenmutter Maria Feodorowna, macht Alexandra mit ihren Kritiken halt. Sie kennt die tiefe Verehrung, die »Nicky« seiner Mutter entgegenbringt. Deutlich wird sie nur, wenn sie hört, daß »motherdear« den Zaren gegen Rasputin einzunehmen versucht. »Du mußt ihr ziemlich scharf zu verstehen geben«, bittet sie da, »wie peinlich du davon berührt bist, daß sie auf den Klatsch hört und ihn nicht unterdrückt, denn es stiftet Unheil, und andere wären, dessen bin ich sicher, entzückt, wenn sie sie gegen mich aufbringen könnten.«

Der Angelpunkt ihres Gegensatzes zu der alten Zarinmutter ist mit diesen Worten klar umrissen, wie denn überhaupt Alexandras Erregung gegen die kaiserliche Familie zutiefst auf ihre Einstellung zu Rasputin auf der einen Seite und zu seinen Gegnern – zur Duma – auf der anderen Seite zurückzuführen ist. Und da jeder der Großfürsten eine ausgedehnte Klientel besitzt, so vergrößert sich der Kreis ihrer Gegner ins schier Unabsehbare. Weil sie trotzdem am »Starez« festhält – Grigori fallenzulassen, würde ihr wie ein Verrat an Gott vorkommen –, steht sie am eigenen Hof fast allein. Wenige halten Freundschaft, und noch weniger halten die Freundschaft in diesen Zeiten des Anwurfs durch. Wirklich enge Beziehungen unterhält die Zarin eigentlich nur zu einer einzigen Frau – und das ist eine junge, verwöhnte Aristokratin, die nach ehelicher Enttäuschung der Mystik verfällt: Ania Alexandrowna Wyrubowa, Tochter des Oberhofmeisters und Staatssekretärs Alexander S. Tanejew. Sie ist nicht schön, zeitweilig leidend, und tyrannisiert die Zarin zudem wie eine x-beliebige Freundin, die auf sie angewiesen ist. Zuzeiten macht sie sogar Szenen, aber die Zarin erduldet alle Grillen, weil Ania eng befreundet ist mit – Rasputin.

In ihrer bescheidenen Villa in Zarskoje Selo geht der »Gottesmann« ein und aus, zweihundert Meter vom Alexanderpalais der Zarin entfernt; hier kann ihn Alexandra treffen, denn solange der Zar im Felde ist, empfängt sie ihn nicht im Palais, um jedem Gerede die Spitze zu nehmen. Hier trinkt sie Tee mit Rasputin. Hier führt sie mystische Gespräche mit ihm. Hier eröffnet er ihr seine Visionen und unterbreitet ihr seine Vorschläge. Und Ania, zwar launisch und geistig schwerfällig, wird zur Vertrauten, der sich die Zarin auf merkwürdige Weise ausgeliefert fühlt. Ihr erweist sie mehr Aufmerksamkeit, als die eigenen Töchter an Zuneigung erfahren.

7.

Die letzte Zarin – ihre geheimnisvolle Bindung an Rasputin macht sie letztendlich zu einer einsamen Frau. Bedrängend ist die Phalanx ihrer Gegner und Todfeinde – angesichts der Schwäche des Zaren eine niederdrückende Tatsache, die zum Verständnis der folgenden Briefe beiträgt. Klein ist der Clan der »Raspunitsys«. So hat die Partei der Großfürsten, so hat die Duma draußen im Lande freies Spiel, um nach dem Sturze Nikolaschas in langsamer, zäher Kleinarbeit gegen die Zarin anzugehen. Sie selbst spricht wiederholt davon, wie man über sie redet. In einem ihrer Briefe erzählt sie, daß ein Freund Anias zwei Herren geohrfeigt habe, weil sie sie in der Eisenbahn verleumdeten. Gelegentlich erwähnt sie, daß man sie im Lande »die Deutsche« nenne.

Aber sie hat nicht alles gewußt und nicht alles erfahren:

Daß ihr kleiner Kreis als »Potsdamer Clique« bezeichnet wird. Daß man von einer Telefonleitung munkelt, die aus Zarskoje Selo direkt ins Berliner Schloß führen soll. Daß man ihre Vertrauten als deutsche Spitzel bezeichnet. Daß man ihr, wie einst Katharina II., zutraut, den eigenen Gatten ermorden zu wollen. Daß sie einen Separatfrieden mit Deutschland anstrebt. Daß sie, selbst auf dem Thron sitzend, Rußland zerstückeln will ...

Tatsächlich wohl hat sich das Denken der Zarin in purem Gegensatz zu allen Verdächtigungen bewegt. Die vorliegenden Briefe beweisen es. Gewiß sprechen sie hier und da in einem Tone von Deutschland, der alles andere als feindselig ist. Wieder und wieder kommt Alexandra auf die Behandlung der Deutschen in Rußland zu sprechen, um eine Abstellung eingerissener Zustände zu erreichen. Sie interessiert sich für Ostpreußen, die nach Ostsibirien verschleppt wurden. Weihnachten 1914 geißelt sie das synodale Verbot für Christbäume – weil der Brauch aus Deutschland stammt. Dennoch ist nie Unsicherheit in der nationalen Orientierung auszumachen. Alexandra fühlt durchaus als Russin, auch dann, wenn sie die Liebe zu ihrer hessischen Heimat nicht unterdrückt.

Ist sie in ihrem Gefühl für Rußland gar nationalistisch? Möglich ist es. Denn diese Frau verbindet mit dem Reich ihres Mannes, dem zukünftigen Reich ihres Sohnes, eine nahezu inbrünstige Zärtlichkeit. Sie spricht zwar von »slawischer Schlaffheit« und wiederholt gern das zynische Sprichwort, nach dem das russische Volk die Peitsche brauche, um sich wohl fühlen und ganze Arbeit leisten zu können. Aber sie sieht in Rußland den künftigen Stern, der alles Europäische überstrahlen wird.

Diese Haltung läßt sich wohl nur aus der tiefen Religiosität der Zarin erklären. Den Sinn des Krieges sieht sie darin, die Völker durch Leiden Gott näherzubringen. Daß sie dabei fest auf dem Boden der griechischen Orthodoxie steht, der sie sich 1894 unterworfen hatte, daß sie sich ihre Vorstellungen in einem Maße zu eigen gemacht hat, wie man es für eine ehemals protestantische Prinzessin kaum für möglich halten sollte, geht aus jedem Briefblatt hervor. Die Überzeugung von der übernatürlichen Kraft geheiligter Gegenstände beherrscht ihr Reiseritual. Ganze Sammlungen von Prophetenbildern schickt sie ins Feld, gebenedeite Gebetbücher nimmt sie mit auf ihre Lazarettbesuche – vor allem in das von der Prinzessin Gedroitz geleitete Lazarett im Großen Palais von Zarskoje Selo, das ihr am leichtesten erreichbar war.

Gewiß, diese Frau hat in das Leben Rußlands wohl stärker, ungehemmter eingegriffen als irgendeine andere Zarin, die seit der zweiten Katharina den russischen Thron innehatte. Ihre Ratschläge verlängern das Dasein des alten Zarentums über den Tod des Zaren hinaus. Sie verhindern, daß Nikolai II. rechtzeitig abdankt, daß die Monarchie der Romanows in eine moderne Regierungsform umgewandelt wird – als dazu noch Zeit ist. Hätte sie ihren Einfluß nicht so drängend geltend gemacht, wie er durch die folgenden Briefe erkennbar wird, – vielleicht hätte Nikolai Nikolajewitsch im Bund mit der Duma seine Palastrevolution im Sommer 1915 vollziehen können und Rußland wäre das Abenteuer der Oktoberrevolution erspart geblieben.

Aber wer will darüber richten, was Liebe aufbaut und zerstört, ermöglicht und verhindert.

Wenn ihre Briefe nicht genügen sollten, um für diese Frau zu zeugen – die Tagebuchblätter aus der Gefangenschaft in Tobolsk und Jekaterinburg, die diesen Band beschließen, tun es auf jeden Fall. Welch eine grenzenlose Hingabe und gläubige Fügung in den Willen der Vorsehung! Kein Wort des Zorns über den Verlust ihres Einflusses; kein Wort des Vorwurfs gegen den Zaren, der ihren großen Traum zerbrochen hat; kein Wort des Grolls gegen die Kommissare, die sie einem furchtbaren Ende entgegenschleifen werden; aber auch kein Wort der Hoffnung, daß sich ihr Schicksal noch einmal wenden könnte.

Mit großen, weitgeöffneten Augen tritt sie der Katastrophe entgegen. Ihre Arme schließen sich fest um die Lieben. In deren Mitte empfängt sie klaglos den tödlichen Schuß, der ihre Seele der Ewigkeit zurückgibt.

Zarin Alexandra in Gala-Garderobe

Zum Tagebuch der gefangenen Zarin
Tobolsk und Jekaterinburg

Am 1. Januar 1917 hatten einige Petersburger in der Kleinen Newa, nahe der Petrovskij-Brücke, halb unterm Eis die von mehreren Schüssen durchbohrte, an Armen und Beinen gefesselte Leiche Rasputins gefunden. Als die Nachricht kommt, daß Grigori nicht nur verschleppt, sondern tatsächlich ermordet worden ist, bricht die Zarin zusammen. Sein Schicksal stand für sie in unmittelbarer Beziehung zum Schicksal Rußlands: Solange er lebte, waren Katastrophen, welcher Art auch immer, nicht wirklich zu befürchten. Fast sozialreformerisch hatte er gewirkt, Toleranz hatte er verbreitet gegenüber Juden und Unterprivilegierten, für Strafmilderung und die Reduzierung militärischer Gewalt war er eingetreten. »Da schreiben unsere Aristokraten immer: Krieg bis zum siegreichen Ende! Aber dabei spazieren sie in Moskau und Petersburg herum, während die Bauern draußen verbluten! Fort mit ihnen in die Schützengräben!« Nun plötzlich, so Alexandra, zerreißt das Band, das Rußland mit Gott verknüpft hatte, der Himmel verfinsterte sich, die Erde sinkt in graue Nacht, eine unabwendbare Fügung rückt näher und näher.

»Solange ich lebe, wird der Zarenfamilie kein Leid geschehen«, hatte der Fuhrmannssohn gesagt, »aber nach meinem Tode wird Blut in Strömen fließen.« Auch hatte er vorausgesehen: »Ich werde unter gräßlichen Schmerzen sterben.« Überliefert ist, daß es mißlang, ihn mit vergiftetem Wein umzubringen; das Gift zeigte bei dieser Bärennatur keine Wirkung.

Nichtsdestoweniger hatte Alexandra noch einmal versucht,

das liberalisierende Kabinett Trepow durch ein Kabinett schroffster Reaktion zu ersetzen. Als der Zar wenige Tage nach Rasputins Ermordung nach Zarskoje Selo zurückkehrt (er wird im kaiserlichen Park beigesetzt), drängt sie ihren Mann zur Neubenennung des Kabinetts. Fürst Golizyn wird Premier ohne Geschäftsbereich. Die eigentliche Leitung der Regierung übernimmt Protopopow. Liberale Politiker, soweit vom Zaren berufen, werden ausgestoßen; an ihre Stelle treten Beamte der äußeren Rechten. Am 18. Januar wird der Zusammentritt der Duma auf Ende Februar verschoben, um Protopopow Gelegenheit zu geben, die Wirksamkeit des Semstwo-Verbandes einzuschränken und die Arbeitergruppe im Oberkriegskomitee zu verhaften.

Der Rückstoß bleibt nicht aus: die Unruhe im Land nimmt zu, die oppositionellen Parteien der Duma fassen immer entschlossener einen Regimesturz ins Auge, in der Arbeiterschaft der Großstädte wächst die Erregung in bedrohlicher Schnelle. Zweihundert Lebensmittelzüge liegen auf der Strecke nach Petersburg eingefroren; der Winter 1916/17 ist einer der kältesten und schneereichsten der russischen Geschichte. Minus vierzig Grad! Das Leben erstarrt. Die Wiedereröffnung der Duma bringt schwere Zusammenstöße mit der Regierung, selbst der Reichsrat verweigert den scharfen Kurs; die Liberalen verlassen das Parlament.

Wenige Tage später: In den Außenvierteln von Petersburg entrollt sich der Aufstand. »Wir wollen Brot!« skandieren die Massen. Vor der Kasanschen Kathedrale kommt es zum Schußwechsel mit der Polizei – sechzig Tote bleiben auf dem Pflaster zurück. Der Zar hatte sich inzwischen erneut ins Hauptquartier nach Mohilew begeben; Alexandra bleibt in Zarskoje Selo. Sie hört von den Krawallen, die nun auch auf das Stadtinnere von Petersburg übergreifen. Die Arbeiter stürmen Gerichte und Gefängnisse. Die Sozialisten rufen eine zweite provisorische Regierung der Arbeiter- und Soldatendeputierten ins Leben. Vertrauensvoll und schlecht informiert verkennt der Zar den heraufziehenden Sturm. Inzwischen revoltiert auch die Garnison der Residenz, der Park muß von der Leibwache geschlossen und besetzt werden. Die Verbindung zu Nikolai ist unterbrochen. Vor dem Alexanderpalais fallen Schüsse, aufrührerische Truppen erscheinen, die Zarin erbittet einen Waffenstillstand. Zwei Tage später erfährt Alexandra, daß Nikolai II. in seinem Salonwagen auf dem Bahnhof von Pskow seine Abdankung unterzeichnet hat. Für die Frau ein schwerer Schlag; so bestätigen sich ihre düsteren Ahnungen, die sich ihr mit der Ermordung Rasputins eröffnet hatten: Gott hat den Zaren fallengelassen, weil er zu schwach gewesen ist, seinen Gesandten zu schützen.

General Danilow beschreibt später den historischen Augenblick: »Plötzlich wandte sich der Kaiser mit scharfer Wendung uns zu und sagte mit fester Stimme: ›Ich habe mich entschlossen, dem Thron zugunsten meines Sohnes Alexej zu entsagen.‹ Bei diesen Worten schlug er mit weit ausladender Geste ein Kreuz, und auch wir bekreuzigten uns.«

Bei dem Arzt Dr. Fjodorow erkundigt sich Nikolai, welche Chancen für die Gesundung des jungen Zaren bestehen. Der Arzt bekräftigt die Unheilbarkeit und fügt hinzu, daß die neue Regierung sicher nicht erlaube, daß der junge Zar von seinen Eltern erzogen wird.

Nikolaus daraufhin: »Da Gott es nun einmal so beschlossen hat, werde ich mich nicht von meinem armen Kinde trennen.« Er überträgt dem Großfürsten Michael die Regentschaft. Der lehnt ab. Nikolaus in seinem Tagebuch: »Sehr bedrückt. Um mich herum nur Feigheit.«

Eine dreihundertjährige Dynastie, die so bedeutende Herrscher wie Peter den Großen, die große Katharina und Alexander I. hervorbrachte, hat aufgehört zu bestehen. Das »Heilige Rußland« und seine tausendjährige Monarchie gehören der Geschichte an.

Der Zar kehrt zurück nach Zarskoje Selo, ist Gefangener der provisorischen Regierung, und auch die Zarin und ihre Kinder werden verhaftet. Mit der Ankunft des Zaren freilich wird Alexandra ruhig. Er ist bei ihr, ist gesund; dies genügt fürs erste. Und so findet sie sich ohne ein Wort in die neue Lage hinein, überläßt sich ganz dem Gefühl entspannter

Leere, von dem sie nach drei Jahren belastender Anspannung mit doppelter Gewalt ergriffen wird.

So vergeht das Frühjahr, der Sommer. Lesen, graben, pflanzen, gießen, Spaziergänge. Bis eines Abends, am 9. August, die Nachricht eintrifft, die Zarenfamilie solle Zarskoje Selo verlassen. Erfolgt etwa nicht die erwartete Abschiebung nach England? Immerhin erhofft man wenigstens die Überführung auf die Krim, wo sich bereits die Zarinmutter und ein Teil der Großfürsten aufhalten. Zwei Tage später jedoch wird befohlen, warme Kleider einzupacken; dies deutet darauf hin, daß es nicht in Richtung Süden, sondern ins Landesinnere geht.

Das Gefolge der Familie: Flügeladjutant General Tatitschew, vor dem Kriege russischer Flügeladjutant des deutschen Kaisers in Berlin – der Zar hatte ihn gebeten, sein Exil zu teilen; die Gräfin Hendrikow, Ehrendame der Zarin; Kammerherr Fürst Dolgoruky; der Leibarzt des Zaren, Dr. Botkin; der Leibarzt des Zarewitsch, Dr. Derewenko; der französische Sprachlehrer Gilliard; die Kammerfrauen Schneider und Demidow; der Kammerdiener des Zaren, Tschemadurow; der Kammerdiener der Zarin, Wolkow; der Kammerdiener der Großfürstinnen, Sedniew; der Leibmatrose des Zarewitsch, Nagorni; der Küchenchef Charitonow; der Küchenjunge Sedniew; der Lakai Trupp. Geführt wird der Transport von Oberst Kobylinski, dem Palastkommandanten von Zarskoje Selo, einem Freund Kerenskis.

Am 14. August um sechs Uhr morgens verläßt der Zug, der die verschleiernde Aufschrift »Japanische Rot-Kreuz-Mission« trägt, mit der Zarenfamilie den kleinen Bahnhof Alexandrowka, am 17. abends trifft er in Tjumen ein. Das Begleitkommando besteht aus knapp dreihundertvierzig Mann. Kriegsminister Kerenski überwacht die Abfahrt; er ahnt nicht, daß er als kommender Ministerpräsident bald selbst auf der Flucht sein wird.

Tjumen, hinter den dünnbesiedelten Waldregionen des Ural. Mit dem Dampfer »Russ« wird die Reise fortgesetzt, den Tobol hinauf nach Tobolsk. Erstmalig sieht die Zarin jene sibirischen Wälder, von denen ihr Rasputin so viel erzählt hat.

Tobolsk. Ein paar Zwiebeltürme, ringsum Sümpfe. Im ersten Stock des Gouverneurhauses wird die Zarenfamilie Quartier beziehen, der Rest wohnt im gegenüberliegenden Haus des Kaufmanns Kornilow. Kein Park, keine Spaziergänge, keine Zeitungen. Nur leise dringt das Echo der Ereignisse in die kalte Unterkunft: der mißglückte Putschversuch Kornilows, der Zusammenbruch des Kerenski-Regimes, die Machtübernahme Lenins, die Verhandlungen von Brest-Litowsk. Aus der Internierung wird eine Gefangenschaft.

So vergehen der Herbst, der Winter. Daß die Bolschewiki an die Macht gekommen sind, wird auch in Tobolsk fühlbar; ein Teil der Bewachungsmannschaft bildet einen Soldatenrat, der Kobylinskis militärische Liberalität gegenüber der Zarenfamilie zu durchkreuzen sucht. Als Ende September die mit der Zarin befreundete Baronin Buxhoeveden in Tobolsk ankommt – jene Isa, die in den Briefen wiederholt Erwähnung findet –, da wird ihr der Besuch Alexandras verweigert.

Der Winter hatte also eine weitere Verschärfung der Bewachungsmethoden gebracht. Vom 1. März wird das Essen auf Soldatenration reduziert; der Zar muß Unterhalt bezahlen, viertausend Rubel monatlich. Zur Verwaltung des Geldes bildet der Zar einen »Wirtschaftsrat«, der sich aus den Fürsten Dolgoruky, dem General Tatitschew und dem Lehrer Gilliard zusammensetzt. Ein Teil des Personals muß entlassen werden, Butter und Kaffee verschwinden vom Frühstückstisch der Zarenfamilie. Rotgardisten aus Omsk übernehmen den Hauptteil der Bewachungsmannschaft.

Am 22. April trifft der bolschewistische Kommissar Jakowlew aus Moskau ein. Nach einer Anordnung Swerdlows soll das Herrscherpaar schleunigst aus Tobolsk weggebracht werden. Drei Tage später reist Jakowlew mit dem erkrankten Zaren, der Zarin und Großfürstin Marie ab. Vom Gefolge begleiten sie Dolgoruky und Dr. Botkin, vom Personal Tschemadurow, die Demidow und Sedniew. Aber der in Tjumen bereitgestellte Zug fährt nicht nach Westen, sondern nach Osten, in Richtung Omsk. Der Uraler Sowjet (von wem alarmiert?) stoppt den Zug und läßt ihn nach Jekaterinburg umleiten. Ein bis heute unaufgeklärtes Verwirrspiel.

Am 30. April Ankunft in Jekaterinburg, in einer hügeligen Landschaft am Ostabhang des Urals. Fürst Dolgoruky wird eingekerkert. Am 20. Mai wird auch der Rest der Gesellschaft nach Jekaterinburg überführt. Nur Gilliard und die Baronin Buxhoeveden, die sich dem Zug angeschlossen hatte, werden freigelassen. Kommandant des Ipatjewschen Hauses, in dem der Zar gefangengehalten wird, ist Kommissar Abdijew; Anfang Juli wird er durch Jurowsky ersetzt. Aus dem Gefängnis ist gleichsam ein Zuchthaus geworden. Die Fenster werden mit weißer Kalkfarbe zugestrichen. Der Kommandant Abdijew ist Alkoholiker. Jede Bitte und Beschwerde lehnt er hämisch ab.

Mitte Juli dringen Gerüchte nach Jekaterinburg, daß ein tschechisches Korps, bestehend aus einstigen Kriegsgefangenen und zeitweilig mit den Weißen verbündet, in Bälde Jekaterinburg einnehmen werde. Das Exekutivkomitee des Uraler Sowjets beschließt die unverzügliche Exekution der Zarenfamilie. Auch Alexandra weiß: Der einzige Weg, der sie aus diesem Haus des Bergbauingenieurs und Unternehmers Ipatjew hinausführt, ist der Weg in den Tod. Die Familie des Zaren hat inzwischen längst Gewißheit über ihr Schicksal.

Was in den folgenden Tagebuchnotizen zutage tritt, ist noch einmal die tiefe Religiosität der Zarin. Deutlich wird der Kern der Ereignisse, die in dieser vorliegenden Skizze lediglich nach ihrem äußeren Verlauf umrissen worden sind.

Auch wenn sich in den Notizen der Zarin manches wiederholt und Alexandra Nebensächlichkeiten anhäuft, die mitunter ermüden, so sind diese Tagebücher doch ein Dokument verglimmenden Lebens, das den Briefen ebenbürtig ist.

Soweit Eigennamen in den Texten vorkommen, sind sie aus diesen Ausführungen ohne weiteres zu verstehen, wenn man berücksichtigt, daß Valja (Valentin) Fürst Dolgoruky ist, Eugen Sergejewitsch Dr. Botkin, Wladimir Nikolajewitsch Dr. Derewenko, Kolja sein Sohn, gleichaltrig mit dem Zarewitsch. Isa ist die Baronin Buxhoeveden, Njuta Ania Demidow.

Sei noch erwähnt: Am 18. Juli tagt in Moskau der Rat der Volkskommissare unter Lenins Leitung. Swerdlow teilt mit: »Aus Jekaterinburg ist eine Mitteilung eingetroffen, daß auf Beschluß des Uraler Gebietssowjets dort der frühere Zar Nikolaus Romanow erschossen worden ist. Wie festgestellt worden war, wollte er fliehen. Die Tschechen stehen direkt vor der Stadt. Das Präsidium des Zentralkomitees hat beschlossen, diese Maßnahme zu billigen.«

Lenin läßt zur Tagesordnung übergehen.

Zar und Zarin von Rußland mit ihren Kindern Marija, Alexej, Tatjana, Olga und Anastasia (1913)

Nachsätze

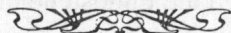

1.

Über ein Dreivierteljahrhundert lang galt das Grab der Zarenfamilie in Jekaterinburg (dem späteren sowjetischen Swerdlowsk) als Staatsgeheimnis erster Ordnung.

Seit Beginn des Jahres 1992 werden im Gerichtsmedizinischen Institut von Jekaterinburg neun Skelette untersucht, deren Fund ein Kriminalstück darstellt. Über die Ermordung selbst kursierten stets mehrere Versionen. Die Sowjetregierung behauptete lange, nur der Zar sei erschossen, die Familie jedoch in die Verbannung geschickt worden. Andere »Quellen« sprachen von einer sofortigen Verbrennung aller Leichen, deren Asche dann in alle Winde verstreut worden sei.

Sokolow, ein Offizier der Koltschaktruppen, die 1918 kurz nach der Ermordung der Zarenfamilie die Stadt eingenommen hatten, versuchte damals, das Grab der Getöteten zu finden. Vergeblich. An einer Stelle, wo er die verscharrten Leichen vermutete, machte er ein paar Fotos: an einem mit Holzbalken belegten Weg im Moor von Koptzjaka. Hier begann ein halbes Jahrhundert später der Geophysiker Alexander Awdonin mit Grabungen. Heimlich, ohne Genehmigung, mit Unterstützung des Schriftstellers Geli Rjabow. Eine Unternehmung, die leicht im Arbeitslager hätte enden können.

Im Jahre 1979, an einem Sommermorgen, legten Awdonin und Rjabow das Grab frei. Inzwischen war bekannt geworden, daß die Mörder damals die Leichen mit Schwefelsäure übergossen und abends mit Wodka, Speck und Schwarzbrot eine kräftige »Trauerfeier« veranstaltet hatten. Die beiden Heimatkundler entdeckten Skelette, fanden darin Gewehrkugeln und stießen auch auf die Scherben jener Steingutgefäße, in denen sich die Säure befunden haben muß. Awdonin und Rjabow fotografierten die Fundstelle und brachten die Stelle wieder in ihre alte »Ordnung«.

Zwar veröffentlichte Rjabow 1989 – im vierten Jahr von Glasnost und Perestrojka – einen Artikel und ein Foto zu den Funden in der Zeitschrift »Moskowskije Nowosti«, aber wirkliche Bewegung kam erst in die Angelegenheit, als sich Awdonin 1991 an die Behörden des Swerdlowsker Bezirks wandte. Diese informierten Boris Jelzin, und ein paar Wochen später wurden unter höchster Sicherheitsvorkehrung die neun Skelette geborgen.

Zudem war über Jahre hinweg eine dubiose Anastasia aufgetaucht, die mit Intimkenntnissen über den Zarenhof überrascht und behauptet hatte, die jüngste Tochter des Zaren gewesen zu sein. Sie sei damals mit Hilfe eines bolschewistischen Soldaten dem Massaker entkommen. Der Fall ging durch die Weltpresse; aber es stellte sich heraus, daß hier jemand »abgerichtet« worden war, um an das Vermögen der Zarenfamilie heranzukommen. Die falsche Anastasia hieß Anna Anderson-Manahan, sie verstarb im US-Bundesstaat Virginia.

Edward Radsinski, der nach Tschechow inzwischen meistgespielte Dramatiker Rußlands, fand übrigens einen Bericht, den jener Mann verfaßt hatte, der die Ermordung der Zarenfamilie kommandierte: Jakow Jurowskij. In der Aufzeichnung heißt es: »Dem Kommando war vorher gesagt worden, wer auf wen schießen sollte, und es war befohlen worden, aufs Herz zu zielen, um größere Blutlachen zu vermeiden und schnell fertig zu werden.« Jurowskij berichtete, er habe zwei Waffen bei sich getragen: »Einen Colt Nummer 71906 mit Magazin und sieben Patronen und eine Mauser Nr. 167177 mit Holzfutteral und einem Magazin mit zehn Patronen. Mit dem Colt habe ich Nikolaus getötet.« Jurowskij starb zwanzig Jahre später im Kreml-Krankenhaus qualvoll an einer Geschwulst.

2.

April 1992. Zum ersten Mal seit der Ermordung der Zarenfamilie wird wieder ein Mitglied der Romanow-Familie in Rußland beigesetzt. Im Beisein von etwa achttausend St. Petersburger Bürgern liest in der früheren Hauptstadt Rußlands der Patriarch von Moskau und ganz Rußland, Alexei II., die Totenmesse für den am 21. April verstorbenen vierundsiebzigjährigen russischen Thronwärter, Großfürst Wladimir Kyrillowitsch Romanow.

Laut Beschluß der Stadtführung wird er in der Fürstengruft der Romanows neben der Peter-Pauls-Kathedrale seine letzte Ruhestätte finden, wo die Zaren seit Peter dem Großen beigesetzt sind. (In der Gruft werden zur Zeit des Begräbnisses allerdings Rekonstruktionsarbeiten durchgeführt, weil unter sowjetischer Herrschaft die Grabplatten der Romanows entfernt worden waren.)

Der Großfürst war das dritte Kind und der einzige Sohn von Großfürst Kyrill Wladimirowitsch, Vetter ersten Grades des letzten Zaren Nikolaus II. und seiner Frau. Während der Revolution wurde der Großfürst im finnischen Exil geboren. Nach Aufenthalten unter anderem im oberfränkischen Coburg, in Spanien und England ließ sich der russische Thronanwärter schließlich im französischen Saint-Briac in der Bretagne nieder. Als sein Vater Kyrill 1938 in Paris starb, wurde der Großfürst automatisch neues Oberhaupt der ehemaligen Herrscherfamilie. Nach seinem Tod in Miami – er brach während einer Pressekonferenz zusammen – ist nun seine achtunddreißigjährige Tochter Maria Anwärterin auf die russische Krone.

3.

Inzwischen stellte sich heraus, daß einer der wenigen führenden Kommunisten, die das Dokument schon vorher kannten, Boris Jelzin war, einst Parteichef von Swerdlowsk. Gorbatschow war es dann, der auch die Privatarchive der Zarenfamilie freigab und zuließ, daß am Ort der Ermordung von Zar Nikolaus II., seiner Frau und seiner Familie ein Kreuz aufgestellt wurde. Es wuchs die Neugierde auf totgeschwiegene Geschichte.

Jelzin im Jahre 1990: »In meiner Zeit als Erster Sekretär des Gebietskomitees wurde das Ipatjewhaus, in dem die Zarenfamilie ermordet worden war, zerstört. Es war immer eine Art Wallfahrtsziel für die Menschen gewesen, obwohl es sich äußerlich kaum von den alten Nachbarhäusern unterschied. Es beherbergte irgendwelche kleinen Büros. Die Menschen blieben dennoch davor stehen, warfen einen Blick durch die Fenster und betrachteten es schweigend . . . Eines Tages erhielt ich eine geheime Mitteilung aus Moskau. Als ich sie las, traute ich meinen Augen nicht: Es war eine Anordnung des Politbüros über den Abriß des Ipatjewhauses in Swerdlowsk. Da diese Anweisung geheim war, mußte das Gebietsparteikomitee die gesamte Verantwortung für diese sinnlose Entscheidung übernehmen.

Schon in der ersten Sitzung des Gebietskomiteebüros stieß ich auf schroffe Ablehnung des Befehls aus Moskau. Doch eine Anordnung des Politbüros mußten wir ausführen. Ein paar Tage später fuhren schwere Geräte nachts vor dem Ipatjewhaus auf, und am anderen Morgen war nichts mehr davon zu sehen. Später asphaltierte man die Stelle, wo es gestanden hatte.

Dies war eine weitere traurige Episode aus der Zeit der Stagnation. Schon damals fühlte ich, daß wir uns eines Tages dieser Barbarei schämen würden, aber dann würde man nichts mehr rückgängig machen können.«

4.

»Wir stehen, lieber Nikolaus, aber nicht auf eigenen Füßen. Wir sehen, aber immer nur das, was wir sehen wollen. Wir leben, aber das Leben ist in den Dingen, die wir wegwerfen.

Versteh uns, hilf uns, Grigori, wir müssen alles üben, einen Schritt tun, ein Wort sagen, einen Engel festhalten.«

Schreibt Alexandra, die letzte Zarin. Nein, nicht an Nikolaus II., den Zaren und Ehegatten. Sie schreibt es an Rasputin.

Hans-Dieter Schütt
Raymund Stolze

Grigorij Rasputin, sibirischer Bauer, abenteuerlicher »Freund« der Kaiserin Alexandra.

Die Dynastie

1613 wählt eine Landesversammlung den 16jährigen Michail Fjodorowitsch zum Zaren. Für den jungen Mann, der nicht für sein Amt qualifiziert ist, übernimmt dessen Vater, Fjodor Nikititsch Romanow (Filaret), die Regierungsgeschäfte.

1682 besteigt Peter I. (der Große) den Thron, leitet europäisierende Reformen ein, mit denen Rußland zur Großmacht wird (gest. 1725).

1730 stirbt mit Peter II. die männliche Linie der Romanows und

1762 mit Elisabeth (Tochter Peters des Großen) die direkte weibliche Linie aus.

1762 (Januar) erbt der Herzog von Holstein-Gottorp durch seine Mutter Anna, der Schwester Elisabeths, den Thron und bewahrt so den Namen Romanow, schafft die Folter ab und gewährt größere Glaubensfreiheit (»Toleranzgesetz«).

Noch 1762 (Juli) zettelt seine Frau Katharina (später die Große), geb. Sophie Friderike Auguste Prinzessin von Anhalt-Zerbst, einen Offiziersputsch gegen ihn an. Peter stirbt unter ungeklärten Umständen. Katharina übernimmt selbst die Herrschaft und ruft u. a. die deutschen Bauern ins Land an der Wolga.

1861 verfügt Alexander II. neben anderen Reformen die Aufhebung der Leibeigenschaft.

1887 Attentatsversuch auf Alexander III., an dem Lenins Bruder beteiligt ist.

1894 übernimmt Alexanders Sohn Nikolaus II. den Thron – er wird der letzte russische Zar und nennt sich »Nikolaus II., von Gottes hilfreicher Gnade Kaiser und Selbstherrscher aller Reußen, Zar zu Moskau, Kiew, Wladimir-Nowgorod, Zar zu Astrachan, Zar zu Polen, Zar von Sibirien, Zar der

Taurischen Chersones, Großfürst von Litauen, Wolhynien, Podolien und Finnland«.

1917 (Februar) dankt Nikolaus II. ab, im Juli 1918 wird er mit seiner Familie ermordet.

DAS JAHR 1917 (russ. »Februarrevolution«)

Januar: Streiks und antizaristische Demonstrationen. Versuch einer Palastrevolte zugunsten des Zarenbruders Michail (eingeleitet mit der Ermordung Rasputins).

Februar: Am 27. (12. März des neuen Kalenders) dankt der Zar ab. Provisorische Regierung aus Liberalen und Sozialrevolutionären. In Petrograd übernehmen Sowjets die Verwaltung (»Doppelherrschaft«).

April: Lenin kehrt am 3. nach Rußland zurück. »Aprilthesen« (»Alle Macht den Sowjets!«).

Juli: Niederlage der Bolschewiki durch Zerschlagung der »Julidemonstration«. Ende der »Doppelherrschaft«. Lenin flieht nach Finnland. Kurs der Bolschewiki in Richtung eines bewaffneten Aufstandes.

August: General Kornilow putscht am 25. gegen die Provisorische Regierung. Der Putsch scheitert am 27.

September: Mehrheiten für die Bolschewiki in den Sowjets der meisten Großstädte (u. a. Petrograd, Moskau, Kiew, Charkow).

Oktober: Lenin wieder in Petrograd. Der dortige Sowjet bildet am 10. ein »Revolutionäres Militärkomitee« zur unmittelbaren Leitung des Aufstandes. Es erlangt Kontrolle über sämtliche Truppen der Umgebung.

24./25. Oktober (6./7. November): Beginn des Aufstandes. Sturm aufs Winterpalais. Kerenski flieht. Im II. Allrussischen Sowjetkongreß knappe Mehrheit für die Bolschewiki und linken Sozialrevolutionäre. Am 26. Rat der Volkskommissare unter Lenin. Dekrete über den Frieden und den Boden.

BRIEFE

1914

Am 28. April alter Zeitrechnung (10. Mai) 1914 tritt der Zar, nachdem er in Livadia eine Sondergesandtschaft des Sultans empfangen hat, mit dem Ackerbauminister Kriwoschein eine Autoreise nach dem Gouvernement Cherson an.

Die »Schwarze Familie« ist die aus der Einleitung bekannte Gruppe um den Onkel des Zaren, den Großfürsten Nikolai Nikolajewitsch; »schwarz« wegen der beiden Prinzessinnen von Montenegro: Nikolai Nikolajewitsch ist mit Anastasia (Stana) Nikolajewna verheiratet, der zweiten Tochter Nikitas, und sein Bruder Peter Nikolajewitsch mit Nikitas ältester Tochter Militza.

Ania ist die aus der Einleitung bekannte Freundin der Zarin, Ania Wyrubowa.

Livadia, 28. April 1914

Mein Schatz, mein Geliebter!

Du wirst diese Zeilen lesen, wenn Du Dich an einem fremden Ort und in einem unbekannten Hause zur Ruhe legst. So Gott will, wird die Reise angenehm und interessant sein und nicht zu ermüdend oder zu staubig. Ich bin so froh, daß ich eine Landkarte habe und Dir Stunde für Stunde folgen kann. Du wirst mir schrecklich fehlen, aber ich bin um Deinetwillen froh, daß Du einmal zwei Tage fort bist, neue Eindrücke bekommst und nichts mehr von Anias Geschichten zu hören brauchst. Mein Herz ist schwer und wund – muß denn unsere Güte und Liebe immer so bezahlt werden? Die Schwarze Familie, und jetzt sie? Es wird einem immer gesagt, daß man nie genug lieben kann – nun haben wir ihr unsere Herzen und unser Heim gegeben, sogar unser Privatleben – und das haben wir dafür bekommen! Es ist schwer, nicht bitter zu werden, vieles scheint so entsetzlich ungerecht.

Möge Gott uns gnädig sein und uns helfen; das Herz ist mir so schwer! Ich bin verzweifelt. Laß uns diese zwei Tage alles zu vergessen suchen. Ich segne Dich und schlage ein Kreuz über Dich und halte Dich fest in meinen Armen. Morgen früh um neun werde ich in der Kirche sein, hoffentlich auch Donnerstag – ich bete so gern für Dich, wenn wir getrennt sind – kann mich nicht daran gewöhnen, Dich für so kurze Zeit nicht im Hause zu haben, obgleich ich ja unsere fünf Lieblinge habe.

Schlafe gut, mein Sonnenlicht, mein einzig Teurer, und tausend zarte Küsse.

Gott segne und schütze Dich.

*

Der folgende Brief ist der erste nach Ausbruch des Weltkrieges.
»Unser Freund« ist Rasputin.
Ernie ist der Großherzog Ernst Ludwig von Hessen, der Bruder der Zarin.
Olga, die jüngere Schwester des Zaren, die damals noch mit dem Herzog Peter von Oldenburg verheiratet war, hat, wie mehrere der Großfürstinnen und wie die Zarin selbst, ein Lazarett übernommen, und zwar nahe der Front.

Zarskoje Selo, 19. September 1914
Mein wirklich einziger Geliebter!
Ich bin um Deinetwillen so glücklich, daß Du es endlich ermöglichen kannst abzureisen, denn ich weiß, wie tief Du die ganze Zeit über gelitten hast – auch Dein unruhiger Schlaf war ein Beweis dafür. Ich habe diesen Gegenstand absichtlich nicht berührt, obgleich ich Deine Gefühle kannte und sie durchaus verstand, denn ich sah zu gleicher Zeit ein, daß es besser ist, wenn Du nicht an der Spitze der Armee bist. Diese Reise wird eine kleine Tröstung für Dich sein, und ich hoffe, daß Du es ermöglichen kannst, viele Truppen zu sehen. Ich kann mir ihre Freude, Dich zu sehen, und auch alle Deine Gefühle ausmalen – wie schade, daß ich nicht bei Dir sein und alles selbst sehen kann. Es ist härter als je, Dir, mein Engel, Lebewohl zu sagen; die Leere nach Deiner Abreise ist so

groß! Und dann weiß ich, daß auch Du bei all der Arbeit, der Du Dich nicht entziehst, doch Deine kleine Familie und Deinen teuern armen Liebling vermissen wirst. Jetzt, da unser Freund ihn gesehen hat, wird es ihm schnell bessergehen, und das wird Dir eine Stütze sein.

Hoffentlich treffen während Deiner Abwesenheit nur gute Nachrichten ein, denn der Gedanke, daß Du schlimme Nachricht allein tragen müßtest, macht mir das Herz bluten. Mich trösten die Besuche bei den Verwundeten, und deshalb verlangte ich sogar am letzten Morgen, während Du Empfang hattest, dorthin zu gehen, nur um stark zu bleiben und nicht vor Dir zusammenzubrechen. Ihre Leiden auch nur ein wenig zu lindern, hilft schon meinem wunden Herzen. Außer allem, was ich mit Dir, mit unserm geliebten Land und seinen Menschen durchmache, leide ich auch um meine kleine alte Heimat und ihre Truppen, um Ernie und manchen Freund, der dort in Kummer ist – aber wie vielen geht es ebenso. Und dann die Schande, die Erniedrigung, wenn man denkt, daß die Deutschen sich so benehmen! – persönlich schmerzt es mich am meisten, von Dir getrennt zu sein; wir sind daran nicht gewöhnt. Es sind bald zwanzig Jahre, daß ich Dir gehöre, und welch Glück ist alles für mich gewesen.

Wie lieb von Dir, daß Du Olga besuchen willst. Es wird sie aufmuntern und Dir guttun. Ich werde Dir für sie einen Brief und Sachen für die Verwundeten geben . . .

Ich segne Dich, und ich liebe Dich, wie wohl selten ein Mann geliebt worden ist.

Das Heiligenbild wird diese Nacht unter meinem Kissen liegen, bevor ich es Dir mit meinen innigsten Grüßen schicke.

✷

Am 20. September alter Zeitrechnung (4. Oktober) begibt sich der Zar für eine Woche zum Kriegsschauplatz am Njemen.

N. P. S., wie ihn die Zarin nennt, ist der aus der Einleitung bekannte Fregattenkapitän Nikolai Pawlowitsch Sablin, Flügeladjutant des Zaren, und sein Kollege ist Oberst Anatol Alexandrowitsch Mordwinow.

Mit Baby meint die Zarin den Großfürst-Thronfolger, mit Victoria ihre älteste Schwester, die mit dem englischen Admiral Prinz Ludwig von Battenberg verheiratet ist.

Georgie ist Victorias ältester Sohn Georg, der als Unterleutnant zur See auf dem britischen Linienschiff »New-Zealand« dient.

N. ist Nikolascha, der Großfürst Nikolai Nikolajewitsch.

Gr. (Grigori) ist Rasputin.

Zarskoje Selo, 20. September 1914

Mein einzig Geliebter!

Ich habe mich vor dem Diner aufs Bett gelegt, die Mädchen sind zur Kirche gegangen, und Baby beendet gerade seine Mahlzeit. Er hat nur manchmal leichte Schmerzen.

Es war ein schwerer Abschied, als ich Dein einsames, bleiches Gesicht mit den schweren, trüben Augen am Waggonfenster sah – mein Herz schrie danach, Du möchtest mich mitnehmen. Hättest Du nur N. P. S. oder Mordw(inow) bei Dir gehabt, wäre nur ein junges, liebes Gesicht in Deiner Nähe gewesen – Du würdest Dich weniger einsam und wärmer gefühlt haben. Ich kam nach Hause und brach zusammen. Ich betete, dann legte ich mich hin und rauchte, um mich wieder in Ordnung zu bringen. Als man meinen Augen nichts mehr ansah, ging ich zu Alexei hinauf und lag im Dunkeln eine Weile in seiner Nähe auf dem Sofa. Die Ruhe tat mir gut, denn ich war völlig erschöpft ...

Während des Tees las ich Kriegsberichte, und dann bekam ich endlich einen Brief von Victoria, der vom 1./13. September datiert ist – er war lange unterwegs, weil der durch einen Boten gebracht wurde. Ich entnehme ihm, was, wie ich denke, interessieren wird: »Wir haben während des langen Rückzugs der alliierten Armeen in Frankreich angstvolle Tage durchgemacht. Ganz unter uns gesagt (es ist schon besser, wenn Du nicht darüber sprichst), ließen die Franzosen anfangs die englische Armee den ganzen Anprall des schweren Flankenangriffs der Deutschen allein aushalten, und wären die englischen Truppen weniger zäh gewesen, so wären nicht nur sie selbst, sondern auch die französischen Streitkräfte zerquetscht worden. Man hat das nun wieder in Ordnung gebracht, und zwei französische Generäle, die an der Sache schuld waren, wurden von Joffre entfernt und durch andere ersetzt. Einer von ihnen trug sechs Briefe des englischen Oberbefehlshabers ungeöffnet in seiner Tasche – der andere hatte auf eine Bitte, Hilfe zu schicken, geantwortet, seine Pferde wären zu müde. Die Geschichte gehört jetzt der Vergangenheit an, sie hat aber Leben und Freiheit mancher guter Offiziere und Mannschaften gekostet. Zum Glück kam nichts an die Öffentlichkeit, und im allgemeinen wissen die Leute nichts davon ... Georgie gab uns einen Bericht über seine Teilnahme an dem Seetreffen von Helgoland. Er kommandierte den vorderen Geschützturm und feuerte eine ganze Zahl von Schüssen ab, wie sein Kapitän sagt, mit Kaltblütigkeit und gutem Urteil. G. sagt, den Versuch, die Docks des Kieler Kanals durch Flieger zu zerstören (die Brücken allein würden nicht viel nützen), behielte die Admiralität immer im Auge – aber es sei sehr schwierig, denn alles ist wohl verteidigt, und man müsse auf eine günstige Gelegenheit warten, sonst habe der Versuch keine Aussicht auf Erfolg. Es ist traurig, daß der einzige brauchbare Weg für Kriegsschiffe nach der Ostsee durch den Sund geht, der für Schlachtschiffe und schwere Kreuzer nicht tief genug ist. In der Nordsee haben die Deutschen bis weit hinaus Minen ausgestreut, wodurch sie rücksichtslos neutrale Handelsschiffe gefährden. Auch werden jetzt, da die ersten starken Herbstwinde wehen, die Minen (denn sie sind nicht verankert) an die holländische, norwegische und dänische Küste treiben (hoffentlich auch einige an die deutsche).«

Victoria läßt freundlichst grüßen. Die Sonne schien heute nachmittag so hell (aber nicht in mein Zimmer!), die Teestunde war traurig und einsam, und der Armstuhl sah ohne meinen Schatz darin so kummervoll aus ...

Gr. liebt Dich eifersüchtig und kann nicht hören, daß N. eine Rolle spielt.

Der Zar gibt den geplanten Besuch der von den Deutschen bedrohten Festungen Ossowitz auf.

»Meck« ist der mit der Organisation der Lazarettzüge betraute Kollegienrat W. W. von Meck, Sekretär der Großfürstin Elisabeth Feodorowna, der Schwester der Zarin.

»Ducky« ist die Schwester der Großfürstin Kyrill, Boris und Andrei.

Die Großfürstin Helena Wladimirowna ist verheiratet mit dem Prinzen Nikolaus von Griechenland.

Zarskoje Selo, 23. September 1914

Gott sei Dank, die Nachrichten sind fortdauernd gut, und die Preußen weichen zurück. Der Schlamm jagte sie hinweg. Meck schreibt, daß in Lemberg sehr viele Fälle von Cholera und Dysenterie vorkommen, aber sie ergreifen sanitäre Maßregeln.

Den Zeitungen nach hat es dort schwierige Augenblicke gegeben, ich hoffe aber, daß es nichts Ernsthaftes sein wird – man kann diesen Polen nicht trauen – schließlich sind wir ihre Feinde, und die Katholiken müssen uns hassen.

Ich werde den Brief heute abend beenden, ich kann nicht viel auf einmal schreiben.

Ich schreibe auf Briefpapier von Anastasia, Baby küßt Dich sehr, er hat gar keine Schmerzen, er liegt, weil das Knie noch geschwollen ist. Hoffentlich kann er aufsein, wenn Du zurückkommst...

Zarskoje Selo, 24. September 1914

Mein Herzensliebling!

Von ganzem Herzen danke ich Dir für Deinen lieben Brief. Deine zärtlichen Worte haben mich tief berührt und mein einsames Herz erwärmt. Ich empfinde aufs tiefste Deine Enttäuschung, weil man Dir rät, nicht nach der Festung zu gehen – es würde eine wirkliche Belohnung für diese wundervollen, tapferen Männer gewesen sein.

In Wilna liegen viele Truppen in Ruhestellung, da die Pferde so erschöpft sind, ich hoffe, daß Du sie besuchen kannst. Olga schrieb solch ein glückliches Telegramm, als sie Dich gesehen hatte. Das liebe Kind arbeitet so tapfer, und viele dankbare Herzen werden das Bild ihres strahlenden guten Wesens nach vorn bringen in die Front oder heim in die Dörfer, und daß sie Deine Schwester ist, wird das Band zwischen Dir und dem Volk noch stärker machen.

Ich lese da so einen hübschen Artikel in einem englischen Blatt – sie loben unsere Soldaten so sehr und sagen, daß ihre tiefe Religiösität und die Verehrung für ihren friedliebenden Monarchen sie so tapfer und für eine heilige Sache kämpfen läßt. – Wie unendlich schändlich ist es, daß die Deutschen die kleine Großherzogin von Luxemburg in ein Schloß bei Nürnberg eingesperrt haben – solch eine Beschimpfung! . . . Anias Bein ist heute viel besser, und sie hat die Absicht, wieder aufzusein, wenn Du zurückkommst.

Für eine halbe Stunde floh ich mit Olga nach Anias Haus, da unser Freund den Nachmittag bei ihr verbrachte und mich zu sehen wünschte. Er fragte nach Dir und hoffte, Du würdest die Festung besuchen. Dann hatten wir unsere Lektüre mit Prinzeß Gedroitz. – Nach dem Diner gingen die Mädchen zu Ania, wo N. P. war, und ich folgte nach dem Gebete. Wir arbeiteten, sie leimte, und er rauchte. Sie ist nicht übermäßig liebenswürdig in den letzten Tagen, denkt immer nur an sich und ihre Bequemlichkeit und läßt andere unter den Tisch kriechen, um ihr Bein auf einen Haufen Kissen zu legen, und macht sich kein Kopfzerbrechen, ob andere bequem sitzen – verwöhnt und schlecht aufgelegt. Den ganzen Tag kommen Menschen zu ihr auf Besuch, so hat sie keine Zeit, allein zu sein. Aber wenn Du zurückkommst, wird sie stöhnen, sie sei die ganze Zeit über unglücklich gewesen.

Man spricht noch immer von jenem Besitztum in den baltischen Provinzen, wo der Boden mit weißen Kennzeichen versehen ist und ein Hydroplan auf dem See liegt. Obgleich Offiziere von uns, die Zivilkleidung anzogen, ihn gesehen haben, ist es niemand erlaubt, dorthin zu gehen. – Ich wünschte, man prüfte die Sache einmal gründlich. – Es gibt überall so viele Spione, daß es wahr sein mag, aber es würde doch sehr traurig sein, weil es noch so viele loyale Untertanen in den baltischen Provinzen gibt. Dieser elende Krieg, wann will er jemals enden? Ich bin sicher, daß Wilhelm manchmal entsetzliche Momente der Verzweiflung durchmachen muß, wenn er begreift, daß er und besonders seine antirussische Umgebung es waren, die den Krieg begannen und ihr Land in den Ruin ziehen. All diese kleinen Staaten werden für Jahre an den Folgen leiden. Mir blutet das Herz, wenn ich daran denke, wie schwer Papa und Ernie kämpften, um unser kleines Land in jeder Hinsicht zu dem gegenwärtigen Wohlstand zu heben. – Mit Gottes Hilfe wird bei uns alles gutgehen und ruhmreich enden. Der Krieg hat die Geister erhoben, hat so viele rückständige Köpfe aufgeklärt, hat Einigkeit in unser Fühlen gebracht und ist im moralischen Sinne ein »gesunder Krieg«. Nur nach einem verlange ich, daß unsere Truppen sich in jedem Sinne vorbildlich benehmen und nicht rauben und plündern – daß sie diese Greuel den preußischen Truppen überlassen. Es wirkt demoralisierend, und dann verliert man auch die Kontrolle über die Leute, sie kämpfen zu ihrem persönlichen Nutzen und nicht für den Ruhm des Landes, wenn sie auf der Stufe von Straßenräubern lagen. – Es liegt kein Grund vor, schlechten Beispielen zu folgen – die Nachzügler, die »obozy«, sind der Fluch in diesem Falle, alle sprechen verzweifelt von ihnen, niemand kann ihnen Einhalt gebieten. – Es gibt immer an allen Dingen häßliche und schöne Seiten, und so ist es auch hier. – Solch ein Krieg müßte die Seelen reinigen, nicht sie beschmutzen; nicht wahr? – Ich weiß, daß einige Regimenter sehr streng sind und Ordnung zu halten suchen – aber ein Wort von oben würde nichts schaden, das ist meine eigene Idee, Liebster: denn ich möchte, daß man später einmal den Namen unserer Truppen in den Ländern mit Scheu und Respekt und mit Bewunderung nennen soll. Bei uns erfassen die Leute nicht immer ganz die Idee, daß das Eigentum anderer geheiligt ist und nicht berührt werden darf – daß Sieg nicht Plünderung bedeutet. – Laß auch die Priester in den Regimentern über diese Sache ein Wort zu den Leuten reden. –

Jetzt belästige ich Dich mit Dingen, die mich nichts angehen, aber ich tue es nur aus Liebe zu Deinen Soldaten und ihrem Ruf.

All meine Gebete und meine innigsten Gedanken folgen Dir; möge Gott Dir Mut, Stärke und Geduld geben – Glauben hast Du mehr als jemals, und er ist es, der Dich aufrecht erhält –, ja, Gebete und blindes Vertrauen allein auf die Gnade Gottes geben uns Kraft, alles zu ertragen. Und unser Freund hilft Dir, Dein schweres Kreuz und die großen Verantwortlichkeiten zu tragen – und alles wird recht gehen, denn das Recht ist auf unserer Seite. Wie wundervoll ist es, Dich bald zurückzuhaben. Dein einziges, treues Frauchen.

✷

Der Zar reist von neuem zur Front. Er kommt unter anderem nach Minsk und Cholm.

Zarskoje Selo, 20. Oktober 1914

Morgen werden es zwanzig Jahre, seit Du regierst und ich orthodox wurde! Wie die Jahre verflogen sind, wie viel wir miteinander durchlebt haben! Verzeih mir, wenn ich mit dem Bleistift schreibe, aber ich sitze auf dem Sofa, und Du bist noch beim Beichten. Noch einmal vergib deinem Sonnenschein, wenn er Dich irgendwie gekränkt oder beleidigt hat, und glaube ihm, er hat es nie absichtlich getan. – Danke Gott, daß wir morgen zusammen den Segen der heiligen Kommunion haben werden, sie wird Kraft und Frieden geben . . .

Ich schreibe Gr.s Telegramm ab für Dich zum Gedenken:

»Als mir die heiligen Geheimnisse des Abendmahls gespendet waren, als ich Christus angefleht, seinen Leib und sein Blut genossen hatte, da wurde mir im Geiste eine Vision von himmlischer, schöner Freudigkeit. Himmlische Mächte begleiten Dich gnadenvoll auf Deinem Weg, die Engel sind in den Reihen unserer Krieger, um unsere standhaften Helden mit Freude und Sieg zu beseligen.

Ich segne Dich.

Ich liebe Dich.

Ich verlange nach Dir.

Zarskoje Selo, 22. Oktober 1914

Wie schändlich, daß auf König Alberts Villa, in der er gerade jetzt lebt, Luftbomben geworfen worden sind – Gott sei Dank ist kein Unheil geschehen, aber ich habe noch nie jemand gekannt, der einen Souverän zu töten versucht hat, weil er während des Krieges sein Feind war!

Ich muß nun eine Viertelstunde vor dem Diner mit geschlossenen Augen ruhen und werde heute abend meinen Brief fortsetzen.

Ania ist bei glänzender Laune und unterhält ihren operierten jungen Freund, sie hat ihm Deinen »Skopin S.« zum Lesen gebracht.

∗

Die Zarin wünscht die Absetzung Lawrinowskys, des Gouverneurs von Taurien (in der Krim), und setzt sich mit dem Minister des Innern, Maklakow, hierüber in direkte Verbindung.

Kniazewitsch ist Generalmajor des Zaren.

Apraxin ist ein der Zarin zugeteilter Staatsrat, Graf P. N. Apraxin.

Zarskoje Selo, 25. Oktober 1914

Unser Freund kam gegen Abend für eine Stunde; er will Deine Rückkehr abwarten und dann auf eine Weile nach Hause reisen. Er hat Madame Muftizade gesehen, die in einer schrecklichen Stimmung war, und Ania war bei ihr. Es scheint, daß Lawrinowsky alles verdirbt, indem er gute Tataren gegen die Türken schickt und zu allen höchst ungerecht ist, so daß sie sie baten, nach ihrem Valideh zu kommen, um ihre Klagen auszusprechen, denn sie sind treu ergebene Untertanen. Sie möchten, daß Kniazewitsch an Lawrinowskys Stelle träte, und unser Freund wünscht, ich sollte schnell mit Maklakow sprechen, indem er sagt, man dürfe nicht die Zeit bis zu Deiner Rückkehr verlieren. Ich werde ihn daher kommen lassen, verzeih mir, wenn ich mich in etwas einmische, was mich nichts angeht, aber es geschieht zum Besten der Krim, und dann kann Dir Maklakow sofort einen Erlaß zur Unterschrift senden. Wenn Du Kniazewitsch nicht von der Armee fortlassen kannst (obgleich ich glaube, daß er auf der Krim nützlicher sein würde), dann muß ein anderer gefunden werden. Ich werde Maklakow sagen, daß Du und ich schon über Lawrinowsky gesprochen haben. Er scheint sehr brutal gegen die Tataren zu sein, und jetzt, da wir Krieg mit der Türkei haben, ist es sicher nicht der rechte Augenblick, sich so zu benehmen. Bitte sei mir nicht böse und gib mir telegraphisch irgendeine Antwort, daß Du meine Einmischung »billigst« oder »bedauerst« – und ob Du Kniazewitsch für einen guten Kandidaten hältst. Es wird mich beruhigen, und ich werde wissen, wie ich zu Mascha Muftizade reden soll. Du erinnerst Dich, als sie mich sprechen wollten wegen der Absendung von Sachen nach dem Regiment, wie er da ärgerlich sagte, die Tataren dürften sich nicht in ihren Trachten vor uns zeigen, und sie so immerfort beleidigt. In einem andern Gouvernement wird er besser am Platze sein; ich weiß, Apraxin ist derselben Meinung, er war tief bekümmert über die Veränderung, die er vorfand.

✻

Der im folgenden Brief genannte Admiral Eberhard ist der Kommandant der Flotte des Schwarzen Meeres.
 Georgie von Griechenland ist der älteste Bruder des Königs Konstantin von Griechenland. Dessen Frau ist die Prinzessin Marie Bonaparte.

Zarskoje Selo, 27. Oktober 1914
Mein einziger, liebster, teurer Nicky!
 Ich bin früher zu Bett gegangen, da ich sehr müde war – es war ein anstrengender Tag, und als um elf Uhr die Mädchen schlafen gingen, sagte ich auch Ania gute Nacht. Sie hat mir heute morgen keine sehr liebenswürdige Laune gezeigt – sie war eher, was man ungezogen nennen würde, und abends kam sie bedeutend später, als ausgemacht war, und benahm sich

mir gegenüber mürrisch. Sie flirtet stark mit dem jungen Ukrainer (sie vermißt Dich übrigens und verlangt nach Dir). Sie ist manchmal kolossal lustig. Als sich die Gelegenheit ergab, ging sie mit einer ganzen Schar unserer Verwundeten in die Stadt und amüsierte sich unendlich im Zug – sie mußte eine Rolle spielen und sprach nachher die ganze Zeit von sich und den Bemerkungen, die man über sie gemacht hatte. Beim Kriegsbeginn konnte an der Front nicht genug geschehen, jetzt langweilt es sie, weil es ihre Gedanken von ihrem Freunde abzieht, obgleich sie jeden Nachmittag zu ihm geht und des Abends noch einmal.

Wenn Du zurückkommst, wird sie Dir erzählen, wie schrecklich sie in Deiner Abwesenheit gelitten habe, obgleich sie es gründlich genießt, mit ihrem Freund allein zu sein, ihm den Kopf zu verdrehen, und sie wird tun, als habe sie Dich nicht ein bißchen vergessen. Sei höflich und fest, wenn Du zurückkommst, und erlaube ihr nicht, mit den Füßen herumzuspielen und dergleichen! Sonst wird es hinterher mit ihr schlimmer werden – sie braucht immer eine Abkühlung...

Ich bin gespannt, wie heute die Nachrichten sind – sie sagt, unser Freund sei etwas besorgt – vielleicht wird er morgen wieder alles sehen und um so mehr für den Erfolg beten. Ich küsse und segne immer abends Dein Kissen und sehne mich nach meinem Liebsten...

Ich sah in den Zeitungen, daß der griechische Georgie und seine Frau von Kopenhagen über Deutschland, Frankreich und Italien nach Griechenland gereist sind – ich bin erstaunt, daß man sie durchgelassen hat.

Was macht Eberhardt? Sie haben Poti bombardiert. –

Oh, dieser elende Krieg! Manchmal kann man gar nicht mehr davon hören, das Elend und das Blutvergießen brechen einem das Herz, Glaube, Hoffnung und Vertrauen auf Gottes unendliche Gerechtigkeit und Gnade halten einen aufrecht. – In Frankreich geht es sehr langsam vorwärts – aber wenn ich von Erfolg höre und daß die Deutschen große Verluste gehabt haben, dann bekomme ich einen solchen Stich ins

Herz, weil ich an Ernie und seine Truppen denke und an viele bekannte Namen.

Überall in der Welt Verluste! Nun, irgend etwas Gutes muß doch herauskommen, und sie werden nicht alle ihr Blut vergebens vergossen haben. Das Leben ist schwer zu verstehen – »Es muß so sein – habe Geduld«, das ist alles, was man sagen kann.

Man sehnt sich so, wieder ruhige, glückliche Zeiten zu haben! Aber wir werden lange warten müssen, bevor wir wieder in jeder Weise Frieden bekommen. Es ist nicht recht, niedergeschlagen zu sein, aber es gibt Augenblicke, wo das Gewicht so schwer ist und auf dem ganzen Lande lastet. Und Du hast seine ganze Wucht zu tragen.

Ich möchte Dir das Gewicht erleichtern, Dir helfen, es zu ertragen – Deine Stirne glattstreichen, Dich an mich drücken. Aber wenn wir zusammen sind, was so selten vorkommt, zeigen wir nichts von dem, was wir fühlen – jeder hält sich um des andern willen aufrecht und leidet schweigend. Warum nur? Wir haben in diesen zwanzig Jahren so viel miteinander durchlebt – und haben uns ohne Worte verstanden. Mein tapferer Junge, Gott helfe Dir, er gebe Dir Stärke und Weisheit, Glück und Erfolg.

Zarskoje Selo, 17. November 1914

Mein einzig Geliebter!

Der Zug trägt Dich weit von uns fort, wenn Du diese Zeilen liest. Wieder einmal ist die Stunde der Trennung gekommen – und jedesmal ist sie gleich hart zu ertragen. – Die Einsamkeit ist unendlich, wenn Du gegangen bist. Obgleich ich unsere lieben Kinder habe – ein Stück von meinem Leben ist gegangen, wir zwei sind eins.

Gott segne und schütze Dich auf Deiner Reise. Hoffentlich hast Du gute Eindrücke, streust Freude um Dich aus und bringst den Leidenden Stärke und Tröstung.

Du bringst immer »neues Leben«, wie unser Freund sagt. Ich bin froh, daß sein Telegramm kam, denn es beruhigt mich zu wissen, daß seine Gebete Dir folgen. –

Mein Trost ist unsere Arbeit im Hospital und der Besuch der Schwerverletzten im Großen Palast. – Ich fürchte nur Anias Stimmungen – als zuletzt unser Freund da war, sprach sie von ihrem schlimmen Bein und dann von ihrem kleinen Freund.

Hoffen wir, daß sie sich zu beherrschen weiß. Ich nehme jetzt alles kühler und gräme mich nicht wie früher über ihre Ungeschliffenheit und ihre Launen. Durch ihr Benehmen und ihre Worte auf der Krim ist ein Bruch entstanden – wir sind Freundinnen, und ich habe sie sehr gern und werde es auch in Zukunft tun, aber etwas ist dahin, ein Band ist durch ihr Benehmen gegen uns beide zerrissen – sie kann mir nie wieder so nahe stehen wie früher ... Man versucht, seinen Kummer zu verbergen und sich nicht damit zu brüsten – schließlich ist es härter für mich als für sie, obgleich sie das nicht zugibt – da Du alles für sie seiest und ich die Kinder habe –, aber sie hat mich, die sie liebt, wie sie sagt. Es ist nicht der Mühe wert, darüber zu sprechen, und es interessiert Dich ganz und gar nicht ...

Ich bin froh, daß Dich N. P. begleitet, es macht mich ruhiger zu wissen, daß er Dir nahe ist, und für ihn ist das eine solch kolossale Freude.

Unsere letzte gemeinsame Nacht, es ist so schrecklich einsam ohne Dich – und so still –, niemand wohnt in diesem Stockwerk.

✳

Der in dem folgenden Brief erwähnte Pawel Karlowitsch Mistschenko ist der General der Artillerie, Paul Iwanowitsch Mistschenko, Generaladjutant des Zaren.

Arseniew ist der Oberst Eugen Konstantinowitsch Arseniew, Flügeladjutant des Zaren.

Schulenburg ist der Graf Wladimir Eduardowitsch von der Schulenburg, Oberst a. D. und Chef des Invalidenhauses in Peterhof, der die Zarin in Wohltätigkeitsangelegenheiten berät.

Zarskoje Selo, 19. November 1914

Mein ganz einzig Geliebter!

Dein Brief war solch eine tiefe Freude und Tröstung für mich, Gott segne Dich dafür, und habe tausendmal zärtlichen Dank. Ich lese so gerne alle die lieben Dinge, die Du sagst, es erwärmt mich wieder, denn ich fühle nun einmal Deine Abwesenheit schmerzlich, überall fehlt mir das Beste, das Leben meines Hauses. Ich frühstücke jetzt immer auf dem Sofa, wenn wir allein sind. Wie gut, daß man Rennenkampf vor Deiner Ankunft fortgenommen hat, ich bin froh, wenn sie nur einen guten Ersatz für ihn finden – könnte es nicht zufällig Mistschenko sein? Er ist so beliebt bei den Truppen und ein gescheiter Kopf, nicht wahr? ...

Um neun Uhr gingen Olga, Anastasia, Baby und ich zu Arseniews Zug. Wir haben diesmal sehr schwer Verwundete, der Zug war in Suchatschew sechs Werst vom Schlachtfeld entfernt gewesen, und die Fenster hatten vom Artilleriefeuer gebebt, Aeroplane waren dort und über Warschau geflogen. Schulenberg sagte, daß das dreizehnte und vierzehnte Regiment der Sibirier schrecklich entsetzt von allem waren und glaubten, Gott sei mit den Deutschen, weil sie nicht fassen konnten, was Aeroplane und dergleichen sind, und daß man sie nicht dazu bringen konnte, voranzugehen – alles frische Truppen und keine wirklichen Sibirier.

Zarskoje Selo, 20. November 1914

Heute morgen war ich bei unserer ersten schweren Amputation (der ganze Arm wurde abgeschnitten). Ich helfe immer, indem ich die Instrumente zureiche, und Olga fädelt die Nadeln ein. Dann waren wir zum Verbinden eingeteilt (in unserm kleinen Hospital). Sehr ernsthafte Fälle in dem großen Hospital. Ich hatte arme Burschen mit schrecklichen Wunden..., einer glich kaum noch einem Menschen, so zerfetzt war er, vielleicht muß man ihn operieren, so schwarz war er, aber es besteht Hoffnung auf Rettung. Der Anblick war schrecklich, ich wusch und reinigte und pinselte mit Jod und rieb mit Vaselin ein. Ich verband sie und wickelte sie ein, es ging ganz gut, und ich fühle mich glücklicher, wenn ich unter Leitung eines Arztes das alles tue. Ich hatte drei solcher Verbände zu machen, und einer hatte eine kleine Kanüle drin. Das Herz blutet einem für sie. Ich will nicht mehr Einzelheiten beschreiben, es ist so traurig, aber da ich Frau und Mutter bin, empfinde ich für sie ganz besonders ...

Im Großen Palast zeigte mir einer der Offiziere deutsche Dumdumgeschosse. Sie waren sehr lang, dünn an der Spitze und sahen aus, als seien sie aus rotem Kupfer gemacht.

Ich entbehre Dich, ich sehne mich so sehr nach einem Kuß. Liebster, mein Kind, ich verlange nach Dir, ich denke an Dich und bete unaufhörlich für Dich. Nun leb wohl, mein Süßester, und Gott segne und beschütze Dich.

Ich drücke Dich zärtlich an mein Herz, ich küsse Dich innig und verbleibe für immer Dein Dich tief liebendes, kleines Frauchen Sonnenschein.

Die Kinder küssen Dich alle.

Zarskoje Selo, 21. November 1914

Meine Taube!

Ich möchte nicht, daß der Feldjäger morgen ohne einen Brief von mir weggeht. Dies ist das Telegramm, das ich gerade von unserm Freund erhielt: »Wenn Du die Verwundeten tröstest, erhöht Gott durch Deine Güte und Dein glorreiches Schaffen den Ruhm seines Namens.« – Es ist traurig, die Kleinen zu verlassen!

Der »dicke Orlow«, den die Zarin in den folgenden Zeilen erwähnt, ist der Generalmajor an der Seite des Zaren, Fürst Wladimir Nikolajewitsch Orlow, der Chef des Militärkabinetts.

Joachim ist der Prinz Joachim von Preußen.

Thora ist die Prinzessin Victoria von England, die Schwester Georgs V.

T. (Tante) Helena die älteste Schwester Eduards VII., die Prinzessin Christian von Schleswig-Holstein.

T. Beatrice ist die jüngste Schwester Eduards VII., die mit

dem Prinzen Heinrich von Battenberg verheiratet war. Die Zarin ist bekanntlich die Tochter einer Schwester beider Fürstinnen, der Prinzessin Alice (1878).

Georgie ist hier Georg V. von England.

Zarskoje Selo, 21. November 1914

Mein einzig geliebter Schatz!

Es ist nett, daß wir vor zwei Jahren zusammen in Smolensk waren (mit Graf Keller), so kann ich mir vorstellen, wo Du bist. Alexeis »Komitee« telegraphierte mir nach Deinem dortigen Besuch. Ich erinnere mich, daß sie Baby auf dem famosen Teeabend dort ein Heiligenbild gaben. – Seit Deiner Abreise noch keine Kriegsnachrichten vom dicken Orlow. Man erzählt sich, Joachim sei von unsern Truppen gefangengenommen – wenn das wahr ist, dann bin ich gespannt, wohin man ihn wohl geschickt hat ...

Wollte Gott, dieser entsetzliche Krieg könnte schneller enden, aber man entdeckt für lange Zeit keine Aussicht darauf. Natürlich sind die Österreicher wütend, weil sie von den Preußen angeführt werden, wer weiß, was für Geschichten sie sich jetzt gegenseitig nachreden. – Ich erhielt Briefe von Thora, T. Helena und T. Beatrice, alle lassen Dich vielmals grüßen und empfinden herzlich für Dich. Sie schreiben dasselbe über ihre Verwundeten und Gefangenen, auch ihnen hat man dieselben Lügen erzählt. Sie sagen, daß am größten der Haß auf England ist. Nach den Drahtmeldungen ist Georgie in Frankreich und besucht seine Verwundeten. – Unser Freund hofft, Du würdest nicht zu lange so weit wegbleiben. – Ich sende Dir Zeitungen und einen Brief von Ania.

Die russische Offensive gegen Ostpreußen ist zusammengebrochen. Die Berichte Nikolaus Nikolajewitschs sind trotzdem Siegesmeldungen.

Zarskoje Selo, 24. November 1914
Mein ganz einzig Geliebter!

Ich bin froh, daß Du solch einen herzlichen Empfang in Charkow gefunden hast – es muß Dir gutgetan und Dich aufgeheitert haben. Die Nachrichten von draußen machen einen so ängstlich – ich höre nicht auf das Stadtgeschwätz, das einen dabei noch ganz nervös machen kann, sondern ich glaube nur, was Nikolascha veröffentlicht. Trotzdem bat ich A., an unsern Freund zu telegraphieren, daß die Nachrichten sehr böse seien und wir um seine Gebete bäten. Ja, es ist ein starker Feind, der uns die Stirn bietet, und ein hartnäckiger ...

Ich sehne mich so nach Dir, mein Schatz – morgen wird es eine Woche, daß Du uns verlassen hast – Herz und Seele sind Dir immer nahe. Ich küsse Dich so zärtlich, wie ich es nur kann, und halte Dich fest in meinen Armen.

Gott segne und stärke Dich und gebe Dir Trost und Vertrauen.

Zarskoje Selo, 25. November 1914
Mein einzig Geliebter!

In aller Eile ein paar Zeilen. Wir hatten den ganzen Morgen zu tun – während einer Operation starb ein Soldat. Es war zu traurig und das erste Mal, daß es der Prinzessin passierte, und sie hat schon tausend Operationen mitgemacht; Verblutungen. Alle benahmen sich gut, niemand verlor den Kopf, und die Mädchen waren tapfer. Sie und Ania hatten ja bisher nie jemanden sterben sehen. Aber er starb in einer Minute – es machte uns alle so traurig, wie Du Dir denken kannst. Wie nahe ist doch immer der Tod! Wir fuhren mit einer anderen Operation fort. Morgen werden wir dasselbe wieder haben, und es kann ebenfalls unglücklich ausgehen, aber Gott verhüte das, und wir müssen versuchen, den Mann zu retten.

Zarskoje Selo, 26. November 1914
Ich fühle, meine Briefe sind sehr langweilig, aber ich bin verwirrt und müde, und die Gedanken wollen nicht kommen. Das Herz ist voll von Liebe und endloser Zärtlichkeit für

Dich. Ich erwarte ungeduldig Deinen versprochenen Brief, ich sehne mich danach, mehr von Dir zu wissen, und wie Du nach den Empfängen und Besichtigungen die Zeit im Zuge verbracht hast. Hoffentlich hast Du schönes Wetter und viel Sonne, hier ist es so grau und feucht. Bin seit Deiner Abreise nicht ausgewesen, nur in geschlossenem Auto. Möge St. Georg unsern Truppen besonderen Segen und Siege bringen. – Die Kinder und ich küssen Dich wie immer aufs Zärtlichste.

※

Der Skandal des Kriegsministers Suchomlinow, zu dessen Bestechungsaffären der schlechte Einfluß seiner Frau beigetragen hat, kommt der Zarin zu Ohren.

Obolensky ist der Stadthauptmann von Petersburg, Fürst Alexander Obolensky.

Rost. ist der Kabinettschef der Zarin. Wirklicher Staatsrat Graf Rostowzow.

Zarskoje Selo, 29. November 1914

Ich wünsche Suchomlinow nichts Schlimmes, im Gegenteil, aber seine Frau ist wirklich im höchsten Maße mauvais genre und hat alle Welt, besonders die militärischen Kreise, wütend auf sie gemacht, weil sie mich mit ihrer Ausstellung vom 26. »hineingelegt« hat. Gegen den Tag war nichts einzuwenden, und die Sänger wollten gratis in den Restaurants singen, um Geld für ihre Ausstellung zu sammeln. Ich erlaubte das auch. Zu meinem Schrecken sah ich dann in den Zeitungsannoncen, daß in allen Restaurants und Kabaretts (von üblem Ruf) Getränke zum Vorteil ihrer Zweigausstellung verkauft würden (mein Name stand in fetten Buchstaben dabei), und zwar bis drei Uhr morgens (wo jetzt alle Restaurants um zwölf geschlossen werden), und daß Tango und andere Tänze zu ihrem Nutzen getanzt würden. Es machte einen schrecklichen Eindruck. Du hast (Gott sei Dank) den Wein verboten, und ich verleite sozusagen dazu für die schreckliche Ausstellung, und mit Recht sind alle wütend, auch die Verwundeten. Die Adjutanten des Ministers mußten Geld sammeln. Es gab keine Möglichkeit mehr, die Sache zu verhindern; so baten wir Obolensky zu befehlen, daß mit Ausnahme der besseren Lokale alles um zwölf Uhr schließen mußte.

Die Närrin schädigt ihren Mann und bricht sich selbst den Hals. Sie sammelt Geld und Sachen in meinem Namen und gibt es in ihrem Namen aus. Sie ist ein gewöhnliches Weib und eine gemeine Seele, deshalb geschehen solche Dinge. Zwar gibt sie sich viele Mühe und tut manches Gute, aber sie schadet Suchomlinow doch sehr, er ist ihr blinder Sklave – und alle wissen es. Ich wollte, ich könnte ihn warnen, damit er sie am Zügel hält. Als Rost. ihm meine Mißbilligung erzählte, war er verzweifelt und fragte, ob sie ihre Ausstellung schließen müßte. Rost. verneinte natürlich und sagte, daß ich das Gute kenne, das sie täte, sie habe nur höchst verwerflich gehandelt. – Genug hiervon, ich wollte nur, daß Du die Geschichte erführest, weil sehr scharfe Artikel darüber in den Zeitungen gestanden haben. – Deshalb würde eine neue Kollekte von ihrer Seite die Sache noch schlimmer machen. Man wünschte, daß ich eine Weihnachtssammlung veranstalten möchte. Ich habe aber das Projekt abgelehnt, man kann nicht unaufhörlich weiter betteln, das ist nicht hübsch.

✳

Der folgende Brief der Zarin nennt den Leibarzt des Zaren Botkin und »Ella«, die Schwester der Zarin, die Großfürstin Elisabeth Feodorowna.

»Alek« ist der General der Infanterie, Herzog Alexander von Oldenburg, Ehrendoktor der Medizin, oberster Chef des Sanitäts- und Evakutionswesens, Mitglied des Reichsrats und Senator.

»Mme. Becker« ist ein gesundheitliches »Schlafzimmerwort« – vermutlich ein Tarnwort für die weibliche Periode.

Zarskoje Selo, 14. Dezember 1914

Mein ganz einzig Geliebter!

Ein Feldjäger reist ab, deshalb beeile ich mich, Dir einige Zeilen zu senden. Unseres Lieblings Fuß ist ganz in Ordnung, er tut ihm nur beim Auftreten etwas weh, deshalb zieht er es vor, ihn nicht zu gebrauchen, und bleibt auf dem Sofa. Maries Angina ist besser, sie schlief gut und hat siebenunddreißig Grad, Tatjana hat Mme. Becker, sie steht nur zum Frühstück auf. Botkin hat mir Bettruhe verordnet, da mein Herz noch sehr erweitert ist, schmerzt und ich keine Medizin einnehmen kann. Auch fühle ich mich sehr müde und habe überall Schmerzen. Gestern blieb ich auf dem Sofa, mit Ausnahme der Zeit, wo ich zu Marie und Baby hinaufging ...

Wie schrecklich war unser Abschied in Moskau. Ich sah Dich unter einer Menge Menschen stehen (alle waren Dir in jeder Beziehung so ungleich), und ich mußte grüßen und sie anblicken und lächeln und konnte nicht meine Augen auf Dich gerichtet halten, wie ich es gewünscht hätte. – Du weißt, daß vor unserer Ankunft in Moskau drei Militärhospitäler mit deutschen und österreichischen Verwundeten nach Kasan überführt wurden. Ich las die Beschreibung eines jungen Mannes (eines Russen), der sie übernahm – viele Halbsterbende, die auf der Straße starben und mit ihren entsetzlichen, brandig riechenden Verwundungen nie hätten in Marsch gesetzt werden dürfen. Seit Tagen waren sie nicht verbunden worden, und gerade während ihrer Weihnachtstage wurden sie in widerwärtigen Sanitätszügen so gefoltert. Von einem Hospital wurden sie sogar ohne einen begleitenden Arzt, nur mit Sanitätssoldaten, fortgeschickt. – Ich habe Ella einen Brief geschrieben, sie solle sich danach erkundigen und gehörigen Skandal machen, es ist schrecklich und mir völlig unbegreiflich ...

Man sagt, der Synod habe verordnet, es dürfte keine Weihnachtsbäume geben. Ich werde die Wahrheit darüber feststellen und dann Lärm schlagen. Es geht weder sie noch die Kirche etwas an, und warum soll man den Verwundeten und Kindern eine Freude nehmen, wenn sei auch ursprünglich aus Deutschland kamen – die Beschränktheit ist zu kolossal.

Zarskoje Selo, 15. Dezember 1914
Ella schrieb voll Verzweiflung und versuchte, der Sache mit den Zügen und Hospitälern auf den Grund zu kommen – sie glaubt, die Befehle kamen aus Petrograd. Die Befehle von dort sind manchmal sehr grausam gegen die Verwundeten in den Militärhospitälern. Wenn sie alles weiß, will sie an Alek schreiben.

Der Zar dankt ab (1917)

1915

Der latente Konflikt zwischen der Zarin und dem Großfürsten Nikolai Nikolajewitsch beginnt, sich zu verschärfen.

Zarskoje Selo, 22. Januar 1915

Mein Geliebter!
Ich habe gerade gehört, daß ein Feldjäger fortgeht, und beeile mich deshalb, einige Zeilen zu senden. Baby verbrachte den Tag sehr wohl und hatte kein Fieber. Er beginnt aber jetzt etwas über sein Bein zu klagen und fürchtet sich vor der Nacht. – Von der Station ging ich bis elf Uhr zu ihm und dann bis ein Uhr zum Hospital; ich saß bei Ania, der es gutgeht. Sie bat mich, Dir zu sagen, was sie von unserem Freund zu übermitteln vergaß: daß Du in Deinem Manifest bestimmt nicht ein einziges Mal den Namen des Höchstkommandierenden erwähnen darfst – es muß einzig von Dir aus an das Volk gerichtet sein. – Dann ging ich hinein, um die Verwundung unseres Fähnrichs zu sehen – schrecklich, die Knochen waren ganz zerschmettert, er litt grauenhaft während des Verbindens. Aber er sprach kein Wort, er wurde nur bleich, und der Schweiß rann über sein Gesicht und seinen Körper. – In jedem Saal fotografierte ich die Offiziere. Nach dem Frühstück verabschiedete ich mich, und dann ruhte ich aus und hielt ein kleines Schläfchen, wonach ich zu Alexei hinaufging. Ich las ihm vor, wir spielten zusammen und tranken dann an seinem Bett Tee.

Zarskoje Selo, 27. Januar 1915

Mein einzig geliebter Nicky!
Ich erhielt gerade Dein Telegramm aus Kiew und bin sicher, daß Du einen ermüdenden Tag hast. Wie abscheulich, daß die »Breslau« Jalta bombardiert hat, nur aus Bosheit.

Gott sei Dank gab es keine Opfer. Gewiß sehnst Du Dich danach, mit dem Auto »hinzufliegen«, um den angerichteten Schaden zu besichtigen. Es wird an der Front wieder stark gekämpft, und es gibt auf allen Seiten schwere Verluste; diese Dumdumgeschosse sind teuflisch!

Heute früh hatten wir eine Operation, sie dauerte ziemlich lange, lief aber gut ab. Ania geht es gut, obgleich ihr rechtes Bein schmerzt. Aber die Temperatur war abends fast normal. Nur spricht sie davon, wieder nach Hause zu kommen. Ich kann mir dann mein Leben vorstellen! Gestern ging ich ausnahmsweise zu ihr, um so nachher ein klein wenig mit den Offizieren zusammenzusitzen, wozu ich nie Gelegenheit habe. Sie redet immer davon, wie mager sie geworden sei, obgleich ich ihren Leib und ihre Beine kolossal finde (und höchst widerwärtig). Ihr Gesicht ist rosig, aber ihre Wangen sind weniger rund, und sie hat Schatten unter den Augen. Sie bekommt eine Menge Besuch; aber, du lieber Himmel, wie fern steht sie mir jetzt seit ihrem abscheulichen Benehmen, besonders im Herbst, Winter und Frühling 1914. Für mich können die Dinge nie wieder so werden wie früher. Sie hat das intime Band zerrissen, das so schön war in den letzten vier Jahren. Ich kann mich nicht mehr wie sonst mit ihr froh fühlen – obgleich sie sagt, daß sie mich so liebt. Ich weiß, es ist viel weniger als früher, und alles bezieht sich nur auf sie selbst – und auf Dich. Wir müssen vorsichtig sein, wenn Du zurückkommst. Wie sehr wünschte ich, man könnte diese abscheuliche kleine »Breslau« versenken!

Die Winterschlacht in Masuren bringt der russischen 10. Armee eine schwere Niederlage, die Karpatenschlachten beginnen, die Duma wird mit einer patriotischen Rede ihres Präsidenten, des Oktobristen Rodzianko, eröffnet. Nach ihm sprechen Ministerpräsident Goremykin und der Minister des Äußeren, Sassonow.

Zarskoje Selo, 28. Januar 1915
Nikolaschas Telegramm erfüllte das Herz mit Bewunderung und tiefster Bewegung – welche Tapferkeit, zweiundzwanzig Angriffe an einem Tag auszuhalten.

Sie sind alle wirkliche Heilige und Helden. Aber was für grausige Verluste haben die Deutschen, und sie scheinen sich nichts daraus zu machen. Vielen Dank für die Übersendung dieser Telegramme.

Man sagt, Rodyiankos Ansprache sei wundervoll gewesen, besonders zum Schluß, ich hatte noch keine Zeit, sie zu lesen.

*

Der Zar besucht Sewastopol und das Schwarze-Meer-Geschwader.
Fred. oder Fredr. ist der alte General der Kavallerie und Generaladjutant Graf Fredericksz der Minister des Kaiserlichen Hauses.

Zarskoje Selo, 29. Januar 1915
Mein einzig Geliebter!
Herzlichen Dank für die beiden lieben Telegramme. Ich kann mir vorstellen, wie erhebend es war, an Bord unserer teueren Schiffe zu gehen, und wie Dein lieber Besuch ihnen neuen Mut für ihr schweres Werk gegeben hat. Man sehnt sich danach, daß sie bald die »Breslau« zu fassen bekommen, ehe sie weiteres Unheil anrichtet. Wie gut, daß erst so wenige Verwundete in dem Hospital waren ...

Ania geht es besser, aber ihre Laune ist nicht besonders – ich füttere sie, und so aß sie richtig und schläft jetzt ganz gut.

Heute konnte ich die meisten Verwundeten nicht besuchen, es war keine Zeit.

Ich bin so froh, daß Du Dich mit N. gut unterhalten hast. Freder ist etwas verzweifelt (mit Recht) über manche unvernünftigen Befehle von ihm, die alles nur noch schlimmer machen, und über Dinge, die man besser jetzt nicht bespricht. Andere beeinflussen ihn, und er versucht, Deine Rolle zu spielen, was sehr unrecht ist – mit Ausnahme der militärischen

Angelegenheiten. Man sollte dem ein Ende machen – vor Gott und den Menschen darf man Deine Rechte nicht so usurpieren, wie er es tut. Er kann schriftlich alles in Ordnung bringen, und Du mußt später unter großen Schwierigkeiten alles wieder instand setzen. Mich verletzt das sehr. Man hat kein Recht, von seinen ungewöhnlich großen Vorrechten so zu profitieren, wie er es tut.

Das Wetter bleibt andauernd herrlich, aber ich kann es nicht wagen, in den Garten zu gehen.

Zarskoje Selo, 30. Januar 1915

Mein einziger Geliebter!

Dies ist wahrscheinlich mein letzter Brief an Dich. So interessant alle Nachrichten aus Sewastopol sind, ich bedauere doch, nicht bei Dir zu sein. Wie interessant war alles, was Du gesehen hast, Du wirst mir eine Menge zu erzählen haben. Gott sei Dank gab es so wenig Verwundete. Aber es muß Dir wie ein Traum erschienen sein, mit der Dampfbarkasse um das Geschwader zu fahren, und so erhebend – Gott segne die Teuern und gebe ihnen Erfolg. Ich glaube, nachts muß die Finsternis sehr stark gewesen sein. – Leider sind die Nachrichten aus Ostpreußen nicht so gut, und wir mußten zum zweitenmal zurückgehen – nun, wir werden unsere Kräfte nur desto stärker beisammen haben.

Zarskoje Selo, 2. März 1915

Die Idee, in ein Hospital in der Stadt zu gehen, ist ziemlich unangenehm, aber ich weiß, es muß sein, und so werden wir morgen nachmittag hingehen ... In der Frühe wird Karangosows Blinddarm operiert. Wie froh bin ich, daß du täglich Deinen Spaziergang machst. Gott gebe, daß Du wirklich viel sehen und Dich draußen mit den Generälen besprechen kannst. Ich habe Wiltschkowskz beauftragt, dem dicken Orlow ein gedrucktes Zirkular zu senden, das einer der Verwundeten von seinen Chefs bekommen hat – viel zu strenge, vollkommen ungerechte und grausame Befehle –, wenn ein Offizier nicht zur bestimmten Zeit zurückkehrt, dann wird er diszipliniert, bestraft usw. Ich kann es nicht schreiben, das Zirkular sagt Dir alles. Man kommt zu der Einsicht, daß diejenigen, die verwundet sind, doppelt schlecht behandelt werden – dann ist es besser, zurückzubleiben oder sich zu verstecken, um nicht betroffen zu werden, und ich finde das höchst unschön. Ich glaube auch nicht, daß es überall so ist, höchstens in einigen Armeen. Vergib mir, mein Lieb, wenn ich Dich damit belästige, aber du kannst in diesem Punkte helfen, und man möchte nicht, daß sich Bitterkeit in ihren armen Herzen festsetzt. Ich muß schließen. Grüße und Küsse ohne Ende.

Immer Dein Sonnenschein.

Zarskoje Selo, 2. März 1915

Mein einzig Süßer!

Ich beginne meinen Brief heute abend, weil ich mit Dir plaudern möchte. Dein Frauchen fühlt sich entsetzlich traurig! Mein armer, verwundeter Freund ist gestorben! Gott hat ihn still und friedlich zu sich genommen. Ich war wie gewöhnlich morgens und nachmittags mehr als eine Stunde bei ihm. Er sprach viel – immer im Flüsterton – und nur über seinen Dienst im Kaukasus –, er war schrecklich interessant und so strahlend mit seinen großen, glänzenden Augen. Vor Tisch legte ich mich hin und wurde von dem Gefühl gequält, es könnte sich während der Nacht plötzlich sein Zustand verschlimmern, man würde mich nicht rufen und so fort – so daß ich, als die Oberschwester eines von den Mädchen ans Telefon rief, ihnen sagte, ich wüßte schon, was geschehen sei, und hinflog, um selbst die traurige Nachricht zu hören. Nachdem M. und A. zu Ania gegangen waren (um Anias Schwägerin und Olga Woronow zu sprechen), fuhren Olga und ich nach dem Großen Palast, um ihn zu sehen. Er lag da so friedlich, bedeckt von meinen Blumen, die ich ihm täglich brachte, mit seinem lieblichen, stillen Lächeln – die Stirne noch ganz warm. Ich konnte mich nicht beruhigen, so sandte ich Olga zu den anderen und kam in Tränen nach Hause. Die Oberschwester kann es auch nicht fassen – er war ganz ruhig, guten Muts, sagte, er fühle sich ein klein wenig unbehaglich, und als die Schwester nach zehn Minuten, nachdem sie gegangen war, wieder hereinkam, fand sie ihn mit stieren Augen, ganz blau. Er atmete zweimal – und alles war vorbei. Er blieb friedlich bis zum Ende. Niemals pflegte er sich zu beklagen, nie fragte er nach etwas, er war die Milde selbst, wie sie sagte. Alle liebten ihn. Und dann dieses strahlende Lächeln. Du, mein Lieb, verstehst, was es heißt, wenn man täglich dort gewesen ist, nur daran gedacht hat, ihm Freude zu geben – und plötzlich ist es aus. Und nachdem unser Freund von ihm gesagt hatte – erinnerst Du Dich? –, daß »er uns nicht so bald verlassen« würde, da war ich so sicher, er würde sich erholen, wenn auch nur sehr langsam. Er sehnte sich so, zu seinem Regiment zurückzukommen – er war vorgeschlagen für das goldene Schwert und den St.-G.-Orden und zu einer Beförderung. Vergib, daß ich soviel über ihn schreibe, aber meine Besuche dort und die Pflege haben mir so über Dein Fernbleiben hinweggeholfen, und ich fühlte, daß Gott mich ein wenig Sonnenschein in seine Einsamkeit bringen ließ. So ist das Leben! Wieder hat eine tapfere Seele diese Welt verlassen, um droben unter die strahlenden Sterne versetzt zu werden. Doch wieviel Kummer gibt es überall – Gott sei Dank, daß wir die Möglichkeit haben, wenigsten einigen in ihren Leiden Linderung zu bringen und ihnen in ihrer Verlassenheit das Gefühl eines Heims zu geben. Man sehnt sich, diesen tapferen Geschöpfen Mitgefühl und Hilfe zu erweisen und ihnen ihre lieben Angehörigen zu ersetzen, die nicht kommen können. – Ich darf Dich nicht traurig machen durch meine Briefe, aber ich konnte es nicht länger ertragen – ich mußte es einmal aussprechen.

Im folgenden Brief erwähnt die Zarin ihren Schwager Mischa, den Großfürsten Michael Alexandrowitsch. Dieser jetzt siebenunddreißigjährige, einzige Bruder des Zaren hat im Oktober 1911 ohne Zustimmung Nikolaus II. eine Ehe geschossen. Seine Gattin ist die geschiedene Frau eines Deutschrussen, des Hofpolizeimeisters von Wulfert. Ein Manifest des Zaren hat ihn der Regentschaftsrechte, die ihm für den Fall eines vorzeitigen

Todes seines Bruders zustanden, enthoben. Später ist der Gattin Michaels der Titel einer Gräfin Brassow verliehen worden.

Zarskoje Selo, 4. März 1915

Mein einzig teurer Liebling!

Wie Dich alle diese schwierigen Unterredungen ermüden müssen. Gebe Gott, daß die Kohlenfrage bald zur Zufriedenheit erledigt ist und die Geschützfrage auch. Aber die andern müssen ja auch bald mit ihren Vorräten zu Ende sein. – Wegen Mischa bin ich so glücklich, schreibe es an Deine liebe Mutter, es wird ihr guttun, wenn sie es erfährt. Ich bin sicher, daß dieser Krieg ihn mehr zum Mann machen wird – wenn man sie nur aus seinem Bereich entfernen könnte, ihr diktatorischer Einfluß ist so schädlich für ihn. Ich werde den Kindern auftragen, Dein Briefpapier zu holen, und es mit diesem Brief schicken. Baby hat französisch geschrieben. Ich habe ihn dazu veranlaßt, und er schreibt so ungezwungener als mit Peter Wassiliewitsch. Sein Bein ist fast ganz in Ordnung, er lahmt nicht, die rechte Hand ist verbunden, da sie etwas geschwollen ist, so daß er jetzt wahrscheinlich ein paar Tage nicht schreiben kann. Aber er geht zweimal täglich aus.

Zarskoje Selo, 6. März 1915

Gestern haben sie den armen Jungen begraben, und Schwester Liubuscha sagte, er hätte noch sein glückliches Leben gehabt – nur die Farbe war verändert, aber der Ausdruck, den wir so gut kannten, war nicht verschwunden. Immer hatte er ein Lächeln, immer erzählte er ihr, er sei so glücklich und brauche nichts mehr, seine strahlenden Augen trafen jeden, und er war nach einem auf und ab wogenden Leben, nach romantischen Schicksalsschlägen, Gott sei Dank, mit uns glücklich.

Zarskoje Selo, 7. März 1915

Mein einzig Geliebter!

Eine Woche ist es her, daß Du uns verlassen hast, es scheint mir viel länger. Deine Telegramme und Briefe sind Tröstung, und ich lese sie fortwährend. Du weißt, ich muß mich um mein müdes, altes Ich bekümmern, und heute stand ich wieder erst vor acht auf. Ania will das nicht verstehen, der Doktor, die Kinder und ich erklären es ihr, und doch schickt sie jeden Tag fünf Briefe und bittet mich zu kommen. Sie weiß, ich liege zu Bett, und doch tut sie so, als sei sie erstaunt darüber. Wie selbstsüchtig! Sie weiß, ich unterlasse es nie, zu ihr zu gehen, wenn ich nur kann, auch in todmüdem Zustand. Trotzdem murrte sie, weil ich zweimal täglich zu einem unbekannten Offizier ging, und kümmerte sich nicht um die Bemerkung Botkins, daß er mich brauchte, und daß sie fast den ganzen Tag über immer Gäste hat. Meine Besuche bei ihr kommen ihr, glaube ich, wie eine Schuldigkeit vor, und deshalb scheint sie sie wohl manchmal nicht zu schätzen – während andere für jede Sekunde dankbar sind, die ich ihnen widme. Es ist ganz gut, daß sie mich einige Tage nicht sieht – obgleich der sechste Brief von gestern abend klagte, sie hätte so lange keine Gutenachtküsse und Grüße gehabt. Wenn sie sich doch freundlich einmal erinnern möchte, wer ich zufällig bin, dann würde sie vielleicht verstehen lernen, daß ich außer ihr noch andere Verpflichtungen habe. Hundertmal sagte ich ihr auch von Dir, wer Du bist, daß ein Kaiser nicht zweimal täglich zu einer kranken Person geht, was man denn sonst denken würde, und daß Du zuerst Dein Land hast und an alles zu denken, und dann abgearbeitet bist und Luft brauchst und daß es gut wäre, wenn Du mit Baby draußen bist usw. Es ist, als spräche man zu einem Stein – sie will es nicht verstehen, weil sie allem vorangeht ... Nun genug davon!

Zarskoje Selo, 8. März 1915

Mein einzig Geliebter!

Hoffentlich erhältst Du regelmäßig meine Briefe, ich schreibe und numeriere sie täglich, auch in meinem kleinen lila Buch. – Verzeihe, wenn ich Dich mit der Übersendung einer Petition belästige, aber man möchte so gerne diesen armen Leuten helfen – ich glaube, es ist das zweite Mal, daß sie schreiben –, gib bitte eine Entscheidung, und schicke sie dem Justizminister ...

Wie gut ist es, daß Memel genommen wurde, das haben sie sicher nicht erwartet, und es wird eine gute Lektion für sie. Und von überall her scheinen, Gott sei Dank, die Nachrichten gut zu sein, ich habe jetzt Zeit, sie alle durchzulesen, da ich zu Bett liege. Ich lege mich jetzt schon um halb fünf aufs Sofa, immer etwas länger, obgleich jeden Abend das Herz erweitert ist und mich Ania bittet zu kommen. – Wundervoller Sonnenschein, aber es soll sehr kalt sein ...

Ich verstehe nun, warum Du nicht weiter vorgegangen bist, aber sicherlich könntest Du vor Deiner Rückkehr noch irgendwohin fahren, es würde Dir guttun und die andern irgendwie aufmuntern. Die Fahrt muß hübsch gewesen sein, aber ich verstehe den traurigen Eindruck, den solche leeren Häuser machen. Wahrscheinlich werden manche von ihnen nie wieder von denselben Leuten bewohnt werden. So ist das Leben – eine Tragödie!

*

Die Zarin erwähnt zurückhaltend eine augenblicklich im Ausland lebende Friedensvermittlerin, die Fürstin Mascha (Maria) Wassiltschikow, die nach ihrer Rückkehr Ende 1916 willkürlich der Spionage beschuldigt wird und ihren Hofrang verliert.

Zarskoje Selo, 9. März 1915

Mein Engel!

Welch ein Glück zu wissen, daß ich Dich übermorgen wieder fest in meinen Armen halte, daß ich Deiner teuren Stimme lausche und in Deine geliebten Augen schaue. Nur für Dich tut es mir leid, daß Du gar nichts hast sehen können. Wenn ich nur zur Zeit Deiner Rückkehr leidlicher beisammen wäre. Diese Nacht kam ich erst nach fünf zum Schlafen, ich fühlte solches Herzdrücken, und das Herz ist ziemlich stark erweitert ...

Es ist kalt, aber heller Sonnenschein. – Ich lege einen Brief von Mascha (aus Österreich) bei, man hat sie gebeten, ihn in

Sachen des Friedens an Dich zu richten. Natürlich beantworte ich jetzt nie ihre Briefe. Dann ein Brief von Ania; – ich weiß nicht, ob Du damit einverstanden bist, daß sie schreibt, aber ich kann nicht nein sagen, wenn sie mich einmal fragt, und es ist besser so als durch die Diener. Sie sandte gestern nach Kondratiew (wie töricht, die Angelegenheit zum Geschwätz für Dienstboten zu machen) ins Hospital. Sie wollte sie sehen – nur, um sich einen Spaß zu machen. Ich muß ehrlich gestehen, das ist nicht ladylike. Jetzt wird sie nach Deinen Soldaten schicken, und das wird ganz ungehörig sein; – konnte sie sich nicht besser nach den armen Verwundeten erkundigen, die sie kennt, und mit denen sie nichts zu tun haben will?

Ich erhielt gerade Dein Telegramm, es kam vor fünfzehn Minuten; Gott sei Dank, Przemysl ist genommen; ich gratuliere Dir aus vollem Herzen – das ist gut –, welche Freude für unsere geliebten Truppen! Es hat lange gedauert, und ehrlich gesprochen bin ich froh für die arme Garnison und die Bevölkerung, die fast vor Hunger gestorben sein muß. Jetzt haben wir diese Armeekorps frei, um sie an schwächere Stellen zu werfen. Ich bin zu glücklich für Dich!

✶

Der Zar reist zum Kriegsschauplatz in Galizien.
Wojeikow ist der aus der Einheit bekannte Palastkommandant und Generaladjutant, General Wojeikow, der Schwiegersohn des Hausministers Graf Fredericksz.

Zarskoje Selo, 4. April 1915

Mein allereinziger Schatz!
Wieder einmal verläßt Du uns, und ich glaube, mit Freuden, denn das Leben, das Du hier gehabt hast, war, mit Ausnahme der Gartenarbeit, mehr als peinlich und langweilig. Wir haben einander fast nicht gesehen, da ich bettlägerig war. Unendlich viele Dinge habe ich Dich nicht fragen können, und wenn wir abends spät beisammen waren, waren die meisten Gedanken wieder verflogen. Gott segne Deine Reise, mein Geliebter, und möge sie wieder unsern Truppen Erfolg und Ermunte-

rung bringen. Hoffentlich wirst du etwas mehr zu sehen bekommen, bevor Du ins Hauptquartier gehst, und wenn Nikolascha etwas wie eine Klage an Wojeikow richten sollte, dann unterdrücke das und zeige, daß Du der Herr bist. Vergib mir, mein Teurer, aber Du weißt, daß Du zu freundlich und gut bist – manchmal können eine starke, laute Stimme und ein strenger Blick Wunder tun. Sei mir zuliebe mehr entschieden und selbstbewußt, Du weißt ganz genau, was richtig ist, und wenn Du anderer Ansicht und im Recht bist, dann bringe Deine Meinung an die Front und drücke sie gegen die andern durch. Sie sollen mehr daran denken, wer Du bist, und sich mehr nach Dir richten. Dein Wesen bezaubert jeden, aber ich wünschte, Du packtest sie durch Deinen Scharfsinn und Deine Erfahrung. Wenn auch Nikolascha noch so hochgestellt ist, Du stehst über ihm. Dieselbe Sache hat unsern Freund wie mich verletzt, nämlich, daß Nikolascha sich in seinen Telegrammen, in den Antworten an die Gouverneure usw. in Deinem Stil ausdrückt – seiner sollte einfacher, bescheidener usw. sein. Du hältst mich für eine langweilige Nörglerin, aber eine Frau fühlt und sieht die Dinge manchmal klarer. Demut ist Gottes größte Gabe – aber ein Souverän muß seinen Willen öfter zeigen. Sei selbstbewußter und gehe voran – und habe keine Angst, daß Du zuviel sagst!

Zarskoje Selo, 5. April 1915
Ich habe wieder gelesen, was unser Freund schrieb, als er in Konstantinopel war, es ist jetzt doppelt interessant – ganz kurze Eindrücke. O, was für ein Tag, wenn in der Hagia Sophia wieder Messe gelesen wird. Nur gib Befehl, daß nichts, was den Mohammedanern gehört, zerstört oder geraubt wird, sie können alles für ihre Religionsausübung weiter benutzen, denn wir sind, Gott sei Dank, Christen und nicht Barbaren! Wie gern man in einem solchen Augenblick dort wäre! Die Zahl der Kirchen, die die Türken überall für sich benutzt oder zerstört haben, ist schrecklich – denn die Griechen wurden nicht für würdig gehalten, solche Tempel zu besitzen und in ihnen Gottesdienst abzuhalten. Möge die orthodoxe Kirche

jetzt würdiger und wieder gereinigt sein! – Dieser Krieg kann so kolossal viel für die moralische Erneuerung unseres Landes und der Kirche bedeuten – wenn man nur die Menschen fände, die all Deine Befehle ausführten und Dir hälfen in all Deinen ungeheuren Unternehmungen!

*

Der Besuch des Zaren in Lemberg und dem eroberten Przemysl steht bevor.

»Miechen«, die hier erwähnt wird, ist die alte Großfürstin Maria Pawlowna, eine geborene Herzogin von Mecklenburg (daher ihr in der Familie gebräuchlicher deutscher Name). Sie ist die Witwe des Großfürsten Wladimir und Mutter von Kyrill, Boris, Andrei Wladimirowitsch und »Ducky« (Helena Wladimirowna).

Die Gräfin Hohenfelsen, die sich um eine Rangerhöhung für sich und ihre Kinder an die Zarin gewandt hat, ist die Gattin des Großfürsten Paul Alexandrowitsch, eines Onkels des Zaren, geschiedene Frau von Pistohlkors, geborene Olga Valerianowna Karnowitsch. Erst 1912 hat der Zar den Großfürsten, der in Paris lebte, durch Wiederverleihung seiner militärischen Würden rehabilitiert. Die Gräfin Hohenfelsen wird Ende 1915 Fürstin Palei.

Die »kleinen Mädchen« sind die beiden jüngeren Töchter, Marie und Anastasia.

Zarskoje Selo, 6. April 1915

Ich werde unseren Freund bitten, für Dich ganz besonders zu beten. Aber vergib, daß ich das sage – es ist nicht N.s. Sache, Dich zu begleiten. Du mußt der Chef sein, wenn Du Dich zum ersten Mal zeigst. Du hältst mich ohne Zweifel für eine kleine Gans, aber wenn andere an so etwas nicht denken, so muß ich es tun. Er muß zurückbleiben und seine gewohnte Arbeit tun (wirklich, nimm ihn nicht mit, denn der Haß gegen ihn dort muß groß sein), und Dich allein zu sehen wird diese Herzen so erquicken, daß sie Dir in Liebe und Dankbarkeit entgegenschlagen. – Solch ein Sonnenschein! Die kleinen Mädchen fuhren zwischen ihren Lektionen aus – und ich werde Anias Besuch haben! Der Arzt läßt mich jetzt häufiger aufsein, ich muß nur liegen, wenn die Temperatur steigt. Das Herz ist nahezu normal, aber ich fühle mich noch schrecklich schwach, und meine Stimme ist wie die Miechens, wenn sie müde ist. – Man brachte mir gerade einen endlosen Brief von der Gräfin Hohenfelsen – ich sende ihn Dir, damit Du ihn in einem freien Moment liest und ihn mir dann zurückschickst. Sprich nur zu Fredericksz darüber. Bestimmt nicht an meinem Namens- oder Geburtstag, wie sie es wünscht – aber alles kann sonst recht an ihrem Wunsch sein, nur nicht die »Prinzessin«, es ist gemein, darum zu bitten. Ich denke, es wird gut klingen, wenn man sie zusammen mit ihm ankündigt, vielleicht sogar als Großfürstin. Nur, was soll man später zu Mischa sagen – beide hatten vorher Kinder, während sie mit andern Männern verheiratet waren, oder nein, Mischas Frau war schon geschieden. Und sie vergißt diesen ältesten Sohn – wenn man die Ehe vom Jahre 1904 anerkennt, dann war dieser Sohn, für alle erkennbar, ein uneheliches Kind. Um sie ist es mir nicht zu tun, laß sie ihre Schande offen tragen – aber der Junge? Du sprichst darüber mit dem alten Fred., er versteht solche Dinge, und erzähle ihm auch, was Deine Mama sagte, als Du es ihr gegenüber erwähntest. Vielleicht werden jetzt die Leute weniger darauf achten ...

Im Grunde würde unser Freund es für besser gehalten haben, wenn Du das eroberte Land nach dem Krieg besichtigt hättest, ich erwähne das nur gerade so.

Der Mann wartet auf meinen Brief.

Zarskoje Selo, 7. April 1915

Es gefällt Ihm nicht, daß N. mit Dir geht. Er hält es immer für besser, wenn Du allein gehst – und in dieser Hinsicht stimme ich Ihm ganz zu. Nun, jetzt ist ja alles festgesetzt, hoffentlich wird es ein Erfolg, und Du bekommst alle Truppen zu sehen, wie Du es wünschst. Es wird eine Freude für Dich sein und für sie eine Belohnung. Gott segne und schütze Deine Reise.

Zarskoje Selo, 8. April 1915

Mein ganz einzig geliebter Mann!

Zärtlich umgeben Dich an diesem teuern Jahrestag meine Gebete und dankbare Erinnerung voll tiefster Liebe! Wie die Jahre entfliehen! Schon einundzwanzig Jahre! Weißt Du, daß ich das graue Prinzeßkleid, das ich an jenem Morgen trug, aufbewahrt habe? Und ich werde Deine liebe Brosche tragen. Mein Teurer, wieviel haben wir zusammen in diesen Jahren durchlebt – überall gab es schwere Heimsuchungen, aber zu Hause, in unserem Nest, war strahlender Sonnenschein!

Ich sende Dir zum Gedenken ein Bild des heiligen Simeon – halte es immer als einen Talisman in Deinem Gemach – Du wirst den Duft des Holzes gern haben ...

Ich beende meinen Brief an Dich auf dem Sofa. Die großen Mädchen sind in der Stadt, die kleinen haben einen Spaziergang gemacht, dann gingen sie zu ihrem Hospital und haben jetzt Stunde. Baby ist im Garten. Ich lag dreiviertel Stunden auf dem Balkon – es ist ganz eigentümlich, im Freien zu sein, da es so selten vorkommt, daß ich in der frischen Luft bin. Die kleinen Vögel haben gesungen – die ganze Natur erweckte und lobte den Herrn! Man fühlt dabei doppelt das Elend des Krieges und des Blutvergießens – aber wie nach dem Winter der Sonnenschein kommt, so wird nach Leid und Kampf wieder Friede und Tröstung in diese Welt zurückkehren. Alter Haß wird weichen, und unser geliebtes Land wird sich zur Schönheit in jedem Sinne des Wortes entwickeln.

In Petersburg beginnt die Teuerung der Lebensmittel fühlbar zu werden. Der »Rjetsch« klagt die Regierung und die Stadtverwaltung, deren Chef der Stadthauptmann Fürst Obolensky ist, als einzig Schuldige an.

Bobrinsky ist der Graf Alexei Bobrinsky, der vom Zaren zum Generalgouverneur von Galizien ernannt wurde.

Kaiser N. I. ist Nikolai I., der Urgroßvater des Zaren, der 1849 Kaiser Franz Joseph durch einen Einmarsch in das aufständische Ungarn die Krone rettete. Zum Lohn dafür nahm

Österreich während des Krimkrieges eine den Westmächten feindliche Haltung ein.

Xenia ist die älteste, mit dem Großfürsten Alexander Michailowitsch verheiratete Schwester des Zaren.

Zarskoje Selo, 10. April 1915

Gr. ist sehr beunruhigt über die Fleischfrage. Die Kaufleute wollen den Preis nicht herabsetzen, obgleich die Regierung es wünscht, und es hat, wie man sagt, eine Art Fleischstreik gegeben. Er denkt, einer der Minister müßte einige der größten Kaufleute kommen lassen und ihnen auseinandersetzen, daß es unrecht ist, in einem solchen schweren Augenblick während des Krieges die Preise zu erhöhen, und daß sie sich vor sich selbst schämen sollten.

Zarskoje Selo, 11. April 1915

Ich las in den Zeitungen Fred.s kurzes Telegramm aus Lemberg, das von der Kathedrale erzählte, von dem Mahl für die Bauern usw. und von Bobr(inskys) Versetzung in Dein Gefolge – was für große historische Momente! Unser Freund ist entzückt und segnet Dich. Jetzt habe ich in der Nowoje Wremja alles über Dich gelesen und fühle mich so ergriffen und so stolz auf meinen Liebsten. Und Deine wenigen Worte auf dem Balkon – es war gerade das Richtige. Gott segne und vereinige im vollen tiefen, historischen und religiösen Sinne des Wortes diese slawischen Länder mit ihrer alten Mutter Rußland. Alles kommt zur rechten Zeit, und jetzt sind wir stark genug, sie aufzuhalten, früher konnten wir dazu nicht imstande sein. Trotzdem müssen wir im »Innern« noch stärker und in jedem Sinne einiger werden, um fester und mit mehr Autorität zu regieren. Wie glücklich wäre Kaiser N. I.! Er sieht seinen Urenkel diese Provinzen aus ferner Vergangenheit zurückerobern – und die Rache für Österreichs Verrat gegen ihn. Und Du hast durch Deine Persönlichkeit Tausende von Herzen erobert. Ich fühle es, durch Dein süßes, weiches, demütiges Wesen und Deine strahlenden reinen Augen. Jeder erobert mit dem, was ihm Gott verliehen hat – jeder auf seine

Art. Gott segne auch weiter Deine Reise, ich bin sicher, sie wird die Kraft unserer Truppen neu entflammen – wenn sie dessen bedürftig sind. Ich freue mich, daß Xenia und Olga diesen großen Augenblick gesehen haben! – Wie lieb von Dir, daß Du zu Olgas Hospital gegangen bist – es war eine Belohnung für ihre unermüdliche Arbeit!

Zarskoje Selo, 13. April 1915

Denke nur, da war ein ganz junger Mensch in Olga Orlows Hospital, Schwedow, mit dem St.-Georgs-Kreuz – irgend etwas Zweideutiges war letzten Endes an ihm, wie konnte ein Freiwilliger ein Offizierskreuz haben, und zu mir sagte er, er sei nie Freiwilliger gewesen. Er sah noch ganz wie ein Knabe aus, ging dann, man fand chiffrierte deutsche Schriftstücke auf seinem Tisch, und jetzt höre ich, daß er gehängt worden ist! Zu schrecklich, und er bettelte um unsere unterschriebenen Photographien, wie mir einfällt; wie konnte man nur ein solches Kind festnehmen! – Baby brachte gerade einen von den deutschen Pfeilen, die man von Flugzeugen fallen läßt – wie schrecklich scharf sie sind – Romanowksy brachte ihn (ist er Flieger?) und bat um Babys Bild – der Aeroplan liegt hier irgendwo, Baby vergaß, von woher er gebracht worden war. –

Jetzt bist Du also nach dem Süden abgereist – hast Du Deine Generäle nicht getroffen? Heute bist Du vielleicht schon in Odessa – wie braun Du werden wirst. Ich flüstere Dir einen Wunsch Kyrills zu, den er N. P. sagte, der ihn dann bei einer Gelegenheit Ania wiederholte (weil er dachte, er könnte ihn Dir nicht mitteilen): Er hofft nämlich, du würdest ihn mitnehmen nach Nikolajew und Sewastopol – ich erwähne es nur so, weil ich glaube, daß Du einen Platz für ihn hast . . .

Unser Freund ist froh, daß Du nach dem Süden gereist bist. Er hat all diese Nächte so viel gebetet und kaum geschlafen – er war so besorgt um Dich – irgendein verderbter, böser Jude möchte Dir etwas zufügen.

Zarskoje Selo, 15. April 1915

Ich möchte wissen, wie es sich mit dieser Frauenlegion, die man in Kiew gebildet hat, verhält. Wenn sie wie in England nur dazu dient, Verwundete fortzutragen und als Sanitäter zu helfen, dann kann man nichts dagegen einwenden – aber ich persönlich würde nicht erlaubt haben, daß sie dort »en masse« ausziehen – die Schwesterntracht ist doch ein Schutz, und sie benehmen sich auch anders, aber was wollen diese sein?

Wenn sie nicht in sehr strengen Händen und gut bewacht sind, dann werden sie ganz andere Dinge tun. Einige von ihnen in Sanitätsabteilungen könnten gut sein, aber als eine Truppe – nein, das ist nicht ihr Platz.

*

Eine furchtbare Explosion in der Ochtenski-Pulverfabrik alarmierte die Petersburger Bevölkerung.

Sergei ist der Großfürst Sergei Michailowitsch, Onkel des Zaren, der als Generalinspekteur der Artillerie in Petersburg residiert.

Bei dem im Brief erwähnten »W.«, den die Zarin im Zusammenhang mit dem Kriegsgeschehen nennt, handelt es sich um Kaiser Wilhelm.

Zarskoje Selo, 17. April 1915

Abends um acht Uhr zwanzig war die Explosion – ich schicke Dir Obolenskys Meldung. Jetzt habe ich an Sergei um Nachrichten telefoniert – man spricht von hundertfünfzig Schwerverletzten. Wie viele getötet sind, kann man nicht sagen, da man die Überreste sammelt. Wenn die Überlebenden versammelt sind, wird man wissen, wer fehlt. In einzelnen Teilen der Stadt und der Straße hörte man gar nichts – hier fühlten es verschiedene sehr stark, so daß sie dachten, es sei in Zarskoje geschehen. Gott sei Dank ist es nicht das Pulvermagazin, wie man zuerst sagte.

Ich hatte einen langen lieben Brief von Ernie – ich werde ihn Dir bei Deiner Rückkehr zeigen. Er sagt, »wenn jemand ihn (Dich) versteht und weiß, was er durchmacht, dann sei ich es«. Er küßt Dich zärtlich. Er sehnt sich nach einem Ausweg aus diesem Dilemma, irgend jemand müsse anfangen, eine Brücke zu einer Diskussion zu schlagen.

Deshalb hatte er die Idee, ganz privat einen Vertrauensmann nach Stockholm zu schicken, der einen Herrn, den Du (privat) schicktest, treffen sollte, um an der Wegschaffung mancher augenblicklicher Schwierigkeiten zu arbeiten. Er hatte diesen Gedanken, weil in Deutschland kein wirklicher Haß gegen Rußland herrscht. Er schickt also jemand, der dort am 28. (das ist vor zwei Tagen, und ich erfuhr es erst heute) sein sollte, und er konnte ihn nur auf eine Woche entbehren. Deshalb schrieb ich sofort eine Antwort (und zwar durch Daisy) und sandte sie dem Herrn, indem ich ihm mitteilte, Du seiest noch nicht zurück, und er sollte besser nicht warten, und daß, obgleich man sich nach dem Frieden sehne, die Zeit dafür noch nicht gekommen sei.–

Ich wollte, daß alles vor Deiner Rückkehr erledigt sei, denn ich weiß, es würde Dir unangenehm sein.

W. weiß natürlich absolut nichts hiervon. –

Er sagt, sie ständen wie ein fester Wall in Frankreich, und wie seine Freunde ihm mitteilten, im Norden und in den Karpaten auch. Sie glauben, daß sie fünfhunderttausend Gefangene von uns haben.

Der ganze Brief ist lieb und zärtlich; – ich war äußerst dankbar, ihn zu bekommen, obgleich die Angelegenheit mit dem wartenden Herrn in Deiner Abwesenheit kompliziert war. – Auch wird E. enttäuscht sein.

Mein Herz ist wieder erweitert, deshalb verlasse ich das Haus nicht.

Zarskoje Selo, 18. April 1915

Unser Freund sagt, die Katastrophe habe sich durch eine geplante Brandstiftung ereignet, der Haß gegen Deutschland wird groß sein.

Zarskoje Selo, 19. April 1915

Wie lieb, daß Du Baby zum Chef eines dieser glorreichen Bataillone ernannt hast, Worontzow sandte mir ein entzücktes

Telegramm. Ich erwarte ungeduldig Deine Rückkehr – ich bin einsam ohne Dich, mein Schatz, und Du wirst mir solch eine Menge zu erzählen haben.

*

Hindenburg unternimmt zur Verschleierung offensiver Absichten in Galizien einen Vorstoß gegen Kurland; Schaulen und Libau werden genommen; die Russen fliehen nach Mitau.

Zarskoje Selo, 20. April 1915

Mein einzig geliebter Schatz!

Dies ist mein letzter Brief an Dich. Für Deinen lieben und unerwarteten Brief und für die herrlichen Blumen zärtlichsten Dank. Man fühlt Heimweh nach der schönen Krim, unserm irdischen Paradies im Frühling! – Alles, was Du schreibst, ist so interessant – wieviel hast Du getan – Du mußt sicherlich müde sein, mein lieber Schatz, mein Männchen!

Ja, mein Herz, ich weiß, Du bist einsam, und es macht mich immer traurig, daß Sonnenstrahl nicht alt genug ist, Dich überallhin zu begleiten ...

Anias Tante kam in aller Hast von Mitau zurück, und der Gouverneur mit allen Dokumenten – eine Panik – die Deutschen im Anmarsch! – Bei uns keine Truppen! – deutsche Kundschafter!

Ich glaube, daß sie nahe bei Libau – ich halte es für sicher – mit ihren Massen von Matrosen (die unbeschäftigt sind) und anderen Truppen eine Landung machen wollen, um von da hinter unserem Rücken auf Warschau vorzustoßen oder sich an der Küste entlang mit den Deutschen zu vereinigen – das alles ist mir schon seit Herbst durch den Kopf gegangen. – Unser Freund findet sie schrecklich hinterlistig – nimmt alles sehr ernst, sagt aber, daß Gott helfen wird. Meine bescheidene Meinung ist die, daß man einige Kosakenregimenter auf die Küste verteilen oder unsere Kavallerie ein bißchen mehr nach Libau hinziehen soll, um sie zu hindern, alles zu ruinieren und eine Basis für das Festsetzen ihrer teuflischen Aeroplane zu finden.

In Galizien glückte die Durchbruchsschlacht von Gorlice-Tarnow, in der die russische 3. und 8. Armee vernichtend geschlagen werden. Am 1. (14.) Mai stehen deutsche Vortruppen vor Przemysl. Durch besondere Verfügungen werden aus dem Gebiet nahe dem Kriegsschauplatz die Juden ausgewiesen. Die Maßnahme wird dann zurückgezogen. Am 6. (19.) Mai ist der Geburtstag des Zaren.

»Drent.« in dem Brief vom 7. Mai ist der Flügeladjutant Alexander Alexandrowitsch von Drenteln, Oberst im Leibgarde-Infanterieregiment Preobraschensk, dem Militärkabinett des Zaren für besondere Missionen zugeteilt.

Zarskoje Selo, 4. Mai 1915

Mein einzig Allersüßester!

Du wirst diese Zeilen vor dem Zubettgehen lesen – vergiß nicht, daß Dein Frauchen für Dich betet und, o, soviel an Dich denkt und Dich ganz schrecklich vermißt. Wie traurig, daß wir nicht Deinen lieben Geburtstag zusammen verleben – es ist das erste Mal! Möge Gott Dich reichlich segnen, Dir Kraft und Weisheit, Tröstung, Gesundheit und Seelenfrieden geben, um auch in Zukunft tapfer Deine schwere Krone zu tragen – ach, es ist kein bequemes noch leichtes Kreuz, das Er auf Deine Schultern gelegt hat. Ich möchte, ich könnte Dir tragen helfen, in Gebeten und Gedanken tue ich es immer. Ich verlange danach, Dir Deine Bürde zu erleichtern. Du hattest soviel zu leiden in diesen zwanzig Jahren – und Du bist dabei noch am Tage des langleidenden Hiob geboren! Aber ich bin sicher, daß Gott Dir helfen wird, wenn Du auch noch viel Herzweh, Angst und schwere Arbeit tapfer durchmachen mußt, mit Entsagung und Vertrauen auf Gottes Gnaden und unerforschliche Weisheit. Es ist hart, Dir keinen zärtlichen Geburtstagskuß und Segen geben zu können! – Man wird manchmal so müde von Leiden, Angst und Verlangen nach Frieden – o, wann wird er wohl kommen! Wie viele Monate Blutvergießen und Elend soll es noch geben? Sonne kommt nach Regen – und so wird auch unser geliebtes Land seine goldenen Tage des Wohlstands sehen, nachdem sein Boden mit

Blut und Tränen getränkt worden ist. Gott ist nicht ungerecht, und ich setze all mein Vertauen unerschütterlich auf Ihn – aber es ist so schmerzvoll, all das Elend zu sehen, zu wissen, daß nicht alle arbeiten, wie sie sollten, daß unbedeutende Persönlichkeiten oft die große Sache verderben, für die sie in Gemeinschaft arbeiten sollten. Sei fest, mein Lieb, zeige Deine eigene Meinung, laß die andern fühlen, daß Du weißt, was Du willst. Gedenke, daß Du der Kaiser bist und daß andere nicht soviel in die Hand nehmen dürfen – um nur mit einer Kleinigkeit wie der Geschichte mit Nostiz zu beginnen –, er befindet sich in Deiner Suite, und darum hat N. absolut kein Recht, Befehle zu geben, ohne Dich zuerst um Erlaubnis zu bitten.

Wenn Du so etwas tätest mit einem seiner Adjutanten, ohne es ihm anzukündigen, würde er nicht Lärm schlagen, den Beleidigten spielen usw.? Und man kann doch, ohne sicher zu sein, nicht so die Karriere eines Mannes ruinieren. – Ferner, Liebster, wenn ein neuer Kommandeur der Nijegorod ernannt wird, möchtest Du nicht Jagmin vorschlagen?

Ich mische mich in Dinge, die mich nichts angehen – aber es ist nur eine Anregung (und es ist Dein eigenes Regiment, deshalb kannst Du dahin setzen, wenn Du willst).

Sorge, daß die Sache mit den Juden vorsichtig durchgeführt wird, ohne unnötige Härten, um nicht Unruhen über das Land zu verbreiten. Laß Dich nicht zu unnötigen Ernennungen und Belohnungen für den 6. bereden, es liegen noch viele Monate vor uns! – Kannst Du nicht nach Cholm fahren, um Iwanow zu besuchen, oder unterwegs halten, um die Soldaten zu besichtigen, die darauf warten, zur Auffüllung der Regimenter abgeschickt zu werden?

Man möchte, daß jeder Deiner Tage nicht nur eine Freude für das Hauptquartier (ohne Truppen) wäre – sondern für die Soldaten oder für die Verwundeten, die Stärkung durch Dich brauchen, und außerdem wird es Dir auch guttun. Tue, was Du willst, und nicht, was die Generäle wollen. Deine Anwesenheit gibt überall Kraft.

Zarskoje Selo, 6. Mai 1915
Alle fragen nach Neuigkeiten – ich weiß keine –, aber das Herz ist schwer. Durch Mecks Telegramm kann man den Bewegungen mehr oder weniger folgen. Nawronsow sprach telefonisch mit uns, der Sünder reist erst heute abend ab. Wie er mir sagte, hat er sechs Monate »gefastet« und muß jetzt die Stadt genießen. Ich nannte ihn einen Heuchler, was er aber nicht wahrhaben wollte. Er meinte, es sei zu schade, daß es mit meiner Gesundheit jetzt bessergehe, weil er auf meine Gesundheit zu trinken pflegte. Ich erzählte ihm, daß ihn Prinzeß Gedroitz, die ihn gut leiden kann, enfant terrible nenne. –
... Bobrinsky ist in aller Eile nach Lemberg gereist.

Zarskoje Selo, 7. Mai 1915
Ging bis fünf Uhr zu A., sah dort unseren Freund – er denkt oft an Dich – beten, »wir saßen und sprachen zusammen – und Gott hilft schließlich doch«.

Es ist schrecklich, zu einer Zeit, die so voll Herzweh und Angst ist, nicht bei Dir zu sein – wollte Gott, ich könnte Dir helfen – ein Trost, N. P. ist Dir nahe, und das macht mich ruhiger – ein natürliches, warmes Herz und ein gütiger Blick helfen, wenn Sorgen die Seele erfüllen; nicht ein dicker O. oder Drent ...

Schatz meiner Seele, geliebter Engel, Gott helfe Dir, er tröste, stärke und schütze unsere braven Helden.

Immer Dein einziges Frauchen.

✳

Die Zarin erwähnte u. a. den Tod des Vizeadmirals v. Essen, Chef des baltischen Geschwaders.

(Witebsk) 8. Mai 1915
Wir gingen zur Kathedrale, ein Tedeum von fünf Minuten, ich muß sagen, der Bischof Kyrill schien sehr schwach zu sein. Dann fuhren wir in vier Hospitäler. In einem arbeiten seit August die Schwestern von meiner Krestowoydwijensky-Gemeinde – in einem anderen Schwestern und Ärzte aus Tasch-

kent –, überall gute Luft, alles rein und hübsch und einfach. In einem Garten wurden wir mit vielen Verwundeten photographisch aufgenommen. Massen von Juden und Gepäck kamen mit ihnen von Kurland – ein peinlicher Anblick mit all ihren Säcken und ihren kleinen Kindern ...

Ich erhielt ein Telegramm, daß Du Deine Reise aufgeschoben hast, was mehr als begreiflich ist – besser, Dir in diesen quälenden Tagen näher zu sein – wollte Gott, daß jener »Lichtstrahl« sich zu Sonnenschein erhellen möchte – man sehnt sich so nach Erfolg – und jetzt kommt Essens Tod, gerade der, den die Deutschen fürchteten, stirbt! Ach, welche Prüfungen sendet Gott – wen magst Du wohl an seiner Stelle ernennen, wer hat dieselbe Energie wie er im Kriege? Es ist abscheulich, daß ich nicht bei Dir bin, da ich doch weiß, wie Du leidest. Aber Gott der Allmächtige wird helfen, all unsere Verluste werden nicht vergeblich sein, all unsere Gebete müssen gehört werden, gleichgültig, wie hart es jetzt ist. Aber weit weg sein mit kaum einmal einer Nachricht ist schwer, und doch kannst Du nicht näher kommen. Mein Süßer, ich kenne Deinen Glauben und Dein Gottvertrauen. St. Nikolais Fest morgen möge ihn bewegen, für unsere tapfer kämpfenden Truppen einzutreten.

*

In dem folgenden Brief nennt die Zarin die Großfürstin Mawra, Jelissaweta Mawrikiewna, geborene Prinzessin von Sachsen-Altenburg, die Gattin des Großfürsten Konstantin Konstantinowitsch (der bald darauf stirbt).

Zarskoje Selo, 10. Mai 1915

Miechen hörte durch die Prinzessin Oginsky und beauftragte Mawra, es mir mitzuteilen, daß den katholischen (verwundeten) Gefangenen erlaubt ist, Priestern (in Wilna) zu beichten, sie dürfen aber keine Kommunion empfangen – das ist sehr unrecht, aber Tumanows Befehl lautet so. Wenn sie sich vor den Priestern fürchten, warum erlauben sie das Beichten – ich glaube, es sind Bayern. Wie die Protestanten behandelt werden, weiß ich nicht. Kannst Du nicht mit jemand sprechen, damit die Sache untersucht wird?

*

Am 23. Mai (10. Mai alter Zeitrechnung) erklärt Italien Österreich-Ungarn den Krieg. Kämpfe an der Grenze von Tirol beginnen. Der Flügeladjutant Generalmajor Fürst Engalitschew sieht schon jetzt durch die an der Bzura und der Rawka stehenden deutschen Truppen die Stadt Warschau bedroht.

Zarskoje Selo, 11. Mai 1915

Wir verbrachten den gestrigen Abend bei Ania, von acht bis halb elf waren einige Offiziere eingeladen und spielten. Alexei blieb bis Viertel zehn und amüsierte sich köstlich. Ich strickte. Sie gab mir dann Briefe von dem unglücklichen Nostiz-Paar zu lesen, es scheint, diese häßliche Intrige wurde ihren amerikanischen Verwandten durch einen Herrn von der amerikanischen Botschaft mitgeteilt, der durch ihre Feinde aufgehetzt war. Der Botschafter selbst ist ein Freund von ihnen. Sie glaubt, es ist alles durch Mme. Artzimowitsch (eine geborene Amerikanerin) gekommen und daß Eifersucht hinter der Geschichte steckt. Aber es war traurig, ihre verzweifelten Briefe über ihr ruiniertes Leben zu lesen. Ich bin sicher, daß Du darauf dringst, daß die Geschichte genügend aufgeklärt wird und ihnen Gerechtigkeit widerfährt. Mir liegt an beiden nichts, aber die ganze Sache ist eine schreiende Schande, und N. hatte kein Recht, ohne Dich vorher um Erlaubnis zu fragen, an einem Mitglied Deiner Suite so zu handeln. Es ist so leicht, einen guten Ruf zu zerstören, und mehr als schwer, ihn wiederherzustellen.

(Ohne Datum)

Mein einzig Geliebter!

Als wir aus dem Hospital zurückkehrten, fand ich Deinen lieben Brief und danke Dir dafür aus der Tiefe meines liebenden Herzens. Es ist eine solche Freude, von Dir zu hören, mein Schatz. Ich danke Dir vielmals für alle Einzelheiten, ich sehnte mich so danach, wirkliche, genaue Nachrichten von Dir zu bekommen. Wie hart waren doch diese Tage, und ich mußte fern von Dir sein, und Du hattest so schwer zu arbeiten, so viel zu tun. Gott sei Dank, daß jetzt alles besser ist, und möge Italien einige von den Truppen wegziehen ...

Engal. sagte, man erwarte in den nächsten Tagen schwere Schlachten bei Warschau, aber er hält unsere zwei Generäle (ich erinnere mich nicht der Namen) für schwach und nicht für die Typen, die solch schwere Angriffe aushalten können.

*

Ende Mai alter Zeitrechnung öffnet sich der inneren Spannung ein Ventil: In Moskau brechen Pogrome gegen die Deutschen aus, die von der Menge der Brunnenvergiftung bezichtigt werden. In Petersburg beschließt der Kongreß der russischen Kaufleute und Industriellen die Errichtung eines Kriegsindustrie-Komitees zur Abhilfe der Not an Kriegsbedarf, mit der sich dann auch in Moskau eine Tagung der Semstwos und des Städtebundes beschäftigt. Das Ministerium Goremykin ist uneins. Der Minister des Innern, Maklakow, soll abgehen. Er wird entlassen; sein Nachfolger (»Verweser«) ist der liberalisierende Chef des Reichsgestütswesens, Fürst Schtscherbatow.

»Mr. Ph.« ist der französische Hypnotiseur Mr. Philippe, Rasputins Vorgänger am Zarenhofe. Rasputin ist gegen die Einberufung des Landsturms zweiter Klasse, die Nikolai Nikolajewitsch verlangt.

Zarskoje Selo, 10. Juni 1915

Mein einziger Schatz!

Mit schwerem Herzen ließ ich Dich diesmal fortgehen, alles ist so ernst und gerade jetzt besonders schmerzlich, und ich sehne mich, bei Dir zu sein, mit Dir Kummer und Sorgen zu teilen. Du trägst alles so tapfer und ganz allein – laß mich Dir helfen, mein Schatz. Sicherlich gibt es einen Weg für eine Frau, zu helfen und zu nützen. Ich verlange so danach, es Dir leichter zu machen, und die Minister zanken sich alle untereinander zu einer Zeit, wo sie alle zusammenarbeiten und persönliche Kränkungen vergessen sollten – da sie als Ziel die Wohlfahrt ihres Souveräns und des Landes haben sollten. Es macht mich wütend. Mit anderen Worten, es ist Verrat, denn das Volk weiß es, es fühlt, daß die Regierung uneinig ist, und es ahnt, was dadurch unnütz verlorengeht. Wenn Du doch nur streng sein könntest, mein Lieber, es ist so notwendig, sie müssen Deine Stimme hören und den Unwillen in DeinenAugen sehen; sie sind zu sehr an Deine Güte gewöhnt.

Manchmal bringt ein freundlich gesprochenes Wort weit, aber in Zeiten, wie wir sie jetzt durchleben, muß man Deine protestierend erhobene Stimme hören. Du mußt tadeln, wenn sie fortfahren, Deinen Befehlen nicht zu gehorchen, wenn sie zögern, sie auszuführen. Sie müssen lernen, vor Dir zu zittern. Du erinnerst Dich, daß Mr. Ph. und Gr. auch dasselbe sagten. Du mußt einfach befehlen, was geschehen soll, nicht fragen, ob es möglich sei (Du wirst nie etwas Unvernünftiges oder eine Torheit verlangen). Zum Beispiel: Befiehl wie in Frankreich (einer Republik), daß andere Fabriken Granaten, Patronen machen (wenn Kanonen und Gewehre zu kompliziert sind), laß die großen Fabriken Lehrer schicken – wo ein Wille ist, ist auch ein Weg, und sie müssen sich alle klarmachen, daß Du darauf bestehst, daß Deine Wünsche aufs schnellste erfüllt werden. Es ist ihre Sache, die Leute, die Fabrikanten zu finden, dafür zu sorgen, daß alles in Gang kommt. Laß sie umherlaufen und selbst danach sehen, daß die Arbeit getan wird. Du weißt, wie talentvoll unser Volk ist, wie begabt, nur ist es träge und ohne Initiative. Setze es in Bewegung, und es kann alles, nur frage nicht, sondern gib unbedingt Befehle, sei energisch um des Landes willen.

Genau so steht es mit der Frage, die unser Freund sich so zu Herzen nimmt und die um des inneren Friedens willen die ernsthafteste von allen ist: die Nichteinberufung der zweiten Klasse. Wenn der Befehl schon gegeben ist, dann sage N., daß du darauf bestehst, daß er widerrufen wird – daß auf Deinen Befehl damit gewartet wird, die gültige Order muß von Dir kommen. Höre nicht auf irgendwelche Ausflüchte. Erinnere Dich doch, daß Du lange regiert hast, daß Du weit mehr Erfahrung hast als die anderen. N. hat nur an die Armee und den Erfolg zu denken – Du trägst die innere Verantwortung auf Jahre hinaus. Wenn er Fehler macht (nach dem Krieg ist er nichts), dann mußt Du sie später in Ordnung bringen. Nein, höre auf unsern Freund, glaube an ihn, er trägt Dein und Rußlands Interesse im Herzen – es geschah nicht ohne Grund, daß Gott ihn uns gesandt hat, nur müssen wir mehr auf das achten, was er sagt. Seine Worte sind nicht leichthin gesagt; und die Gnade, nicht nur seine Gebete, sondern auch seinen Rat zu haben, ist groß. Die Minister dachten nicht daran, Dir zu sagen, daß diese Maßnahme unheilvoll ist, aber er tat es.

Wie hart ist es, nicht bei Dir zu sein, ruhig alles zu besprechen und Dir zu helfen, fest zu sein.

Ich segne Dich. Schade, daß wir nicht zusammen beten, aber Botk. hält es für klüger, wenn ich ruhig bleibe, da ich ja bald wieder ganz gesund sein werde.

Dein einziges Frauchen.

Unsere Marie wird am 14. sechzehn Jahre, gib ihr deshalb ein Diamanthalsband, wie die anderen beiden eins bekommen haben.

∗

Die Zarin berichtet, daß von der Deutschenhetze in Moskau auch ihre Schwester Elisabeth betroffen worden ist.

Felix ist der dreißigjährige Fürst Felix Jussupow, einziger Sohn des Moskauer Generalgouverneurs Fürst Jussupow, der anderthalb Jahre später Rasputin ermorden wird. Er hat im Februar 1914 die Prinzessin Irina geheiratet, die Tochter des Großfürsten Alexander Michailowitsch und der älteren Schwester des Zaren, der Großfürstin Xenia.

Zarskoje Selo, 11. Juni 1915

Ich numerierte Deine Briefe, den letzten aus dem Hauptquartier mit hundertsechsundsiebzig. Du willst, bitte, meinen gestrigen mit dreihundertdreizehn numerieren. Hoffentlich hat Dir mein Brief nicht mißfallen, aber ich bin von unseres Freundes Wunsch bedrückt und weiß, es wird unheilvoll für uns und das Land sein, wenn er nicht erfüllt wird. Er meint, was er sagt, wenn er so ernstlich spricht – er war sehr dagegen, daß Du nach L. und P. gingst. Wir sehen jetzt, daß es zu früh war. Er war sehr gegen den Krieg, war dagegen, daß das Volk in die Duma kam, ein häßlicher Akt von Rodz(ianko), und die Reden (finde ich) hätten nicht gedruckt werden dürfen.

Bitte, mein Engel, mache, daß N. es mit Deinen Augen sieht, – erlaube nicht, daß auch nur ein Mann von der zweiten Klasse einberufen wird; verhindere es, solange es irgend möglich ist; sie haben in den Feldern, den Fabriken, auf den Dampfern usw. zu arbeiten; lieber ziehe die Rekruten vom nächsten Jahrgang jetzt ein. Bitte, höre auf seinen Rat, wenn er so ernsthaft erteilt ist und ihm schlaflose Nächte verursacht hat – ein Fehler, und wir alle werden dafür zu zahlen haben. Ich bin neugierig, welche Stimmung Du im Hauptquartier gefunden hast und ob die Hitze sehr stark ist.

Felix erzählte Ania, daß man (neulich) Steine nach Ellas Wagen geworfen und sie angespien hat, aber sie wünschte nicht, mit uns darüber zu sprechen, man fürchtete wieder in diesen Tagen Unruhen, warum, weiß ich nicht. Die großen Mädchen waren im Hospital, gestern arbeiteten sie alle vier in den Vorratsmagazinen – an Bandagen – und gingen nachher zu Irina. Wie fühlst Du Dich, mein Lieber, Deine geliebten, traurigen Augen verfolgen mich noch immer.

*

Mme. Hartwig ist die Witwe des russischen Gesandten in Belgrad.

Der Rücktritt Suchomlinows, der allgemein gefordert wird, wird am 14. (27.) Juni bekanntgemacht. Kriegsminister wird durch den Einfluß des Großfürsten Nikolai Nikolajewitsch der General der Infanterie, Poliwanow, der der Zarin wegen seiner Beziehungen zu Gutschkow verdächtig scheint. Tatsächlich wird Gutschkow eine Woche später als Adlatus Poliwanows ins Kriegsministerium berufen.

»Diese Weiber« sind wieder die beiden Montenegrinerinnen.

Zarskoje Selo, 12. Juni 1915

Ich sah gestern Mme. Hartwig. Sie erzählte mir so viele interessante Dinge von ihrer Abreise aus Lemberg und traurige Eindrücke von mißgestimmten Soldaten, die sagten, sie wollen nicht zurückkehren, um den Feind mit leeren Fäusten zu bekämpfen. Die Wut der Offiziere auf Suchomlinow ist ganz kolossal. Der arme Mann. Sie hassen seinen bloßen Namen und verlangen, daß er weggeschickt wird – nun, es wäre besser, wenn es geschähe, auch um seinetwillen, bevor ein Skandal ausbricht. Es ist die Spekulationswut seiner Frau, die seinen guten Ruf ganz untergraben hat – wegen ihrer Bestechlichkeit und ähnlicher Dinge hat er zu leiden. Man sagt, es sei seine Schuld, wenn es keine Munition gäbe, was jetzt unser Fluch ist usw. Ich erzähle Dir das, um Dir ein Bild von den Eindrücken zu geben, die sie mitgebracht hat.

Wie man nach einem Wunder verlangt, das Erfolg bringt, damit Munition und Gewehre doppelte Arbeit tun. –

Was für ein Geist im Hauptquartier herrschen mag? Wollte Gott, N. wäre ein anderer Mensch und hätte sich nicht gegen einen Mann Gottes gewandt, was immer ihrer Arbeit Unglück bringt, und diese Weiber verhindern, daß er sich ändert. Er hat endlose Dekorationen und Danksagungen für alles bekommen. Viel zu früh. Es schmerzt, wenn man daran denkt, daß er so viel erreicht hat und daß alles wieder genommen ist.

Aber Gott der Allmächtige wird helfen, und bessere Tage werden kommen, davon bin ich überzeugt. Daß Du solche Prüfungen zu tragen hast, mein einziges Sonnenlicht! Ich sehne mich, mit Dir zusammenzusein, zu wissen, wie Du innerlich fühlst – tapfer und ruhig, wie gewöhnlich, den Schmerz unterdrückt, wie gewöhnlich.

✳

Am 9. (22.) Juni erobert die 2. österreichisch-ungarische Armee Böhm-Ermollis Lemberg zurück. Rasputin verfügt sich auf Wunsch des Zaren nach Sibirien.

Sabler, den die Zarin nennt, ist der Oberprokurator der Heiligen Synode.

Zarskoje Selo, 12. Juni 1915

Mein Magazin ist jetzt von Lemberg nach Rowno übersiedelt, nahe der Station. Gott gebe, daß wir nicht auch von dort vertrieben werden. Daß wir diese Stadt verlassen mußten ist hart, aber sie war ja auch noch nicht ganz die unsrige – trotzdem ist es traurig, daß sie in andere Hände gefallen ist. Wilhelm wird jetzt im Bett des alten Fr(anz) J(oseph) schlafen, das Du eine Nacht besessen hast. Mir ist das unangenehm, es ist erniedrigend, aber das kann man noch ertragen. Nur der Gedanke, daß wieder einmal dieselben Schlachtfelder mit den Leichen unserer tapferen Mannschaften bestreut werden, ist herzzerreißend. Doch ich sollte nicht in einem solchen Ton zu Dir sprechen, denn Du hast genug Sorgen; meine Briefe müßten aufheiternd sein, aber das ist etwas schwer, wenn Herz und Seele traurig sind. Ich hoffe, unsern Freund morgen einen Augenblick in Anias Haus zu sehen, um ihm Lebewohl zu sagen – das wird mir guttun ...

Dragomirow ist schuld, daß alles verkehrt gegangen ist. Man betet und betet und doch nie genug – die Schadenfreude Deutschlands bringt mein Blut zum Kochen. Gott muß sicherlich auf unser Flehen hören und uns schließlich einigen Erfolg schicken; jetzt haben wir sie im Anmarsch auf Warschau, und viele Truppen sind nahe bei Schaulen, o Gott, welch ein entsetzlicher Krieg! Süße, tapfere Seele, wie sehr möchte ich, man könnte Dein armes, gefoltertes Herz mit etwas Hellem und Hoffnungsvollem erquicken. Ich sehne mich, Dich fest mit meinen Armen umklammert zu halten, Dein Haupt auf meine Schultern gelegt – dann könnte ich meines Liebsten Gesicht und Augen mit Küssen bedecken und sanfte Liebesworte flüstern. Nachts küsse ich Dein Kissen, das ist alles, was ich habe – und segne es. Jetzt muß ich mich schlafen legen. Ruhe wohl, mein Schatz, ich segne und küsse Dich so zärtlich, wie ich kann, und streichle sanft Deine liebe Braue ...

Den 13. Juni. Gott sei Dank, N. hat die Sache mit der zweiten Klasse begriffen. – Verzeih mir, aber mir gefällt die Wahl des Kriegsministers nicht – Du erinnerst Dich, wie Du gegen ihn warst, und ganz bestimmt, glaube ich, war es N. auch. Dabei arbeitet er mit Xenia – aber ist er ein Mann, auf den man einige Zuversicht setzen, dem man trauen kann? Wie sehr wünschte ich, ich wäre bei Dir und könnte alle Gründe für seine Wahl hören. Ich fürchte N.s Ernennung, N. ist durchaus nicht klug, er ist eigensinnig und wird von anderen geleitet. Gott gebe, daß ich mich irre und daß diese Wahl glücklich ist – aber wie eine Krähe krächze ich zu leicht Unheil. Kann sich der Mann so sehr gewandelt haben? Hat er Gutschkow fallengelassen, ist er nicht der Feind unseres Freundes, was Unglück bringt? Laß den lieben, alten Goremykin gründlich mit ihm sprechen, das wird ihn moralisch beeinflussen. Oh, möchten doch diese zwei neuen Minister die rechten Männer am rechten Platz sein, das Herz ist einem so voll von Angst und man sehnt sich nach Einigkeit unter den Ministern, nach Erfolg. Mein Lieb, sage ihnen, daß sie nach ihrer Rückkehr vom Hauptquartier mich besuchen, einer nach dem anderen, ich werde auch viel beten und mein Äußerstes versuchen, Dir von wirklichem Nutzen zu sein. Es ist schrecklich, Dir nicht zu helfen und Dich all die schwere Arbeit allein tun zu lassen ...

A. war grade bei mir, sie hat heute früh Gr. gesehen, seit fünf Nächten schlief er zum erstenmal besser und sagt, daß es im Felde ein wenig besser gehe. Er bittet Dich aufs Dringlichste, einen schnellen Befehl zu erlassen, daß an einem Tag im ganzen Land eine Kirchenprozession als Fürsprache für den Sieg stattfinden soll. Gott wird uns eher erhören, wenn sich alle zu ihm wenden – bitte, gib den Befehl, wähle jetzt irgendeinen Tag, da es geschehen soll. Schicke Deinen Befehl telegraphisch (offen für alle, die ihn lesen können) an Sabler, daß Du es wünschest – wir haben jetzt St. Peters Fasten, daher paßt es noch besser. Es wird den Geist heben und für die tapferen Kämpfer eine Tröstung sein.

*

Der französische Botschafter Paleologue sondiert den Großfürsten Paul wegen der Möglichkeit eines russisch-deutschen Sonderfriedens. Die Stellung des Justizministers Schtscheglowitow (unter dem der berüchtigte Ritualmordprozeß in Kiew inszeniert worden ist) wankt. Als Nachfolger genannt wird der ehemalige Justizminister Manuchin. Die neue Spionage-Affäre im Hauptquartier betrifft den Generalquartiermeister General Danilow. Rasputin spicht unter anderem von dem Fürsten Schakowskoi, dem Minister für Handel und Industrie.

Zarskoje Selo, 14. Juni 1915
Paul kam zum Tee und blieb einunddreiviertel Stunden. Er war sehr nett und sprach aufrichtig und einfach, aus gutem Herzen, ohne sich in etwas einzumischen, was ihn nichts angeht. Er fragte nur nach allen möglichen Dingen, was ich Dir jetzt mit seinem Wissen wiederhole. Also, um zu beginnen, Paleologue dinierte vor ein paar Tagen mit ihm, und dann hatten sie ein langes Privatgespräch. Der letztere versuchte, sehr geschickt von ihm herauszubekommen, ob er wüßte, daß Du irgendwelche Absichten hättest, mit Deutschland einen Separatfrieden abzuschließen, da er gehört hatte, daß über solche Dinge hier gesprochen wurde und daß man in Frankreich Wind davon bekommen habe – und daß sie dort beabsichtigen, bis zum wirklichen Ende zu kämpfen. Paul antwortete, er wäre überzeugt, es sei nicht wahr, um so mehr, als wir und unsere Verbündeten beim Ausbruch des Krieges festgesetzt hätten, daß Friede nur gemeinsam und in keinem Falle separat geschlossen werden könne. Dann erzählte ich Paul, Du habest dasselbe Gerücht über Frankreich gehört; und er bekreuzigte sich, als ich sagte, Du dächtest nicht im Traum an Frieden und wüßtest, daß er bei uns Revolution bedeute und daß deshalb die Deutschen versuchten, uns dazu anzureizen. Er sagte, er habe sogar gehört, welche wahnsinnigen Bedingungen die Deutschen uns auferlegt hätten. Ich warnte ihn, er würde nächstens hören, daß ich wünschte, der Friede möge geschlossen werden.

Dann fragte er mich, ob es wahr sei, daß Schtscheglowitow abgesetzt und dieser anrüchige Manuchin an seiner Stelle ernannt sei. Ich antwortete, ich wüßte nichts – was auch die Wahrheit ist ... Dann erwähnte er eine andere Sache, wegen der ich Dich, wenn sie auch peinlich ist, warnen möchte, nämlich, daß man seit sechs Monaten von einem Spion spricht, der sich im Hautquartier befindet. Als ich ihn nach seinem Namen fragte, nannte er Gen. Danilow (den schwarzen), daß man ihm von verschiedenen Seiten dieses »Gefühl« mitgeteilt habe und daß man jetzt im Heer davon spräche. Mein Liebster, Wojeikow ist listig und klug, sprich zu ihm hierüber und laß ihn listig und klug den Mann und sein Tun beobachten. Warum soll man ihn nicht überwachen? Natürlich hat man, wie Paul sagt, die Spionenmanie, aber da jetzt Dinge sofort im Ausland bekannt werden, die nur gut eingeweihte Leute im Hauptquartier wissen können, ist diese starke Vermutung entstanden, und Paul hielt es für anständig, mich zu fragen, ob Du dies jemals mir gegenüber erwähnt habest. Ich sagte: nein. Nur erwähne es nicht zu Nikolascha, bevor Du Dich erkundigt hast, da der durch seine aufgeregte Art alles verderben kann, es dem Mann vielleicht geradezu ins Gesicht sagt oder es gar nicht glaubt. Aber ich halte es nur für recht, obgleich der Mann vollkommen gut und ehrenhaft sein mag, ihn zu überwachen. Während Du dort bist, können die »gelben Leute« und andere Augen und Ohren auftun, seine Telegramme und seinen Verkehr usw. überwachen. Man behauptet, daß er auch oft große Summen empfängt. Ich erzähle Dir das alles, ohne zu wissen, ob es irgendwie begründet ist. Aber es ist besser, Dich zu warnen. Viele lieben das Hauptquartier nicht und hegen ein unangenehmes Gefühl dagegen, und da wir leider Spione gehabt haben und ebenso auch unschuldige Leute von Nikolascha beschuldigt worden sind, so magst Du es, bitte, vorsichtig untersuchen. Paul sagt, Schtscherbatows Ernennung sei mit Jubel begrüßt worden; er kennt ihn nicht. – Vergib, daß ich Dich so quäle, aber man möchte eine Hilfe sein, und vielleicht kann ich etwas nützen, wenn ich solche Botschaften übermittle ...

Wir gingen heute abend auf einem Umweg zu A., so daß man uns nicht ausgehen sah. Von zehn bis halb zwölf war er mit uns in ihrem Hause. Ich sende Dir einen Stock (einen Fisch, der einen Vogel hält), der ihm von Neu-Athos geschickt worden ist, um ihn Dir zu geben. – Er benutzte ihn zuerst und sendet ihn Dir als einen Segen, es wäre nett, wenn Du ihn öfters benutzen könntest, und es würde auch gut sein, wenn Du ihn in Deinem Zimmer hieltest nahe bei dem, was Mr. Ph. berührt hat. Er sprach viel und schön – und was ein russischer Kaiser ist, daß, obgleich auch andere Souveräne gesalbt und gekrönt werden, nur der russische seit dreihundert Jahren der wirklich Gesalbte ist. Er sagte, Du würdest durch die Nichteinberufung der zweiten Klasse jetzt Deine Herrschaft retten – sagte, Schakowskoi sei entzückt gewesen, daß Du davon gesprochen habest, denn die Minister stimmten zu. Hättest Du aber nicht begonnen, sie wären nicht auf den Gedanken gekommen, etwas zu sagen.

Er findet, Du müßtest den Fabriken befehlen, Munition anzufertigen. Du müßtest einfach den Befehl geben und sogar, wenn man Dir die Listen vorlegt, die Fabriken auswählen, anstatt die Befehle an die Kommissionen weiterzugeben, die wochenlang reden und zu keinem Entschluß kommen können.

Sei mehr Autokrat, mein einziges Lieb, zeige Deinen Willen.

✽

Gerüchte über einen allgemeinen Ministerwechsel gehen um. Auch der Oberprokurator Sabler gilt als reif für den Rücktritt. Aussicht auf die Nachfolge hat der Moskauer Adelsmarschall Samarin, ein Gegner Rasputins und bei der Zarin auch daDurch mißliebig, daß er mit Sophie Iwanowna Tiutschew befreundet ist, sie war früher Ehrendame der Zarin und Erzieherin der Großfürstinnen, 1912 mußte sie gehen, weil sie Rasputin den Eintritt in das Zimmer der Mädchen verweigerte. Samarin wird trotz des Einspruchs der Zarin ernannt.

Zarskoje Selo, 15. Juni 1915

Die Stadt ist voll von Gerede, als ob ein allgemeiner Ministerwechsel stattfinden solle. Kriwoschein Ministerpräsident, Manuchin an Stelle von Schtscheglowitow, Gutschkow als Gehilfe Poliwanows usw., und unser Freund, zu dem A. ging, um sich zu verabschieden, war begierig, zu wissen, wie weit das auf Wahrheit beruhe. (Gerade wie auch Samarin an Stelle von Sabler, den man besser nicht entlassen sollte, ehe man einen sehr guten Ersatz gefunden hat, sich sicherlich gegen unsern Freund wenden und für die Bischöfe, die wir nicht leiden können, eintreten würde – er ist so schrecklich moskowitisch und beschränkt.) Nun, A. antwortete, ich wüßte nichts. Er gab für Dich die Botschaft mit, Du solltest weniger darauf achten, was die Leute über Dich sagen, Dich nicht von ihnen beeinflussen lassen, sondern Deinen eigenen Instinkt gebrauchen und ihm folgen. Du solltest selbstbewußter sein und andern, die weniger wissen als Du, weder so viel zuhören noch nachgeben. Die Zeiten sind so ernst und schwer, daß all Deine persönliche Klugheit benötigt wird, und Deine Seele Dich führen muß. Er bedauert, daß Du nicht mehr zu ihm über alle Deine Gedanken und Pläne gesprochen hast, daß Du darüber und über die Änderungen, die Du vorhast, mit Deinen Ministern sprichst. Er betet so inbrünstig für Dich und Rußland und kann mehr helfen, wenn Du offen mit ihm sprichst. – Ich leide furchtbar darunter, Dir fern zu sein, zwanzig Jahre haben wir alles miteinander geteilt, und jetzt, da ernste Dinge vorgehen, kenne ich nicht Deine Gedanken noch Beschlüsse, und das ist eine solche Qual. Gott helfe Dir und führe Dich richtig. Ich fürchte, da sie Dein gütiges Herz ausnützen und Dich zu Dingen veranlassen, die Du, wenn Du sie hier ruhig überdächtest, vielleicht ganz anders machen würdest ...

16. Juni. Gerade erhielt ich Deinen lieben Brief, für den ich herzlich danke. Ich bin froh, daß Du mit den Arbeiten und den Sitzungen zufrieden bist. Ja, Liebster, über Samarin bin ich viel mehr als betrübt, ich bin einfach verzweifelt. Gerade einer aus Ellas nicht guter, sehr bigotter Clique, ein Busenfreund von Sophie Iw. Tiutschew. Diesen Bischof Trifon habe ich starken Grund, nicht leiden zu können, da er immer gegen unseren Freund geredet hat und es auch jetzt noch in der Armee tut – nun werden Nachreden über unseren Freund beginnen, und alles wird sich zum Bösen wenden. Ich hoffe mit Herz und

Seele, daß er nicht annimmt, Ella würde dadurch zu Einfluß kommen. Es quält mich vom Morgen bis zum Abend, und er ist gegen uns, sobald er einmal gegen Gr. ist. Er ist so schrecklich gekränkt, ein echter Moskauer Typ – ein Schädel ohne Seele. Mein Herz fühlt sich an wie Blei, tausendmal besser noch ein paar Monate Sabler als Samarin.

Laß die Kirchenprozession jetzt stattfinden, schiebe sie nicht hinaus, Liebling, höre auf mich, es ist ernst, laß sie schneller eintreten, wir haben jetzt Fasten, darum paßt es besser. Wähle den Peter-und-Pauls-Tag, aber entscheide Dich schnell. Oh, warum sind wir nicht beisammen, um miteinander alles zu besprechen und Dinge verhindern zu helfen, die, wie ich weiß, nicht geschehen sollten. Es ist nicht mein Gehirn, das klug ist, sondern ich lausche auf meine Seele und wünschte, Du würdest es auch tun, mein Einziger, Süßer.

✵

»Unser erster Freund«, der in dem folgenden Brief genannt wird, ist wiederum Mr. Philippe.

Zarskoje Selo, 16. Juni 1915

Er war so sehr dagegen, daß Du ins Hauptquartier gingst, weil sich die Leute da an Dich drängen und Dich zu Dingen veranlassen, die Du besser nicht getan hättest – hier in Deinem eigenen Haus ist die Atmosphäre eine gesündere, und Du würdest die Verhältnisse richtiger sehen – wenn Du doch schneller zurückkämst. Ich spreche nicht aus einem egoistischen Gefühl, sondern weil ich hier ruhiger über Dich bin und dort eine beständige Furcht vor dem habe, was man zusammenbraut. Du siehst, ich habe absolut kein Vertrauen zu N. Ich weiß, daß er durchaus nicht intelligent ist, und da er gegen einen Mann Gottes angegangen ist, kann sein Werk nicht gesegnet noch sein Rat gut sein. Als Gr. gestern in der Stadt, bevor er abreiste, hörte, daß Samarin ernannt war, die Leute wußten es da schon, da war er in äußerster Verzweiflung – da er doch an seinem letzten Abend hier, heute vor einer Woche, Dich gebeten hatte, nicht gerade jetzt Sabler zu entlassen, weil man wohl bald den richtigen Mann finden würde. Und jetzt wird die Moskauer Gesellschaft wie ein Spinnennetz um uns herum sein, die Feinde unseres Freundes sind unsere, und Schtscherbatow wird sicher etwas mit ihm aushecken. Ich bitte Dich um Verzeihung, daß ich Dir das alles schreibe, aber ich bin so zerschlagen, seit ich es gehört habe, und kann mich nicht beruhigen. Ich verstehe jetzt, warum Gr. nicht wollte, daß Du dahin gingst – hier würde ich Dir geholfen haben. Die Leute fürchten meinen Einfluß, Gr. sagte es (nicht zu mir) und Wojeikow auch, denn sie wissen, ich habe einen starken Willen, ich durchschaue sie schneller und helfe Dir, fest zu sein. Ich würde nichts unversucht gelassen haben, Dir abzuraten, wenn Du hier gewesen wärest, und ich glaube, Gott hätte mir geholfen, und Du hättest Dich der Worte unseres Freundes erinnert. Wenn er sagt, man dürfe etwas nicht tun, und man hört nicht, dann sieht man seinen Fehler immer nachher ein ...

Ich beschwöre Dich, bei der ersten Unterredung mit S., wenn Du ihn siehst, sehr bestimmt mit ihm zu sprechen – tu es, mein Lieb, um Rußlands willen – Rußland wird sicherlich keinen Segen davon haben, wenn sein Souverän hilft, daß ein von Gott Gesandter verfolgt wird.

Sage ihm aufs strengste, mit fester und entschiedener Stimme, daß Du alle Umtriebe gegen unseren Freund oder Nachreden über ihn oder die entfernteste Verfolgung verbietest, sonst würdest Du ihn nicht im Amt halten. Daß ein treuer Diener es nicht wagen dürfe, gegen einen Mann vorzugehen, den sein Souverän achtet und verehrt.

Du kennst das üble Spiel, das Moskau spielt, sage ihm alles, seine Busenfreundin S. J. Tiutschew verbreitet Lügen über die Kinder, wiederhole das, und daß ihre vergifteten Unwahrheiten nicht viel Böses angerichtet hätten, daß Du aber eine Wiederholung nicht dulden wirst. Das ist keine Fraueneinbildung – sondern einfache, klare Wahrheit. Ich verehre Dich viel zu tief, um Dich in einer solchen Zeit mit einem Brief wie diesem zu ermüden, wenn mich nicht Seele und Herz dazu drängten. Wir Frauen haben manchmal den Instinkt des Richtigen, Teurer, und Du kennst meine Liebe zu Deinem Land, das das meine geworden ist. Du weißt, was dieser Krieg für mich in jeder Hinsicht ist und daß der Mann Gottes, der unablässig für Dich betet, wieder in Gefahr der Verfolgung sein könnte, daß Gott uns unsere Schwäche und Sünde, ihn nicht zu beschützen, wohl schwerlich vergeben würde. Du weißt, N.s Haß gegen Gr. ist tief. Sprich einmal mit Wojeikow, Lieber, er versteht solche Dinge, denn er ist Dir ehrlich ergeben.

S. ist ein sehr eingebildeter Mann, im Sommer hatte ich Gelegenheit, das zu sehen, als ich mit ihm ein Gespräch über die Räumungsfrage hatte – Rostow und ich bekamen einen unangenehmen Eindruck von seinem Dünkel, seiner blinden Anbetung Moskaus und seiner Verachtung Petersburgs. Der Ton, in dem er sprach, empörte Rost. sehr. Das zeigte ihn mir in einem anderen Licht, und mir wurde klar, wie unangenehm es sein würde, mit ihm zu tun zu haben. Als man ihn früher als Alexei vorschlug, sagte ich ohne Bedenken: nein, nur nicht solch einen engherzigen Menschen. Unsere Kirche braucht gerade das Gegenteil – Seele und nicht Gehirn. Möge Gott der Allmächtige helfen und alles zum Guten zuwenden. Möge er unsere Gebete erhören und Dir endlich mehr Vertrauen in Deine eigene Weisheit geben, damit Du nicht auf andere hörst, sondern auf unsern Freund und auf Deine Seele. Noch einmal entschuldige diesen Brief, er ist mit wehem Herzen und brennenden Augen geschrieben. Nichts ist jetzt nebensächlich, alles ist schwerwiegend. Ich verehre und liebe den alten Goremykin, hätte ich ihn gesehen, ich weiß, wie ich gesprochen hätte – er ist so geradeaus mit unserem Freund und faßt es nicht, daß S. Dein Feind ist, wenn er gegen Gr. spricht.

Ich bin sicher, Dein armes, liebes Herz schmerzt wieder, es ist erweitert und braucht Tropfen. Bitte, Teurer, geh weniger – ich habe meins ruiniert beim Auf-die-Jagd-Gehen, bevor ich mit den Ärzten sprach, und habe an wahnsinnigen Schmerzen, Atemnot und Herzklopfen gelitten. Achte auf Deine Gesundheit – mein armer Liebling, ich hasse es so, daß ich von Dir fern bin, es ist meine größte Strafe, besonders zu dieser Zeit. Unser erster Freund gab mir jenes Bild mit der Glocke, um mich vor denen zu warnen, die böse sind; und es wird sie abhalten, sich mir zu nähern. Ich werde es fühlen und Dich so vor ihnen bewahren. Sogar die Familie fühlt es und versucht deshalb, Dich allein zu haben, wenn sie weiß, es ist etwas Unrechtes, und ich würde es nicht billigen. Es ist nicht mein Verdienst, Gott wünscht, daß Dein armes Frauchen Dir eine Hilfe sei, Gr. sagt das immer und Mr. Ph. auch – auf daß ich Dich rechtzeitig warnen möchte, wenn ich Dinge erfahre. Nun, jetzt kann ich nur beten und dulden, ich drücke Dich fest an mein Herz, streichle zärtlich Dein Gesicht, presse meine Lippen auf Deine Augen und Deinen Mund und küsse voll Liebe diese teuren Hände, die mir immer weggezogen werden. Ich liebe, ich liebe Dich und wünsche Dir alles Gute, Glück und Segen. Schlafe gut und ruhig, ich muß versuchen, auch zu schlafen, es ist fast ein Uhr.

Mein Zug brachte viele Verwundete – Babys Zug hat eine Menge von Warschau mitgebracht, wo sie die Hospitäler leeren. Gott helfe uns.

Mein Lieb, vergiß nicht, mache schneller mit der Kirchenprozession, jetzt während der Fastenzeit ist grade der günstigste Moment, und es muß ganz von dir ausgehen, nicht von dem neuen Oberprokurator des Synods – ich hoffe, dieses Fasten zur heiligen Kommunion zu gehen, wenn mich B. nicht daran verhindert. Wenn Du diesen Brief liest, wirst Du sagen: Man sieht, sie ist Ellas Schwester. Aber ich kann nicht alles in drei Worte fassen, ich brauche eine Menge Seiten, um alles auszudrücken, und mein armes Sonnenlicht muß diesen langen Erguß lesen – aber, Schatz, Du kennst und liebst Dein einziges, treues

Frauchen.

17. Juni. Guten Morgen, mein Liebling. Ich schlief schlecht, und das Herz ist erweitert, so liege ich den Morgen über auf dem Bett und dem Balkon – ach, kein Hospitalbesuch, der Kopf schmerzt wieder zu sehr. Kirchenglocken läuten. Werde nach dem Frühstück zu Ende schreiben. Die großen Mädchen gehen in die Stadt, Olga empfängt Geld, fährt dann in ein Hospital und nach Elagin zum Tee.

Es ist sehr heiße und drückende Luft, aber kolossaler Wind auf dem Balkon, wahrscheinlich ein Gewitter in der Luft, und das erschwert das Atmen. Ich brachte Rosen, Maiglöckchen und spanische Wicken heraus, um ihren Duft zu genießen. Ich sticke den ganzen Tag für unsern Ausstellungsbasar. Ach, mein Junge, mein Junge, wie wünsche ich, wir wären zusammen – man ist manchmal so müde, so bedrückt von Leid und Angst. Beinahe elf Monate. Aber es ist ja nur der Krieg und dann die innere Politik, die einen aufreiben, und das Unglück im Kriege. Aber Gott wird helfen, wenn alles am trübsten zu sein scheint. Ich bin sicher, daß bessere, sonnigere Tage kommen.

Mögen die Minister nur ernsthaft zusammenarbeiten, Deine Wünsche und Befehle erfüllen und nicht ihre eigenen – eine Harmonie unter Deiner Leitung. Denke mehr an Gr., Liebster, vor jedem schwierigen Moment, bitte ihn, bei Gott zu vermitteln, daß er Dich richtig führt.

Vor wenigen Tagen schrieb ich Dir über Pauls Unterredung, heute schickt die Gräfin H. mir Paleologues Antwort: »Die Eindrücke, die S. K. H. der Großf. von seiner Unterhaltung berichtet hat und die Sie mir in seinem Auftrage übermitteln, berühren mich lebhaft. Sie bestärken mit größtmöglichem Gewicht, was ich schon innerlich für gewiß hielt, woran ich nie gezweifelt und wofür ich stets meiner Regierung gebürgt habe. Einem Pessimisten, der kürzlich versuchte, meinen Glauben zu erschüttern, habe ich geantwortet: Meine Überzeugung ist um so stärker, da sie nicht auf irgendeinem Versprechen, auf irgendeiner Abmachung beruht. In den seltenen Fällen, wo diese ernsten Fragen an mich herantraten, hat man mir nichts versprochen, sich zu nichts verpflichtet, weil jede förmliche Versicherung überflüssig war, weil man sich verstanden fühlte, wie auch ich zu hoffen wage, selbst verstanden zu sein. In gewissen feierlichen Minuten gibt es Aufrichtigkeiten der Betonung, Redlichkeiten des Blickes, in denen sich ein Gewissen ganz enthüllt, und die mehr wert sind als alle Schwüre. – Nichtsdestoweniger lege ich ein hohes Gewicht auf die ausdrückliche Versicherung, die mir durch

S. K. H. den Großf. kommt. Für meine persönliche Gewißheit war sie überflüssig. Aber wenn ich wieder Ungläubige treffe, so werde ich in Zukunft das Recht haben, ihnen nicht nur zu sagen: Ich glaube, sondern: »Ich weiß.« Dies wegen der Frage einer separaten Friedensverhandlung. Hast Du mit Wojeikow über Danilow gesprochen? Bitte tu es, nur sprich nicht mit Orlow, der mit N. kolossal befreundet ist. Sie korrespondieren die ganze Zeit, wenn Du hier bist, B. weiß es. Das kann nichts Gutes bedeuten. Er ärgert sich zweifellos über Gr.s Besuch in unserem Hause, und deshalb will er Dich von ihm weghaben im Hauptquartier. Wenn sie nur wüßten, wie sie Dir Leid zufügen, statt Dir zu helfen, diese blinden Menschen mit ihrem Haß gegen Gr. Du erinnerst Dich, wie es in den »Amis de Dieu« heißt: Ein Land kann nicht verloren sein, dessen Souverän von einem Manne Gottes geleitet wird. O laß ihn Dich auch weiterhin führen.

*

Der Zar ordnet für den August den Wiederzusammentritt der Duma an.

Zarskoje Selo, 17. Juni 1915

Mein einzig Geliebter!

Ich hatte gerade meinen Brief beendet, als mir Dein lieber Brief gebracht wurde – meinen zärtlichsten Dank dafür. Du weißt nicht, welche Freude mir Deine Briefe machen, denn ich weiß, Du hast wenig Zeit zum Schreiben und bist so ermüdet. Dein Frauchen sollte Dir helle und fröhliche Briefe schikken, aber es ist so schwer, denn ich fühle mich in diesen Tagen mehr als niedergeschlagen und bedrückt. Mir macht so manches Sorge. Nun soll im August die Duma zusammentreten, unser Freund bat Dich verschiedene Male, es so spät wie möglich zu veranlassen und nicht jetzt, da jeder auf seinem Platz zu arbeiten hätte. Und nun werden sie sich hier einzumischen suchen und über Dinge reden, die sie nichts angehen. Vergiß nie, daß Du selbstherrschender Kaiser bist und bleiben mußt, –

wir sind nicht reif für eine konstitutionelle Regierung. Es war N.s und Wittes Schuld, daß die Duma existiert, und sie hat mehr Ärger als Freude verursacht. Oh, mir gefällt es nicht, daß N. irgend etwas mit diesen ausgedehnten Sitzungen zu tun hat, die sich mit inneren Fragen beschäftigen. Er versteht unser Land so wenig und beeinflußt die Minister mit seiner lauten Stimme und seinen Gestikulationen. Ich kann manchmal wild werden über seine falsche Stellung. Warum baten die Minister, daß das geändert wurde, was ihre Hauptpflicht war? Er hat kein Recht, sich in andere Dinge zu mischen, und man sollte seine Fehler in Ordnung bringen und ihn einzig auf die militärischen Angelegenheiten beschränken – wie French und Joffre. Niemand weiß, wer jetzt der Kaiser ist. Du mußt zum Hauptquartier eilen und dort Deine Minister versammeln, als ob Du sie nicht allein hier haben könntest wie letzten Mittwoch. Es ist gerade, als ob N. alles bestimmt, die Leute auswählt und entläßt – es zerrüttet mich ganz und gar. Ihm gefiel nicht, daß Kriw. Danilow beobachtete, und der Mann tat doch nur seine Schuldigkeit. Es muß außer seinem schlechten Charakter noch einen Grund geben, daß die ganze Armee und der alte Iwanow ihn hassen. Alle sagen, er hat N. und die anderen Großfürsten völlig in der Hand. Vergib, daß ich das alles schreibe, aber ich fühle mich so äußerst elend, und alle geben Dir auch falsche Ratschläge und nützen Deine Gutmütigkeit aus. Zum Henker mit dem Hauptquartier, nichts Gutes wird da ausgebrütet! Gott sei Dank, du wirst in Mieladinje in Gottes herrlicher Natur, fern von den Intrigen, einen guten Tag haben – könntest Du an einem anderen Tag zu Iwanow fahren, und dann wieder einmal irgendwohin, wo Truppen sind, nicht zur Garde, sondern wo große Massen in Wartestellung liegen? Du bleibst noch lange weg, Gr. bat nicht – es geht einmal alles gegen seine Wünsche, mein Herz blutet in Angst und Schrecken. – Oh, Dich zu bewahren und zu schützen vor weiteren Sorgen und Elend, man hat genug, mehr als das Herz ertragen kann – man sehnt sich danach, einen langen Schlaf zu tun . . .

Ich danke Dir so herzlich für Dein liebes Telegramm, habe

sofort Goremykin gebeten, morgen, Donnerstag, zu kommen, und werde glücklich sein, dem teuern, alten Mann zu lauschen, denn zu ihm kann ich offen sprechen. Ich kenne ihn, seitdem ich verheiratet bin, er ist Dir so tief ergeben und wird mich verstehen. Plötzlich um neun gab es einen solchen Platzregen, zweimal kam ein sehr entfernter Donner, und jetzt regnet es unaufhörlich seit vier Stunden. Das wird die Luft erfrischen, die den ganzen Tag so schwül war. Gr. telegraphierte an A. von Wjatka: »Ich arbeite in ruhigem Schritt, Gott wird helfen, küsse alle.« Gute Nacht, mein Kleiner, schlafe friedlich – heilige Engel bewachen Deinen Schlummer und eines liebenden Frauchens ernsteste Gebete für seinen einzigen, sonnigen, großäugigen Liebling ...

Denke an uns in Bielowiesch! Solche Erinnerungen an viele Jahre früher, als wir jünger waren und zusammenhielten – und an die schreckliche letzte Zeit, als unser krankes Baby stundenlang auf dem Bett lag und auch mein Herz schlimm war. Erinnerungen an Schmerz und Angst. Du ganz fort und die Tage endlos und voll von Leiden.

*

Statt Schtscheglowitows nennt die Zarin nach einem Gespräch mit Goremykin dem Zaren als Justizminister den rechtsstehenden Senator Reichsrat A. A. Chwostow, ehemals Gehilfe Manuchins. A. A. Chwostow wird dann auch ernannt.

Zarskoje Selo, 18. Juni 1915

Der liebe alte Goremykin saß eine Stunde lang bei mir, und ich glaube, wir haben manche Frage berührt. Gott gebe ihm ein langes Leben!

Ich fragte ihn wegen Poliwanow, er sagte, als man ihn für Warschau vorschlug, habe Nikolascha eine schreckliche Grimasse geschnitten. Jetzt habe er ihn selbst vorgeschlagen, und als Goremykin ihn fragte, warum er jetzt seinen Namen erwähnte, antwortete er, er habe seine Meinung geändert. Er erzählte mir, was Samarin ihm gesagt und Dir nicht geschrieben hatte. Ich teilte ihm meine Meinung über ihn und Schtscheglowitow mit, und dann überraschte er mich angenehm, indem er mir sagte, Du hättest die Absicht mitgeteilt, ihn zu entlassen – er hält Chwostow für einen guten Anwärter. Er sieht und versteht alles so klar, daß es ein Vergnügen ist, mit ihm zu sprechen. Wir sprachen über die Deutschen- und die Judenfrage und die falsche Art, wie alles geregelt und wie durch die Generäle und Nikolascha Befehle gegeben wurden ... Bin sehr müde, will deshalb enden und zu schlafen versuchen. Gott segne Deinen Schlummer ...

19. Juni. Wie steht es mit Warschau? Die Hospitäler sind geleert und einige sogar abgeschoben – ist das nur aus äußerster Vorsicht geschehen, denn sicherlich hatte man monatelang Zeit gehabt, die Stadt wohl zu festigen? Sie scheinen ihre Herbstbewegungen wieder zu beginnen, nur werden sie jetzt ihre allerbesten Truppen bringen, und es wird leichter sein, da sie den Boden genau kennen. Meine teuren Sibirier mit ihren Kameraden werden den Massenanprall auszuhalten haben – und wieder einmal Warschau retten müssen. Alles liegt in Gottes Hand, und solange wir können, müssen wir uns halten, bis genügend Munition da ist und wir mit voller Kraft auf sie fallen. Nur machen die fortwährenden Verluste das Herz sehr schwer – es ist wahr, sie gehen als Märtyrer geradewegs in ihre himmlische Heimat, aber es ist deshalb doch hart.

*

Die Zarin interveniert für Rasputin, der die Dienstbefreiung seines (zum ungedienten Landsturms gehörenden) Sohnes durchsetzen will.

Der Bischof Warnawa ist Rasputins Parteigänger, ein Bauernsohn aus einem nordrussischen Gouvernement, zuerst Gärtner von Beruf, dann Mönch, nach seinen Angaben himmlischer »Gesichte und Offenbarungen« teilhaftig. Durch den früheren Oberprokurator der Synode, Sabler, ist er zum Bischof von Olonetz ernannt worden. Jetzt ist er Bischof von Tobolsk.

Zarskoje Selo, 20. Juni 1915

Dieses Telegramm erhielt A. heute von unserem Freund aus Tjumen: »Traf Sänger, wir sangen zum Preis des Osterfestes, der Abt jubelte, gedenke, es ist Ostern, plötzlich erreicht mich ein Telegramm, daß mein Sohn eingezogen wird, ich sagte in meinem Herzen, ich bin wie Abraham aus vergangenen Zeiten; da ich nur einen Sohn und Helfer habe, hoffe ich, man erlaubt ihm, unter mir zu herrschen wie bei den früheren Zaren.« Geliebter, was kann man für ihn tun, wen geht es an – sein einziger Sohn hätte nicht genommen werden sollen. Kann nicht Wojeikow an den militärischen Ortsbefehlshaber schreiben, ich glaube, es fällt in sein Ressort. Willst Du es ihm sagen? Bitte!

Der Zug mit Deinen Feldjägern hat acht Stunden Verspätung, ich werde also Deinen Brief erst um sieben bekommen. Soeben telegraphiert mir Warnawa aus Kurgan:

»Unserer einzigen Kaiserin. Am 17., am Tage des heiligen Tichon, des Wundertäters, erschien in dem Dorf Barabinsk während der Prozession um die Kirche am Himmel ein Kreuz, das ungefähr fünfzehn Minuten lang gesehen wurde, und da die heilige Kirche betet: Das Kreuz des Zaren ist der Schutz des Königreichs der Gläubigen, so wünsche ich Ihnen wegen dieser Erscheinung Glück und glaube, daß Gott diese Erscheinung und das Zeichen geschickt hat, um sichtbar mit seiner Liebe die ihm Ergebenen zu stützen. Ich bete für sie alle.«

Gott gebe, es ist ein gutes Vorzeichen, Kreuze sind nicht häufig.

✴

Der folgende Brief der Zarin nennt als ihren Feind einen der schärfsten Gegner Rasputins im Hauptquartier, den General Dschunkowsky, Chef des Gendarmeriekorps und in dieser Eigenschaft Gehilfe im Ministerium des Innern.

Dmitri ist Großfürst Dmitri, der dreiundzwanzigjährige Sohn des Großfürsten Paul aus dessen erster Ehe mit der Prinzessin Alexandra von Griechenland.

Alia (Alexandra) von Pistohlkors ist die jüngere Schwester der Wyrubowa.
Loman ist der Oberst Loman, Flügeladjutant des Zaren.

Zarskoje Selo, 22. Juni 1915
Mein einziger Liebling!
Ich möchte wissen, wie Du nach Bielowiesch gekommen bist und ob das Wetter so herrlich ist wie hier. So hast Du also Deine Rückkehr aufgeschoben. Nun wohl, da ist nichts zu machen; wenn Du wenigstens das ausnützen und einige Truppen besichtigen kannst. Kannst Du nicht rasch wieder abfahren, so als ob es nach Bielowiesch wäre, aber in die andere Richtung fahren, ohne es irgend jemandem zu verraten? Weder Nikolascha noch mein Feind Dschunkowsky braucht darum zu wissen. Ach, Liebling, er ist kein ehrlicher Mann, er hat das häßliche, schmierige Papier (das gegen unseren Freund gerichtet ist) Dmitri gezeigt, der alles Paul erzählt hat und dieser wieder der Alia. Solch eine Sünde, und das, obwohl Du ihm gesagt hattest, daß Du genug von diesen Schmutzgeschichten hättest, und seine schwere Bestrafung fordertest.

Du siehst, wie er Deine Worte und Befehle verdreht. Die Schwätzer sollten bestraft werden und nicht er – und daß man im Hauptquartier ihn los sein möchte (das glaube ich). Ach, es ist so abscheulich – immerzu Lügner, Feinde. Ich wußte schon lange, daß Dschunkowsky Grigori haßt und daß die »Preobraschentsi«-Clique mich deshalb nicht leiden kann, weil er durch mich und Ania ins Haus kommt.

Im Winter hat Dschunkowsky dieses Papier Wojeikow gezeigt und ihn ersucht, es Dir auszuhändigen, er hat aber abgelehnt, etwas so Widerliches zu tun, deshalb haßt jener Wojeikow und steckt sich hinter Drenteln. Es tut mir leid, solche Sachen auszusprechen, aber sie sind die bittere Wahrheit, und jetzt gehört Samarin auch noch zu der Gesellschaft. Da kann nichts Gutes draus entstehen.

Wenn wir zulassen, daß unser Freund verfolgt wird, so werden wir und unser Land dafür leiden. Schon vor einem Jahr haben sie versucht, ihn zu ermorden, und er ist hinreichend verleumdet worden. Wollten sie nicht sogar die Polizei herbeirufen, um ihn auf offener Straße zu verhaften – solch eine Scheußlichkeit! Sprich bitte mit Wojeikow darüber, ich wünsche, daß er Dschunkowskys Benehmen und Mißbrauch Deiner Worte kennt. Wojeikow, der kein Dummkopf ist, kann, ohne Namen zu nennen, mehr darüber herausfinden. Es darf nicht darüber geredet werden. Ich weiß nicht, wie Schtscherbatow verfahren wird – wahrscheinlich auch gegen unseren Freund, also gegen uns. Und die Duma darf den Gegenstand nicht behandeln, wenn sie zusammenkommt. Loman sagt, sie wollten es, so daß man gezwungen würde, Grigori und Ania fallenzulassen. Ich bin so abgespannt, habe solches Herzweh und solchen Kummer von alledem. Der Gedanke, daß jemand, den wir verehren, wiederum mit Schmutz besudelt wird, ist mehr als schrecklich.

Ach, mein Liebling, wann endlich wirst Du mit Deiner Hand auf den Tisch schlagen und Dschunkowsky und die anderen anfahren, wenn sie Übles tun. Man fürchtet Dich nicht. Aber das muß man! Sie müssen Angst vor Dir haben, sonst knien sie sich alle auf uns, und das ist genug, Liebster. Laß mich nicht vergeblich reden. Wenn Dschunkowsky bei Dir ist, rufe ihn, erkläre ihm, daß Du weißt (keine Namen!), daß er das Papier in der Stadt gezeigt hat, und daß Du ihm befiehlst, es zu zerreißen, und daß er es nicht wagen soll, von Grigori zu sprechen, wie er es tut, und daß er als Verräter und nicht als getreuer Untertan handelt, der für den Freund seines Herrschers einstehen müßte, wie das in jedem anderen Lande geschieht. Ach, mein Junge, laß sie vor Dir zittern – es ist nicht genug, wenn sie Dich lieben, sie müssen fürchten, Dich zu verletzen, Dir zu mißfallen. Du bist immer zu gütig, und alle ziehen Nutzen daraus. Es kann so nicht weitergehen, Liebling, glaube mir einmal, es ist die reine Wahrheit, die ich ausspreche, alle, die Dich wirklich lieben, sehnen sich danach, Dich entschlossener und Dein Mißfallen strenger äußern zu sehen. Sei schärfer – so können die Dinge nicht gutgehen. Wenn Dich Deine Minister fürchten, würde alles besser gehen. Der alte Goremykin findet auch, daß Du Deiner Sache sicherer sein und energischer sprechen müßtest und es strenger zeigen solltest, wenn Dir etwas mißfällt. Man hört so viele Klagen gegen das Hauptquartier, gegen die Umgebung Nikolaschas.

Zarskoje Selo, 22. Juni 1915
Manchmal möchte man schlafen gehen und erst aufwachen, wenn alles vorbei ist und überall wieder Frieden herrscht, äußerer und innerer.

Überall wird Samarins Name schon erwähnt – wie unangenehm, bevor seine Ernennung herauskommt – wie mich das mit der tiefsten Angst erfüllt! Ich fürchte, ich mache es Dir durch alles, was ich schreibe, schwerer, aber es ist nur ehrlich und wohlgemeint, mein Liebling – andere sagen nie etwas, und so muß Dein altes Frauchen seine Meinung offen äußern, wenn sie fühlt, daß es recht ist, dies zu tun. Man sehnt sich danach, alles Unheil abwenden zu helfen, aber leider kommen oft unsere Worte zu spät, wenn schon nichts mehr geschehen kann. Jetzt muß ich versuchen zu schlafen, es ist spät.

23. Juni. Gräfin Hohenfelsen schrieb an A., um zu fragen, ob wir und die Kinder einen Lunch in ihrem Hause nach der Kirche einnehmen würden – an Pauls Namenstag, zusammen mit den Leuten, die unter ihrem Dache leben, und wen wir sonst haben wollten. Ich hab ihr gesagt, sie solle antworten (ich mußte das ausfindig machen für den Fall einer Ablehnung, damit diese nicht auf eine reguläre Einladung erfolgte), daß ich noch nicht wüßte, wann Du zurückkämst, und daß mein Herz mir wieder Beschwerden macht, so daß es zweifelhaft sei, ob ich bei einer großen Mahlzeit sitzen könnte. So töricht und taktlos zu fragen ...

Liebling, mir ist so einsam ohne Dich.

Zarskoje Selo, 24. Juni 1915
Ist es wahr, daß Warschau vollkommen geräumt wird? (Aus Vorsicht!)

Hoffe, zur heiligen Kommunion gehen zu können, an welchem Tag, hängt von meiner Gesundheit ab. Ich denke, am

Sonntag zur Frühmesse unten mit Ania. Wann wirst Du zurückkommen? Heute ist es zwei Wochen her, es scheint mindestens ein Monat zu sein (und unser Freund bat doch, daß dies eine ganz kurze Frist sein möge, da er wußte, daß die Dinge nicht gehen würden, wie sie sollten, wenn man Dich festhielte und Deine Güte mißbrauchte). Gehst Du weg, unbemerkt nach Bielostok oder Cholm, die Truppen besichtigen? Zeige Dich dort, bevor Du zurückkommst. Mache ihnen und Dir selbst die Freude. Die aktive Armee ist Gott sei Dank nicht das Hauptquartier. Sicherlich kannst Du einige Truppen sehen, Wojeikow kann alles arrangieren (nicht Dschunkowsky), niemand braucht zu wissen, nur dann wird es Dir gelingen. Sage, Du gingest wieder auf einen Sprung fort; wenn ich dort wäre, hätte ich Dir geholfen fortzukommen. Liebling hat immer nötig, gedrängt und daran erinnert zu werden, daß er der Kaiser ist und tun kann, was ihm gefällt – davon machst Du nie Gebrauch. Du mußt zeigen, daß Du einen eigenen Weg und Willen hast und nicht von N. und seinem Stab gelenkt wirst, der Deine Bewegungen dirigiert und dessen Erlaubnis Du einholen mußt, bevor Du irgendwohin gehst. Nein, gehe allein, ohne N., und ganz auf eigene Faust, bringe ihnen den Segen Deiner Gegenwart. Sage jetzt nicht, daß Du Unglück brächtest. In Lemberg und Przemysl geschah das, weil unser Freund wußte und Dir sagte, daß es zu früh sei, aber Du hast statt dessen auf das Hauptquartier gehört.

Vergib mir, daß ich so geradeaus spreche, aber ich leide zu viel; ich kenne Dich – und Nikolascha. Gehe zu den Truppen, sage N. kein Wort. Du hast falsche Skrupel, wenn Du sagst, es sei nicht aufrichtig, ihm nichts zu sagen. Seit wann ist er Dein Mentor, und inwiefern störst Du ihn? Laß sie endlich sehen, daß Du nach Deinem eigenen Kopf handelst, der so viel wert ist wie alle die ihrigen zusammengenommen! Gehe, Liebling, muntere auch Iwanow auf, so schwere Schlachten stehen bevor, segne die Truppen durch Deine kostbare Anwesenheit. In ihrem Namen fordere ich Dich auf zu gehen – gib ihnen den geistigen Aufschwung, zeige ihnen, für wen sie kämpfen und sterben. Nicht für Nikolascha, sondern für Dich. Tausende haben Dich nie gesehen, dürsten nach einem Blick aus Deinen wundervollen, reinen Augen! Solche Massen sind vorgerückt – man kann Dir nicht vorlügen, daß Du nicht zu den einen oder anderen hinkommen kannst. Nur wenn Du es Nikolascha sagst, werden die Spione, die im Hauptquartier sind – wer? –, es sofort die Deutschen wissen lassen, und dann werden ihre Aeroplane an die Arbeit gehen. Aber sonst werden nicht einmal drei Motoren zu sehen sein. Drahte mir nur etwas, daß ich verstehen und dann unseren Freund wissen lassen kann, damit er für Dich betet. Etwa so: Gehe morgen wieder auf einen Ausflug – bitte, mein Liebling. Vertraue mir, ich will Dein Bestes, Du brauchst immer Ermutigung, und vergiß nicht, kein Wort vor Nikolascha, laß ihn denken, Du gingest irgendwohin, Bielowiesch oder wo immer es Dir gefällt. Ein Hauptquartier, das Dich festhält, anstatt Dich zum Gehen zu ermutigen, ist falsch. Aber die Soldaten müssen Dich sehen, *sie* haben Dich nötig, nicht das Hauptquartier, *sie* verlangen nach Dir und Du nach ihnen.

Zarskoje Selo, 25. Juni 1915

Ach, mein Liebling! Welchen Ärger mußt Du durchgemacht haben, als Nikolascha diese schlechte Nachrichten erhielt. Hier höre ich nichts und lebe in Angst und Bängnis und hungere nach Nachrichten über das, was da draußen vorgeht. Gott wird helfen, aber wir werden noch viel Elend und Herzleid durchmachen, fürchte ich. Die Munitionsfrage kann einem graue Haare machen.

Liebling, ich hörte, daß der scheußliche Rodzianko und andere zu Goremykin gegangen sind und um sofortige Einberufung der Duma gebeten haben – o, bitte, tu es nicht, es ist nicht ihr Amt, sie wollen Dinge erörtern, die sie nichts angehen, und noch mehr Unfrieden säen. – Sie müssen ferngehalten werden. Ich versichere Dir, daß nur Unheil daraus entstehen wird, sie reden zuviel.

Rußland ist Gott sei Dank kein konstitutioneller Staat, obwohl diese Kreaturen versuchen, eine Rolle zu spielen und sich in Geschäfte zu mischen, die sie nichts angehen. Laß nicht zu, daß sie einen Druck auf Dich ausüben. Wenn man nachgibt, dann aus Angst, und sie werden ihre Köpfe um so höher tragen.

Du weißt, daß Gutschkow noch immer Poliwanows Freund ist. Das war der Grund, warum Poliwanow und Suchomlinow auseinandergekommen sind. Seine Wahl gefällt mir nicht. Mich peinigt der Gedanke, daß Du und noch manche andere im Hauptquartier sind, weil das nicht auf ein Besichtigen der Soldaten, sondern auf ein Anhören von N.s Ansichten hinausläuft, was nicht gut ist und sein kann – er hat kein Recht, so zu handeln, wie er tut, sich in Deine Angelegenheiten einzumischen. Alle sind empört darüber, daß die Minister mit Berichten zu ihm kommen, als ob er jetzt der Souverän wäre.

Ach, mein Nicky, die Dinge gehen nicht, wie sie sollten, und deshalb hält N. Dich in der Nähe, um Dich mit seinen Ideen und schlechten Ratschlägen in der Hand zu halten. Willst Du mir immer noch nicht glauben, mein Junge?

Kannst Du nicht einsehen, daß ein Mensch, der einem Gottesmann gegenüber glattweg zum Verräter geworden ist, nicht gesegnet sein kann und daß seine Handlungen nicht gut sein können? Wenn er an der Spitze der Armee bleiben muß, ist nichts dagegen zu tun, und alle Mißerfolge werden auf sein Haupt kommen – aber Mißgriffe im Innern werden Dir heimgezahlt werden, da niemand im Innern des Landes denken wird, daß er neben Dir regiert.

Es ist so unendlich falsch und ungerecht.

Ich fürchte, ich ärgere und beunruhige Dich mit meinem Brief. Aber ich bin allein in meinem Elend und meiner Angst, und ich kann das nicht hinunterschlucken, was Dir zu erzählen ich für meine ehrliche Pflicht halte.

Gestern abend lud ich Kusow (Ex-Ingenieur) von dem Moskauer Regiment aus Twer ein. Ich war frappiert davon, wie genau er das aussprach, was ich denke, und er kennt mich nicht, wir treffen uns erst zum zweiten Mal. Wie viele andere also müssen ebenso urteilen wie er. Er war drei Tage im Hauptquartier und brachte keinen günstigen Eindruck mit, ebensowenig wie Wojeikow und N. P., die Dir am meisten ergeben sind. Erinnere Dich, daß unser Freund Dich bat, nicht lange zu bleiben – er sieht und kennt Nikolascha durch und durch und Dein zu sanftes und weiches Herz. Ich habe hier, unfähig zu helfen, selten eine solche Zeit des Jammers durchgemacht, im Gefühl und in der Gewißheit, daß die Dinge nicht gehen, wie sie sollten; – und unfähig zu nützen – das ist bitter schwer; sie und Nikolascha kennen meinen Willen und fürchten meinen Einfluß (unter der Leitung Grigories) auf Dich; das ist alles so klar. – Nun, ich darf Dich nicht länger ermüden, nur will ich mir mein Gewissen reinigen, was auch geschehen mag. Ist es wahr, daß Jussupow seine Funktionen zur Hälfte verloren hat, so daß er jetzt eine untergeordnete Rolle spielt?

∗

Mit der Hilfe seiner Kusine, der Königin Victoria »Vicky« von Schweden, ist Prinz Max von Baden für die deutschen Kriegsgefangenen in Rußland tätig. Dies ist die zweite dynastische Verbindung, die die Zarin noch jetzt mit Deutschland unterhält. Für den russischen Armeebefehl, den sie kritisiert, ist Nikolai Nikolajewitsch verantwortlich.

Sergei ist der bereits erwähnte Großfürst Sergei Michailowitsch, Generalinspekteur der Artillerie. Die Ballerina Krschezinska ist seine kostspielige Geliebte.

Zarskoje Selo, 25. Juni 1915

Ich habe den Amerikaner von der Young Men's Christian Association gesehen und war lebhaft beschäftigt durch alles, was er mir von unseren Gefangenen dort und den ihrigen hier erzählte. Ich lege seinen Brief bei, den er drucken lassen und in Deutschland zeigen wird (und Fotos, die unsere vortrefflichen Baracken zeigen). Er beabsichtigt, nur das Gute auf beiden Seiten zu berichten, und nicht die schlimmen Dinge, und hofft, so alle Seiten zu einer humanen Behandlung zu veranlassen. Heute abend bekam ich einen Brief von Vicky, den ich Dir mit Briefen von Max sende (ich fürchte, Dich zu behelligen, aber Du bist eher dort als hier an einem Abend frei, bitte, lies es, und wenn Du magst, erwähne dort das eine oder andere). Ich habe den Amerikaner, der morgen nach Deutschland abreist, wissen lassen, daß ich wünsche, er möge die Papiere Max zustellen und ihn aufsuchen, um ihm alles zu erzählen, damit alle ihre falschen Eindrücke über die Art, wie wir unsere Gefangenen behandeln, berichtigt werden.

Ich habe nie von so vielen Krankheiten in Rußland gehört. Ich glaube, er sagte (der Amerikaner), daß in Kassel viertausend an Flecktyphus gestorben seien. Schrecklich! Lies vor allem das englische Schreiben von Max; und in dem, das Vicky von Max bekommen hat, wirst Du unser Dokument finden, das, mein Lieber, idiotisch abgefaßt und ohne jede Erklärung ist – und in einem scheußlichen Deutsch. »Es ist befohlen, die zehn ersten deutschen Kriegsgefangenen – als Erfolg (Unsinn) der mörderischen Taten, die sich einige deutsche Truppen erlauben, zu erschießen.« Man hätte das in vernünftigem Deutsch schreiben sollen; mit der Erklärung, daß an der Stelle, wo man einen gefolterten Mann findet, zehn eben Gefangene erschossen werden. Es ist schlecht geschrieben – Erfolg steht statt »Folge«, aber auch das klingt schlecht. Laß es in vernüftigem grammatischem Deutsch ordentlich und ausführlich niederschreiben. Außerdem ist doch nicht gemeint, daß jedesmal Leute erschossen werden sollen, das hast Du nie gewollt, das ist irgendwie ganz verkehrt, und deshalb verstehen sie nicht, was gemeint ist.

Bitte erwähne nicht, von wo die Briefe kamen, außer Nikolascha gegenüber, mit Rücksicht auf Max, da er sich um unsere Gefangenen bekümmert; und sie schicken Briefe durch einen Schweden an Ania, absichtlich nicht an eine Hofdame. Niemand soll davon wissen, nicht einmal ihre Botschaft. Ich weiß nicht, warum diese Furcht. Ich telegraphiere offen an Vicky, daß ich ihr für ihren Brief danke und sie bitte, Max von mir für all das zu danken, was er für die Gefangenen tut, und versichert zu sein, daß man sein Bestes hier für ihre Gefangenen tue. Ich kompromittiere mich dadurch nicht – ich tue nichts persönlich, und da ich alles für unsere Gefangenen tun will und dieser Amerikaner unsere Sachen mitnehmen und erzählen will, wo und was gebraucht wird, wird er soviel wie möglich helfen. – Gib die Briefe bitte zurück, oder bringe sie Sonntag mit, wenn Du dann wirklich kommst.

Ich hatte Paul zum Tee, und wir plauderten eine Menge. Er fragte, ob Sergei von seinem Posten abgelöst würde, da alle so sehr gegen ihn seien, ob mit Recht oder Unrecht – und die Krschezinska wieder damit zusammenhängt –, es scheint, daß sie sich in bezug auf Bestechungsgelder und Artilleriebestellungen ebenso wie Frau Suchomlinow benommen hat. Man hört das von vielen Seiten. Nur hat er mich darauf hingwiesen, daß dies auf Deinen Befehl geschehen muß, nicht Nikolaschas, da nur Du einen solchen Befehl erteilen oder andeuten kannst, daß er um seinen Abschied einkommen möge, einem Großfürsten gegenüber, der kein Kind mehr ist, da Du sein Chef bist und nicht Nikolascha, sonst würde das der Familie sehr mißfallen.

Paul ist so anhänglich, und unbeschadet seiner persönlichen Abneigung gegen Nikolascha findet er, daß die Leute seine Stellung nicht verstehen können: eine Art zweiter Kaiser, der sich in alles einmischt. Wie viele (und unser Freund) sagen dasselbe.

✳

In den Zeitraum bis zum nächsten Brief fallen die folgenden Ereignisse: die Ernennung A. A. Chwostows zum Justizminister, die definitive Ernennung Schtscherbatows zum Minister des Innern, die Eröffnung der Duma, die ein Gesetz über die Bildung von Kriegsausschüssen annimmt. In erregter Debatte fordern alle Parteivorstände (bis auf die Rechte und die Nationalisten) die Weiterarbeit der Duma. Die Zarin macht sich im Hintergrund für einen Neffen A. A. Chwostows, den Kammerherrn A. N. Chwostow, als Minister des Innern stark, da Schtscherbatow von ihr bekämpft wird. Sie gibt Chwostow den Spitznamen »the tail«, »der Schweif«, was im Russischen »chwost« heißt. Der wichtigste Kampf jedoch, der die Zarin heftig erschüttert, ist der gegen Nikolascha. Jetzt steht die Entscheidung unmittelbar bevor. Am 24. August alter Zeitrechnung (5. September), zwei Tage nach dem hier folgenden Brief, erklärt der Zar in einem Armeebefehl, daß er den Oberbefehl übernommen habe. Nikolai Nikolajewitsch soll faktisch durch den bisherigen Oberbefehlshaber der Nordwestfront, General M. W. Alexejew, ersetzt und Armeekommandierender gegen die Türken im Kaukasus werden.

Zarskoje Selo, 22. August 1915
Es ist mehr als hart, Dich allein abreisen zu lassen, so völlig allein. Aber Gott ist Dir sehr nahe, mehr als je. Du hast diesen Kampf für Dein Land und Deinen Thron ausgefochten – allein und mit Tapferkeit und Entschlossenheit. Nie zuvor haben sie solche Festigkeit an Dir gesehen, und es kann nicht ohne gute Früchte bleiben.

Fürchte nichts für das, was zurückbleibt – man muß streng sein und auf einmal Schluß machen. Liebling, ich bin hier, lache nicht über das törichte, alte Weibchen, aber sie hat unsichtbare »Hosen« an, und ich kann den Alten kommen lassen und ihn in Gang halten, daß er energisch bleibt. Wenn ich je im geringsten nützlich sein kann, sage mir, was ich tun soll. Benütze mich – in solchen Zeiten wird Gott mir die Stärke geben, wird mir helfen – weil unsere Seelen für das Recht und gegen das Übel kämpfen. Es ist alles viel tiefer, als es dem Auge erscheint. Wir haben gelernt, alles von der anderen Seite anzusehen, zu sehen, was dieser Kampf wirklich ist und bedeutet. Du mußt Dein Herrentum zeigen, Dich selbst als der Autokrat erweisen, sonst kann Rußland nicht bestehen. Hättest Du jetzt in diesen verschiedenen Fragen nachgegeben, hätten sie noch mehr aus Dir herausgeholt. Fest zu sein ist die einzige Rettung. Ich weiß, was es Dich kostet, und habe schrecklich für Dich gelitten und leide noch immer. Ich flehe Dich an, mein Engel, vergib mir, daß ich Dich belästigt habe. Aber ich kenne zu gut Deinen wundervoll zarten Charakter – und Du mußtest ihn diesmal abschütteln, Du mußtest Deinen Kampf allein gegen alle gewinnen. Die Geschichte dieser Wochen und Tage wird ein Ruhmesblatt in Deiner Amtszeit und in der russischen Geschichte sein. Gott, der gerecht ist und Dir nahe, wird Dein Land und Deinen Thron durch Deine Festigkeit erretten.

Ein härterer Kampf ist selten ausgefochten worden als dieser, der Deine, und er wird von Erfolg gekrönt sein, glaube mir das nur.

Dein Glaube ist auf die Probe gestellt worden – Dein Vertrauen – und Du bist stark wie ein Fels geblieben, dafür wirst Du gesegnet sein. Gott hat Dich bei deiner Krönung gesalbt, er hat Dich dahin gesetzt, wo Du stehst, und Du hast Deine Schuldigkeit getan, sei dessen sicher, ganz sicher, und er verläßt nicht seinen Gesalbten. Unseres Freundes Gebete steigen Tag und Nacht zum Himmel, und Gott wird ihn erhören.

Diejenigen, die Deine Handlungen fürchten und nicht verstehen können, werden durch die Erlebnisse dazu gebracht werden, Deine große Weisheit zu erkennen. Es ist der Beginn des Glanzes deiner Regierung, so sagte er, und ich glaube es unbedingt. Deine Sonne ist im Aufsteigen – und heute scheint sie hell. Und so wirst Du sie bezaubern, all diese großen Wirrköpfe, Feiglinge, Irregeführten, Lärmmacher, Blinden, Kurzsichtigen und unehrlichen, falschen Geschöpfe, an diesem Morgen.

Und Dein Sonnenstrahl wird erscheinen, um Dir zu helfen, Dein eigenstes Kind. Wird das nicht die Herzen bewegen und ihnen klarmachen, was Du tust, und was sie gewagt haben, tun zu wollen, Deinen Thron zu erschüttern, Dich mit inneren schwarzen Vorahnungen zu erschrecken? Nur ein bißchen Erfolg da draußen, und sie werden umkehren. Sie werden sich nach Hause zerstreuen, in reine Luft, und ihre Gesinnung wird geläutert werden, und sie werden das Bild von Dir und Deinem Sohn im Herzen bei sich tragen.

Ich hoffe sehr, Goremykin wird Deine Wahl Chwostows billigen – Du brauchst einen energischen Minister des Innern – sollte er der Unrichtige sein, kann er später gewechselt werden, – das schadet zu solchen Zeiten nichts. Aber wenn er energisch ist, kann er prächtig helfen, und dann kommt es auf den Alten nicht so an.

Wenn Du ihn nimmst, dann telegraphiere mir nur: »Schweif (Chwostow) in Ordnung«, und ich werde verstehen.

Laß Dich durch keine Reden verärgern. Bin froh, daß Dmitri jetzt nicht dort ist – weise Wojeikow, wenn er töricht ist, zurecht. Bin sicher, er fürchtet dort Leute zu treffen, die denken könnten, daß er gegen Nikolascha und Orlow war, und daß er um des lieben Friedens willen bei Dir für Nikolascha bitten wird – das würde der größte Fehler sein und alles, was Du so mutig durchgeführt hast, ungeschehen machen, und der große innere Kampf würde ganz umsonst gewesen sein. Sei nicht zu gütig, ich meine nicht besonders, denn sonst wäre es unaufrichtig, weil da immer noch Dinge waren, wegen deren Du mit ihm unzufrieden gewesen bist. Erinnere die anderen an Mischa, den Bruder des Kaisers, und überdies ist doch Krieg! –

Alles ist zum Guten, wie unser Freund sagt, das Schlimmste ist vorbei. – Sprich Du jetzt mit dem Kriegsminister, und er wird energische Maßnahmen treffen, sobald es nötig ist – aber Chwostow wird auch dafür sorgen, wenn Du ihn ernennst. – Wenn Du abreist, werde ich heute abend durch Ania dem Freunde telegraphieren – und er wird besonders an Dich denken. Sorge nur dafür, daß Nikolaschas Ernennung schneller erfolgt – kein Hinziehen, es ist schädlich für die Sache und auch für Alexejew –, und eine abgemachte Sache beruhigt die Gemüter, selbst wenn sie gegen ihre Wünsche ist, eher als dieses Warten in Ungewißheit und Versuchen, Dich zu beeinflussen – es macht einem das Herz schwer.

Ich fühle mich vollständig erschöpft und halte mich nur mit Gewalt aufrecht – sie sollen nicht denken, daß ich entmutigt oder erschreckt bin, sondern vertrauensvoll und ruhig.

Es war eine Freude, daß wir zusammen durch die heiligen Stätten gegangen sind – sicherlich betet Dein teurer Vater ganz besonders für Dich.

Gib mir einige Nachrichten, sobald es dir möglich ist– bin für den Augenblick ängstlich, daß N. P. Ania telegraphiert, solange ich nicht sicher bin, daß nicht wieder jemand aufpaßt.

Gib mir den Eindruck wieder, wenn Du kannst. Bleibe fest bis zum Ende. Laß mich dessen gewiß sein, sonst werde ich vor Besorgnis krank werden.

Es ist bitteres Weh, nicht bei Dir zu sein – weiß, was Du

fühlst, und daß das Zusammentreffen mit N. nicht angenehm sein wird. Du hast ihm vertraut und weißt jetzt, was uns schon vor Monaten unser Freund gesagt hat, daß er unrecht Dir gegenüber und Deinem Lande und Deiner Frau gegenüber handelt. Nicht das Volk ist es, das Deinen Leuten etwas antun möchte, sondern Nikolascha und die Bande Gutschkow, Rodzianko, Samarin usw.

Liebling, wenn Du hörst, ich sei unwohl, sei nicht ängstlich, ich habe so schrecklich gelitten und mich in diesen zwei Tagen körperlich übernommen und moralisch gequält (und quäle mich noch, bis alles im Hauptquartier erledigt und Nikolascha gegangen ist). Erst dann werde ich mich ruhig fühlen – in Deiner Nähe ist alles gut –, wenn Du außer Sichtweite bist, benutzen das andere sofort. Du siehst, daß sie mich fürchten und deshalb zu Dir kommen, wenn du allein bist. Sie wissen, daß ich einen eigenen Willen habe, wenn ich fühle, daß ich im Recht bin, und das bist Du jetzt – wir wissen es, so lasse sie denn zittern vor Deinem Mut und Willen. Gott ist mit Dir und unser Freund auf deiner Seite – alles ist gut – und später werden wir alle danken, weil Du Dein Land gerettet hast. Zweifle nicht – glaube, und alles wird gutgehen – und die Armee bedeutet alles – ein paar Streiks nichts, im Vergleich hiermit, da sie unterdrückt werden können und sollen. Die Linke ist wütend, weil ihr alles aus den Händen gleitet und ihre Karten uns aufgedeckt sind, und das Spiel, für das sie Nikolascha gebrauchen wollten – selbst Schwedow weiß es von da.

Nun gute Nacht, Liebling! Ich gehe gleich zu Bett, ohne Tee mit den anderen und ihren langen Gesichtern. Schlaf lang und gut, Du brauchst Ruhe nach dieser Anstrengung, und Dein Herz braucht friedliche Stunden ...

Ich drücke Dich zärtlich an mein Herz, küsse und liebkose Dich ohne Ende – möchte Dir all die starke Liebe geben, die ich für Dich hege, Dich wärmen, aufmuntern, trösten und stärken und Deiner selbst sicher machen. Schlaf wohl, mein Sonnenlicht, Rußlands Erlöser! Gedenke der letzten Nacht, wie zärtlich wir uns umklammerten! Ich werde Deine Liebkosungen begehren, nie kann ich davon genug haben. Und ich habe ja noch die Kinder, aber Du bist ganz allein. Das nächste Mal muß ich Dir Baby ein bißchen mitgeben, um Dich aufzuheitern. Ich küsse Dich ohne Ende und segne Dich. Heilige Engel mögen Deinen Schlaf behüten. Ich bin nahe und bei Dir für immer und ewig, und niemand darf uns trennen.

✳

Der gegen Schluß des folgenden Briefes erwähnte Krupensky ist der Kammerherr Paul Nikolajewitsch Krupensky, der der Duma als Deputierter angehörte.
  Keller ist der Generalmajor Graf Theodor Arthurowitsch Keller, der an der Seite des Zaren steht.

Ich möchte wissen, wie die Gemüter um Dich herum sind. Dein Frieden muß sich ihnen doch mitteilen. Ich hatte eine Unterhaltung mit N. P. und bat ihn, Wojeikows wechselnden Launen nicht nachzugeben. Heute machen den ganzen Tag die gräßlichen Züge ihren Lärm, der Wind kommt von dieser Seite, aber mir scheint, als ob der große, neue Schornstein (wo die elektrischen Maschinen sind) denselben Lärm machte, da er seit langer Zeit mit Unterbrechungen anhält. Die Kirchenglocken läuten, ich liebe den Ton bei offenen Fenstern; ich werde um elf Uhr gehen, da bis jetzt, obwohl Herz und Brust schmerzen, keine Erweiterung vorliegt und ich viele Tropfen einnehme. Ich fühle mich körperlich zerschlagen und weh. Ich habe von Botkin die Erlaubnis bekommen, daß Anastasia in der Sonne auf dem Balkon sitzen darf, wo zwanzig Grad Wärme sind, das kann dem Kinde nur guttun. Es ist zehn, und Baby ist noch nicht aufgetaucht, hat sicher einen guten Schlaf gehabt.
  Solcher Seelenfriede nach diesen sorgenvollen Tagen – und mögest Du das gleiche fühlen. Wenn Du Gelegenheit hast, sage N. P. Liebes von uns und gib ihm Nachrichten, da ich A. jetzt eine Zeitlang nicht telegraphieren lasse, nachdem man so häßlich war, und sie ihm doch immer Nachrichten über meine Gesundheit gab. Ich hoffe, der alte Fred. ist nicht zu eitel und

wird nicht wegen Feldmarschall usw. zu bitten anfangen, was doch, wenn überhaupt, erst nach dem Kriege gegeben werden kann. Vergiß nicht, Dein Haar vor allen schwierigen Unterredungen und Entscheidung zu kämmen, der kleine Kamm wird Hilfe leisten. Fühlst Du jetzt nicht die Ruhe, nachdem Du »Deiner selbst sicher« geworden bist – es ist kein Stolz oder Engherzigkeit – sondern von Gott gegeben und wird Dir in Zukunft helfen und den anderen Stärke geben, Deine Befehle auszuführen. Ich habe den alten Mann wissen lassen, daß ich ihn heute zu sehen wünsche und er die Stunde bestimmen soll.

So, Liebling, gerade war der alte Mann eine Stunde bei mir, er war so froh, Deine Nachrichten zu erhalten, daß Du ruhig und still abgereist bist, und einen Brief von Fredericksz (ich wußte nicht, daß er geschrieben hatte). Aber er war empört und entsetzt über den Brief der Minister, der, wie er sagt, von Samarin geschrieben ist. Findet keine Worte für ihr Verhalten und sagt, wie schrecklich schwierig es für ihn sei, den Vorsitz zu führen im Bewußtsein, daß alle gegen ihn und seine Gedanken angehen, aber er würde nie daran denken, um Entlassung zu bitten, da er weiß, Du würdest es ihm sagen, wenn es Dein Wunsch wäre. Er muß sie morgen sprechen und wird erwähnen, was er über den Brief denkt, der so falsch und unwahr ist, wenn er »von ganz Rußland« usw. redet – ich bat ihn, so energisch wie möglich zu sein. Er will auch vorher mit dem Kriegsminister sprechen, um zu erfahren, was Du ihm gesagt hast. Wegen Chwostow sagt er: besser nicht, er ist es, der in der Duma gegen die Regierung und die Deutschen gesprochen hat (ist ein Neffe des Justizministers). Findet ihn zu leger, wahrscheinlich in mancher Beziehung keine zuverlässige Persönlichkeit. Er wird über Namen nachdenken und mir eine Liste für Dich schicken oder bringen von Leuten, von denen er denkt, daß sie brauchbar seien. Findet, daß sicherlich Schtscherbatow nicht bleiben kann; schon daß er keinen Einfluß auf die Presse gewann ist ein Zeichen dafür, welch ungeeignete Person er für diesen Posten ist. – Er sagt, er würde nicht erstaunt sein, wenn Schtscherbatow und Sassonow um Enthebung von ihren Posten bitten würden, wozu sie kein

Recht haben. Sassonow läuft herum und flennt (der Dummkopf), und ich sagte, ich sei sicher, daß unsere Verbündeten Dein Vorgehen außerordentlich begrüßen würden, womit er auch meiner Meinung war.

Ich sagte ihm, er solle alles als Miasmen von St. Petersburg und Moskau ansehen, und daß alle eine gute Durchlüftung nötig hätten, um alles mit frischen Augen anzusehen und nicht von früh bis spät Geklatsch anzuhören. Er sagt, die Duma kann nicht vor Ende der Woche aufgelöst werden, da sie ihre Arbeit noch nicht beendet hat – er und andere fürchten besonders, daß sich die Linke über die Duma hinwegsetzen könnte. Ich bat ihn, sich darüber keine Sorgen zu machen, ich sei sicher, daß es nicht ernst sei und mehr Gerede als sonstwas und daß sie Dich einzuschüchtern wünschten und daß sie den Mund halten würden, wo Du ihnen jetzt Deinen eigenen starken Willen gezeigt hast. Es scheint, daß Sassonow sie gestern alle zusammenberufen hat – Dummköpfe. Ich sagte ihm, daß die Minister alle Feiglinge seien, und er stimmte zu, er denkt, daß Poliwanow gut arbeiten wird. Armer Kerl, es tut weh, all die Ketzereien von denen zu hören, die die Unterschriften gegen ihn abgegeben haben – und er tat mir so leid. Er sagt so richtig, jeder muß Dir ehrlich seine Meinung sagen, aber sobald Du Deinen Wunsch ausgesprochen hast, müssen ihn alle erfüllen und ihre eigenen Wünsche vergessen, wenn sie auch nicht einverstanden sind, ebensowenig wie der arme Sergei!

Ich versuchte ihn aufzumuntern und glaube, daß es mir ein klein bißchen gelungen ist, da ich ihm zeigte, wie wenig ernsthaft im Grunde all dieser hohle Lärm ist. Jetzt haben sich die Gedanken und alles andere mit den Deutschen und Österreichern zu beschäftigen, und mit nichts sonst – und ein guter Minister des Innern wird Ordnung halten. Er sagt, in der Stadt sei die Stimmung gut und ruhig nach Deiner Ansprache und dem Empfang. Und so wird es bleiben, ich sagte ihm, was unser Freund erklärt hat. Er bat mich, Krupensky zu treffen, um zu hören, was er über die Duma zu sagen hat, da er jedermann kennt – bist Du einverstanden, dann will ich es sicher tun und ohne irgendwelches Geräusch. Telegraphiere nur: »Einverstanden.« – Ich erzählte ihm, daß Iwanow Dich auch gebeten hat zu kommen, durch mich.

Er findet, je mehr Du Deine Energie zeigst, um so besser wäre es. Ich stimme dem zu, und er fand auch den Gedanken gut, daß Du deine »Augen« in die Fabriken schicken solltest, selbst wenn die Suite nicht viel versteht, aber es ist gut zu zeigen, daß sie von Dir kommen – und nicht von der Duma, die nach allem sieht.

Ich ging mit Baby zur Kirche und betete so innig für Dich. Der Priester sprach wundervoll, und ich bedauerte nur, daß die Minister nicht da waren, um es zu hören, und die Leute lauschten mit tiefstem Interesse. Was diese drei Tage bedeuten – und wie alle zusammenhalten und zusammenarbeiten müssen in deiner Umgebung usw., wunderschön und so wahr, und alle hätten es hören müssen. – Anastasia blieb bis vier Uhr draußen – und ich schreibe auf dem Balkon. Baby kam von Peterhof zurück und ist zu Ania gegangen, wo Olga, Tatjana und Marie sind ...

Ich schreibe Dir zwei Telegramme von unserem Freunde ab. Wenn Du Gelegenheit hast, zeige sie N. P. Man muß ihn mehr über unseren Freund auf dem laufenden halten, da er in der Stadt zuviel gegen ihn hört und anfängt, weniger auf seine Telegramme zu achten. Goremykin fragte, ob Du diese Woche zurück sein würdest (um dann die Duma aufzulösen). Ich sagte, ich könne es unmöglich jetzt schon zusagen.

Die Kinder und ich gingen um Viertel nach drei nach der Znamenia, und ich habe eine sehr große Kerze gestiftet, die sehr lange brennen und meine Gebete für Dich vor Gottes Thron und zur Jungfrau und dem heiligen Nikolaus tragen wird. Jetzt muß ich schließen, mein Lieb. Gott segne und beschütze Dich und stehe Dir und allem, was Du unternimmst, bei. Zahllose Küsse auf alle lieben Stellen, ewig Dein ganz eigenes vertrauendes, stolzes Frauchen.

Nur noch ein Wort en passant. Alias Gatte ist zurückgekommen und spricht jedesmal gegen Brussilow, wie es auch Keller tut. Erkundige Dich doch nach anderen Meinungen über ihn. Das Hauptquartier hat den Befehl gegeben, daß alle in Städten dienenden Offiziere mit deutschen Namen an die Front geschickt werden, so auch Alias Gatte, obwohl Pistohlkors ein schwedischer Name ist und Du schwerlich einen ergebeneren Diener hast. Meiner Ansicht nach ist das wieder verkehrt gemacht – jeder General hätte diskret gesagt bekommen sollen, daß er jenen nahelege, zu ihren Regimentern zurückzukehren, daß sie andere haben wollten und diese wieder an der Reihe wären zu kämpfen. Alles wird so plump gemacht. Ich werde Dir immer alles schreiben, was ich höre (wenn ich es für recht halte), da es Dir von Nutzen sein könnte, es jetzt zu wissen und Ungerechtigkeiten zu verhindern – kann mir vorstellen –, was Kusow schreiben wird, um der guten Sache zu dienen.

Muß mich jetzt niederlegen, da ich sehr erschöpft bin, fühle mich wohler, geistig frischer und voll von Vertrauen, Mut und Hoffnung. Ich bin stolz auf mein Herzlieb. Gott segne, behüte und führe Dich.

Hoffe, Wojeikow hat Dir nicht den Unsinn erzählt, den er A. berichtet hat, er wollte Dich bitten, Nikolascha sein Ehrenwort geben zu lassen, sich nicht in Moskau aufzuhalten. Wojeikow, Feigling und Dummkopf, als ob Du eifersüchtig oder furchtsam wärest – ich versichere Dich, mich verlangt es danach, diesen Feiglingen meine unsterblichen Hosen zu zeigen.

∗

Unter Vorsitz des Zaren beginnt eine Sonderkonferenz zur Vereinheitlichung der nationalen Verteidigung (Transportmittel, Lebensmittelversorgung, Herbeischaffung von Kriegsmaterial und Munition). Der Zar eröffnet sie mit einer Ansprache; ihr folgen Reden des Kriegsministers Poliwanow, des Präsidenten des Reichsrats Kulomsin und des Dumapräsidenten Rodzianko. Die Reichsduma stimmt in geheimer Sitzung für die Einberufung des Landsturms zweiter Klasse.

Mr. Gilliard ist der schweizerische Erzieher des Thronfolgers.

Zarskoje Selo, 24. August 1915

Mein einzig Geliebter!

Gott sei Dank, daß alles geschehen und die Konferenz so gut abgelaufen ist – so eine Erhebung. Gott segne Dich, mein Engel, und Dein tapferes Unternehmen und kröne es mit Erfolg und Sieg, im Innern und Äußern. Ein so herzbewegendes Telegramm: No. 01 Kais. H. Qu. Ich habe mir den Vorschlag zurückgelegt, zur Erinnerung an diesen denkwürdigen Tag ...

Oh, wie gern würde ich Dich sehen, wenn Du all das tust. Am liebsten hätte ich eine Tarnkappe, um in manches Haus zu gucken und die Gesichter zu sehen ...

Babys linker Arm tut weh und ist sehr geschwollen. Es hatte von Zeit zu Zeit Schmerzen, in der Nacht und heute am Tage – die alte Geschichte, aber es dauerte nicht lange, Gott sei Dank. Mr. Gilliard las laut vor, und dann zeigte er uns die Zauberlaterne ...

Ich bekam einen reizenden Brief von Nikolascha über die Übernahme des Oberkommandos durch Dich und werde ihn Dir morgen senden. Heute muß ich ihn beantworten. Ania sendet Dir ihre Liebe, sie küßt Dir die Hand und denkt immer an Dich.

✵

In der Dujma wächst die Opposition gegen die Fortdauer der Regierung Goremykins. Die Zarin bringt den Gedanken einer Neubesetzung des Kriegsministeriums mit einem »starken Mann« vor, der auch das Innenministerium an der Spitze verwalten würde. Sie schlägt dafür den Reichskontrolleur P. A. Charitonow vor.

Zarskoje Selo, 24. August 1915

Nur ein Wort. Man sagt, daß Donnerstag in der Duma sich alle Parteien an Dich wenden wollten, um Dich zu bitten, den alten Mann zu entlassen. Ich hoffe noch, daß, wenn endlich der Wechsel offiziell bekanntgemacht wird, die Dinge sich einrenken könnten, wenn nicht, fürchte ich, daß der alte Mann nicht fortfahren kann zu arbeiten, wenn alle gegen ihn sind. Er wird es niemals wagen, um seine Entlassung zu bitten, wie er sagt, aber, ach, ich weiß nicht, wie die Dinge sich gestalten werden. Heute sieht er alle Minister und beabsichtigt, fester zu sprechen, das kann ihm den Rest geben, arme, gute, ehrliche Seele.

Und wen soll man in solch einem Augenblick nehmen, der als Kriegsminister fest genug wäre, damit er sie (ich liebe den Gedanken gar nicht) für eine kurze Weile straft, indem er, ohne etwas von den inneren Angelegenheiten zu verstehen, eine gewisse Diktatur ausübt? Wie ist es mit Charitonow?

Ich weiß nicht. Aber besser noch abwarten. Sie zielen natürlich auf Rodzianko ab, der den Ruin und Verderb all dessen sein würde, was Du getan hast, und nie Vertrauen verdient. Aber Gutschkow steckt hinter Poliwanow, und Du hast noch keinen Minister des Innern. Vergib mir die Behelligung, aber es ist nur ein Gerücht, von dem man klugerweise Kenntnis nimmt.

*

Am 25. August (8. September) wendet sich die Zarin wieder gegen Nikolajewitschs Stimmungsmache (durch eine Attentatsgeschichte in der »Nowoje Wremja«) und gegen Suworin (den Herausgeber des Blattes). Aufs äußerste ist ihre Ungeduld erregt, weil sie noch immer nichts von der offiziellen Bekanntgabe des Wechsels im Oberkommando weiß. Sie glaubt, daß Fredericksz und Wojeikow an dieser Verzögerung schuld sind. Frolow ist Gehilfe des Kriegsministers.

Zarskoje Selo, 25. August 1915

In den Zeitungen war ein Artikel, wonach Leute, zwei Männer und eine Frau, bei Warschau gefaßt seien, die einen Anschlag auf Nikolaschas Leben geplant hätten. Manche sagen, Suworin hätte es der Sensation wegen erfunden (der Zensor erzählte A., das seien »Enten«). Vor einem Monat waren alle Redakteure von Petersburg im Hauptquartier, und Januschkiewitsch gab ihnen seine Instruktionen, das erzählte der militärische Zensor unter Frolow. A. Samarin scheint fortzufahren, gegen mich zu sprechen, um so besser, auch er wird in die Grube fallen, die er für mich gräbt. Diese Dinge berühren mich ebensowenig wie es ein Atom täte und lassen mich persönlich kalt, da mein Gewissen rein ist und Rußland diese Ansichten nicht teilt – aber ich bin ärgerlich, weil es mittelbar Dich berührt. Wir werden nach einem Nachfolger auf die Suche gehen ...

So besorgt, daß ich noch kein Telegramm habe, kann mir nicht vorstellen, warum der Wechsel noch nicht offiziell angekündigt ist. Es würde die Gemüter gereinigt und ermutigt und die Gedankengänge in der Duma rascher geändert haben. Ich dachte, bis heute wäre das Äußerste zu erwarten, da N. fortgeht – nun war Dein gestriges Telegramm vom Hauptquartier, am Sonntag abend vom Kaiserlichen Hauptquartier, das klang hübsch und vielversprechend. Von morgen ab kommen die Fasttage, deshalb hätten die Nachrichten vorher eintreffen und das Tedeum kommen sollen. Es ist ein Mißgriff, daß alles zusammenfällt; es war vorher notwendig, verzeih mir, daß ich das sage. Wer Dich wieder gebeten hat, die offizielle Ankündigung zu verschieben, tat unrecht. Es schadet nichts, daß N. dort ist, da bekannt sein wird, daß Du schon mit Alexejew arbeitest. Es war ein schlechter Ratschlag – wie sehr eine gewisse Partei dagegen ist, sieht man daran. Je schneller es amtlich bekanntgemacht wird, um so ruhiger sind alle Gemüter. Alle werden nervös in Erwartung der Nachricht, die nie kommt. Solch eine Situation ist nie gut und scheint falsch – und nur Feiglinge können sie Dir vorgeschlagen haben, wie Wojeikow und Fredericksz, sie denken an N., bevor sie an Dich denken. Es ist unrecht, das geheimzuhalten, keiner denkt an die Truppen, die nach guten Nachrichten hungern. Ich sehe, daß meine schwarzen Hosen im Hauptquartier gebraucht werden. Zu dumm, Idioten! Und solch eine Gelegenheit, Jubilate und Fasten, um für Deinen Erfolg zu beten – und Dienstag geht vorüber, nichts. Aus Verzweiflung habe ich Dir heute morgen telegraphiert, erhielt aber keine Antwort, und es ist schon sieben Uhr früh. A. und ich gingen wieder zur Kas.

K. und dann zum Hospital, wo ich mit den Verwundeten sprach. Wir frühstückten oben und werden da auch dinieren. Der Regen und die Dunkelheit machen einen ganz schwermütig. Baby hat viel weniger Schmerzen und schlief heute früh.

*

Am 26. August (9. September) ist die freudige Nachricht in den Zeitungen. Der Erlaß des Zaren an Nikolai Nikolajewitsch wird veröffentlicht, in dem der Großfürst unter »tiefstem Dank« zum »Vizekönig des Kaukasus und Oberfehlshaber des Kaukasus« ernannt wird. Zugleich verabschiedet sich der bisherige Generalissimus in einem Tagesbefehl von den Truppen.

Zarskoje Selo, 26. August 1915

Mein einziger Liebling!

Ich schreibe oben im Eckzimmer. Mr. Gilliard liest Alexei laut vor. Olga und Tatjana sind heute nachmittag in der Stadt. O Liebling, es war wundervoll, die Nachricht heute morgen in den Zeitungen zu lesen, und mein Herz jubelte mehr, als ich sagen kann. Marie und ich gingen zur Messe in die obere Kirche, Anastasia kam zum Tedeum. Der Priester sprach herrlich, ich wünschte, eine recht große Menge in der Stadt hätte ihn gehört, es würde ihnen unendlich gutgetan haben, da er die inneren Strömungen so geschickt berührte.

*

Die gemäßigten Parteien der Duma nehmen Fühlung auf, um einen fortschrittlichen Block zu bilden, Hauptpunkte ihres Programms sind die Einsetzung einer Regierung, deren Mitglieder das Vertrauen des Landes haben, und Amnestien. Bei der Beratung der Zensurfrage werden schärfste Angriffe gegen die Militärzensur erhoben. Suchanow erklärt, sie streiche alle Meldungen über den Fall des unzweifelhaften Verbrechers Suchomlinow aus den Zeitungen. Die Volkswut habe bereits Maklakow verjagt, und werde auch andere Hindernisse, die der Freiheit im Wege stehen, vernichten. Ein Redner der Polen klagt über das Elend der Flüchtlinge aus der Umgebung von Wilna und

Kowno; Unmengen von Vertriebenen und Kindern würden vor Kälte sterben. Der englische Botschafter Mr. Buchanan besuchte die Zarin.

Zarskoje Selo, 27. August 1915

Buchanan hat mir wieder hunderttausend Pfund gebracht, auch er wünscht Dir jeglichen Erfolg! Er kann es in der Stadt nicht mehr aushalten. Sagt, wie schwer es sei, Holz zu bekommen, er möchte schon jetzt Vorrat haben, wartet seit zwei Monaten und hört jetzt, es sei nichts zu haben. Man sollte ein gutes Lager daraus bauen, wo doch nun diese Massen von Flüchtlingen da sind, die hungern und frieren werden. Oh, welches Elend sie durchmachen, Massen sterben am Weg und gehen verloren, und überall an der Straße liest man Kinder auf.

Jetzt muß ich schließen. Ich segne und küsse Dich tausendmal sehr, sehr zärtlich, in sehnsüchtiger Liebe. Immer ganz Deine alte Alix.

Wird die Duma nicht endlich geschlossen – weshalb brauchst Du dazu hier zu sein? Wie die Dummköpfe gegen die Militärzensur reden, zeigt, wie notwendig es ist.

Alles Liebe von uns für N. P.

✶

Der Block der Dumaparteien ist gebildet worden. Die Regierung hat versprechen müssen, die Forderungen »höheren Ortes« vorzutragen. Goremykin ist im Begriff, nach Mobilew ins Hauptquartier zu reisen. Die Zarin drängt auf die Schließung der Duma.

Neidhardt ist der Geheimrat Alexei Borissowitsch N., Mitglied des Reichsrats, ein Schwager des ermordeten Ministerpräsidenten Stolypin und des Außenministers Sassonow.

Papa Tanejew ist der Vater der Wyrubowa.

Zarskoje Selo, 28. August 1915

Geliebter!

Gerade sah ich den alten Mann, er muß Dich sehen, wird

also morgen abfahren. Er hat wegen eines Ministers des Innern nachgedacht und findet keinen, außer vielleicht Neidhardt, und ich denke, er würde nicht schlecht sein (Papa Tanejew hat ihn auch erwähnt) – gehört zu Tatjanes Komitee, ist ein glänzender Arbeiter, hat es jetzt gezeigt, ist höchst klarblickend, energisch; daß er ein Snob ist, kann man nicht ändern, seine Großtuerei kann der Duma gegenüber wirksam sein. Dann kennst Du ihn auch gut, kannst mit ihm sprechen, wie Du magst, brauchst Dich nicht bei ihm zu genieren – hoffe nur, daß er nicht zu der Dschunk.-Drent.-Gesellschaft gehört. Ich denke, er würde die anderen Minister in der Hand haben und so dem Alten helfen. Er findet es fast unmöglich, mit den Ministern zu arbeiten, die nicht mit ihm einverstanden sind, findet aber ebenso wie wir, daß er jetzt nicht fortgeschickt werden sollte, weil sie es wünschen – und wenn man einmal nachgegeben hat, werden sie noch schlimmer werden. Wenn Du willst, dann aus eigenem Antrieb. Du bist Selbstherrscher, und sie dürfen es nicht vergessen. Er sagt, die Duma zu schließen sei gut, aber Sonntag ist ein Feiertag, deshalb besser Dienstag; er spricht Dich vorher. Minister sind Feinde, schlimmer als die Duma. Mißbräuche bei der Zensur – man erlaube Unsinn zu drucken. Er sagt auch, daß das »Enten« seien mit den zwei Anschlägen auf Nikolascha. Findet es unmöglich, Schtscherbatow zu halten, besser, ihn schnell zu ersetzen. Ich denke, Neithardt könnte man möglicherweise trauen – sein ziemlich deutscher Name schadet, glaube ich, nicht, da man ihn in den Kreisen um Tatjanas Komitee überall lobt ...

Der nachfolgende Brief erwähnt u. a. eine Aktion der Zarin für den Bischof Warnawa von Tobolsk, dessen Fall nunmehr zum kirchlichen Ärgernis wird. Warnawa greift als »Leiter des geistigen Lebens in Sibirien« in die Rechte der Synode ein, indem er den Metropoliten Johan Maximowitsch (aus dem 17. Jahrhundert) heilig spricht. Samarin zieht ihn zur Rechenschaft. Der Konflikt wird die nächsten Monate andauern: Die Synode erklärt Warnawa für abgesetzt und verbannt ihn in ein Kloster;

Warnawa jedoch, auf Rasputins Macht gestützt, erscheint nicht mehr und übt sein Bischofsamt weiter aus. Der Fall Warnawa wird später die Ursache von Samarins Sturz. Die Zarin hat jetzt zwei Ministerkandidaten, den Fürsten Andronikow und den jüngeren Chwostow, den sie immer energischer empfiehlt. A. N. Chwostow ist dreiundvierzig Jahre alt, hat als Gouverneur von Nischni-Nowgorod reaktionär gewirtschaftet und gehört zur Rechten in der Duma, wo er soeben den »Kampf gegen die deutsche Gewaltherrschaft« proklamiert hat. Er verkehrt – das gibt den Ausschlag – bei Ania Wyrubowa, und die Zarin läßt sich, obwohl Goremykin ihn nicht mag, für ihn gewinnen.

Zarskoje Selo, 29. August 1915
Die Hauptquartierberichte sind sehr tröstlich, die ich in den Zeitungen lese, und viel besser abgefaßt, man fühlt, daß eine andere Person sie schreibt ...

Du könntest wohl Samarin den kurzen Befehl geben, Du wünschtest, daß Bischof Warnawa die Lobpreisung des Johan Maximowitsch singt. Samarin will ihn entfernen, weil wir ihn lieben und er gut mit Gr. ist. – Wir müssen S. abschaffen, und je eher, um so besser, er wird keine Ruhe geben, bis er mich und unseren Freund und A. mattsetzt. Er ist so böse und scheußlich unpatriotisch und engherzig, aber ich wußte, das würde so kommen, und deshalb haben sie Dich gebeten, ihn zu ernennen, und deshalb schrieb ich Dir so verzweifelt darüber ...

Manche famosen, tapferen jungen Leute haben keine Auszeichnung erhalten, und Hochstehende haben die Orden bekommen. Da Alexejew unmöglich alles tun kann, wie sich mein schwacher Kopf vorstellt, so müssen einige besondere Leute sich darum kümmern, die ungeheuren Listen durchsehen und aufpassen, daß keine Ungerechtigkeiten vorkommen. Im Falle (da ich nicht im mindesten weiß, ob Du Neidhardt billigst), daß Du ihn ernennst und er sich vorstellt, halte eine tüchtige und offene Aussprache mit ihm – sieh zu, daß er nicht in die Dschunk.-Richtung verfällt. Mache ihm die Stellung unseres Freundes von Anbeginn klar, er soll es nicht wagen, wie Schtscherb. und Sam. zu verfahren. Gib ihm zu verstehen, daß er direkt gegen uns handelt, wenn er ihn verfolgen oder Schlechtes über ihn schreiben oder sprechen läßt. Du kannst ihn bei seiner Eigenliebe packen. Und verbiete die Fortsetzung des unbarmherzigen Herabsetzens der Barone. Hast Du Dich an die Verteilung der lettischen Banden in die Regimenter erinnert? ...

Geliebter, A. hat gerade Andr. und Chwostow gesehen, und der letztere machte auf sie einen ausgezeichneten Eindruck (der alte Mann ist gegen ihn, ich kenne ihn nicht, weiß nichts dazu zu sagen). Er ist Dir tief ergeben, sprach zu ihr artig und gut über unsern Freund, erzählte, daß morgen eine Interpellation wegen Gr.s in der Duma sein sollte. Man wollte Chwostows Unterschrift, aber er verweigerte sie und sagte, wenn sie diese Anfrage herausgreifen würden, könne keine Amnestie gegeben werden – sie überlegten und verzichteten auf ihre Interpellation. Er erzählte grauenhafte Abscheulichkeiten über Gutschkow, war heute bei Goremykin, sprach über Dich, durch die Übernahme des Oberbefehls hättest Du Dich selbst gerettet.

*

Der in dem folgenden Brief erwähnte Maxim. ist der General der Kavallerie Maximowitsch, Generaladjutant des Zaren.

Zarskoje Selo, 30. August 1915

Mein Liebling!

Wieder ein lieblicher, sonniger Morgen mit frischer Brise. Man schätzt den hellen Himmel so sehr nach dem grauen Wetter, das wir hatten, und der Dunkelheit. Mit Eifer stürze ich mich jeden Morgen auf die »Nowoje Wremja« und danke Gott jeden Tag, daß gute Dinge über unsere tapferen Truppen zu lesen sind – solch ein Trost, immer, seit Du kamst, sandte Gott den Truppen durch Dich wirklich seinen Segen, und man sieht, mit welchem neuen Mut sie kämpfen. Könnte man bloß dasselbe von den Fragen, die das Innere betreffen, sagen. Gutschkow sollte man loswerden, nur wie, ist die Frage.

Kriegsrecht – gibt es nichts, wo man einhaken könnte, um ihn zum Schweigen zu bringen? Er trachtet nach Anarchie und ist gegen unsere Dynastie, die, wie unser Freund sagt, Gott schützen wird. Aber es ist peinlich, sein Spiel, seine Reden und sein unterirdisches Wühlen mit anzusehen. Am Donnerstag kommen ihre Anfragen in der Duma vor, glücklicherweise eine Woche zu spät. Könnte man sie nicht vorher schließen? Entlasse nur den alten Mann jetzt nicht, später, wann es Dir gefällt, Gorem. stimmt dem zu, Andron. und Chwostow – daß es ihnen in die Hände spielen hieße. Sie können über Deine Entschlossenheit nicht hinwegkommen, da sie geschworen hatten, daß sie Dich nicht gewähren lassen würden. Jetzt bleibe stark in diesem Geist. Du bist immer noch so voller Energie und Entschlußkraft, nicht wahr, Liebling?

Es ist schrecklich, nicht bei Dir zu sein. Ich habe so viele Fragen zu stellen und Dinge zu sagen und, ach, wir haben keinen Geheimschlüssel zusammen – durch Drent. kann ich nicht und durch den Telegraphen darf ich es auch nicht wagen – da andere ihn überwachen. Ich bin sicher, daß die Minister, die mir übelwollen, mich überwachen, und dann macht es einen nervös, was man schreiben möchte.

Botkin erzählte mir, daß Gardinsky (Anias Freund), als er aus dem Süden zurückfuhr, wo er seine Mutter besucht hatte, im Zug zwei Herren schmutzige Worte über mich sprechen hörte und daß er ihnen ins Gesicht schlug und sagte, sie könnten sich beschweren, wenn sie wollten, aber er habe seine Pflicht getan und würde ebenso gegen alle handeln, die sich so zu sprechen erlaubten. Natürlich verstummten sie. – Ja, Energie und Mut sind notwendig, und alles geht gut . . .

Schließe nur schnell die Duma, bevor ihre »Anfrage« herauskommt. Fahre fort, energisch zu sein. Maxim. war entzückt. Botkin habe ich eine Menge erzählt, um ihm die Dinge klarzumachen, da er nicht immer so ist, wie ich wünschen möchte – er sah, daß ich alles wußte und ihm die Dinge klarmachen konnte, über die er im Zweifel war. Ich rede drauflos, es ist notwendig, um sie alle aufzurütteln und ihnen zu zeigen, wie sie denken und handeln müssen.

Die Reise Goremykins ins Hauptquartier führt zur Vertagung der Duma, die spätestens im November wieder zusammentreten soll. Sie protestiert in einer stürmischen Schlußsitzung. Alle Fraktionen bleiben in Petersburg versammelt. Auch die Petersburger Stadtverordneten nehmen eine aufgeregte Protest-Resolution an und fordern eine Regierung, die nicht mit den Sünden der Vergangenheit behaftet sei und das Vertrauen des Volkes habe. Der Sozialdemokrat Tscheidse und siebzehn andere Dumamitglieder werden am 3. (16.) September in ihren Wohnungen verhaftet, Dumagebäude und Bahnhöfe werden militärisch besetzt. Die Zarin kann die Vertagung nicht abwarten. Artikel gegen Ania und Rasputin beunruhigen sie. Sie bittet nochmals für Grigori um Dienstbefreiung seines Sohnes, denn der ungediente Landsturm ist durch ein kaiserliches Manifest einberufen worden. Der beurlaubte Orlow hat in der Petersburger Gesellschaft für seine Person geworben.

Gillhen (Gilchen) ist der Gouverneur von Bessarabien.

Zarskoje Selo, 1. September 1915
Wird die Duma geschlossen? Alle Tage Artikel, daß man unmöglich die Absicht haben kann, sie nach Hause zu schicken, wenn sie so sehr gebraucht wird usw. Aber Du siehst die Zeitungen auch – vor zwei Wochen wäre es höchste Zeit gewesen, sie zu schließen.

Die Träger deutscher Namen werden weiter verfolgt, Schtscherbatow, der mir erzählte, er wolle gerecht sein und sie nicht schädigen, beugt sich jetzt vor den Wünschen der Duma, schafft alle Deutschnamigen weg. – Der arme Gillhen wird eins-zwei-drei von Bessarabien verjagt, kam weinend zur alten Madame Orlow. S. ist wirklich ein verrückter Feigling. All diese ehrlichen Leute, überdies vollkommene Russen, hinausgeworfen – warum erlaubtest Du das, Liebling? ...

Man spricht von der Vertagung der Duma bis 15. Oktober. Schade, daß das Datum schon wieder so früh festgelegt ist, aber Gott sei Dank ist sie jetzt auseinandergejagt – nur muß man jetzt fest arbeiten, um zu verhüten, daß sie bei der Rückkehr Unheil anrichtet. Die Presse muß wirklich besser in die

Hand genommen werden – sie beabsichtigen, nächstens wieder Dinge gegen Ania in Umlauf zu setzten – d. h. gegen mich. Unser Freund war auch für mich, und so hat Ania heute einen Brief, den sie empfing, Wojeikow zugeschickt, damit er darauf besteht, daß Frolow verbietet, irgendwelche Artikel über unseren Freund oder A. zu schreiben. Sie haben die militärische Macht, und es ist leicht für sie – Wojeikow muß es allein auf sich nehmen, Dein Name darf nicht erwähnt werden. – In seiner Stellung hat W. unser Leben und alles, was uns schädigt, zu bewachen, und diese Artikel sind gegen uns. Nichts, was man im geringsten zu fürchten hätte, nur müssen sehr energische Maßnahmen ergriffen werden. Du hast Deinen Willen gezeigt und keine Nachgiebigkeit in irgendeiner Richtung – einmal begonnen, ist es leicht, fortzufahren ...

Unser Freund ist in Verzweiflung, sein Junge muß in den Krieg –, der einzige Junge, der nach allem sieht, wenn er fort ist.

Der dicke Orlow sagt, er habe den Befehl bekommen, nicht zurückzutreten, bevor Du zurückkommst. Er hofft immer noch zu bleiben. Seine Eigenliebe ist scheußlich verletzt. Er vergißt alles, was er gesagt und zweifellos getan hat, und all seine schmutzigen Geldgeschichten.

Zarskoje Selo, 2. September 1915

Die Fotos, die Hahn von Baby gemacht hat, waren mißlungen, und der Idiot ließ ihn auf dem Balkon sitzen, obgleich er ein schlimmes Bein hatte. Ich habe verboten, daß sie verkauft werden, und lasse nochmals welche machen. Meine Taube, wieder gute Nachrichten, Gott sei Dank. Es ist ein furchtbar harter Kampf, sie stoßen vor, aber werden immer zurückgeschlagen. – Jetzt wollen sich die Mitglieder der Duma in Moskau treffen, um alles zu besprechen, während ihre Arbeit hier geschlossen ist –, man sollte das energisch verbieten, es wird nur große Schwierigkeiten hervorrufen ... Wenn sie das tun, so sollte man sagen, daß dann die Duma erst viel später wieder eröffnet wird – sie einschüchtern, wie sie das den Ministern und der Regierung gegenüber versuchen. In Moskau wird es schlimmer sein als hier, man muß streng sein. Ach, könnte man nicht Gutschkow hängen?

*

In Moskau tagt ein allgemeiner russischer Städtetag und zugleich ein Semstwo-Kongreß. Die Forderungen der Duma werden durch Gutschkow wiederholt. Seine Worte sind eine neue Warnung an die Regierung. In Petersburg brechen Streiks aus, das Militär schießt.
 Mit den Abkürzungen O. und T. sind die beiden älteren Großfürstinnen Olga und Tatjana gemeint.
 Gutschkows Bruder war Oberbürgermeister von Moskau.

Zarskoje Selo, 3. September 1915
Man muß ein Auge auf Moskau haben, sich im voraus vorbereiten und mit den Militärs in Fühlung halten, sonst werden wieder Unruhen entstehen. Schtscherbatow ist eine Null, um nichts Schlimmeres zu sagen, und wird, wenn Unruhen vorkommen, nichts nützen, dessen bin ich sicher. Also nur schnell von ihm los und Dir Chwostow ansehen, ob er Dir zusagt, oder Neidhardt (der solch ein Pedant ist).
 Gott sei Dank fährst Du fort, Dich stark zu fühlen – laß es in allem empfinden und in all Deinen Befehlen hier in diesem schrecklichen Hinterland...
 O., T. und ich nahmen Tee bei Miechen. Auch Ducky kam, sah alt aus und sogar häßlich, hatte Kopfweh, fror und war schlecht frisiert. Wir sprachen viel, und sie beschäftigten sich mit den Dingen, mit denen man sich jetzt zu beschäftigen hat; sind auch ärgerlich über die allgemeine Furcht und Feigheit und daß niemand eine Verantwortung auf sich nehmen will. Sie sind wütend auf die »Nowoje Wremja«. Finden, daß man strenge Maßregeln gegen Suworin ergreifen müsse. Miechen weiß, daß eine Korrespondenz hin und her geht zwischen Militza und Suworin. Die Polizei muß das aufklären, es wird Hochverrat.
 Große Streiks in der Stadt. Gott gebe, daß Rußkys Befehl energisch durchgeführt wird. Meck ist auch sehr gegen

Gutschkow. Er sagt, daß auch der andere Bruder zu viel rede.

Liebling, laß diese Versammlung in Moskau verbieten, sie ist unmöglich, wird schlimmer sein als die Duma, und es wird endlose Streitereien geben.

Eine andere Sache, die ernstlich bedacht werden muß, ist die Holzfrage. Es wird keinen Brennstoff mehr geben und wenig Fleisch und kann infolgedessen zu Geschichten und Aufruhr kommen.

Mecks Eisenbahn bringt Bündel von Holz nach Moskau, aber es ist nicht genug, und man denkt nicht ernstlich genug darüber nach.

Vergib mir die Belästigung, Liebling, aber ich versuche zusammenzuschreiben, was ich denke, das Dir von Nutzen sein könnte. Vergiß nicht, daß Suworins Artikel überwacht und gedämpft werden müssen ...

Liebling, bitte, sende jemand von deiner Seite nach den verschiedenen Fabriken, um sie zu inspizieren, als Dein stellvertretendes Auge. Selbst wenn sie nicht viel verstehen, so werden doch die Leute fühlen, daß Du über sie wachst, ob sie Deine Befehle gewissenhaft ausführen – bitte, Lieber.

Viele zärtliche Küsse, heiße Gebete und Segenswünsche meinem Gatten, von seinem einzigen alten Sonnenschein.

Gott wird helfen. Sei fest und energisch. Rechts und links rüttle und wecke alle auf, und schlage fest zu, wenn es nötig ist. Man muß Dich nicht nur lieben, sondern in Furcht vor Dir sein, dann wird alles gutgehen.

*

Für die Angriffe der »Nowoje Wremja« macht die Zarin Samarin verantwortlich. Der Generalgouverneur von Moskau, Fürst Jussupow, beteiligt sich an der aristokratischen Militär-Fronde und reicht seinen Abschied ein. Die deutsche Armee Eichhorn besetzt Wilna.

Zarskoje Selo, 5. September 1915

Mein einziger Liebling!

Graues Wetter. Wieder hatten Iwanow und die Südarmee

Erfolg. Aber wie schwer ist es im Norden! Aber Gott wird sicher helfen. Bekommen wir dorthin mehr Truppen? Ein Jammer, daß wir so wenig Bahnlinien haben! ...

Die Zeitungen beabsichtigen, den Namen unseres Freundes und den Anias zu bringen. Hier hat Schtscherbatow Masalow versprochen, er würde versuchen, sie daran zu hindern, aber da dies von Moskau geschieht, wußte er nicht wie. Aber es muß verboten werden; und Samarin wird sicherlich fortfahren. Solch eine ekelhafte Schande, und nur um auch mich hineinzuziehen. Sei streng! Und was ist mit Jussupow? Er beabsichtigt, nicht zurückzukehren und hat seine Demissionen gegeben, obwohl man das während des Krieges nie tut. Gibt es denn keinen fähigen General, der ihn ersetzen könnte? Nur muß er wirklich energisch sein. Alle Männer scheinen Unterröcke zu tragen ...

Die Fabriken haben wieder zu arbeiten begonnen – in Moskau nicht, fürchte ich.

*

Die Streikunruhen in Petersburg rufen Gerüchte hervor, die auch der alten Königin Olga von Griechenland, der Witwe des Königs Georg, zu Ohren kommen. Spät abends besucht sie in Zarskoje Selo die Zarin.

      Zarskoje Selo, 6. September 1915
O Geliebter! Zwei Wochen bist Du schon fort, ich liebe Dich so glühend und verlange danach, Dich in meinen Armen zu halten. Jetzt kannst Du mich nicht daran hindern, es Dir zu schreiben, böser Junge.

Wann werden ein paar Regimenter diese Freude haben? Wird es nicht eine Belohnung für sie sein, Dich zu sehen? ...

Es scheint, daß Tante Olga, bevor sie zu mir kam, halb von Sinnen zu Paul gestürzt war. Sie sagte ihm, die Revolution hätte begonnen, es würde Blutvergießen geben, wir alle würden niedergemacht werden, Paul müsse zu Goremykin eilen und so weiter – die arme Seele. Zu mir kam sie schon ruhiger und verließ mich ganz gefaßt. Sie und Mawra haben sich wahrscheinlich erschrocken, die Stimmung von Petrograd ist auch bis hierher gedrungen.

Der alte Mann ist zu mir gekommen. Es ist so schwer für ihn, die Minister sind so häßlich zu ihm, ich denke, sie sollten ihren Abschied erbitten, und das wäre das beste.

Sassonow ist der schlimmste, er schreit, reizt alle auf (wenn es sich gar nicht um ihn dreht), kommt nicht zum Ministerrat, was ein unerhörtes Verfahren ist – Fred. müßte ihm von Dir aus erklären, daß Du davon gehört hast und sehr mißfällig darüber denkst, finde ich. Ich nenne es einen Streit der Minister. Dann gehen sie hin und reden von allem, worüber geschwatzt und was im Ministerrat erörtert wird, und sie haben kein Recht dazu, es macht ihn so ärgerlich. Du solltest dem alten Mann telegraphieren, daß Du ihnen verbietest, außerhalb von dem zu sprechen, was im Ministerrat behandelt wird und niemanden angeht.

Wenn Du irgendwie fühlst, daß er Dich hindert, Dir ein Hemmnis bedeutet, dann laß ihn besser gehen (er sagt all das selber), aber wenn Du ihn behältst, so wird er alles tun, was Du befiehlst, und weiter sein Bestes versuchen. Aber er bittet Dich, all das zu überdenken, für den Termin, an dem Du zurückkehrst, um ernstlich zu entscheiden, ebenso über Schtscherbatows Nachfolger und Sassonow ...

Unser Freund telegraphiert, wahrscheinlich nachdem seine Frau ihm ihren (Anias) Brief gebracht hat, über all die Schwierigkeiten im Innern: »Fürchte nicht unsere gegenwärtigen Hindernisse, der Schutz der Heiligen Mutter ist über Dir – gehe zu den Spitälern, obwohl die Feinde drohen – habe Glauben.« Nun, ich habe keine Furcht, das weißt Du. In Deutschland haßt man mich jetzt auch, so sagt er, und ich verstehe es. Es ist nur natürlich.

Wie sehr ich es nachfühle, wie unangenehm es ist, Dein Quartier zu ändern, aber Du mußt natürlich weiter weg von der Hauptfront sein. Aber Gott wird unsere Truppen nicht verlassen, sie sind so tapfer.

Zarskoje Selo, 7. September 1915
Es scheint mir nicht, als ob die Deutschen sich viel weiter vorwagen werden, es würde eine große Torheit sein, tiefer ins Land einzudringen – da später die Reihe wieder an uns kommen wird. Geht es mit Munition, Granaten und Gewehren gut voran? Du wirst Leute schicken, um nachzusehen. Dein armer lieber Kopf muß schrecklich angespannt sein von all dieser Arbeit und besonders den inneren Fragen. Nun zu dem, was der alte Mann gesagt hat. Was die Erwägung über einen neuen Minister des Innern betrifft, so erzählte ich ihm, Du habest Dich noch nicht für Neidhardt entschieden. Vielleicht kannst Du, wenn Du zurückkommst, nochmals an Chwostow denken: einen Nachfolger für Sassonow, den er ganz unmöglich findet. Sassonow hat den Kopf verloren, schreit und agitiert gegen Goremykin. Und dann die Frage, ob Du den letzteren behalten willst oder nicht. Nimm aber keinen Minister, der der Duma Rede steht, wie sie es wollen – wir sind nicht reif dafür, und es würde Rußlands Ruin sein – wir sind kein konstitutionelles Land und dürfen es nicht sein, unsere Leute sind nicht dafür erzogen, und Gott sei Dank ist unser Kaiser ein Autokrat und muß auf seinem Willen bestehen, wie Du es tust. Nur mußt Du mehr Macht und Entschlossenheit zeigen. Ich würde schnell noch Samarin und Kriwoschein hinausgesetzt haben. Der letztere mißfällt dem alten Mann höchlichst, rechts und links zugleich sind aufgeregt über alle Maßen.

Goremykin hofft, daß du Rodzianko nicht empfangen wirst. (Könnte man bloß einen anderen statt seiner bekommen, ein guter Mann an seiner Stelle würde die Duma in Ordnung halten.) Der arme alte Mann kam zu mir als einem »soutien« und weil er sagt, ich sei »l'energie«. Meiner Meinung nach schafft man viel besser Minister ab, die streiken, und nicht den Präsidenten, der mit netten, energischen, wohlmeinenden Gehilfen noch ausgezeichnete Dienste leisten kann. Er lebt nur für Dich und Dein Land und weiß, daß seine Tage gezählt sind, und fürchtet nicht den Tod durch Alter, Dolch oder Schuß. Aber Gott wird ihn beschützen und die Heilige Jungfrau. Unser Freund wünscht ihm ein ermutigendes Telegramm zu senden.

Der Gegensatz der Zarin zu Samarin – der in Wahrheit ein Gegensatz Rasputins zu Samarin ist – verschärft sich, da die Heilige Synode das Disziplinarverfahren gegen Warnawa fortsetzt. In diesem Verfahren spielt der gemaßregelte Bischof Hermogen von Saratow eine Hauptrolle, der früher zu Rasputins Förderern und Anhängern gehörte, bis er Ende 1911 mit ihm brach und gegen ihn auftrat. Zur Strafe wurde er auf Antrag der Heiligen Synode in das Kloster Khirovitsy in Litauen verbannt. Während des Krieges ist er mit Nikolai Nikolajewitsch in Verbindung getreten, der ihn dem griechisch-katholischen Erzbischof von Wilna, Agathangel, zugeteilt hat.

Der von der Zarin gleichfalls erwähnte Pitirim ist der Rasputin ergebene Erzbischof von Wladikawkas, der später Metropolit von Petersburg wurde.

W. J. Gurko ist der mit Gutschkow befreundete General Wassili Jossifowitsch Gurko, der später dem General Alexejew als Stabschef des Höchstkommandierenden folgte.

Zarskoje Selo, 8. September 1915

Mein Lieber, es ist so schwer, Dir gewisse Dinge direkt sagen zu müssen – und ich weiß nicht, ob nicht irgend jemand unsere Telegramme liest. Ich hatte Dir wieder einmal etwas Unangenehmes zu telegraphieren, aber es war keine Zeit zu verlieren. Ich habe sie (Ania) ersucht, so gut sie kann, die Disputation Susliks im Synod niederzuschreiben. Der kleine Mann hat sich wirklich wunderbar energisch benommen, er ist für uns und unsern Freund eingetreten und hat ihre Fragen schlagend beantwortet. So unzufrieden der Metropolit auch mit Samarin ist, bei diesen Fragestellungen war er doch schwach und hat – leider – den Mund gehalten. Sie wollen Warnawa beseitigen und Hermogen an seine Stellen setzen; ist Dir je eine solche Unverschämtheit vorgekommen? Sie dürfen es aber nicht ohne Deine Genehmigung tun, da er auf Deinen Befehl bestraft worden ist. Das hat wieder einmal Nikolascha getan (von den Frauen dazu angestiftet), er hat ihn, ohne ein Recht dazu zu haben, von seinem Aufenthaltsort nach Wilna kommen lassen, wo er mit Agathangel zusammen leben sollte, und natürlich auch diesen letzteren. S. Philipp und Nikon (der Mann, der so schreckliches Unglück über Athos gebracht hat) haben Warnawa drei Stunden lang wegen unseres Freundes zugesetzt. Samarin ist auf drei Tage nach Moskau gegangen, unzweifelhaft, um Hermogen zu sprechen. Ich sende Dir den Ausschnitt, wonach ihm im Namen Nikolaschas erlaubt worden ist, zwei Tage in Moskau zuzubringen. Seit wann hat er das Recht, sich in solche Fragen zu mischen, da er doch weiß, daß die Bestrafung Hermogens auf Deinen Befehl erfolgt ist? Wie dürfen sie es wagen, gegen Deine Erlaubnis hinsichtlich des »Grußes« vorzugehen – wie weit ist es mit ihnen gekommen? Selbst dort herrscht Anarchie, und auch dieses ist wieder einmal Nikolaschas Schuld, da er (absichtlich) Samarin vorgeschlagen hat; denn er wußte, daß dieser Mann alles, was in seiner Macht steht, gegen Grigori und mich tun würde. In diesem Falle aber bist Du hineingezogen worden, und das ist verbrecherisch, und ganz besonders in einer solchen Zeit. Der alte Mann hat Samarin wiederholt gesagt, diesen Gegenstand dürfe er nicht berühren, er ist deshalb sehr tief verletzt, und er sagte dies Warnawa. Er sagte ihm auch, seiner Meinung nach müsse Samarin sogleich von seinem Posten fort, sonst würde die Sache von ihnen in die Öffentlichkeit gezerrt werden. Nach meiner Ansicht müßten diese zwei Bischöfe sofort aus dem Synod entfernt werden – lasse Pitirim kommen und dort sitzen. Unser Freund fürchtete, Nikolascha würde ihm schaden, wenn er hören würde, daß Pitirim unsern Freund verehrt. Sieh zu, daß andere, würdigere Bischöfe hineinkommen. Ein Streik des Synods zu einer solchen Zeit ist zu unpatriotisch, unloyal – was geht das irgend jemanden an –, jetzt mögen sie dafür büßen und erfahren, wer ihr Herr ist.

Hier ist ein Ausschnitt, »wieder einer«, wirst Du sagen, aber W. J. Gurko sagt (ich will es lieber abschreiben, als Dir das Papier zu schicken) –, in Moskau also hat Lwow erlaubt, daß Gurkow folgendes sagte: »Wir brauchen eine starke Autorität – wir meinen eine Autorität mit einer Pferdepeitsche« (nun mußt Du ihnen in jeder Hinsicht, wo Du es nur kannst, zeigen, daß Du ihr autokratischer Herr bist), »aber nicht etwa eine

Autorität, die selbst von einer Peitsche gelenkt wird.« Ein verleumderischer Witz, der sich gegen Dich und unsern Freund richtet, möge Gott sie dafür strafen. Es ist unchristlich, dies zu schreiben, dann also besser: Möge Gott ihnen vergeben, aber sie zuerst zur Reue zwingen.

Warnawa hat Goremykin alles über den Gouverneur erzählt. Wie freundlich er zu Grigori war, bis er hierher kam und entsetzliche Befehle von Schtscherbatow, d. h. Samarin, erhielt. Von mir sagte er zu Suslik »ein närrisches Weib« und über Ania abscheuliche Dinge, die er nicht einmal wiederholen konnte. Goremykin sagt, er müsse sofort abgesetzt werden. Lies meine Briefe von vor ungefähr fünf Tagen durch, dort habe ich einen Mann genannt, den unser Freund gern haben möchte. Nur muß alles das schnell geschehen, die Wirkung ist dann größer. Samarin kennt Deine Ansicht und Deine Wünsche, auch Schtscherbatow kennt sie, aber sie kümmern sich nicht darum, und das ist das Gemeine daran. Gib dem alten Mann Befehle, und es wird ihm dann leicht sein, sie auszuführen. Er hat Warnawa gesagt, wie schlimm es sei, alle gegen sich zu haben; wenn Du ihm nur neue Minister geben wolltest, mit denen er arbeiten könnte. Samarin hat Warnawa befohlen, zu Dir zu gehen – das würde nun gut gewesen sein, er hätte Dir alles mitteilen können, nur würde es Deine Zeit in Anspruch nehmen, und man muß seine Entschlüsse schnell fassen. Er ist, das siehst Du, unverbesserlich und engherzig. Er sollte an seine Kirchen, seine Geistlichen und Klöster denken und sich nicht darum kümmern, wen wir empfangen. Das kommt aber von seinem schlechten Gewissen. Noch einmal: »Wer andern eine Grube gräbt, fällt selbst hinein«, wie Nikolascha. Beschleunige auch den Wechsel der Minister, er kann mit ihnen nicht arbeiten. Wenn Du ihm kategorische Befehle gibst, so kann er sie weitergeben, das ist leichter. Mit ihnen sprechen kann er aber nicht. Es wäre ausgezeichnet, mehrere hinauszusetzen und ihn zu behalten, es geschähe ihnen recht, bitte, denke daran.

Ich bin verzweifelt, daß ich nicht bei Dir sein und alles ruhig mit Dir besprechen kann.

Was die Nachrichten vom Kriege betrifft, so schreibt unser Freund (füge es Deiner Telegrammliste hinzu), 8. September: »Fürchte nichts, es wird nicht schlimmer sein, als es war, der Glaube und das Banner werden mit uns sein.«

Warnawa kommt morgen zu mir. Sei weiter energisch, Liebling, fahre mit dem Besen drein, zeige Dich ihnen von Deiner energischen, bestimmten, festen Seite, von der sie bisher nicht genug gesehen haben. Jetzt gilt der Kampf, Du mußt ihnen zeigen, wer Du bist, und daß Du nun gerade genug hast – Du hast es erst mit Sanftmut und Güte versucht, aber das hat nicht gewirkt, jetzt wirst Du ihnen das Gegenteil zeigen, den Herrenwillen ...

Hast du die Absicht, Dmitri zum Regiment zurückzuschikken? Gib nicht zu, daß er müßig herumlungert, es ist sein Verderb, er wird nie etwas taugen, wenn nicht sein Charakter im Krieg geformt wird, er ist nicht mehr als ein oder zwei Monate draußen gewesen.

Zarskoje Selo, 9. September 1915

Du hattest einen besseren Eindruck von Schtscherbatow. Er ist aber gar nicht gut, wie ich fürchte, er ist so schwach und will mit dem alten Mann nicht ordentlich zusammenarbeiten. Denke nur einmal daran, worüber sie in Moskau gesprochen haben, immer wieder diese Menschen! Sie hatten beschlossen, N. fallenzulassen und einen verantwortlichen Minister zu fordern, was ganz unmöglich ist, sogar Kulomsin sieht das klar ein – hatten sie wirklich die Unverschämtheit, Dir das beabsichtigte Telegramm zu schicken? Wie sehr haben sie alle nötig, einen eisernen Willen und eine eiserne Hand zu fühlen – es ist eine Herrschaft der Sanftmut gewesen und muß jetzt eine solche der Kraft und Festigkeit sein –, Du bist der Herr und Meister in Rußland, und Gott der Allmächtige hat Dich dorthin gestellt, und sie sollen sich vor Deiner Weisheit und Festigkeit beugen, genug der Güte, dort, wo sie ihrer nicht würdig waren und dachten, sie könnten Dich um ihren Finger wickeln. Was sie in Moskau gesagt haben, ist gestern gedruckt worden.

Ich habe den armen Warnawa heute gesehen, mein Lieber, es ist abscheulich, wie Samarin sich ihm gegenüber im Hotel und dann im Synod benommen hat. Ein solches Kreuzverhör ist geradezu unerhört, und er sprach so gemein über Grigori, er gebrauchte beschimpfende Worte, als er von ihm sprach. Er veranlaßte den Gouverneur, alle ihre Telegramme zu überwachen und an ihn zu leiten. Er sprach lästerlich über den »Gruß«, daß Du kein Recht hättest, so etwas zu gestatten – worauf Warnawa ihm gehörig geantwortet und gesagt hat, Du seiest der oberste Beschützer der Kirche, und Samarin sagte darauf impertinent, Du seiest ihr Diener. Eine kolossale Unverschämtheit und mehr als »ungentlemanlike«. Er hat sich mit übereinandergekreuzten Beinen in seinem Stuhl flegelhaft zurückgelehnt und einen Bischof ins Kreuzverhör über unseren Freund genommen. Als Peter der Große gleichfalls von sich aus einen »Gruß« befahl, wurde es sofort ausgeführt, sowohl am Ort wie überall in der Umgebung. Nach dem Gruß hören die Bestattungsfeierlichkeiten auf (so wie damals, als wir in Sarow waren, wo der Gruß und die Glorifikation zusammen abgehalten wurden) – und sie haben den Begräbnisdienst wieder befohlen und gesagt, sie würden sich nicht darum kümmern, was Du gesagt hast. Liebster, Du mußt fest sein und dem Synod bestimmte Befehle geben, daß Du darauf bestehst, daß Dein Befehl ausgeführt werde, das der Synod Deinen Befehl zu vollziehen hat und daß der Gruß fortbesteht – man braucht diese Gebete jetzt mehr als je. Sie müssen erfahren, daß Du mit ihnen sehr unzufrieden bist, und gib nicht zu, bitte, daß Warnawa weggeschickt wird, er ist prächtig für uns und Grigori eingetreten und hat ihnen gezeigt, wie sie in allen diesen Dingen vorsätzlich gegen uns sind. Der alte Goremykin war mehr als verletzt und voll Abscheu und über alle Begriffe entrüstet, als er hörte, daß der Gouverneur (den Dschunkowsky veranlaßt hat, seine Meinung zu ändern, und aufgestachelt hat) Warnawa gesagt hat, ich sei ein verrücktes Weib und Ania ein gemeines Weib – wie kann er danach noch im Amt bleiben? Du darfst so etwas nicht erlauben. Es sind dies die letzten Versuche des Teufels, überall Verwirrung anzurichten, und es darf ihnen nicht gelingen. Samarin hat sich mit höchstem Lob über Feofan und Hermogen geäußert und möchte den letzteren an Warnawas Stelle setzen. Das niederträchtige Spiel, das diese Männer treiben, liegt klar zutage. Vor einiger Zeit habe ich Dich gebeten, den Gouverneur zu entlassen, er spioniert für sie, er hat jeden Schritt, den Warnawa in Pokrowsk. unternommen hat, ausgekundschaftet, was unser Freund tut, welche Telegramme geschrieben werden. Es ist dies das Werk Dschunkowskys und Samarins, die dazu durch Nikolascha von den Schwarzen Frauen angestiftet worden sind ... Dieser Suslik hat alles richtig gesagt und so dem Synod eine gute Lektion und einen scharfen Tadel für ihr Benehmen erteilt. Also entlasse Samarin schnell. Jeden Tag mehr, den er im Amte verbleibt, ist er gefährlicher und richtet mehr Unheil an. Der alte Mann ist derselben Ansicht, es ist nicht etwa Frauentorheit. Ich habe deshalb so furchtbar geweint, als ich hörte, daß sie Dich gezwungen hatten, ihn im Hauptquartier zu ernennen, und ich habe Dir in meinem Leid geschrieben, denn ich wußte, daß Nikolascha ihn vorgeschlagen hat, weil er mein Feind ist und auch der Feind Grigoris und dadurch auch der Deinige.

Im Gespräch sagte der Metropolit Wladimir (sie haben auch ihn verrückt gemacht), als Warnawa sagte, Samarin breche sich den Hals durch sein Benehmen, und er sei noch nicht Oberprokurator: »Der Kaiser ist kein Kind und muß wissen, was er tut.« Er sagte auch, Du hättest »Samarin ernstlich gebeten, anzunehmen«. Ich habe damals Goremykin gesagt, daß das falsch sei. Nun lasse sie erkennen und fühlen, daß Du wirklich kein Kind bist, und daß jeder, der Leute verleumdet und beleidigt, die Du achtest, auch dich beleidigt, daß sie es nicht wagen dürfen, einen Bischof zur Rechenschaft zu ziehen dafür, daß er Grigori kennt. Ich kann Dir nicht alle die Namen nennen, mit denen sie unsern Freund belegt haben. Entschuldige, daß ich Dich mit all dem wieder behellige, es soll Dir aber beweisen, daß Du Samarin schnell entlassen mußt. Wenn er bleibt, so werde ich darunter zu leiden haben, da ich es mir anders in den Kopf gesetzt habe. Du hast gehört, was der Gouverneur gesagt hat, und hier ist einer, der mir in mancher Hinsicht nicht wohl will, und gerade jetzt ist die Zeit nicht danach angetan, den Souverän oder seine Frau in den Staub zu ziehen. Sei nur fest (Du wirst Dich erinnern, daß er gebeten hat, nicht lange zu bleiben) und befördere ihn nicht in den Reichsrat, das wäre ein Bonbon nach der Art und Weise, wie er sich benommen und wie er offen gesprochen hat von den Leuten, die wir empfangen, und in einem solchen Ton über Dich und Deine Wünsche – das kann nicht geduldet werden, und Du hast nicht das Recht, es zu übersehen. Es sind dies die letzten Kämpfe um Deinen inneren Sieg, zeige ihnen den Herrn ...

Fege alle hinaus, gib Goremykin neue Minister, mit denen er arbeiten kann, und Gott wird Dich und Dein Werk segnen.

Bitte, meine Taube, tu dies, und zwar schnell. Ich habe ihm geschrieben, er solle eine Liste ausfertigen, wie Du sie verlangt hast, er hat aber gebeten, du möchtest an einen Nachfolger für Sassonow denken und auch für Schtscherbatow, er ist bei weitem zu schwach, obgleich Du dieses Mal mit ihm zufriedener warst. Ich glaube sicher, Wojeikow (sein Busenfreund) hat ihm gesagt, wie er sein soll. Höre nicht auf Wojeikow, er ist in dieser ganzen schweren Zeit immer im Unrecht gewesen und ist ein schlechter Ratgeber. Mag sein, er ist dünkelhaft und nur für seine Haut besorgt. – O Lieber, die Menschheit! ...

Mein Lieber, wieviel man nicht tun kann und möchte – ich wünschte, ich könnte meine Nase in alles hineinstecken (Ella tut es mit Erfolg) – das Volk aufrütteln, alles in Ordnung bringen und alle Kräfte vereinigen. Alles geht nur ruckweise und stoßweise – so unregelmäßig –, mit so wenig Energie (meine Verzweiflung, ich habe genug davon, macht nichts, wenn ich mich auch krank fühle, was Gott sei Dank nicht der Fall ist) – ich bin klug und arbeite nicht zuviel. Dieser endlose Brief muß jetzt endlich zum Schluß kommen. Schreibe ich zuviel? Mut – Energie – Festigkeit werden durch den Erfolg belohnt werden. Du erinnerst Dich, was er gesagt hat, daß der Ruhm Deiner Regierung heranbricht und bald kommt, wir werden zusammen dafür kämpfen, denn es bedeutet den Ruhm Rußlands – Du und Rußland sind eins.

Zarskoje Selo, 10. September 1915
Wieder muß ich Dir eine häßliche Sache über Nikolascha erzählen. Die Barone entsandten ins Hauptquartier einen Baron Benkern (?) an Nikolascha. Er bat im Namen ihrer aller, daß diese Verfolgungen aufhören mögen, weil sie sie nicht länger ertragen könnten. Nikolascha antwortete, er sei ganz ihrer Meinung, könne aber nichts tun, da die Befehle von Zarskoje Selo kämen. Ist das nicht zu gemein? S. Rehbinder von der Artillerie erzählte es *Ania*. – Reutern war erstaunt zu sehen, daß Suworin von Nikolascha empfangen wurde. Dies muß aufgeklärt werden, eine solche Lüge darf nicht auf Dir lasten; man muß ihnen sagen, daß Du gerecht bist gegenüber denjenigen, die loyal sind, und daß Du nie Unschuldige verfolgst. Ein Mann, der gegen Nikolascha geschrieben hat, ist auf acht Monate eingesperrt worden. Da wissen sie, die Presse zum Schweigen zu bringen, wenn es sich um Nikolascha handelt. – Als an diesen drei Fasttagen die Gebete über Dich verlesen wurden, wurden vom Synod vor der Kasanschen Kathedrale Tausende von Bildern Nikolaschas unter die Menge verteilt. Was hat dies zu bedeuten? Sie hatten ein ganz anderes Spiel beabsichtigt, aber unser Freund hat rechtzeitig in ihre Karten gesehen. Er kam, um Dich zu retten, indem er Dich dringend bat, Nikolascha wegzuschicken und das Kommando selbst zu übernehmen. Immer mehr hört man von ihrem scheußlichen verräterischen Spiel. M. und S. verbreiten entsetzliche Dinge über mich in Kiew, und daß ich in ein Kloster eingesperrt werden soll. Die verheiratete Tochter eines der Trepows war so verletzt, als sie so sprachen, daß sie sie aufforderte, das Zimmer zu verlassen. Er schrieb dies der Gräfin Schulenburg. O Geliebter, Iwanows Armee hat von diesen Gerüchten gehört – ist es nicht ein häßlicher Skandal? – Ich sehe, daß Dschunkowsky auf unbestimmte Zeit in den Kaukasus gegangen ist – nun ja: »Vögel desselben Gefieders scharen sich zusammen.« Welche neue Sünde hecken sie wieder aus? Sie sollten sich dort wohl vorsehen!

Zarskoje Selo, 11. September 1915
Mein einziger Liebling, es war draußen so grau, daß mir ganz traurig zumute war, jetzt aber versucht die Sonne, sich einen Weg durch die Wolken zu bahnen. Die Färbung der Bäume ist jetzt so lieblich, viele Blätter sind gelb, rot und kupferbraun geworden. Ein trüber Gedanke, daß der Sommer vorbei ist und ein endloser Winter unser harrt. Es war ein eigentümliches Gefühl, das geliebte Meer zu sehen, aber es war so schmutzig. Kummer erfüllt mein Herz, als ich die »Alexandria« von ferne sah und daran dachte, mit welcher Freude wir sie jedesmal sahen, da wir wußten, daß sie uns zu unserer geliebten »Standard« und zu den Fjorden bringen würde! Jetzt ist alles dieses nur ein Traum. Was ist mit den Bulgaren los, warum ist Sassonow ein solcher Waschlappen? Es scheint mir, daß das bulgarische Volk mit uns gehen möchte und daß nur der Minister und der verrottete Ferdinand mobilisieren, um sich den anderen Ländern anzuschließen, um so Serbien zu zermalmen und sich gierig auf Griechenland zu stürzen. Entledige Dich unseres Gesandten in Bukarest, und die Rumänen könnten veranlaßt werden, mit uns zu marschieren, ich bin dessen sicher. – Ist es wahr, daß sie beabsichtigen, Gutschkow und einige andere von Moskau als Deputation zu Dir zu schikken? Ein schwerer Eisenbahnunfall, bei dem er allein zu Schaden kommen würde, würde eine richtige Strafe Gottes sein und eine wohlverdiente; sie gehen zu weit, und dieser Narr Schtscherbatow hat nichts dadurch gewonnen, daß er nur einzelne Teile von dem, was sie sagten, weggewischt hat – wahrlich eine durch und durch faule Regierung, die nicht mit ihrem Führer, sondern gegen ihn arbeiten will.

11. September 1915
Nimm einen Zettel und notiere Dir, was zu besprechen ist, das letztemal vergaßest Du die Frage wegen Chwostows, und dann laß den alten Mann sich damit helfen, um an alles zu denken. 1. Samarin, 2. Schtscherbatow-Synod, 3. Sassonow, 4. Kriwoschein, der ein heimlicher Feind ist und die ganze Zeit falsch gegen den alten Mann, 5. wie Du die Barone unterrich-

ten kannst, daß es eine große Unwahrheit war, wenn Nikolascha ihnen sagte, er habe den Befehl, die Barone zu verfolgen, von Zarskoje – das muß klug und auf delikate Weise aufgehellt werden. Der alte Mann bittet immer, Du möchtest Dich beeilen und Deine Entschlüsse fassen. Wenn Du ihm kategorische Antworten oder Befehle gibst, so ist es leichter für ihn, sie zu erfüllen, und sie müssen gehorchen. Ich belästige Dich, armer Liebling, aber sie kommen zu mir, und ich kann nicht anders um Deinetwillen, für Baby und Rußland. Wenn Du dort bist, kann Dein Geist alles klar und ruhig sehen – auch ich bin ruhig und fest, nur wenn ein Wechseln notwendig ist, um weiteren Greuel und Unflat zu verhüten, wie jetzt im Synod, solange der soi-disant »gentleman« Samarin sein Haupt ist – dann werde ich wild und bitte Dich um Eile. Er darf es nicht wagen, Deine Worte wie Staub zu behandeln, keiner der Minister darf sich benehmen, wie sie es tun, nachdem Du so mit ihnen gesprochen hast. Ich sagte Dir, Samarin ist ein unverschämter Bursche – erinnere Dich, wie impertinent er sich in Peterhof vorigen Sommer gegen mich betrug, bei der Frage der Räumung, als er Petersburg mit Moskau verglich, er hatte kein Recht, mit seiner Kaiserin so zu sprechen . . .

Du bist der Autokrat, und sie dürfen das nicht vergessen.

Zwischen dem 8. und 11. September alter Zeitrechnung (21.–24.) befiehlt König Ferdinand von Bulgarien die allgemeine Mobilmachung. Die deutsche Heeresgruppe Mackensen hat Pinsk genommen und verschwindet vom russischen Kriegsschauplatz, um als Balkanarmee wieder zu erscheinen. In Frankreich beginnt die große französisch-englische Offensive im Artois und in der Champagne.

Der Brief vom 16. September nennt die Zarin-Witwe im Zusammenhang mit dem Elagin-Palais, wo man Rasputin feindlich gesonnen ist.

Zarskoje Selo, 12. September 1915

Mein einzig Geliebter!

Es gießt, und es ist trübe. Habe sehr schlecht geschlafen, habe ziemliche Kopfschmerzen, bin noch müde von Petershof, und mein Herz ist unruhig, erwarte Becker. Wie ich mir die Zeit herbeiwünsche, da ich nur einfache, liebe Briefe zu schreiben brauchte anstatt dieser belästigenden. Die Dinge gehen aber durchaus nicht so, wie es sein sollte, und der alte Mann, der gestern abend zu mir kam, war sehr traurig. Er sehnt sich danach, daß Du schnell kommst, wenn auch nur für drei Tage, um nach allem zu sehen und die nötigen Änderungen zu treffen, denn er findet es mehr als schwierig, mit Ministern zu arbeiten, die Opposition machen. Es muß Klarheit geschaffen werden – entweder er geht, oder aber er bleibt, und die Minister gehen, was natürlich das beste wäre. Er ist im Begriffe, Dir einen Rapport über die Presse zu schicken – diese richtet sich nach den Befehlen, die Nikolascha im Juni ergehen ließ, daß jeder über die Regierung schreiben mag, was er will, nur Dich darf er nicht anrühren. Wenn Goremykin sich bei Schtscherbatow beklagt, so gibt er die Schuld Poliwanow und umgekehrt. Schtscherbatow hat Dich belogen, als er Dir sagte, niemand würde drucken wollen, was man in Moskau sagt. – Sie fahren fort, alles zu schreiben. Ich freue mich so, daß Du es abgelehnt hast, die Kreaturen zu empfangen. Sie wagen es nicht, das Wort »Konstitution« auszusprechen, aber sie schleichen darum herum – wahrlich, es würde der Untergang Rußlands und mit Deinem Krönungseid unvereinbar sein, so scheint es mir, denn Du bist, Gott sei Dank, Autokrat...

Der alte Mann sagte, daß Sassonow kläglich anzuschauen ist, wie »une poule mouille« – was ist mit ihm passiert? Er erzählte Goremykin überhaupt nichts, und er muß doch wissen, was vorgeht. Die Minister sind jammervoll, und Kriwoschein fährt fort, unter der Oberfläche zu arbeiten, so sagt er. All dies ist so häßlich und »ungentlemanly«. Sie brauchen Deinen eisernen Willen, den Du ihnen auch zeigen wirst, nicht wahr? Du siehst, wie es gewirkt hat, daß Du alles selbst übernommen hast, nun, tu dies auch hier, d. h. sei entschlossen, tadle sie sehr streng wegen ihres Benehmens und dafür, daß sie Deine Befehle, die Du in jener Sitzung hier erteilt hast, nicht beherzigt haben. Ich bin von diesen Feiglingen mehr als degoutiert. – Kann Alex. Dich bald auf drei Tage entbehren? Bitte beantworte dies, wenn Du kannst. Du kannst Dir nicht vorstellen, wie es zum Verzweifeln ist, wenn man nicht telegraphieren kann, was man möchte und müßte, und wenn man keine Antwort erhält. Du hast keine Zeit, meine Fragen zu beantworten, von denen ich hundert an Dich richte, freilich immer dieselben, da sie dringend sind, und mein Kopf schmerzt mich vom vielen Denken, und weil ich die Dinge so schwarz sehe, und weil es beginnt, sich im Lande zu verbreiten. Diese Typen gehen überall herum und sprechen gegen die Regierung und säen den Samen der Unzufriedenheit. Noch bevor die Duma in einem Monat zusammentritt, muß ein neues starkes Kabinett gebildet werden, und noch schneller, damit sie Zeit haben zu arbeiten und gemeinschaftlich alles vorzubereiten ...

Ist es wahr, daß wir wieder nur zweihundert Werst von Lemberg sind? Gehen wir so eilig vorwärts, und können wir nicht rundherum gehen, um die Deutschen zu zermalmen? Wie steht es mit Bulgarien? Es wird mehr als schlimm sein, sie an unserer Flanke zu haben, aber sie haben Ferdinand sicherlich gekauft ...

Mackensen ist nicht der, den wir kannten. In Irkutsk ist ein Fürst Bentheim (eine Art Verwandter der Marie Erbach), Ernie fragt im Namen von Max, ob es möglich ist, daß er ausgetauscht wird – er scheint der Letzte seiner Familie zu sein – vielleicht könnte einer von den Unsern im Austausch zurückgeschickt werden. Er fragt nur so an, da er nicht weiß, ob es sich tun läßt. Ich werde Rostowzow dasselbe mitteilen. Ich bezweifle, daß es möglich ist, außer wenn er sein Ehrenwort gibt, nie mehr gegen einen unserer Verbündeten zu kämpfen – nur unter dieser Bedingung, glaube ich, kann man ihn austauschen. Ich werde dies Rost. schreiben, und alle, die es betrifft, werden wissen, was zu tun ist. Ich habe keine Idee, wen man für den Austausch verlangen kann, auch nicht, ob es zulässig ist. – Was die Gase betrifft, ist auch Ernie degoutiert, aber er sagt, als er zu Anfang September letzten Jahres in Reims war, haben die Engländer dort die Gase benützt – und da die deutsche chemische Industrie besser ist, so haben die Deutschen schlimmere Gase hergestellt.

Zarskoje Selo, 14. September 1915
Paul fragte, warum Nikolascha noch immer da sei, und ob es wahr sei, daß Du geschrieben hättest, er solle im Kaukasus bleiben, in Borjom. Ich sagte ja, und Du hättest ihm zehn Tage in Perschino erlaubt. Liebling, beordere ihn schneller nach dem Süden. Alle schlechten Elemente sammeln sich um ihn und wollen ihn als Flagge benützen (Gott wird es nicht zulassen), aber sicherer wäre es, er wäre schneller im Kaukasus; und Du hast zehn Tage gesagt, und morgen sind es drei Wochen her, seit er vom Hauptquartier abgereist ist. Sei darin fest, bitte ...

Die heutigen Nachrichten über unsere Alliierten sind glänzend, wenn sie wahr sind – der Himmel sei bedankt, wenn sie jetzt zu arbeiten anfangen, es war eine schwere Zeit. Vierundzwanzig Geschütze erbeutet und Tausende von Gefangenen gemacht zu haben – wie schön! – Ich finde es so unrecht, daß die Minister nicht alle Erörterungen, die im Ministerrat gepflogen werden, für sich behalten. Wenn erst die Fragen entschieden sind, ist es Zeit genug, davon zu erfahren. Aber unsere ungebildeten Leute, die sich freilich einbilden, ein intellektuelles Publikum zu sein, lesen alles zusammen, verstehen nur ein Viertel und fangen dann an, über alles zu sprechen, und die Zeitungen nörgeln an allem herum – der Teufel hole sie!

Zarskoje Selo, 16. September 1915
Möge Gott Dir, mein Geliebter, helfen, die richtige Lösung aller dieser schwierigen Fragen zu finden. Dies ist mein ständiges ernstes Gebet. Aber ich glaube voll an die Worte unseres Freundes, daß der Ruhm Deiner Regierung heranbricht, ich glaube daran, seitdem Du an Deiner Entscheidung festhältst

gegen den Wunsch aller – und wir sehen das gute Resultat. Fahre so fort, voll Energie und Weisheit, fühle Dich mehr Deiner selbst sicher und beachte weniger die Ratschläge anderer. Wojeikow ist diesen Sommer in meiner Meinung nicht gestiegen, ich habe ihn für geschickter und weniger ängstlich gehalten. Ich hatte nie eine Schwäche für ihn, aber ich schätze seine praktische Eignung für einfache Angelegenheiten und Ordnung hoch ein. Er ist aber zu selbstbewußt, und das hat stets mich und auch seine Schwiegermutter verstimmt. Wir wollen hoffen, daß all dies eine gute Lektion für ihn gewesen ist. Nur hält er zu sehr an Schtscherbatow fest, der eine Null ist – obwohl er ein ganz netter Mann sein mag –, aber ich fürchte, daß er und Samarin eines Sinnes sind. – Ich werde aus ganzem Herzen für Dich beten. – Möge die Komiteesache gut ablaufen! Sie haben mich das letztemal erzürnt, und als ich durch das Fenster blickte, haben mir ihre Gesichter ganz und gar nicht gefallen, und ich habe Dich aus der Ferne immer und immer wieder gesegnet. Möge Gott Dir die Kraft, die Weisheit und die Macht geben, auf sie den nötigen Eindruck zu machen und sie erkennen zu lassen, wie schlecht sie in diesen drei Wochen Deine Befehle ausgeführt haben. Du bist der Herr und Meister – und kein Gutschkow, Schtscherbatow, Kriwoschein, Nikolai III. (wie einige Menschen Nikolascha zu nennen wegen), Rodzianko, Suworin, sie sind nichts, und Du bist alles, von Gott gesalbt ...

Ich bin so sehr neugierig, was die Engländer geschrieben haben, nachdem Du das Kommando übernommen hast. Ich sehe keine englischen Zeitungen und habe daher keine Idee. Sie und die Franzosen scheinen wirklich ihr Vordringen fortzusetzen, Gott sei Dank, daß sie endlich anfangen können, und wir wollen hoffen, daß dies einige Truppen von unserer Seite abziehen wird. Schließlich ist die Arbeit, die die Deutschen zu tun haben, doch kolossal, und man kann nur bewundern, wie gut und systematisch alles bei ihnen organisiert ist – würde unsere »Maschine« ebensogut arbeiten wie die deutsche, die lange trainiert und vorbereitet ist, und hätten wir ebenso viele Eisenbahnen, so würde der Krieg sicher schon zu

Ende sein. Unsere Generäle sind nicht gut genug vorbereitet – obgleich viele den japanischen Krieg mitgemacht haben, und die Deutschen haben seit langen Jahren keinen Krieg gehabt. Von dem Gedanken, wieviel wir von ihnen zu lernen haben, was für unsere Nation gut und notwendig ist, und auch andere Dinge, muß man sich mit Schrecken abwenden...

Alle meine Gedanken sind bei Dir, Geliebtester, und bei diesen verhaßten Ministern, deren Opposition mich in Wut versetzt – möge Gott Dir helfen, auf sie den nötigen Eindruck zu machen durch Deine Festigkeit und durch Deinen Überblick über die Lage und Deine große Unzufriedenheit mit ihrem Vorgehen, das augenblicklich nichts Geringeres ist als hochverräterisch. Ich persönlich denke aber, daß Du gezwungen sein wirst, Schtscherbatow, Samarin, wahrscheinlich auch den langnasigen Sassonow und Kriwoschein zu entlassen – sie selbst wollen nicht gehen, und Du kannst solche Typen nicht gebrauchen im Kampf gegen eine neue Duma.

Wie müde man aller dieser Fragen wird, der Krieg ist vollauf genug mit all dem Elend, das er gebracht hat, und man muß jetzt daran denken und arbeiten, alles geradezurichten und danach zu sehen, daß den Truppen, den Verwundeten, den Krüppeln, den Familien und Flüchtlingen nichts fehlt. Ich warte angstvoll auf ein Telegramm von Dir...

Wenn Du Deine liebe Mama siehst, mußt Du ihr doch ziemlich scharf zu verstehen geben, wie peinlich Du davon berührt bist, daß sie auf den Klatsch hört und ihn nicht unterdrückt, denn es stiftet Unheil, und andere wären, davon bin ich sicher, entzückt, wenn sie sie gegen mich aufbringen könnten – die Menschen sind so gemein.

*

Das kaiserliche Hauptquartier befindet sich jetzt in Kaluga. Noch immer hat der Zar in der Regierungskrise keine Entscheidung getroffen, obwohl ihm die Zarin unaufhörlich Chwostow präsentiert, der bei ihr für sich und gegen Schtscherbatow, Kriwoschein und den Verkehrsminister Ruchlow arbeitet.

Zarskoje Selo, 17. September 1915

Hast Du Chwostows Buch durchgesehen? Komme, so schnell Du kannst, und triff die Änderungen. Bis dahin werden sie fortfahren, gegen unsern Freund zu arbeiten, und das ist ein großer Übelstand. Er wird mit der Presse nicht, wie Schtscherbatow, nachsichtig sein, sondern sie überwachen und einstellen, so oft schlechte Artikel dies notwendig machen. Es ist überaus aufregend, nicht zu wissen, was Du denkst, was Du beschließt – es ist ein Leidensweg durch diese Angst aus der Ferne –, und vielleicht wirst Du keine Änderungen treffen vor Deiner Rückkehr, und ich ängstige mich unnötigerweise. Telegraphiere mir ein Wort, um mich zu beruhigen. Wenn noch keine Minister entlassen sind, telegraphiere einfach: »Noch keine Veränderungen«, wenn Du an Chwostow denkst, sage: »Ich denke an Schweif«, und wenn nicht: »Brauche Schweif nicht«, aber gebe Gott, daß Du gut von ihm denkst. Ich empfange ihn daher, wie er bittet, schneller – ich weiß nicht, warum er an meine Weisheit und Hilfe glaubt, es beweist nur, daß er den Wunsch hat, Dir und Deiner Dynastie gegen jene Briganten und Krakeeler zu helfen. O mein Lieber, wie teuer Du mir bist, wie unendlich ich mich danach sehne, Dir zu helfen und Dir wirklich von Nutzen zu sein –, ich bete zu Gott – mich zu Deinem Schutzengel und Helfer in allen Dingen zu machen. Schon jetzt betrachten mich einige als solchen, und andere finden nicht genug abscheuliche Dinge mir nachzusagen. Einige befürchten, daß ich mich in Staatsangelegenheiten mische (die Minister), und andere betrachten mich als die einzige, die Dir hilft, solange Du nicht hier bist (Andronikow, Chwostow, Warnawa und einige andere). Dies zeigt Dir, wer wirklich Dir ergeben ist. Sie werden mich aufsuchen, und die andern werden mich meiden – ist das nicht wahr, Geliebtester?

Wie abscheulich, daß Guschkow, Riabuschunsky, Weinstein (sicherlich ein echter Jude), Laptor, Schukowsky von allen diesen Kerlen in den Reichsrat gewählt worden sind. Es wird wahrlich sehr schön mit ihnen zu arbeiten sein! Chwostow hofft, daß man mit Geschicklichkeit und Entschlußfestigkeit alles in zwei bis drei Monaten wieder in Ordnung bringen kann ...

Auf alle Fälle, so meint er, mußt Du die Minister schneller entlassen, vor allem Schtscherbatow und Samarin, da der alte Mann nicht mit ihnen der Duma gegenübertreten kann. Ich habe nun mit ihm gesprochen und kann Dir den ehrlichen Rat erteilen, ihn ohne jede Furcht zu nehmen. Er spricht gut und macht daraus keinen Hehl, und dies ist ein Vorteil, da man Leute braucht, die leicht sprechen und immer bereit sind, mit einem richtigen Wort zu antworten, sofort und sachgemäß. Er könnte das Rededuell mit Gutschkow auskämpfen, und ich glaube, Gott würde ihn dabei segnen. Er selbst hatte natürlich zuviel Takt und war zu klug, um auf sich selbst hinzudeuten. Er hat mir dafür gedankt, daß ich ihm erlaubt habe, seinem Herzen Luft zu machen über alles, was ihn bedrückte, da er seine ganze Hoffnung und sein Vertrauen auf mich setzt für die gute Sache, für Dich und Baby und Rußland. Alles, was schlimm ist, ist in Moskau und Petrograd – aber die Regierung muß vorausschauend in die Zukunft blicken und sich für die Zeit nach dem Kriege vorbereiten, und diese Frage hält er für die ernsteste. Und wenn er in der Duma steht, so muß er zum Besten des Vaterlandes alle diese Dinge sagen, und dann wird er wieder die Schwäche der Regierung und ihren Mangel an Voraussicht aufdecken. Wenn der Krieg vorüber sein wird, werden alle diese Tausende von Männern, die jetzt in den Fabriken für die Armee arbeiten, ohne Arbeit dasitzen und dann natürlich eine unzufriedene Menge sein, mit der man nichts zu tun haben will. Man muß daher schon jetzt an all diese Dinge denken, alle Orte und Fabriken müssen aufgezeichnet werden, die Zahl der Arbeiter usw., und es muß festgestellt werden, was man ihnen dann zu tun geben wird, damit sie nicht auf der Straße liegen – und es wird lange Zeit in Anspruch nehmen, dies vorzubereiten und zu überdenken, und es ist natürlich von der größten Wichtigkeit, was das absolut Richtige ist. Es wird dann so sehr viele unzufriedene Elemente geben; jetzt haben sie Geld, dann werden die Truppen zurückkehren, die Leute werden in die Dörfer gehen, viele von ihnen krank und verkrüppelt; viele, deren Patriotismus und Lebensmut sie jetzt aufrechterhält, werden dann entmutigt und unzufrieden sein und einen schlechten Einfluß auf die Arbeiter haben, an diese Leute muß man daher denken – und man kann sehen, er würde es tun. Er ist wunderbar geschickt, und es macht nichts, wenn er auch ein bißchen selbstsicher ist, es macht sich nicht auf anstößige Art bemerkbar – ein energischer, ergebener Mann, der sich danach sehnt, Dir und seinem Lande zu helfen. Dann muß man sich im voraus auf die Wahlen in die Duma (später) vorbereiten; die schlechten Elemente bereiten sich schon vor, und somit müssen auch die guten ihre Wahlagitation betreiben.

Zarskoje Selo, 17. September 1915
Nun muß ich zu schlafen versuchen. Ich habe Dein leeres Kissen wie gewöhnlich gesegnet und geküßt und meinen Kopf darauf gelegt. Es kann nur meine Küsse nehmen, kann sie aber leider nicht erwidern. Schlafe wohl, Geliebtester, und erblicke in Deinen Träumen Dein Frauchen und fühle ihre Arme liebkosend um Dich. Möge Gott Dich segnen und die heiligen Engel Dich beschützen, gute Nacht, mein Schatz, mein Sonnenschein, mein Dulder Hiob!

18. September. Ich denke immer mit Vergnügen an die Äußerungen Chwostows und wünsche, Du wärest auch dabeigewesen – ein Mann, kein Unterrock – und dazu ein Mann, der nicht zugeben wird, daß irgend etwas gegen uns geschieht, und der alles, was in seinen Kräften steht, tun wird, um die Angriffe auf unsern Freund zum Einhalt zu bringen, wie er es schon damals getan hat. Jetzt beabsichtigen sie, damit wieder anzufangen, und Schtscherbatow und Samarin werden sicher nichts dagegen tun, im Gegenteil, schon um der Volkstümlichkeit willen. Ich behellige Dich mit diesem Gerede, aber ich möchte Dich gern überzeugen, denn ich bin ehrlich und fest der Meinung, daß dieser sehr dicke junge Mann mit seiner vielen Erfahrung der ist, mit dem Du einverstanden sein wirst, genau so wie mit Deiner alten Frau, die Dir dies schreibt. Er

kennt die russischen Bauern gut und aus der Nähe, da er lange unter ihnen gelebt hat – aber auch andere Typen, und er fürchtet sie nicht...

Ich habe Chwostow gesagt, wie traurig ich es finde, daß Leute, die Schlechtes tun wollen, immer weit mehr Mut haben als die andern, und daß sie daher rascher Erfolg haben – worauf er richtig antwortete: Die andern aber haben den Geist und das richtige Gefühl, das sie leitet, und Gott wird in ihrer Nähe sein, wenn sie gute Absichten haben, und wird sie leiten.

Der Semstwo-Verband, der meiner Ansicht nach sich auch zu weit ausgebreitet und zu viele Dinge in die Hand genommen hat, so daß man später wird sagen können, die Regierung habe sich nicht hinlänglich um die Verwundeten, Flüchtlinge, um unsere Gefangenen in Deutschland usw. bekümmert, und erst die Semstwos hätten sie gerettet – er hätte ebenfalls von Kriwoschein im Zaum gehalten werden sollen, da er die Dinge in Fluß gebracht hat. Eine gute Idee, die aber sorgfältig überwacht werden muß, da es draußen im Kriege in den Hospitälern und Ernährungsstationen viele schlechte Elemente gibt. Er findet, daß Kriwoschein in zu enger Fühlung mit Gutschkow steht. Chwostow hat in seiner Denkschrift niemals die deutschen Namen der Barone oder ergebener Diener angegriffen, wie sonst, wenn sie von deutschem Einfluß reden, er hat vielmehr die Aufmerksamkeit ganz auf die Banken gelenkt, was richtig war und was bisher niemand getan hatte. (Und die Minister haben ihre Irrtümer eingesehen.) Er sprach von der Ernährungs- und Heizungsfrage – selbst Gutschkow, ein Mitglied der Petrograder Duma, hat das vergessen, wahrscheinlich absichtlich, damit die Leute der Regierung die Schuld geben können. Und es ist wirklich ihr sehr verbrecherischer Fehler, daß sie nicht schon vor Monaten daran gedacht hat und große Vorräte von Holz beschafft hat – es könnten dadurch Wirren heraufbeschworen werden, und es wäre ganz begreiflich. Daher muß man erwachen und das Volk zur Arbeit anhalten. Es ist nicht Deines Amtes, Dich mit diesen Einzelheiten abzugeben; Schtscherbatow hätte danach sehen müssen, zusammen mit Kriwoschein und Ruchlow – aber die beschäftigen sich mit Politik und bemühen sich, den alten Mann wegzubeißen.

*

Eine französische Sondermission unter dem General d'Amade ist im Hauptquartier und in Petersburg zu Gast. Die Stadt hungert; die Zarin klagt den Stadthauptmann Fürsten Obolensky schwerer Versäumnisse an.

Zarskoje Selo, 19. September 1915

Ich werde die Franzosen Montag um halb vier sehen, da sie im Elagin-Palais frühstücken werden. Es ist ein Skandal. Man kann weder in der Stadt noch hier ein Mahl bekommen, die Leute stehen in langen Reihen vor den Läden auf der Straße.

Scheußlich organisiert, Obolensky ist ein Idiot – man muß vorausschauen und nicht warten, bis es soweit kommt.

Zarskoje Selo, 20. September 1915

Mit tiefster Freude habe ich Deinen lieben, zärtlichen Brief erhalten, Deine warmen Worte haben meinem sehnsüchtigen Herzen wohlgetan. Jawohl, mein Schatz, durch die Trennung kommt man immer enger zusammen – man empfindet so sehr, was einem fehlt –, und Briefe sind ein großer Trost. Gr. hat tatsächlich sehr genau die Länge der Zeit vorausgesagt, die Du da draußen bleiben wirst. Doch ich bin überzeugt, daß Du Dich danach sehnst, mit den Truppen mehr Fühlung zu halten, und ich werde mich für Dich freuen, wenn Du imstande sein wirst, Dich etwas mehr zu bewegen. In der Tat war dieser Monat zu ernst – Du mußtest Dich mit Alexejew in Deine Arbeit und in Deine Pläne hineinarbeiten, und die Zeiten waren da draußen zu sorgenreich – jetzt aber scheint alles Gott sei Dank zur Zufriedenheit zu gehen ...

Ich bin neugierig, was Du von Sassonow denkst. Ich glaube, er ist ein sehr guter und ehrlicher (wenn auch eigensinniger) Mann, und wenn er eine neue Sammlung von Ministern sieht, die energisch sind, so wird er sich aufraffen und wieder einmal ein Mann werden. Die Atmosphäre, von der er umgeben ist, hat ihn ganz beeinflußt und zu einem Kretin gemacht. Es gibt Männer, die in Zeiten der Angst und der großen Schwierigkeiten zu wahren Wundern werden – und andere, die eine jämmerliche Seite ihres Charakters zeigen. Sassonow braucht ein starkes Reizmittel, und wenn er erst einmal sieht, daß die Dinge »gutgehen«, anstatt in Gärung zu sein und gleichzeitig in Stücke zu zerfallen – so wird auch sein Rückgrat stärker werden. Ich kann nicht glauben, daß er so schädlich ist wie Schtscherbatow und Samarin oder selbst mein Freund Kriwoschein – was ist ihm zugestoßen? Er hat mich bitterlich enttäuscht.

※

Bulgarien tritt jetzt, nach Abbruch der diplomatischen Beziehungen zur Entente, offen in den Krieg ein. Rasputin reist von neuem nach Pokrowskoje.

Zarskoje Selo, 3. Oktober 1915
Am Abend werden wir unsern Freund bei Ania sehen, wo er sich verabschieden wird. Er bittet Dich dringend, ein Telegramm an den König von Serbien zu schicken, da er sehr fürchtet, daß Bulgarien ihnen den Rest geben wird – ich lege den Zettel noch einmal bei, damit Du ihn für Dein Telegramm verwenden kannst – den Inhalt in Deinen Worten, und natürlich kürzer mit einem Hinweis auf ihre Heiligen und so weiter.

※

Der Ministerwechsel findet statt, aber nur ein geteilter. A. N. Chwostow wird an Stelle des Fürsten Schtscherbatow Minister des Innern (und zwar zunächst »Verweser«, dann endgültig). Zwei Tage darauf wird Samarin durch den Staatsrat Wolzin (Wolschin) ersetzt. Vom Hauptquartier aus unternimmt der Zar, den der kleine Thronfolger begleitet, eine Reise an die Front. Auch Dschunkowsky verliert die persönliche Gunst des Zaren, er hat eine Gardebrigade erhalten.
   Die »Kuh« ist Ania.

Zarskoje Selo, 6. Oktober 1915
Am Morgen hatte ich viel in den Hospitälern zu tun. – Mein Liebling, warum hat Dschunkowsky die Preobraschentsi und Semenowtsi erhalten – zu viel Ehre nach seinem schmählichen Benehmen –, es verdirbt die Wirkung der Bestrafung; er hätte Linienregimenter haben sollen. Er hat andauernd schauderhaft gegen unseren Freund gewühlt, jetzt unter dem Adel – Schweif wird mir morgen die Beweise bringen. Ach nein, dies ist wirklich zuviel Güte. Du hast ihm eine so großartige Ernennung gewährt – ich kann mir vorstellen, welchen Schmutz er in diesen beiden Regimentern verbreiten wird, und alle werden ihm glauben. – Ich schicke Dir einen sehr dikken Brief von der Kuh, dieses liebeskranke Geschöpf konnte nicht länger warten, sie muß ihre Liebe ergießen, sonst platzt sie. Mein Rücken schmerzt mich, ich fühle mich sehr müde und sehne mich nach meinem Herzallerliebsten. Einer hält uns aufrecht, aber es gibt Augenblicke, wo es sehr schwer ist.

Am 7. (20.) Oktober wird der Erlaß des Zaren über Bulgariens »Verrat an der slawischen Sache« veröffentlicht, der die Verräter der »gerechten Strafe Gottes« überliefert. Der Finanzminister Bark, der zu Anleihezwecken in London war, beginnt mit der Einführung von Wertmarken.

Zarskoje Selo, 7. Oktober 1915
Dieses verderbte Bulgarien, jetzt werden sie sich von Süden her gegen uns wenden, oder glaubst Du, sie werden sich nur gegen Serbien und dann gegen Griechenland wenden – es ist gemein. Hast Du an den alten König Peter telegraphiert? Unser Freund wollte es so sehr dringend haben ...
 Unser Freund ist Rigas wegen ziemlich ängstlich, Du auch?
 Ich habe wegen der Wertmarken mit Bark gesprochen – er hat auch gefunden, daß sie nicht das richtige sind, und möchte, daß die Japaner für uns Münzen prägen, und daß wir anstatt der ärmlichen Marken Papiergeld haben, wie die italienischen Lirescheine, die wirkliches Papiergeld sind ...

Morgen werde ich versuchen, mehr zu schreiben, wenn ich ruhig alles in Worte bringen kann – ich bin heute abend zu idiotisch. – Unser Freund war mit Deinem Manifest über Bulgarien sehr zufrieden und fand, daß es gut stilisiert sei.

∗

Die wachsende Ernährungsnot wird von Chwostow weiterhin dem Verkehrsminister Ruchlow zur Last gelegt. Zum Lohn wird Ruchlow einen Monat später entlassen werden. Inzwischen arbeitet die Zarin gegen den Kriegsminister Poliwanow, an dessen Stelle sie seinen Gehilfen Beljajew empfiehlt. Der Ackerbauminister Kriwoschein wird, da er für Samarin war, seines Postens enthoben.

Gurko ist der schon früher erwähnte Generalleutnant Wassili Jossifowitsch Gurko, der spätere Oberbefehlshaber der russischen Westfront.

Tatischtschew ist der General und frühere russische Flügeladjutant beim deutschen Kaiser Elias Leonidowitsch Tatischtschew.

Die Deutschen bedrohen Riga.

Zarskoje Selo, 8. Oktober 1915

Ich habe mit »Schweif« wegen des Mehls und des Zuckers gesprochen, die sehr knapp sind, und der Butter, die jetzt in Petrograd nicht zu haben ist, während Wagenladungen voll in Sibirien festliegen. Er sagt, alles das gehe Ruchlow an. Dieser habe danach zu sehen und Befehl zu geben, daß die Waggons weiterrollen. Anstatt aller dieser notwendigen Lebensmittel verkehren Waggons mit Blumen und Früchten ungehindert, es ist wirklich eine Schande. Der gute Mann ist alt – er hätte selbst hingehen und alles inspizieren und die Dinge richtig in Schwung bringen sollen. Es ist wirklich eine Schande, die zum Himmel schreit, und man fühlt sich gedemütigt vor den Fremden, daß eine solche Unordnung möglich ist. Kannst Du nicht jemanden heraussuchen und hinschicken, damit er alles revidiert und die Leute dort draußen zwingt, gehörig zu arbeiten an den Orten, wo die Waggons stehen und die Waren verfaulen? Chwostow nannte Gurko als den Mann, den man hinschicken und dort inspizieren lassen soll, da er sehr energisch sei und überaus schnell handele. Gefällt Dir aber dieser Typ? Es ist richtig, er ist von Stolypin ungerecht behandelt worden. Auf jeden Fall sollten energische Maßnahmen ergriffen werden. – Ich habe Dir über Tatischtschew für die Gendarmerie geschrieben, ich habe nur vergessen, Chwostow zu sagen, daß er furchtbar gegen unsern Freund eingenommen ist, er sollte deshalb mit ihm erst über diesen Gegenstand sprechen, glaube ich. – Stelle Dir nur vor, wie abscheulich, das Kriegsministerium beschäftigt eigene Detektive, um Spione ausfindig zu machen, und nun bespitzeln sie Chwostow und haben ermittelt, wohin er geht und wen er aufsucht, und der arme Mann ist dadurch sehr erregt. Er kann keinen Lärm schlagen, da er es, wie ich glaube, durch einen Kanzlisten erfahren hat, der ihm alles erzählt hat, auch sein Onkel hat solche Dinge gehört, die von Poliwanow kamen – der letztere ist nach wie vor Gutschkows Freund, und daher können sie Chwostow schädigen. Poliwanow muß sorgfältig überwacht werden. – Auch Bark mag ihn nicht leiden und gab ihm neulich eine sehr scharfe Antwort. Vielleicht bist Du mit Poliwanows Arbeit im Kriegsministerium zufrieden. Jedenfalls, solltest Du finden, daß er abgesetzt werden muß, so ist Beljajew da, sein Gehilfe, den jeder als einen sehr klugen, gründlichen Arbeiter, als einen wirklichen Gentleman und einen Dir äußerst ergebenen Mann lobt. – Von allen Papieren gegen unsern Freund, die im Ministerium des Innern aufbewahrt werden, hat Dschunkowsky Abschriften angefertigt (er hatte kein Recht dazu) und sie in Moskau unter dem Adel rechts und links herumgezeigt, nachdem er entlassen worden war. – Pauls Frau hat nochmals zu Ania gesagt, Dschunkowsky habe sein Wort gegeben, daß Du ihm im Winter den Befehl erteilt hättest, Grigori sei streng zu richten. Er hat es Paul und seiner Frau gesagt und vor Dmitri und vielen andern in der Stadt wiederholt. Ich nenne so etwas Unehrlichkeit, Illoyalität im höchsten Grade, und er ist ein Mann, der keine Belohnungen oder hohe Ernennungen verdient. Ein solcher Mann wird gewissenlos fortfahren, Schaden zu stiften und gegen unsern Freund bei den Regimentern zu sprechen. Grigori sagt, er und seine Arbeit können niemals Glück bringen, ebensowenig wie Nikolascha, da sie gegen ihn aufgetreten sind – gegen Dich. – Welch eine prächtige Überraschung, Dein lieber Brief ist mir so früh zugegangen – ich danke Dir immer wieder dafür, mein Liebling. Es ist sehr recht von Dir, Lieber, daß Du sofort befohlen hast, die drei Generäle, die die Schuld hatten, zu entlassen; solche Maßregeln werden für die übrigen eine Lehre sein, und sie werden ihren Geschäften größere Aufmerksamkeit zuwenden. Ich bin neugierig, wer diese drei sind.

Aber Gott behüte, daß Riga genommen wird, sie haben genug.

*

Bjeletzky ist der Wirkliche Staatsrat und Direktor des Polizeidepartements, Stephan Petrowitsch Bjeletzky.

Zarskoje Selo, 9. Oktober 1915
Bjeletzky wird sich morgen vorstellen. Er hat, wie es scheint, sehr energisch mit Poliwanow gesprochen und ihm gesagt, daß er von seiner Detektivtätigkeit und Spioniererei Kenntnis hat und daher auf der Hut ist, und das hat ihn ziemlich erregt. Mordwinow war voll der besten Eindrücke von allem, was er gesehen hatte – wie gut es tut, hier draußen zu sein, weit weg von diesen grauen, häßlichen, schwatzenden Städten!

Entschuldige meine schlechte Schrift, aber ich bin wie gewöhnlich in Eile. Ich werde unsern Freund heute abend um neun Uhr in ihrem (Anias) Hause sehen.

Liebling, wie gehen die Dinge in der Nähe von Riga, wer sind die drei Generäle, die Du abgesetzt hast?

Ich kann mir nicht denken, was Nikolascha tut. Jetzt hat er Istomin (der Grigori haßt und der Samarins Gehilfe war) zu seinem Kanzleichef gemacht.

Zarskoje Selo, 10. Oktober 1915
Unser Freund, den wir gestern abend sahen, denkt im allgemeinen ziemlich ruhig über den Krieg. Jetzt quält ihn ein anderer Gegenstand sehr, und er hat zwei Stunden lang kaum von etwas anderem gesprochen. Es ist dies: Du mußt den Befehl geben, daß die Waggons mit Mehl, Butter und Zucker weiterbefördert werden müssen. Er hat das Ganze in der Nacht wie eine Vision gesehen, alle die Städte, Eisenbahnlinien usw., es ist schwer, seine Worte wiederzugeben, aber er sagt, es sei sehr ernst und daß wir dann keine Streiks haben würden. Nur müßte für eine solche Organisation jemand von Dir entsandt werden. Er wünscht, daß ich mit Dir über alles dieses sehr ernst spreche, nachdrücklich sogar, und die Mädchen sollen mithelfen, deshalb schreibe ich Dir darüber schon jetzt im voraus, damit Du Dich an den Gedanken gewöhnst. Er würde vorschlagen, daß drei Tage lang keine andern Züge rollen dürfen, als die mit Mehl, Butter und Zucker – dies ist gerade jetzt noch notwendiger als Fleisch oder Munition. Er berechnet, daß man mit vierzig alten Soldaten einen Zug in einer Stunde laden kann. Man sollte einen Zug nach dem andern abschicken, aber nicht alle zu einer Stadt, sondern bald nach Petrograd, bald nach Moskau, und einige Waggons sollen an verschiedenen Orten anhalten, so daß sie nach und nach herangebracht werden können. – Nicht alle zu einem Ort, das wäre unrichtig, sondern zu verschiedenen Stationen, verschiedenen Gebäuden. Personenzüge sollten nur in geringer Anzahl erlaubt sein, alle vier Klassen sollten während dieser Zeit eingeschränkt werden, und statt dessen sollte man Waggons mit Mehl oder Butter aus Sibirien anhängen. Die Linien sind dort weniger besetzt, wo sie nach Westen gehen, und es wird scharfe Unzufriedenheit geben, wenn die Dinge nicht rasch vonstatten gehen. Die Leute, so sagt er, werden schreien und sagen, es sei unmöglich, um Dich abzuschrecken, wo es doch gemacht werden kann, und werden sich sträuben; aber es ist notwendig und, obgleich ein Risiko, wesentlich. In drei Tagen kann man genug für sehr viele Monate heranschaffen. Es mag merkwürdig aussehen, wie ich das schreibe, wenn man

sich aber damit beschäftigt, so sieht man die Wahrheit ein. Schließlich kann doch etwas geschehen, und man muß die Order für diese drei Tage im voraus geben, wie für eine Lotterie oder Kollekte – so daß alle sich richtig einrichten können –, es muß jetzt und schnell geschehen. Nur solltest Du einen energischen Mann wählen, der sich nach Sibirien an die Hauptstrecke begibt, und er kann einige andere mit sich nehmen, die bei den großen Stationen und Zweiglinien achtgeben und darauf sehen, daß alles richtig vor sich geht, ohne unnötige Stockungen. Ich nehme an, daß Du Chwostow vor mir sehen wirst, daher schreibe ich nicht alles. Er sagte mir, ich sollte darüber mit Bjeletzky sprechen und morgen mit dem alten Mann, so daß sie dies schneller durchdenken können. Chwostow sagt, es sei die Schuld Rucklows, der alt sei und nicht selbst hingehe, um nachzuschauen, was eigentlich vorgeht. Daher wäre es gut, wenn Du jemand hinschicken würdest, damit er danach sieht. Wenn man auf die Landkarte sieht, so sieht man die Zweiglinien nach und von Wjatka. Auch müßte man Zucker aus Kiew beschaffen. Aber ganz besonders das Mehl und die Butter, von denen Jalutorsk und andere Distrikts überfließen – alte Männer, Soldaten können verwendet werden, da sonst nicht genug Leute da sind, um das Packen und Beladen der Waggons zu besorgen. Das alles müßte wie ein Netzwerk ausgespannt werden. Es sind hinlänglich Waggons vorhanden, bitte, denke ernstlich darüber nach.

*

Der Zar trifft, immer von »Baby«, dem Zarewitsch, begleitet, in Reval ein, reist von dort nach Riga, nimmt dann bei Witebsk eine Truppenschau ab und besucht das Gebiet von Dünaburg.

Zarskoje Selo, 27. Oktober 1915

Mein einzig Geliebter!

Die zärtlichsten Gedanken folgen Euch beiden Herzensliebingen überallhin. Ich freue mich, daß Du so viele Truppen gesehen hast. Ich dachte nicht, daß es in Reval sein würde. Wie neugierig ich bin, ob Du weiter gehen wirst nach Riga und

Dünaburg. Es ist bitterkalt, aber heller Sonnenschein. Ich vermisse Euch beide ganz schrecklich, ich fühle mich aber viel ruhiger um Dich, da Sonnenstrahl dort ist, um Dich aufzuheitern und Dir Gesellschaft zu leisten. Es ist nicht notwendig, jetzt mit Fred und Wojeikow im Auto zu fahren. Lasse den alten Mann immer überwachen, unser Freund fürchtet, er könnte vor den Truppen irgendeine Dummheit begehen. Sieh zu, daß jemand ihm folgt und ein Auge auf ihn hat. A. hat mir dieses Papier für Dich gegeben; sie hat vergessen, es mir zu sagen, sie hat wahrscheinlich nicht begriffen, was es für uns bedeuten würde, hinsichtlich der Gesundheit Babys und der großen Last, die endlich von unsern Schultern genommen ist nach elf Jahren unausgesetzter Angst und Furcht.

Zarskoje Selo, 29. Oktober 1915
Mein einzig Geliebter!
Ich habe soeben Dein Telegramm aus Wenden erhalten, das in einer Stunde kam. Ich vermute daher, daß Du in Riga bist. Alle meine Gedanken und Gebete umgeben Euch, meine Lieblinge. Wie interessant ist alles das, was Du in Reval gesehen hast – ich kann mir vorstellen, wie entzückt die englischen Unterseebootsleute darüber gewesen sein müssen, daß Du sie inspiziert hast. Sie wissen jetzt, für wen sie so tapfer kämpfen. Ich bin sicher, daß die Fabriken und Schiffahrtswerften jetzt doppelt so schwer und energisch arbeiten. Ich möchte gern wissen, ob Baby Dich begleitet hat und was Du mit dem alten Mann gemacht hast. Auch hier ist es ein kleines bißchen wärmer, fünf Grad Frost und Sonnenschein. Ich bleibe bis zwölf Uhr im Bett, da das Herz ein wenig erweitert ist und seit gestern schmerzt, ebenso wie mein Kopf (es ist nicht allzu schlimm). Dann muß ich mehrere Herren mit Berichten empfangen, und das ist anstrengend, wenn der Kopf müde ist.

Zarskoje Selo, 30. Oktober 1915
Ich bin glücklich darüber, daß Du es ermöglicht hast, über Riga hinauszugehen – es wird den Truppen ein Trost sein und auf die Einwohner der Stadt beruhigender wirken. War Baby

aufgeregt, als er aus der Ferne das Schießen hörte? Wie anders ist jetzt Dein Leben, Gott sei Dank, jetzt, wo niemand Dich davon abhält, herumzureisen und Dich den Soldaten zu zeigen! Nikolascha muß nun einsehen, wie falsch seine Ideen waren und wieviel er persönlich verloren hat dadurch, daß er sich nie irgendwo gezeigt hat. Die alte Frau Beljajew sagte mir gestern, sie hätte einen Brief von ihrem Sohn aus England erhalten (alle sechs dienen in der Artillerie). Er ist Kitchener attachiert und hat dafür zu sorgen, daß Deine Befehle dort ausgeführt werden. Georgie hat ihn empfangen und mit ihm darüber gesprochen, daß Du bei den Truppen bist. Kitchener wolle ihm eine Frontreise nicht erlauben, obwohl keine Gefahr dabei sei. Beljajew antwortete ihm, das sei ganz etwas anderes, wir kämpften auf unserem eigenen Boden, was er nicht tue. Diese einfache Antwort schien ihn zu trösten, und Kitchener war sehr zufrieden, als Beljajew ihre Unterredung wiederholte. Ich bin sicher, es wird Georgie quälen, aber er besichtigt doch von Zeit zu Zeit die Truppen in Frankreich.

※

In Saloniki sind achtzehntausend Mann französisch-englischer Truppen unter Sarrail gelandet. König Konstantin hat Venizelos zum Rücktritt gezwungen. Das Kabinett Zaimis hält trotz einer Aufforderung der von Mackensen überwältigten Serben an der Neutralität Griechenlands fest. Die abwartende Haltung Rumäniens wird rätselhaft.

Zarskoje Selo, 31. Oktober 1915
Was hat Griechenland vor? Es klingt nicht sehr ermutigend. Alle diese Balkanländer sollen zum Teufel gehen. Was wird jetzt dieses idiotische Rumänien tun?

※

Von neuem beschäftigt sich die Zarin mit dem Triumvirat Orlow–Dschunkowsky–Drenteln. Graf Fredericksz hat, wie der intrigante Chwostow auf Grund eines Briefes Drentelns, seines gewesenen Schwagers, der Zarin mitteilt, wieder einen Skandal verursacht. Er hat Drenteln zu sich gebeten und ihn gefragt, warum Chwostow gegen Dschunkowsky sei. Der Nachfolger des von Chwostow gestürzten Ruchlew wird das Reichsratsmitglied Senator Trepow.

Sawinsky, der am Schluß des Briefes genannt wird, ist der russische Gesandte in Sofia, Sawinsky.

P. Kozel ist der russische Gesandte in Bukarest, Poklevsky-Kozell.

Elim ist der russische Gesandte in Athen, Fürst Elim Demidow.

Wesselkin ist der Fregattenkapitän und Flügeladjutant des Zaren.

»Grigorowitschs Papiere« sind die regelmäßigen Situationsberichte des Marineministers.

        Zarskoje Selo, 1. November 1915
Ich bin so besorgt wegen Rumänien, wenn es wahr ist, was Wesselkin telegraphiert hat (Grigorowitschs Papiere), daß man sich in Rustschuk erzählt, Rumänien habe uns den Krieg erklärt. Ich hoffe, daß es unbegründet ist und daß sie solche Nachrichten nur verbreiten, um den Bulgaren gefällig zu sein. Es wäre schrecklich, denn dann würde Griechenland, fürchte ich, sich auch gegen uns wenden. Zum Teufel mit diesen Balkanländern, Rußland ist ihnen immer eine liebende und helfende Mutter gewesen, und dann wenden sie sich verräterisch gegen uns und kämpfen gegen uns. Wirklich, man kommt aus der Angst und der Beklemmung nicht heraus ...

Geliebter, ich habe mich aufs Bett geworfen, daß es ächzte, nachdem mich Chwostow, der mich dringlich um einen Empfang bat, besucht hatte. Also der gute alte Fred. hat wieder eine ganz kolossale Dummheit gemacht, die zeigt, daß man ihm nichts Ernsthaftes mehr erzählen darf, nichts, was nicht weitergesagt werden soll. Chwostow bekam einen Brief von seinem früheren Schwager Drenteln – er wird ihn bringen, damit Du siehst, in welchen Worten er geschrieben ist. Er erzählt darin, Fredericksz habe nach ihm geschickt und ihm gesagt, er wünsche zu wissen, warum Chwostow über Dschunkowsky so ungerecht urteile usw. Drenteln, voll Wut, sieht dahinter die schwarze Macht (womit er unsern Freund meint) und sagt, er habe Mitleid mit Dir und Rußland, wenn Chwostow so jede Ordnung pervertiere. – Chwostow hat Fred. gesagt, man müsse sich vor Dschunkowsky hüten wegen seiner verschiedenen Aktionen bei der Polizei usw. und in der Adelsversammlung in Moskau, wo er sich selbst als einen Märtyrer hingestellt hat wegen Grigori und so weiter. Er findet, daß man seinen Reden in der Gesellschaft und in den Klubs Aufmerksamkeit schenken sollte und daß er keine Ernennung im Kaukasus erhalten sollte. O was für ein schrecklicher »gaffeur«, jetzt läuft das im Preobraschensk-Regiment herum, bei den Gouverneuren, früheren Kameraden, und behindert Chwostow ganz schrecklich. Dieser bittet Dich, Fredericksz nichts zu sagen, da dieser die Dinge noch schlimmer machen wird, auch nicht Drenteln, der wütend darüber sein wird, daß ich seinen Brief gesehen habe. Es ist das eine recht unglückselige Sache und bindet Chwostow die Hände. Das Regiment ist leider nicht sehr berühmt und haßt unsern Freund, und er hofft, daß Du Drenteln bald entheben wirst. Gib ihm eine Armeebrigade, so daß er das Regiment nicht mehr beeinflussen kann! Drenteln schreibt, daß Orlow Dschunkowsky zu sich habe kommen lassen (da angeblich sein Bruder sehr krank sei). Nikolascha machte ihm den Vorschlag, Hetman der Terekkosaken zu werden, aber Dschunkowsky hat abgelehnt. Nach einer abgefangenen Korrespondenz beabsichtigt Nikolascha ihm den Vorschlag zu machen, sein Gehilfe zu werden. Verweigere um Gottes willen Deine Zustimmung dazu, sonst werden wir diese ganze Bande von Übeltätern dort haben, wo sie Schaden und Unheil aushecken wird. Gib ihm lieber ein Kommando an der Front! Er ist ein gefährlicher Mann, der sich als Märtyrer aufspielt.

Ich sagte, künftig solle Chwostow sich an Wojeikow wenden, statt an den alten verblödeten gaffeur – nein, es ist zu, zu schlimm! Sage es Wojeikow, wenn er verspricht, den Mund zu halten, bis er Chwostow gesehen hat . . .

Chwostow kennt Trepow nicht. Viele Menschen sind gegen

ihn, da er ein sehr schwacher und nicht energischer Mann sein soll. Unser Freund ist über seine Ernennung sehr betrübt, da er weiß, daß er sehr gegen ihn eingenommen ist, seine Tochter hat es Grigori gesagt, und es tut ihm leid, daß Du nicht seinen Rat eingeholt hast. Auch ich bedaure die Ernennung, ich glaube, ich habe es Dir schon gesagt, er ist kein sympathischer Mensch –, ich kenne ihn ziemlich gut. Seine Töchter waren geistesgestört und versuchten vor einigen Jahren sich zu vergiften. Der Bruder in Kiew ist weitaus besser. Man muß ihn eben zwingen, schwer zu arbeiten.

Dem armen Serbien wird jetzt der Garaus gemacht – aber das war sein Schicksal. Hätten wir Österreich es tun lassen? Jetzt ist nichts zu machen, es ist wahrscheinlich die Strafe dafür, daß sie ihren König und ihre Königin ermordet haben. Wird jetzt auch Montenegro verschlungen werden, oder wird Italien helfen? O Griechenland? Welches schamlose Spiel geht dort und in Rumänien vor sich? Ich wollte, man könnte klar sehen. Meine persönliche Meinung ist, daß unsere Diplomaten aufgehängt werden sollen. Sawinsky ist immer der größte Freund des langnasigen Ferdinand gewesen (man sagt, sie hätten denselben Geschmack); dies hat er schon immer gesagt, noch ehe er dorthin gegangen ist. P. Kozel hat auch nicht seine Pflicht getan, und Elim ist gleichfalls ein Narr. Hätten sie nicht kräftiger arbeiten können? Man sehe nur, wie die Deutschen nie eine Sache unversucht lassen und wie sie dadurch Erfolg haben.

Unser Freund ist immer gegen diesen Krieg gewesen. Er sagte, die Balkanländer seien nicht wert, daß die Welt um ihretwillen kämpft, und daß Serbien ebenso undankbar sein würde, wie Bulgarien sich gezeigt hat.

Ich hasse den Gedanken, daß Du alle diese Kümmernisse durchmachst und ich nicht bei Dir bin. Ich finde, Sassonow hätte bei der griechischen Regierung anfragen müssen, warum sie nicht an ihrem Vertrag mit Serbien festhält – diese gemeinen, falschen Griechen.

Zarskoje Selo, 2. November 1915

Wie ängstlich man auf Nachrichten wartet. In Athen ist eine österreichisch-deutsche Delegation empfangen worden, sie arbeiten kräftig, um ihr Ziel zu erreichen, wir aber sind immer vertrauensvoll und werden immer getäuscht. Man muß immer energisch hinter ihnen her sein und ihnen unsere Macht und Ausdauer zeigen. Ich sehe schreckliche Verwicklungen voraus, wenn der Krieg vorüber und die Frage der Balkengebiete spruchreif sein wird. Ich fürchte, daß dann Englands selbstsüchtige Politik mit unserer hart zusammenstoßen wird. Es gilt, alles im voraus gut vorzubereiten, damit dann nicht häßliche Überraschungen kommen. Gerade jetzt, da sie in großen Schwierigkeiten sind, muß man sie fest in die Hand nehmen.

*

Etwa zwei Wochen nach dem hier folgenden Brief der Zarin wird der dem Reichsrat angehörige Adelsmarschall des Gouvernements Samara, Naumow, zum Verweser des Ackerbauministers ernannt.

Die gegen Schluß des Briefes genannte Elena ist die einzige, seit 1911 mit dem Prinzen Joan von Rußland verheiratete Tochter des Königs Peter von Serbien.

Zarskoje Selo, 3. November 1915

Mein einzig Geliebter!

Ich fange meinen Brief heute abend an, um nicht zu vergessen, was Chwostow Ania gebeten hat, mir zu sagen.

I. Es scheint, daß der alte Mann Naumow das Ministerium nicht in netter Form angetragen hat, so daß dieser sich gezwungen sah, abzulehnen. Seither hat Chwostow Naumow gesehen; er ist sicher, daß er annehmen würde. Er würde auch glücklich sein, wenn Du ihn einfach ernennen würdest. Ich glaube, Bjeletzky hat früher mit ihm gearbeitet. Da er sehr reich ist (seine Frau ist die Tochter des Millionärs Uschkow), so ist er nicht der Mann, um Bestechungen anzunehmen – und der, den Goremykin in Vorschlag bringt, taugt nicht viel, ich habe seinen Namen vergessen.

II. Jetzt zu Rodzianko von der Duma. Chwostow ist der Meinung, er sollte jetzt einen Orden erhalten, das würde ihm schmeicheln, und er würde dadurch in den Augen der Linksparteien verlieren, weil er eine Belohnung von Dir angenommen hat. Auch unser Freund sagt, daß es gut wäre, so zu handeln. Es ist gewiß äußerst unsympathisch, die Zeiten sind aber leider jetzt derart, daß man aus Klugheit gezwungen ist, manches zu tun, was man lieber nicht tun möchte.

III. Er bittet ferner, daß der Polizeimeister von Moskau gerade jetzt nicht entlassen wird, da er viele Fäden in der Hand hält, denn er hat früher der Geheimpolizei angehört. Unser Spiridowitsch wäre dort nicht am Platze, denn er soll jetzt in zweiter Ehe eine frühere Bänkelsängerin geheiratet haben – ich glaube, daß man ihn eher für einen Gouverneurposten weit weg von hier in Aussicht nehmen sollte.

IV. Er bittet Dich, Ksiunin nicht nach Sibirien verbannen zu lassen, da zwei Generäle ihm die falsche Nachricht von unserer Landung in Bulgarien gegeben haben (er wird Dir die Namen überbringen). Der Mann schreibt gut in den Zeitungen, und eine Rüge mag daher genügend sein.

V. Hast Du ein Telegramm von einer Frau erhalten, in dem sie sagt, Du müßtest Ella und mich in ein Kloster sperren? Er habe etwas Derartiges gehört, und wenn es wahr sei, so müsse sie beobachtet werden, und man müsse ermitteln, was für ein Mensch das ist ...

4. November

Wenn Du sichere Nachrichten über Rumänien oder Griechenland erhältst, so sei so lieb und teile sie mir mit. Elena fürchtet um ihren Vater, denn er sagte, wenn das Schlimmste einträte, so würde er mit seiner Armee sterben – oder er würde Selbstmord begehen ...

Es ist gut, daß Du fern von hier bist. Hier ist die »Atmosphäre« so schwer und niederdrückend. Ich bedaure, daß Deine Mama in die Stadt zurückgekehrt ist, fürchte, man wird ihre armen Ohren mit unfreundlichem Klatsch füllen. O Lieber, wie lebensmüde ist man in diesem Jahr, und die ständige

Sorge und Angst – man möchte einen langen Schlaf tun und den nächtlichen Alpdruck vergessen. Aber Gott wird helfen. Wenn man sich nicht wohl fühlt, schlägt alles einen noch mehr nieder – andere sehen es freilich nicht. Unser Freund findet, Chwostow sollte nicht Drenteln die Hand schütteln nach einem so beleidigenden Brief. Aber ich denke, Drenteln wird ihn von selbst meiden. Bin so bekümmert für den armen Dikken ...

Lies diesen Zettel, bevor Du Chwostow empfängst. Er wünscht, daß ich Dich auf einige Fragen vorbereite.

✳

Der in dem folgenden Brief erwähnte Joy ist der Lieblingshund des Thronfolgers, ein brauner Spaniel.

Zarskoje Selo, 5. November 1915

Mein Engel!

Wie reizend Alexeis Photographien sind, die eine stehende Figur sollte als Postkarte verkauft werden – nein, wirklich, beide sollten es. Bitte, lasse Dich mit Baby aufnehmen, auch für das Publikum, und dann können wir die Bilder an die Soldaten verschicken. Wenn ihr im Süden seid, mit Kreuz und Medaille, ohne Mantel und Mütze, und wenn im Hauptquartier oder auf dem Wege dahin, in der Nähe eines Waldes in Mantel und Pelzmütze – Fredericksz hat mich um meine Ansicht gefragt, ob man erlauben sollte, Baby und Joy im Kino öffentlich zu zeigen; da ich den Film nicht gesehen habe, kann ich darüber nicht urteilen, ich überlasse daher Dir die Entscheidung. Baby hat Mr. Gilliard gesagt, es wäre albern, ihn zu zeigen »fai sant des pirouettes«, auch sähe der Hund auf dem Bilde klüger aus als er – mir gefällt das.

✳

Während in Rumänien die Rüstungsvorbereitungen für den Eintritt in den Krieg fortgehen, wollen Alexejew und sein Generalstab die russische Armee durch das noch neutrale rumänische Gebiet durchmarschieren lassen.

Der englische Kriegsminister Lord Kitchener reist »zur Besichtigung des neuen Kriegsschauplatzes im Orient« über Paris nach Athen, wo er von König Konstantin (Tino) empfangen wird, und kehrt über Rom und Paris nach London zurück.
Der Zar und der Thronfolger sind in Odessa bei der Flotte.

Zarskoje Selo, 6. November 1915
Mein Liebster!
Herzlichste Glückwünsche zum Fest Deines lieben Regiments. Es war mir eine außerordentliche Freude, als mir Dein lieber Brief heute früh überbracht wurde, und ich habe ihn mit Küssen bedeckt. Ich danke dir vielmals, daß Du mir geschrieben hast. Es ist ein solcher Trost, von Dir zu hören, wenn das Herz traurig und einsam ist und sich nach seinem Genossen sehnt...
Es ist ein guter Plan, die Garden später nach Bessarabien zu schicken, nachdem sie neu formiert worden sind und geruht haben. Sie werden dann die Vollkommenheit selbst sein. Gott helfe den armen Serben. Ich fürchte, daß es um sie geschehen ist, und wir können sie nicht rechtzeitig erreichen. Diese gemeinen Griechen, es ist so unfair, sie in der Klemme sitzen zu lassen.
Unser Freund, den wir gestern abend sprachen, als er Dir das Telegramm schickte, drückte die Besorgnis aus, wir könnten, wenn wir nicht eine große Armee haben, mit der wir durch Rumänien marschieren, von rückwärts in einer Falle gefangen werden.
Alexejew ist hundert langnasige Sassonows wert. Dieser scheint, milde gesagt, ein wenig schwach zu sein.

Zarskoje Selo, 8. November 1915
Aus den Berichten, die Grigorowitsch schickt (ich bin so dankbar, daß Du sie mir zugänglich machst, wie im allgemeinen alle interessanten Sachen), ersieht man, wie viele Kanonen und Truppen sie nach Bulgarien schicken. Zum Teufel mit diesen Unterseebooten, die die Flotte und die Landung behindern, und sie haben Zeit, so viele zusammenzuziehen.

Wenn eines Tages unsere Truppen in Konstantinopel einziehen, möchte er, daß eins meiner Regimenter das erste ist, ich weiß nicht, warum.

Zarskoje Selo, 9. November 1915
In einer deutschen Zeitung steht, daß, »während die Verbündeten die Zeit mit Erörterungen über Rumänien vergeuden, wir und die Bulgaren keine Zeit vergeuden, sondern unsere Vorbereitungen treffen«. Ja, sie trödeln nie, während unsere Diplomaten sich jammervoll benehmen. Ich bin neugierig, ob der energische Kitchener bei Tino etwas ausrichten wird. Könnte man nur der deutschen Unterseeboote im Schwarzen Meer habhaft werden. Sie schicken immer mehr aus und werden unsere Flotte vollständig lähmen. Alles, was Wesselkin Dir mitzuteilen haben wird, ist interessant. Ich hoffe, daß sie überall gute Befestigungen usw. längs der rumänischen und bulgarischen Grenze anlegen. Es ist immer besser, sich auf das Schlimmste einzurichten, da die Deutschen jetzt alle ihre Kräfte dort unten zusammenzuziehen scheinen. Es erscheint unsinnig, daß ich alles dieses schreibe, da Du doch tausendmal besser weißt als ich, was zu geschehen hat. Ich habe niemanden, mit dem ich über solche Dinge sprechen kann.

Zarskoje Selo, 10. November 1915
Mein einzig Geliebter!
Es scheint jeden Morgen dunkler zu werden. Der Schnee ist fast ganz fort, und wir haben einige Grad Wärme. Jetzt müssen die Briefe viel früher abgeschickt werden, es scheint, daß die Züge geändert worden sind. – Beiläufig bemerkt, hast Du angeordnet, daß ein Senator die Eisenbahnen und Kohlenlager inspiziert und da zusieht, daß alles in Gang kommt, denn es ist wirklich eine Schande. In Moskau hat niemand Butter, und hier sind auch viele Sachen knapp und die Preise sehr hoch, so daß es selbst reichen Leuten schwerfällt, zu leben – und alles das ist in Deutschland bekannt, und man freut sich dort über unsere schlechte Organisation, was auch durchaus wahr ist ...

Wolzin wird eine ordentliche »Aufmunterung« von Dir brauchen, er ist weich und furchtsam. Wo die Sache mit Warnawa schon nahezu geregelt ist, schreibt er ihm plötzlich privat, er solle um seine Enthebung bitten. Der jüngere Chwostow sagte ihm, das sei sehr unrecht – aber er ist ein Feigling und hat Furcht vor der öffentlichen Meinung. Wenn Du ihn also siehst, gib ihm zu verstehen, daß er zuerst Dir und der Kirche zu dienen hat – und daß das die Gesellschaft oder Duma nichts angeht ...

※

Die im September vertagte Duma soll im November wieder zusammentreten. Aber unter Goremykin ist das nicht möglich; er würde niedergeschrien werden. Es wird nötig, sich nach einem anderen Ministerpräsidenten umzusehen. Die Zarin sträubt sich gegen diese Einsicht, denn Rasputin hält ihn noch immer.

Zarskoje Selo, 11. November 1915
Hier in der Stadt murrt man schrecklich gegen den guten alten Goremykin, der so verzweifelt ist. Morgen wird Grigori den alten Chwostow sprechen, und ich werde ihn am Abend sehen. Er möchte mir sagen, ob er ihn für einen würdigen Nachfolger Goremykins hält. Der alte Chwostow empfängt ihn im Ministerium wie einen Bittsteller.

※

Die Fürstin Olga Orlow hat um eine Audienz in Zarskoje Selo nachgesucht, um für ihren Gatten zu bitten, den aus den früheren Briefen bekannten »dicken« Orlow. Die Zarin hat zuerst in Gegenwart der Großfürstinnen Olga und Anastasia, dann allein mit ihr gesprochen. Fürstin Orlow beschwört die Zarin, nicht an das verleumderische Gerede über ihren Mann zu glauben.

»Emma« ist die jüngere Tochter des Grafen Fredericksz, Ehrendame der Zarin und der Zarinmutter, »die alte Gräfin« ist die alte Gräfin Fredericksz.

Pitirim wird Nachfolger des bisherigen Metropoliten von Petersburg, Wladimir, der nach Kiew versetzt wird.

Zarskoje Selo, 12. November 1915
Wir müssen alles mit Vertrauen und gläubig in Gottes Hände legen. Das Leben ist ein Rätsel, die Zukunft hinter einem Vorhang verborgen, und wenn ich unsere große Olga ansehe, so ist mein Herz bewegt, und ich möchte wissen, was ihr bevorsteht – was ihr Schicksal sein wird . . .

Ania ist an ihren Krücken, von Schuk. geführt, vom Feodorow-Lazarett durch unseren Garten zur Znamenia gegangen, natürlich viel zu weit, schon zweimal, und jetzt ist sie sehr matt davon . . .

Stelle Dir vor, Olga Orlow hat ihrer Freundin Emma telegraphiert (sie hat mit Mimi gebrochen, weil diese an Wojeikow alles schlecht fand), daß sie mich gesehen und nicht ein Wort über die Angelegenheit mit mir gesprochen habe – eine solche Lüge! Und wenngleich sie mir ihr Ehrenwort gab, daß sie nie etwas gegen mich gesprochen habe; und sie sagte, sie habe in Livadia gegenüber ihrer Freundin Emma häßliche Andeutungen über mich gemacht, Sie aber, Olga Orlow, sagt, sie habe nie versucht, den Ruf einer Frau anzutasten, würde es auch nie tun. Ein Lügennest. Diese Lügen berühren mich aber nicht, weil ich weiß, daß beides Lügnerinnen sind, nur hasse ich Ehrenworte, weil man nicht weiß, was man darauf antworten soll . . .

Liebling, ich vergaß, Dir von Pitirim zu sprechen, dem Metropoliten von Georgien. Alle Zeitungen berichten von seiner Abreise aus dem Kaukasus, und wie sehr beliebt er dort war! Ich sende Dir einen Ausschnitt, um Dir einen Begriff zu geben von der Liebe und Dankbarkeit, die man dort für ihn hegt. Das zeigt, daß er ein würdiger Mann ist und ein großer »Arbeiter im Herrn«, wie unser Freund sagt. Er sieht Wolzins Furchtsamkeit voraus und daß er versuchen wird, Dir abzuraten, er bittet Dich aber, fest zu sein, da er der einzige taugliche Mann ist. Für seinen Ersatz hat er niemand zu empfehlen, bis auf den, der in Bielowiesch war, ich vermute, es ist der von Grodno. Ein guter Mann, sagt er, nur nicht S. P. oder A. W. oder Hermogen, sie würden mit ihrem Geist dort alles verderben.

Der alte Wladimir spricht schon mit Sorge, daß er sicher sei, für Kiew ernannt zu werden – es wäre also gut, Du tätest es, sobald Du kommst, um Geklatsch und Bitten von Ella zuvorzukommen.

Zarskoje Selo, 13. November 1915
Ich habe unseren Freund gestern von halb sechs bis halb acht bei Ania gesprochen. Er kann den Gedanken nicht ertragen, daß der alte Mann fortgeschickt wird, er hat sich darüber Sorgen gemacht und über die Frage endlos nachgedacht. Er sagt, er sei so sehr weise, und wenn andere Lärm machen und sagen: er sitze da zusammengesunken mit geneigtem Haupt, so ist dies, weil er wohl einsieht, daß die Menge heute heult, morgen jubelt und daß man sich nicht von den wechselnden Wogen erdrücken lassen dürfe. Er hält es für besser zu warten, nach dem Willen Gottes sollte man ihn nicht wegschicken.

*

Der im folgenden Brief erwähnte Besobrasow ist ein alter Günstling des Zaren, der bereits in der Vorgeschichte des Russisch-Japanischen Krieges eine Rolle gespielt hat. Er ist jetzt »Hohe Exzellenz«, Wirklicher Geheimer Staatsrat und Staatssekretär.

Aschappar, von dessen Tod die Zarin spricht, ist wohl Harry v. Ekesparre auf Olbrück, der Sohn des Reichsratsmitglieds Oscar v. E., der im Kriege fiel.

Zarskoje Selo, 14. November 1915
Ich bin so froh, daß Du Naumow endgültig ernannt hast, und bin voll Hoffnung, daß er der rechte Mann sein wird. Er hat mir immer gefallen, ich liebe seine offenen Augen, und er hat immer begeistert und eifrig über sein Gouvernement gesprochen und über die ganze Arbeit, die zu leisten ist, er ist auf alle Einzelheiten eingegangen. Aus ihm spricht die Kenntnis, die er persönlich durch Arbeit erworben hat. Besobrasow kam gestern zu mir, und wir hatten eine nette Unterhaltung – er sagte, Du habest ihn gerettet. – Dann hat sich der Dr. von mei-

nem Zug, der die Leiche des armen Aschappar gebracht hat, bei mir eingestellt, um mir alle Einzelheiten zu erzählen, ferner ein verwundeter Offizier, der zu seinem sibirischen Regiment Nr. 13 zurückkehrt, das Du in der Nähe von Riga gesehen haben mußt. Habe wieder schlecht geschlafen, das Herz ist noch erweitert, und der Kopf tut mir ziemlich weh, muß aber trotzdem noch zu Paul gehen, da er gebeten hat, mich zu sehen.

*

Im zweiten Teil des folgenden Briefes spricht die Zarin von der schweren Erkrankung des Großfürsten Paul, die für Leberkrebs gehalten wird, und von der Gräfin Hohenfelsen.
Georgi ist Pauls Vetter, der zweiundfünfzigjährige Großfürst Georgij Michailowitsch, Generalleutnant und Generaladjutant, verheiratet mit der Prinzessin Maria von Griechenland.
Feodorow, den die Zarin erwähnt, ist der Staatsrat Professor Feodorow, der bekannte Petersburger Chirurg.

Zarskoje Selo, 15. November 1915
Mein einzig Geliebter!
Herz und Seele waren überglücklich, als ich Deinen lieben Brief erhielt, und ich danke Dir auf das herzlichste dafür. Alles, was Du geschrieben hast, war höchst interessant, und es hat mir wohlgetan zu sehen, wie zufrieden Du warst und wie angenehm es Dir war, die von Dir inspizierten Truppen in guter Verfassung zu sehen. Ich kann mir die wilde Freude Deiner »Nischegorodsi« und aller übrigen, die hinter Dir herliefen, gut vorstellen – ihr Traum, Dich während des Krieges zu sehen, ist in Erfüllung gegangen! ...
Nun muß ich Dir, bevor ich es vergesse, eine Botschaft von unserem Freund übermitteln, zu der ihn eine nächtliche Vision veranlaßt hat. Er bittet Dich, den Befehl zu erteilen, in die Nähe von Riga vorzurücken. Er sagt, es sei notwendig, sonst würden sich die Deutschen den ganzen Winter hindurch so stark festsetzen, daß es endloses Blutvergießen und Mühe kosten wird, sie wieder fortzubringen. Jetzt aber würde es sie so einschüch-

tern, daß es uns gelingen würde, sie zum Rückzug zu veranlassen. Er sagt, gerade jetzt sei dies das Wichtigste, und er bittet mich ernstlich, unseren Leuten den Befehl zum Vormarsch zu geben. Er sagt, wir können es, und wir müssen es, und ich sollte Dir darüber sofort schreiben. –

Dann etwas von Chwostow. Er sagt, Trepow sei sehr gegen die Revision, mit der Du Neidhardt beauftragt hast, und er wünscht nicht, daß dieser sich in seine Angelegenheit einmischt. Chwostow aber bittet Dich, an Deinem Befehl festzuhalten, und besteht darauf, weil alle Wohlgesinnten, auch in der Duma, hocherfreut sind, da sie einsehen, daß dies die Situation retten und vieles aufklären wird. Chwostow hat begeisterte Telegramme darüber gelesen und meint, das werde auch verschiedene Kommissionen betreffen, unter anderem werde Gutschkow in seiner wahren Gestalt gezeigt werden, und es sei absurd, wenn Trepow sich widersetze. Ich habe ein Schriftstück (eine Kopie) von Schakowskoi, in dem er Chwostow bittet, energische Maßregeln zu ergreifen, sonst könne er für das Endergebnis keine Bürgschaft übernehmen. Trepow sollte froh sein – ihm wird keine Schuld gegeben, denn er ist neu und versucht auch sein Bestes. Chwostow glaubt, es sei sehr ratsam, daß Du die Löhne des Eisenbahnpersonals erhöhst; bei der Post war das Ergebnis einer solchen Erhöhung eine überaus warmherzige, grenzenlose Dankbarkeit Dir gegenüber und hat auch Streiks verhindert, da sie von Dir persönlich bewilligt worden war, bevor sie Zeit hatten, sie zu verlangen. Er kam heute abend absichtlich zum Diner mit Ania und Bjeletzky, damit ich Dir dieses schreibe und damit Du es vor dem Bericht Trepows am Montag läsest.

Liebster, Du schriebst mir, daß die Eisenbahnlinie nach Reni alt und verfallen sei, bitte, gib kategorischen Befehl, daß sie sofort instand gesetzt wird, damit Unglücksfälle verhindert werden; unsere Sanitätszüge, Munition, Nahrungsmittel und Truppen werden es brauchen. Kannst Du nicht veranlassen, daß schnell kleine Zweiglinien gelegt werden, um den Verkehr zu erleichtern, denn wir brauchen dort sehr dringend mehr Linien, sonst gerät der Verkehr ins Stocken, und dies kann während der Winterkämpfe schreckliche Folgen haben. Ich schreibe dies aus eigenem Antrieb, weil ich sicher bin, daß es geschehen kann, und Du weißt, ach, wie wenig eigene Initiative unser Volk hat – sie blicken nie voraus, bis die Katastrophe plötzlich über uns kommt und wir ahnungslos überrascht werden. Wir brauchen mehrere kurze Zweigbahnen nach der rumänischen Grenze und nach Österreich; sieh, daß Schwellen für breitere Spurweiten im voraus vorbereitet werden; Du erinnerst Dich, welche Mühe es gekostet hat, Lemberg zu erreichen.

Ich bin bei Paul gewesen, er lag im Schlafzimmer, er darf im Zimmer herumgehen und ein wenig im Lehnstuhl sitzen – er ist schrecklich mager, hat aber nicht jene dunklen Flecke auf den Wangen, die mir mißfielen, seine Stimme ist stärker, er ist gesprächig und interessiert sich für alles. Ich bat ihn, die Röntgenaufnahmen zu verschieben, bis Feodorow zurückkehrt; Dmitri telegraphierte, Feodorow habe darum gebeten – sie (Gräfin Hohenfelsen) betreibt die Dinge in zu großer Eile. Er setzt sein ganzes Vertrauen in Feodorow und überläßt es ihm, die Entscheidungen über die Operation zu treffen. Ihm ist natürlich der Gedanke schrecklich, wenn aber Feodorow darauf besteht, – so wird er es tun; ich würde es nicht riskieren. – Ich habe mich den ganzen Tag wegen meines Herzens sehr elend gefühlt. Habe meinen Toll (Ulan) empfangen, der ein Regiment erhält, wie es heißt, Deine Pawlograd-Husaren – er weiß es aber noch nicht sicher. Auch Samoilow ist ein Kandidat für ein Regiment und Arseniew für unsere Brigade. Paul meint, er werde sich wohl genug fühlen, um zu gehen, so sagt sie. Ich sagte ihr, daß ich das bezweifle; ich habe nicht beruhigend darüber gesprochen, als wir allein waren, denn sie war so kühl dabei und ihre Augen so hart. Du weißt, wie merkwürdig es ist: Am Abend, bevor er krank wurde, hatte er eine Unterredung mit Georgi im Hauptquartier über unseren Freund. Georgi sagte, die Familie nenne ihn einen Anhänger Rasputins, worüber Paul wütend wurde und sehr starke Ausdrücke gebrauchte – und am selben Abend wurde er krank. Ihre Nichte hat dies von ihr erfahren – Grigori erzählt, und dieser sagte, unzweifelhaft habe Gott ihm die Krankheit geschickt, weil er für einen Mann, den Du achtest, hätte eintreten müssen, und seine Seele hätte daran denken müssen, daß er alles von Dir erhalten hat. Er brachte auch einen Brief von seiner Frau, worin sie Grigori gebeten hat, mir zu schreiben, ich möge für sie beide bitten. Unser Freund war darüber betroffen.

*

Die Wiedereinberufung der Duma wird nochmals hinausgeschoben. Die Zarin ist unsicher, da Rasputin schwankt. Sie erwähnt aber einen Rat Goremykins, der für den Entschluß des Zaren maßgebend wird, und der dann auch den gesuchten Vorwand liefert: Duma und Reichsrat sollen zuerst die Kommissionsarbeiten zur Vorbereitung des Etats erledigen. An der Südfront beginnt die russische Winteroffensive in Galizien bis zum Dnjestr.

Zarskoje Selo, 15. November 1915
Mein einziger Herzensliebling!
Ich hatte einen Brief heute schon begonnen, aber eben war Goremykin bei mir, und ich bin so in Furcht, bis morgen zu vergessen, was ich Dir zu übermitteln habe. Er sollte heute abend eine Gesamtsitzung des Ministeriums abhalten, mußte sie aber aufschieben, da Du Trepow bestellt hast – er wird sie nun Mittwoch abend abhalten und bittet, Dich am Donnerstag besuchen zu dürfen. Er ist über die Ruhe im Innern ganz zuversichtlich, sagt, es wird nichts sein. Die jungen Minister, Chwostow und Schakowskoi, sind seines Erachtens etwas aufgeregt, bevor ein Grund dazu ist, worauf ich antwortete, es sei besser, die Dinge vorauszusehen, als zu schlafen, wie man hier im allgemeinen tut.

Er fragt sich also, ob man die Duma jetzt zusammenberufen soll – er ist dagegen. Sie haben nichts zu tun, das Budget des Finanzministers ist vor fünf bis sechs Tagen vorgelegt worden, und sie haben die Vorarbeit nicht begonnen, die notwendig ist, ehe es der ganzen Duma übergeben wird. Wenn sie müßig sitzen, werden sie über Warnaws und unsern Freund zu schwatzen beginnen und sich in Regierungsfragen einmischen, wozu sie kein Recht haben. (Chwostow und Bjeletzky haben Ania übrigens erzählt, daß der Mann, der die Arbeit hatte, gegen Grigori zu sprechen, seinen Entwurf zurückgenommen hat, und sie sagen, der Gegenstand wird nicht berührt werden.) Gut, das ist also der Rat des alten Mannes nach langer Überlegung und einem gestrigen Gespräch mit einem Mitglied der Duma, dessen Namen er nicht zu erwähnen bat. Er möchte Dir raten, zwei Reskripte zu erlassen, das eine an Kulomsin (ich finde, den solltest Du absetzen) und das andere an Rodzianko, worin du als Grund angibst, das Budget sei von den Kommissionen noch nicht durchgearbeitet, und deshalb sei es zu früh, die Duma zu versammeln, Rodzianko soll seinen Bericht machen, wenn sie mit ihrer Vorarbeit fertig sind.

Ich will jetzt zu Ania gehen und sie bitten, ganz privat mit unserm Freund darüber zu sprechen, der viel sieht und hört und »viel weiß«, zu fragen, was er segnen würde – obwohl er neulich anders dachte. Goremykin wünscht, daß ich Dir all dies schreibe, bevor er Dich sieht, damit Du Dich auf diese Unterredung vorbereiten kannst. Immer ruhig, nur sehr unglücklich über seine Frau, die jetzt zu allem noch an Asthma leidet und kaum atmen kann.

Von Chwostow hörte er, daß alle Deine Befehle an Poliwanow oder seine Berichte an Dich Gutschkow gezeigt werden. Das kann nicht so weitergehen, er spielt ja direkt Deinem Feind in die Hand. Er sagte mir, Du habest ihm gegenüber Iwanow erwähnt – dasselbe, glaube ich, sagten auch unser Freund und Chwostow – besonders unser Freund –, dann würde alles in der Duma perfekt sein und alles, was nötig ist, durchgehen. Beljajew ist ein guter Arbeiter, und das Prestige des alten Mannes würde das übrige tun. Und er hat sich genug geplagt im Krieg – und wenn ja, so hast du jemand, um ihn zu ersetzen, und es würde vielleicht jetzt gut sein. Dann berührte er andere Fragen, die Dich weniger interessieren. Unser Freund bemerkte neulich, daß, nur wenn wir einen Sieg hätten, die Duma nicht einberufen werden dürfe, sonst ja; daß nichts Schlechtes gesagt werden würde; daß der alte Mann ein paar Tage krank sein und nicht in der Duma erscheinen müsse – und Du solltest unerwartet zurückkommen und ein paar Worte sprechen. Nun, wenn wir beisammen sind, werde ich Dir erzählen, was er jetzt sagt ...

P.S. Ich habe meinen Brief noch einmal geöffnet – sie sprach mit unserem Freund, der sehr betrübt war und meinte, es sei ganz unrichtig, was der alte Mann sage. Man müsse die Duma einberufen, und sei es nur für ganz kurze Zeit. Besonders wenn Du unerwartet für die anderen zurückkommst, wird es glänzend sein, so wie Du es Dir vorher gedacht hast. Es wird, so sagt er, gar kein Skandal sein. Man wird keinen Tumult machen, Bjeletzky und Chwostow werden sich darum kümmern. Wenn Du sie aber nicht zusammenrufst, wird das unnützes Mißfallen und Geschichten verursachen. Ich war sicher, er würde so antworten, und es scheint mir ganz richtig. Wahrscheinlich hat man den alten Mann eingeschüchtert, er würde ausgepfiffen werden, nämlich seine Leute, die für ihn persönlich in Sorge waren – weil, so verstand ich, die Abgeordneten weggeschickt worden sind, als sie es nicht erwarteten, und man sie nicht wieder zwecklos beleidigen kann. Natürlich verabscheut er ihre Existenz (wie ich es auch um Rußlands willen tue). Man muß zusehen, daß sie sofort und schnell das Budget erledigen. Ich fühle, auch Du wirst eher Grigori zustimmen als dem alten Mann, der in der letzten Zeit unrichtig handelt und ängstlich ist wegen Grigori und Warnawa.

*

Im Hauptquartier wird mit einer Ansprache des Zaren das Fest des St.-Georgs-Ordens gefeiert. Die Zarin erfährt, daß der Palastkommandant Wojeikow gegen Chwostow arbeitet.

Zarskoje Selo, 28. November 1915

Lieber, lasse Spiridowitsch nicht zum Polizeichef von Petrograd ernennen. Ich weiß, er und Wojeikow (den Spiridowitsch – traurig, es sagen zu müssen – in der Hand hat) möchten diese Stellung für ihn. Ich würde es nicht tun, er ist nicht Gentleman genug. Hat jetzt eine unnütze Heirat gemacht, und dann wegen der Geschichte mit Smolinin in Kiew, es würde nicht gut sein. Man hat ihn zum Gouverneur von Astrachan vorgeschlagen (ja?), und er hat abgelehnt; und dann noch, warum, weiß ich nicht: Spiridowitsch hetzt Wojeikow gegen Chwostow auf, mit dem alles zuerst so gut ging. Jetzt muß man erreichen, daß Trepow in Harmonie mit Chwostow zusammenarbeitet, es ist der einzige Weg, um die Dinge in Ordnung zu bringen, und damit die Arbeit glatt vorwärts geht.

Zarskoje Selo, 29. November 1915
Madame Orjewski will Deiner Mama vorschlagen, daß man sie hierherschicken soll, um die Gefangenen anzusehen, was ich vorzüglich finde, da es da Dinge gibt, die man sich genau ansehen muß. Unsere Regierung gibt genug Geld für Lebensmittel aus, aber es scheint, daß es nicht so verwendet wird, wie es sollte, ich fürchte, unehrliche Leute halten es zurück, und das soll nicht geschehen; ich bin froh, daß sie und ich dieselbe Idee hatten. Ich habe kein Recht, mich einzumischen, und sie kann raten. Gott sei Dank geht es Baby besser, und ich hoffe, daß er die Reise gut überstehen wird.

*

Sonja ist die Prinzessin Orbeliani, eine der Hofdamen der Zarin.
   Wladimir Nikolajewitsch ist der Leibarzt des Zarewitsch, Dr. Derewenko.

Zarskoje Selo, 1. Dezember 1915
Mein einzig Geliebter!
   Dunkel, kalt, zwei Grad Frost, Sonja ist krank geworden, Lungenaffektion und Erschöpfungszustand, sie spricht kaum, und wenn sie es tut, kann man sie kaum verstehen. Wladimir Nikolajewitsch ist gekommen und wird ihren Bruder auch herbringen. Wl. Nik. setzte Schröpfköpfe, während ich dabei war – sie nahm keine Notiz davon und hing wie ein Lappen in den Armen der beiden Mädchen –, ein bemitleidenswerter Anblick, dieser gelähmte Körper. In der Nacht wurde es

schlimmer, und man holte eine Schwester aus dem Großen Palast, um ihr Kampferinjektionen zu machen, und dann wurde das Herz ein bißchen besser. Ich weiß, daß sie gern die heilige Kommunion nimmt, wenn sie so krank ist, und so wird man es versuchen und den Priester holen. Sie sagte gestern nur: »Wie Mama!« Sie denkt immer an den Tod ihrer Mutter, wenn sie sich krank fühlt ... Ich werde heute früh bald hinaufgehen – auch wenn sie krank ist, ist sie gewöhnt, mich immer in ihrer Nähe zu haben.

Zarskoje Selo, 2. Dezember 1915

Mein Einziger, Süßer!

Wieder ist ein treues Herz in das unbekannte Land gegangen! Um ihretwillen bin ich froh, daß alles vorüber ist, da im künftigen Leben ein noch schlimmeres physisches Leiden auf sie gewartet hätte. Es ging so schnell, daß man es noch nicht recht begreifen kann. Sie liegt da wie aus Wachs, ich kann es nicht anders nennen, so unähnlich der Sonja, die voll von hellem Leben und blühenden Farben war, wie wir sie kannten. Gott nahm sie gnädig zu sich, ohne irgendwelche Qualen. Ich schrieb gestern während des Frühstücks an Dich, da begann gerade die Besprechung mit Wiltschkowsky, und ich wurde zu ihr gerufen. Der Herz war sehr schwach, 39,7, sie nahm gerade die heilige Kommunion um halb drei, konnte ihre Augen nicht öffnen – das einzige, was sie sagte, war zu mir »Vergib«, das war alles, und dann achtete sie auf nichts mehr. Als man sie hielt, damit sie schlucken konnte, begann das Ende. Ich bat den Priester, die Gebete zu lesen und ihr die Letzte Ölung zu geben – es bringt Friede ins Zimmer, wenn gebetet wird, und ich denke immer, es hilft der scheidenden Seele. Sie veränderte sich sehr schnell. Um halb fünf bat ihre Tante mich zu gehen und auszuruhen – da legte ich mich in Isas Zimmer hin, wir tranken Tee, um fünf Uhr zehn riefen sie mich wieder. Der Priester las die Sterbegebete, und sie schlief ganz friedlich ein. Gott lasse ihre Seele in Frieden ruhen und segne sie für all ihre große Liebe zu mir diese langen Jahre hindurch. Niemals klagte sie über ihre Gesundheit – selbst als sie gelähmt war, freute sie sich ihres Lebens bis zum Ende. Es war das Herz, das aussetzte, sie gaben ihr Kampfer und andere starke Injektionen, nichts wirkte auf das Herz. Was für ein großes Rätsel das Leben doch ist – alle ringsum erwarten die Geburt menschlichen Wesens – und dann erwarten wieder alle das Scheiden einer Seele. Das ist etwas so Großes darin, und man fühlt, wie klein wir Sterblichen sind und wie groß unser himmlischer Vater. Es ist schwer, meine Gedanken und Gefühle auf dem Papier auszudrücken. Ich fühlte, als man sie so allein in Gottes Hut entließ, da hätte ich ihrer Seele helfen mögen, glücklich zu werden. Die große Andacht und Heiligkeit des Moments überkommt einen – ein Geheimnis, wie es sich nur da oben ergründen läßt ...

*

Der Zar reist, nachdem er eine Woche lang in Zarskoje Selo verweilt hat, von neuem ab, diesmal ohne den Zarewitsch. Er geht an die Südfront. Durch einen Ukas hat er General Rußky des Oberbefehls der Nordarmee enthoben.

Maria, die an den Großfürsten Paul schreibt, ist seine Tochter, die Herzogin von Södermansland.

Brujewitsch, mit dem sie spricht, ist Rußkys Generalstabschef, Oberst Bontsch-Brujewitsch.

Zarskoje Selo, 12. Dezember 1915
Gott sei Dank, Dein Herz kann ruhig sein in bezug auf Alexei, und ich hoffe, daß Du ihn zur Zeit Deiner Rückkehr so rund und rosig wiederfinden wirst wie früher. Er wird sehr traurig sein zurückzubleiben, er wäre so gern mit Dir allein gewesen, ganz schon wie ein großer Junge. Trennung ist etwas Schreckliches, und man kann sich nicht daran gewöhnen. Nun hast Du lange Zeit niemand, der zärtlich zu Dir ist und Dich küßt – in Gedanken werde ich das immer tun, mein Engel. Dein Kissen kriegt die Morgen- und Abendküsse und manche Träne. Meine Liebe wächst immer noch, und das Sehnen nimmt zu ...

Möge Deine wundervolle Gegenwart Segen bringen und Erfolg.

Zarskoje Selo, 13. Dezember 1915
Oben diniert, und dann wurde mir ein Brief von Paul gebracht und einer an ihn von Maria, alles über Rußky, Verzweiflung usw., nach einem Gespräch, das sie mit Brujewitsch hatte, der natürlich klagte, daß man hier die Barone protegiere – daß, als er zwei vom Roten Kreuz wegschickte, Bjeletzky sie wieder geholt habe – daß Rußky gegen den Plan Alexejews im Süden und gegen den Irrtum Alexejews sei – so, daß Paul mir die Wahl ließ, ob ich seinen und Marias Brief Dir senden solle. Ich habe sie ihm mit kurzen Erklärungen zurückgegeben, da ich alles mißbillige, was sie schreibt. Als ob man Rußky nach seinem Brief an Poliwanow, den Dir dieser angeblich nie gezeigt hat, einfach weggeschickt hätte. Verkommene Bande!

✸

Chwostow sucht den Finanzminister Bark aus dem Sattel zu heben; als seinen Nachfolger empfiehlt Rasputin einen Moskauer Bankier, den Fürsten Tatitschew, dem auch die Zarin ihre Stimme gibt.

Zarskoje Selo, 19. Dezember 1915
Wie gespannt bin ich, was für Nachrichten Du von der Front hast: Gehen die Bewegungen befriedigend vorwärts? Schwarze Krähen krächzen Warums und Weshalbs. Im Winter ein solches Unternehmen! Aber ich finde, wir haben kein Recht, darüber zu urteilen. Du und Alexejew, Ihr habt Eure Berechnungen und Pläne gemacht, und wir können nur von Herzen und von ganzer Seele für den Erfolg beten, und der wird gewinnen, der zu warten versteht. Es ist bitter schwer und hart, aber ohne große Geduld, Treue und Glauben kann nichts vollbracht werden. Gott versucht uns immer, und wenn wir es am wenigsten erwarten, sendet er seine Belohnung und seinen Trost. Und wie anders wird alles im Innern sein, wenn unsere Waffen mit Erfolg gekrönt sein werden!

Wir redeten lange mit Chwostow über die Zufuhrfrage. Er sagte, die Minister möchten wirklich gern zusammenarbeiten (außer Poliwanow und Bark), aber es liegt an der Duma, wo sich siebzigköpfige Kommissionen damit beschäftigen, die Macht des Innenministers ist infolgedessen sehr vermindert, denn er kann keine eigenen Maßnahmen treffen, ohne sie vor die Kommission gebracht zu haben. Sicherlich kann mit derartig gebundenen Händen wenig fertiggebracht werden – er sagte es neulich in der Duma, und sie hielten den Mund. Darum bat er mich, Dich an die Unterredung mit ihm zu erinnern, wo er Dich bat, einen Befehl zu geben – an den Ministerrat (glaube ich), damit das Volk erfahre, daß Du an seine Bedürfnisse denkst und es nicht vergißt –, das würde sehr helfen, aber als ein moralisches Band, um ihnen zu zeigen, daß Du, obgleich Du im Kriege bist, an ihre Bedürfnisse denkst. Ich fürchte, ich erkläre die Sache nicht richtig, aber ich habe Kopfweh. Ich mußte soviel durchlesen, gestern war ich todmüde, denn ich mußte Sonjas Sachen mit ihrem Bruder durchsehen, Weihnachtsgeschenke aussuchen und empfangen ...

Ein Mensch, von dem nicht nur »Schweif«, sondern auch viele gutgesinnte Leute nichts halten, und den sie nicht auf der Höhe der Stellung finden, ist Bark. Er hilft Chwostow sicher nicht – man hat ihn so lange um Geld gebeten, um die »Nowoje Wremja« teilweise zu kaufen (die Minister sagten es leider Bark statt Chwostow, der es sicherlich durchgesetzt hätte, während Bark aus persönlichen Gründen die Sache hinschleppt) – und das Resultat ist, daß Gutschkow mit Juden, Rubinsteins usw. das Blatt kauft und sie ihre eigenen frechen Artikel hineinsetzen. Er selbst fühlt sich nicht mehr sehr fest auf seinem Sitz, seitdem die anderen Minister, die jenen Brief mitunterzeichneten, zum Teil abgegangen sind, und so versucht er es mehr oder weniger mit der Partei von Gutschkow zu halten. Man sagt, ein tüchtiger Finanzminister könne Gutschkow leicht eine Falle stellen und ihn unschädlich machen, sobald er einmal kein Geld von den Juden haben wird.

Fürst Tatitschew, den ich gesehen habe (er war in der Kavallerieschule, nein, im Kadettenkorps, ich glaube mit dem Kommandanten, und er ist ein guter Freund), ein sehr maßgebender Mann, er kennt und verehrt unseren Freund tief und steht mit Chwostow ausgezeichnet, außerdem besteht eine gewisse Beziehung zwischen ihnen – ist ein sehr loyaler Mann, der Dir und Rußland nur Gutes wünscht. Sein Name ist in vieler Munde als der eines Mannes, der imstande ist, die finanzielle Lage zu retten und die Dummheiten, die Bark gemacht hat, gutzumachen. Er ist ein Mann mit eigener Meinung und sucht nichts für sich persönlich, ist reich, ist ein Fürst und ist ein Feind der Clique Tjutschew und Samarin. Er ist von unserer eigenen Partei und wird uns nicht verraten; und wie Chwostow sagt: daß er unseren Freund liebt, ist sicher ein Segen und ein Gewinn. Denk über ihn nach, und wenn Du Chwostow siehst, sprich über ihn, da er natürlich nicht das Recht hat, sich in Dinge zu mischen, die ihn nicht betreffen, aber sie würden harmonisch miteinander arbeiten. Er haßt Gutschkow und die Moskauer Typen.

*

Der Zar wird (am 1. Januar des Greg. Kal.) durch König Georg von England zum britischen Feldmarschall ernannt und hält tags darauf bei einer Parade in Petersburg eine Ansprache an die Ritter des St.-Georgs-Ordens, worin er jeden Gedanken an einen Friedensschluß, ehe der Feind vom russischen Gebiet vertrieben sei, zurückweist.

An der bessarabischen Front dauert die russische Winteroffensive an; sie ist trotz blutiger Opfer erfolglos.

Zarskoje Selo, 20. Dezember 1915
Daß Du nun englischer Feldmarschall bist! Das ist hübsch. Jetzt werde ich ein hübsches Bild der englischen, schottischen und irischen Schutzheiligen bestellen. Sankt Georg, Sankt Michael, Sankt Andreas, um die englische Armee damit zu segnen. Eigentlich ist Sankt Patrick der irische. Ich las heute in der Mappe, was Du über unseren Vormarsch nach dem Süden geschrieben hast, bis zu den Drahtverhauen und so weiter. Gott segne unsere Truppen mit Erfolg.

*

Der in dem folgenden Brief genannte Mitja Orbeliani ist der Bruder der Prinzessin Orbeliani, Oberst der Chevalier-Garden und Adjutant des Großfürsten Alexander Michailowitsch, des Schwagers des Zaren.

Zarskoje Selo, 21. Dezember 1915

Ich hatte Mitja Orbeliani hier, um die Juwelen der kleinen Sonja durchzusehen und sie nach ihren Wünschen zu verteilen – es war schmerzlich, alle die kleinen Sachen zu sehen, die sie so gern hatte.

Zarskoje Selo, 22. Dezember 1915

Wie merkwürdig muß es für Dich gewesen sein, die Truppen an all den Orten zu sehen, die Du von dem alten Hauptquartier kennst. Gehen wir weiter vorwärts, oder stecken wir fest seit dem Rückzug? Im Süden scheinen wir viele Gefangene gemacht zu haben und langsam, aber sicher vorwärtszukommen.

30. Dezember 1915

Mein einzig Geliebter!

Nun bist Du wieder fort, allein, und mit einem sehr schweren Herzen trenne ich mich von Dir. Keine Küsse und zärtliche Liebkosungen mehr für so lange, ich möchte mich in Dir vergraben, Dich fest in meinen Armen halten – Dich meine innige Liebe fühlen lassen. Du bist mein wahres Leben, mein Süßer, und jede Trennung verursacht so endloses Herzweh – ein Losreißen von etwas, was einem das Teuerste und Heiligste ist. Gott gebe, daß es nicht für lange ist. – Andere würden mich zweifellos närrisch und sentimental finden – aber ich fühle zu tief und innig, und meine Liebe ist unergründlich tief, Lieber! Und ich weiß, daß Dein Herz von Sorgen und Weh beschwert ist – deren Gewicht ich auf meine Schultern nehmen möchte. Man betet und hofft wieder und vertraut und ist geduldig, daß es zu seiner Zeit besser werden wird und daß Du und Dein Land für alles Herzweh und Blutvergießen entschädigt werden. Meine Gebete brennen wie Kerzen vor Gottes Thron. Ich habe um Sieg und Erfolg gebeten, und wo die gerechte Sache ist, wird sich ja schließlich zeigen.

> Екатеринбурга
> 12 "/14 1. Июль.
> Воскресенье.
> Beautiful summers morning
> Scarcely slept because of backs etc.
> 10½.. Had the joy of an obednitsa —
>   the young priest for the 2nd time
> 11½-12. The others walked. O. sat with me
>   Spent the day on the bed again
>   T. stayed with me in the afternoon
>   Чит. Ксении, книга пророка Осии
>   гл. 4-14 до конца.
> 4½ – tea! tatted all day &
>   laid patiences.. Played
>   a little бeзиgue in the evening.
>   They put the long straw
>   couch in the dining room
>   so it was less tiring for
>   me.
> 10.. Took a bath – went
>   to bed.

Faksimile einer Seite aus dem Tagebuch der Zarin (1. Juli 1918)

1916

Zarskoje Selo, 1. Januar 1916
Ania brachte eine Blume von unserem Freund für Dich mit seinem Segen, seiner Liebe und vielen guten Wünschen.

*

Die Briefe, die die Zarin weiterleitet, sind Schmähbriefe gegen Rasputin.
 Boris Wassiltschikow ist der Fürst Alexandrowitsch Wassiltschikow, Mitglied des Reichsrates und Stallmeister.

Zarskoje Selo, 3. Januar 1916
Ich bin betrübt, daß man Mascha den Hofrang nimmt, aber da das nun doch geschieht, so empfehle ich Dir Gentlemen, die sich allerlei Dinge erlauben und deren goldene Röcke und Achselstücke ihnen in Zukunft weggenommen werden könnten. Gib Maximowitsch Order, daß er auf den Adelsclub achtet. Chwostow hat Fredericksz gebeten, ihm zu helfen, aber der hat die Notwendigkeit nicht begriffen oder wollte es nicht. – Ach, Boris Wassiltschikow hat sich sehr zum Schlimmen geändert und manch anderer auch – oh, sie sollen Deine Macht fühlen, man muß streng sein ...
 Ich schicke Dir eine ganze Sammlung Briefe. Entschuldige meine schlechte Schrift, ich weiß nicht, warum ich nicht schreiben kann, nicht einmal mit dieser Füllfeder, wahrscheinlich weil sie so hart ist. Ich lege eine Postkarte mit Babys Bild ein, das Hahn gemacht hat, als wir im Hauptquartier waren, es ist so gut. Es schneit. – Wie dumm ich schreibe. Aber ich bin niedergeschlagen, und in düsterer Laune kann man nicht gut schreiben. Die Kinder essen im Nebenzimmer, plaudern und schießen mit ihren Spielpistolen. – O mein süßer Engel – mein Eigen, mein Eigenster –, ich sehne mich so, daß

Deine liebenden Arme mich umschließen, mich festhalten. Der Trost Deines lieben Briefes! Ich lese ihn immerfort und danke Gott, daß ich Dir wirklich etwas sein kann – ich sehne mich danach –, ich liebe Dich so innig mit jeder Fiber meines Herzens. Gott segne Dich ohne Ende, bitte unablässig, Gott möge unsere Gebete erhören und uns Trost, Stärke, Erfolg, Sieg, Frieden, Frieden in jedem Sinne schicken. Man ist so todmüde und schwach von all dem Elend.

*

Goremykins Verabschiedung wird jetzt immer gewisser. Zum erstenmal nennt die Zarin den Namen des streng reaktionären Hofmeisters Boris Wladimirowitsch Stürmer, Mitglied des Reichsrats. Er ist siebenundsechzig Jahre alt, war Gutsbesitzer im Gouvernement Twer, dann Gouverneur und zuletzt Direktor der Allgemeine Abteilung im Ministerium des Innern, hat jedoch seit der ersten Revolution keine leitende Stellung mehr begleitet.
S. I. T. ist Sophie Iwanowna Tintschew.

Zarskoje Selo, 4. Januar 1916
Gutschkow ist sehr krank. Ich wünschte, er ginge ins Jenseits ab zum Segen für Dich und Rußland, so ist es kein sündiger Wunsch...

Süßer, denkst Du nun ernstlich an Stürmer, ich glaube, es lohnt sich, daß man es trotz seines deutschen Namens mit ihm wagt, man weiß ja, was für ein redlicher Arbeiter er ist (ich glaube, Deine alte Korrespondentin sprach von ihm), und er wird gut mit den neuen energischen Ministern arbeiten. Ich sehe, sie haben sich alle nach verschiedenen Richtungen umgesehen, um zu prüfen und die Dinge mit ihren eigenen Augen zu sehen – das ist gut –, auch daß die Mechtelei zwischen Moskau und Petrograd bald aufhören wird.

*

An der Kaukasusfront greifen die Russen die vorgeschobenen Stellungen des türkischen Zentrums an. Ihre Umgehungsversuche scheitern. Der Großfürst Georgij Michailowitsch reist (mit dem Generaladjutanten Tatitschew) nach Tokio, um dort an der Krönungsfeier des neuen Tenno teilzunehmen und über eine Anleihe zu verhandeln, die er auch erhält. Cettinje fällt. Die Erlaubnis zur Feier von Wilhelms II. Geburtstag bezieht sich natürlich auf die deutschen Gefangenen.

           Zarskoje Selo, 5. Januar 1916
Wie erfreulich, daß die Dinge im Kaukasus gutgehen – was Grigorowitschs Berichte nach deutschen und österreichischen Quellen sagen, ist natürlich immer verschieden – und was die rumänische Front betrifft, so hatten sie Glück und wir schreckliche Verluste. Aber das letztere wußtest Du schon hier, ja? Und um es nicht zu schrecklich werden zu lassen, hörtest Du auf. Gutschkow geht es übrigens besser!!
 Mitja Benckendorff erzählte bei Paul, daß Mascha Briefe von Ernie mitgebracht habe. Ania sagte, sie wisse nichts davon, und Paul sagte, das sei wahr. Wer hat ihm das erzählt? Sie finden alle, es sei richtig gewesen, daß ihr der Hofrang genommen wurde. (Ich persönlich finde, daß S. J. T. und Lili, die sich so schlecht benahmen und meine persönlichen Ehrendamen waren, viel eher hätten leiden müssen, und andere auch.) Es scheint, daß ein Brief von einer Prinzessin Galitzin an sie gedruckt worden ist, ein schrecklicher Brief, der sie anklagt, sie sei eine Spionin (was ich immer noch nicht glaube, obwohl sie sehr unrecht gehandelt hat aus Stupidität und, fürchte ich, aus Geldgier).
 Ich las einen endlosen Brief von Max an Vicky, er wünscht, daß ich ihn läse – er versucht, gerecht zu sein, aber es war mehr als schmerzlich, da manches leider wahr war, über hier und die Gefangenen. Ich kann nur wiederholen: Man müßte einen höhergestellten Beamten mit Madame Orjewsky absenden, um unsere Gefängnisse, besonders in Sibirien, zu inspizieren. Es ist so weit weg, und leider erfüllen die Leute in unserem Lande nur selten ihre Pflicht, besonders wenn sie außer Sichtweite sind. Der Brief packte mich, viel Wahres war darin und auch falsche Dinge, und er sagt, die Unseren wollen keine

Vorwürfe gegen die Behandlung hier glauben (ebenso umgekehrt). Ich sah, was die Schwestern ihm erzählt hatten, auch über die Kosaken. Aber all dies ist zu schmerzlich, nur finde ich, daß er recht hat, wenn er sagt, sie haben nicht Lebensmittel genug, um ihre Gefangenen zu ernähren, da alle ihnen die Lebensmittel von auswärts abschneiden. (Die Zufuhr aus der Türkei ist jetzt, glaube ich, ein großer Gewinn für sie), und wir können mehr Lebensmittel geben – und mehr Fett wird gebraucht, und in Sibirien gehen die Züge richtig – und wärmere Baracken und mehr Sauberkeit. Außer um der Menschlichkeit willen –, deshalb, weil nicht schlecht von unserer Gefangenenbehandlung gesprochen werden darf – möchte man strenge Befehle geben, und daß die, die sie nicht erfüllen, bestraft werden – aber ich habe nicht das Recht, mich als »Deutsche« darum zu kümmern, einige rohe und dumme Menschen nennen mich wahrscheinlich so, um meine Einmischung zu verhindern. Unsere Kälte ist zu intensiv, mit mehr Nahrung kann man ihr Leben retten – tausend sind gestorben – unser Klima ist so schrecklich verheerend. Ich hoffe, daß Georgi und Tatitschew auf ihrer Reise alles inspizieren werden – besonders die kleinen Städte, und ihre Nasen in alles hineinstecken werden, da man doch auf den ersten Blick nicht alles bemerken kann ...

Ich lese, daß Cettinje geräumt ist und daß ihre Truppen umzingelt sind. Nun bezahlen der König und seine Söhne und seine »schwarzen Töchter«, die den Krieg so toll herbeiwünschten, für alle ihre Sünden gegen Dich und Gott, als sie gegen unseren Freund vorgingen und doch wußten, wer er ist! Gott rächt sich! Nur um das Volk tut es mir leid, solche Helden – und die Italiener sind selbstsüchtige Bestien, daß sie sie im Stich gelassen haben – Feiglinge.

Zarskoje Selo, 6. Januar 1916
Unser Freund ist betrübt über das Volk von Montenegro und daß der Feind alles nimmt, und ist so traurig, daß er so vom Glück begleitet ist – aber er sagt immer, der Endsieg wird unser sein, aber mit großer Schwierigkeit, denn der Feind ist so

stark. Er bedauert, daß man mit den Operationen begonnen hat, ohne daß man ihn, glaube ich, gefragt hat – er würde zum Abwarten geraten haben. Er betet immer und denkt daran, wenn der richtige Augenblick gekommen ist, vorzugehen, um nicht nutzlos Leute zu verlieren ...
Ich schicke Dir eine Petition unseres Freundes, es handelt sich um eine militärische Angelegenheit. Er schickt sie ohne ein Wort der Erklärung. Und dann ein Brief von Ania ...
Lieber, Du verbrennst doch ihre Briefe, so daß sie niemals jemand in die Hände fallen?

Zarskoje Selo, 7. Januar 1916
Liebling, ich weiß nicht, aber ich würde immer noch an Stürmer denken, sein Kopf ist noch völlig frisch genug. Du siehst, daß Chwostow etwas darauf hofft, diese Stellung zu bekommen, aber er ist zu jung. Stürmer würde es für eine Weile tun, und dann später, wenn Du einen andern finden willst, kannst du wechseln, nur laß ihn seinen Namen nicht ändern, das würde ihm mehr Schaden tun, als wenn er seinen alten ehrwürdigen behielte. Wie Du Dich erinnerst, sagte Grigori das – und er schätzt Grigori sehr, was sehr bedeutungsvoll ist ...
Ich habe solches Verlangen nach Deinen Liebkosungen, sehne mich danach, Dich in meinen Armen zu halten und meinen Kopf an Deine Schulter zu legen wie im Bett und mich festzunesteln und ganz still an Deinem Herzen zu liegen und mich friedlich und in Ruhe zu fühlen. So viel Sorge und Schmerz, Weh und Prüfungen, man wird so müde und muß sich aufrechterhalten und stark sein, um allem ins Gesicht zu sehen. Ich hätte so gern unsern Freund gesehen, aber ich rufe ihn niemals ins Haus, wenn Du nicht da bist, denn die Leute sind so bösartig. Nun behaupten sie, er hätte eine Berufung an die F.-Kathedrale bekommen, was ihn auch verpflichte, alle Lampen im Palast in allen Zimmern anzuzünden! Man weiß, was das bedeutet – aber das ist so idiotisch, daß jeder vernünftige Mensch nur darüber lachen kann –, und das tue ich auch ...
Ich schlief sehr schlecht und fühle mich idiotisch, darum will

ich auf den Balkon hinausgehen – ein Grad Wärme – und Isa wird mir Gesellschaft leisten ...

Hast Du den Befehl wiederholt, daß Wilhelms Geburtstag ebenso gefeiert werden darf, wie Dein Namenstag gefeiert worden ist? – Hast Du wieder daran gedacht, daß es Leuten von der Duma wie z. B. Gutschkow nicht mehr erlaubt werden sollte, an die Front zu gehen und zu den Truppen zu sprechen? Er ist genesen, ehrlich muß ich »leider« sagen. Man hat Messen für ihn in der Kathedrale angeordnet, und jetzt wird er in den Augen seiner Bewunderer erst recht ein Held.

*

Nochmals drängt die Zarin auf eine Berufung Stürmers ins Hauptquartier. Sie führt neue, leidenschaftliche Beschwerden über die Militärfonds und ihre antidynastischen Umtriebe. Dmitri, der Sohn des Großfürsten Paul, erregt wiederum Ärgernis.

Zarskoje Selo, 8. Januar 1916

Könntest Du nicht Sürmer ins Hauptquartier kommen lassen – Du siehst so viele Leute – und eine ruhige Unterredung mit ihm haben, bevor Du etwas unternimmst? Wenn Du Dubensky siehst, frage ihn klug aus, damit er über den dicken Orlow spricht, und laß Dir Dinge über ihn erzählen – wenn er den Mut hat, die Feigheit des Mannes aufzudecken, der andere aus dem alten Hauptquartier hineinzieht, die für ihn zu hoch gestellt sind – Feodorow, glaube ich, weiß es auch. Zu mir sprach er immer als von »ona«* – und daß er sicher wäre, ich würde Dich nicht bald wieder ins Hauptquartier kommen lassen, nachdem ich Dir »meine« Minister aufgezwungen hätte. Frage ihn auch über Drenteln, der für mich zuletzt das Kloster in Aussicht genommen hatte. Dschunkowsky und Orlow sollten auf der Stelle nach Sibirien verschickt werden – nachdem der Krieg vorbei ist, solltest Du ein Strafgericht vollziehen. Warum sollten sie frei ausgehen und in guten Stellun-

* Ona, russisch = sie.

gen bleiben, wenn sie alles vorbereitet hatten, Dich abzusetzen und mich einzusperren; und die alles taten, niederträchtig gegen Deine Frau zu sein – sie gehen herum, und andere Leute denken, sie wären ungerecht weggeschickt, da sie straflos blieben. Es ist schauderhaft, an die Falschheit der Menschheit zu denken, obgleich ich es lange wußte und Dir mein Empfinden über sie erzählte. Gott sei Dank, Drenteln ist auch gegangen – nun sind saubere Leute um Dich, und ich wünschte nur, N. P. wäre auch dabei. Wir sprachen lange über Dmitri, er sagt, daß er ein ganz charakterloser Mensch sei und von jedem gelenkt werden könne. Drei Monate war er unter dem Einfluß von N. P. und hielt sich gut im Hauptquartier, und wenn er mit ihm in der Stadt war, benahm er sich korrekt und ging nicht in Damengesellschaft – aber sobald er außer Sicht war, geriet er in andere Hände. Er findet, das Regiment verdirbt den Jungen, da ihre zotigen Unterhaltungen und Späße schrecklich sind, selbst vor Damen, und sie ziehen ihn hinunter. Nun wird er als Adjutant verwendet.

✳

Der Großfürst Sergei Michailowitsch, Generalinspekteur der Artillerie, soll ins Hauptquartier reisen.

Zarskoje Selo, 9. Januar 1916
Sergei geht bald ins Hauptquartier, höre ich – besser, Du behältst ihn dort nicht lange, denn er verbreitet immer Klatsch und hat so eine scharfe, kritische Zunge, und seine Manieren vor Fremden sind nicht erbaulich – und dann sind um ihn herum sehr unklare, unsaubere Geschichten und Bestechungsaffären, über die alle reden, auch im Zusammenhang mit der Artillerie.

Zarskoje Selo, 11. Januar 1916
Ich verstehe nicht ganz, was in Montenegro vorgeht – es heißt, der König und Peter seien über Brindisi nach Lyon gegangen, wo er seine Frau und seine zwei jüngeren Töchter trifft, und Mirko sei geblieben und wolle versuchen, die serbischen und

albanischen Truppen mit den montenegrinischen zu vereinigen. Aber gerade jetzt hat Italien in Albanien siebzigtausend Mann gelandet – ein häßliches Spiel. Aber wenn der König sich ergeben hat, wie steht es mit seinen Truppen? Wo sind Jutta und Danilo? Wieso erlaubt man ihm, nach Frankreich zu gehen? – Alles höchst unverständlich für mich. – Ania war eine Stunde auf, lag abends auf dem Sofa und sprach mit ganz kräftiger Stimme. Sie träumt schon davon, herüberzukommen – was hat sie doch für eine feste Gesundheit, sich in einer Sekunde aufzuraffen, nachdem sie eben noch gedacht hatte, sie wäre so schrecklich krank und elend.

Nun denke ich, ich sei verrückt mit meiner armen Flasche, aber unser Freund hat ihr (Ania) eine von seinem Namensfest gesandt, und wir nippten jeder davon, und ich goß auch für Dich ein. Ich glaube, es ist Madeira. Ich schluckte um seinetwillen (wie Medizin), tue Du es auch, bitte, obwohl Du es nicht magst – gieße es in ein Glas und trinke es aus zu seinem Wohl, wie wir es taten. Das Maiblümchen und das Stückchen Baumrinde kommen auch von Ihm an Dich, mein süßer Engel. Man sagt, daß Haufen von Menschen zu ihm kamen, und daß er schön war. Ich gratulierte ihm telegraphisch von uns allen und erhielt die Antwort: »Unaussprechlich froh – Gottes Licht scheint auf Dich, wir wollen nicht fürchten.«

Zarskoje Selo, 13. Januar 1916

Ich bin froh, daß der neue englische General nett ist. Was für Geschichten gehen über die Montenegriner um? Daß er sein Land an die Österreicher verkauft habe, und darum würde man ihn weder in Rom noch in Paris empfangen – oder ist das alles Klatsch – er ist um Geld und um seinen persönlichen Vorteil zu allem fähig, obgleich er, wie ich glaube, sein Land liebte – in jedem Falle verstehe ich das nicht.

*

Am 21. Januar alter Zeitrechnung (2. Februar) wird Goremykins Verabschiedung und Stürmers Ernennung bekanntgegeben. Ein Erlaß des Zaren vom 27. Januar alter Zeitrechnung verfügt die Wiedereröffnung von Duma und Reichsrat innerhalb drei Wochen. Der Zar reist wieder ab. In ihrem nächsten Brief an ihn spricht die Zarin von der ihr verhaßten Idee, ihre älteste Tochter, die jetzt einundzwanzigjährige Olga, an Kyrills Bruder, den achtunddreißigjährigen Großfürsten Boris, zu verheiraten.

Zarskoje Selo, 28. Januar 1916

Mein einziger Liebling!

Wieder einmal hat der Zug meinen Schatz fortgetragen, aber ich hoffen, nicht für lange. Ich weiß, ich sollte das nicht sagen, und für eine alte verheiratete Frau mag es lächerlich scheinen, aber ich kann mir nicht helfen. Mit den Jahren wächst die Liebe, und die Zeit ohne Deine liebe Gegenwart ist schwer erträglich. Wenn ich auf sein könnte und die Verwundeten pflegen, dann wäre es eher zu ertragen. Für Dich ist es schlimmer, mein Einziger. Ich bin froh, daß Du schon morgen Truppen siehst, das wird erfrischend und eine Freude sein, ich hoffe, Du wirst denselben Sonnenschein haben, der heute hier ist. Es war so hübsch, als Du uns vorlasest, und ich höre Deine liebe Stimme noch immer! Und Deine zärtlichen Liebkosungen, oh, wie tief danke ich Dir für sie – sie erwärmten mich und waren solch ein Trost; wenn das Herz schwer ist vor Sorge und Angst, gibt jede Zärtlichkeit einem Kraft und tiefes Glück. O könnten nur unsere Kinder gleich gesegnet sein in ihrem Eheleben! – Der Gedanken an Boris ist zu unsympathisch, und das Kind würde sie vollständig verstehen. Nur laß niemals Miechen erraten, daß andere Gedanken des Kindes Kopf und Herz erfüllt haben – das sind heilige Geheimnisse bei einem jungen Mädchen, die andere nicht wissen dürfen, es würde Olga schrecklich verletzen, die so empfindlich ist. Diese Unterhaltung hat mich so gar nicht heiter gestimmt, ich fühle mich durch Dein Fortgehen sehr niedergedrückt, und mein altes Herz krampft sich in Schmerz, ich kann mich nicht an unsere Trennung gewöhnen.

Zarskoje Selo, 29. Januar 1916
Denke an Iwanow, es würde ein vorzüglicher Wechsel sein – und ein reichlicher Anfang für 1916. – Poliwanow hat nicht nötig, Dich mit der Bitte um eine Stellung zu belästigen, Schtscherbatow kann Iwanow ersetzen, und dann irgendein Energischer an seinen Platz. Wie lästig, daß der alte Rußky noch nicht wohl genug ist!

*

Die Lebensmittelnot steigt. Der Landwirtschaftsminister Naumow hat mit der Einführung »fleischloser Tage« begonnen. Menschikow klagt in der »Nowoje Wremja« über die Wucherpreise.

Zarskoje Selo, 1. Februar 1916
Viele Leute finden, es wäre gut, wenn Du für eine Zeitlang wenigstens die Frage der Lebensmittelversorgung Alek übergeben würdest, da es wirklich in der Stadt skandalös ist und die Preise unmöglich sind. Er würde seine Nase in alles stekken, die Kaufleute, die betrügen und unmögliche Preise verlangen, bestrafen und würde helfen, Obolensky loszuwerden, der wirklich zu gar nichts gut ist und kein bißchen hilft. Unser Freund ist besorgt, ob es noch zwei Monate so weitergehen wird, daß wir unangenehme Zusammenrottungen und Geschichten in der Stadt haben werden – und ich verstehe es, denn es ist schandbar, die armen Leute leiden zu lassen – und die Demütigung vor unseren Alliierten! Wir haben alles in Mengen bekommen, nur wollen sie es nicht herausgeben, und wenn sie es tun, werden die Preise für alles unerschwinglich. Warum wollen wir ihn nicht bitten, für zwei Monate, oder wenigstens einen Monat, alles in die Hand zu nehmen, er würde die Betrügereien nicht weitergehen lassen. Er ist ausgezeichnet in jeder Stellung, um Ordnung zu schaffen und die Leute aufzurütteln – aber nicht für lange. Ich schreibe Dir das, da Du ihn, glaube ich, Dienstag sehen wirst.

Zarskoje Selo, 4. Februar 1916

Mein einzig Geliebter!

Von ganzem Herzen beglückwünsche ich Dich, daß Erzerum gefallen ist. Ein herrlicher Kampf muß es gewesen sein, und wie schnell es ging. Solch ein Trost – und für die anderen ein guter moralischer Schlag –, möge es jetzt nur in unseren Händen bleiben! –

Nun eine ganz private Frage aus mir selbst. Was wird, da man überall liest, daß die Deutschen fortfahren, Artillerie und Truppen nach Bulgarien zu schicken, wenn wir schließlich vormarschieren und sie von hinten durch Rumänien kommen – wer deckt unserer Armee dann den Rücken? Oder wird die Garde an Kellers linken Flügel geschickt, um in der Richtung Odessa zu schützen? Das sind meine eigenen Gedanken, weil der Feind immer unsere schwachen Punkte herausfindet. Sie bereiten überall alles und für alle Möglichkeiten vor und wir meist sehr oberflächlich, darum haben wir auch in den Karpaten verloren, da wir unsere Positionen nicht genügend verstärkt hatten. Wenn sie nun ihren Weg durch Rumänien auf unsere linke Flanke forcieren – was bleibt dann, um unsere Grenze zu schützen? Entschuldige, daß ich Dich belästige, aber solche Gedanken kommen einem unwillkürlich. Was sind nun unsere Pläne, wo Erzerum genommen ist, wie weit sind die englischen Truppen noch von uns entfernt? . . .

Lebewohl, meine Taube, mein eigen und nicht ihr, wie sie Dich zu nennen wagt. Gott segne Dich, Kleiner, und halte Dir allen Kummer fern, führe Dich zu Erfolg und endlich zu glorreichem, ersehntem Frieden. Dein Mädel bedeckt Dich mit Küssen, süßes Männchen.

Was macht der langnasige Ferdinand aus Wien?

Nun muß ich mich zum Frühstück anziehen, ich habe Ania eingeladen, denn sie fand, sie hätte mich gestern kaum gesehen, da eine Menge Leute da war.

*

Der in dem folgenden Brief erwähnte Derewenko ist der Beschützer des Zarewitsch, ein früherer Matrose der Zarenjacht »Standard« (gleichnamig mit dem Leibarzt Dr. Derewenko).

Zarskoje Selo, 5. Februar 1916

Mein Liebling!

Null Grad heute morgen, windig – starker Schneefall. Gott sei Dank war Baby in der Nacht ganz wohl, wachte mehrmals auf, aber nicht für lange und klagte nicht. Seine beiden Arme sind verbunden, und der rechte tat gestern ziemlich weh – aber unser Freund sagt, es wird in zwei Tagen vorübergehen. Die letzte Nacht war sein Schlaf ruhelos, obgleich schmerzlos, und er klagte nicht über seinen Arm, obgleich er ihn nicht biegen konnte. Wahrscheinlich hatte er sich selbst gestoßen, als er sich an der Schnur des Schlittens festhielt, von denen mehrere zusammengebunden waren. Aber Derewenko sagt, er ist ganz vergnügt, ängstige Dich also nicht, meine Taube. Wir aßen oben, so daß er im Bett bleiben konnte und sich nur wenig zu bewegen brauchte. Je ruhiger er sich hält, desto besser ...

Warum haben unsere Truppe Galizien wieder geräumt? Es scheint mir so außerhalb von Rehbinders Berechnung, da so viele Offiziere der Regimenter die aus Galizien abmarschiert sind, nach Charkow in mein Magazin kommen und Leinen und Sonderpäckchen verlangen. Ich kann nicht verstehen, was unten passiert ist, oder sie sind mehr konzentriert, und das sind die Truppen, die bereitstehen, unsere Nachhut nach Süden zu verteidigen? ...

Bist Du ganz zufrieden mit Alexejew? Ist er energisch genug? Hier sagt mancher, daß er wieder ganz wohl ist, aber ich weiß nicht, ob es wahr ist oder nicht. Ich wünschte, es wäre so, denn die Deutschen fürchten ihn ...

Wie herrlich war das, was Du über Erzerum schriebst! Wirklich so wunderbare Truppen!

Ja, ich bewundere diese Männer, die gegen die gemeinen Gase angehen und ihr Leben dabei wagen. O, zu denken, daß die Menschheit so tief gesunken ist. Technisch ist alles herrlich, aber wo bleibt die Seele bei alledem? Man könnte laut aufschluchzen über das Elend und die Unmenschlichkeit, die dieser entsetzliche Krieg verursacht hat.

*

Der Zar trifft für zwei Tage in Petersburg ein. Am 9. Februar alter Zeitrechnung (22.) eröffnet er im Taurischen Palast die Duma mit einer Ansprache, auf die Rodzianko patriotisch erwidert, dann verläßt er die Sitzung. Auch im Reichsrat spricht er zu den Mitgliedern; der Präsident Kulomsin dankt. In beiden Kammern halten Stürmer, Sassonow, Poliwanow und Grigorowitsch, der Marineminister, längere Reden. In der Duma wird eine Erklärung des fortschrittlichen Blocks verlesen, die über die Hemmung der nationalen Kräfte und die Zerstörung des Wirtschaftslebens durch Bosheit und Unfähigkeit der Behörden Klage führt.

Der folgende Brief der Zarin enthält Andeutungen über einen neuen Rasputin-Skandal, in den Chwostow verwickelt ist. Chwostow hat nämlich vor kurzem seinen Privatsekretär Rschewsky nach Christiania gesandt, um den bei Kriegsausbruch dorthin geflüchteten russischen Mönch Iliodor, einen Todfeind Rasputins, zu veranlassen, den Staretz durch Helfershelfer, die er anwerben soll, ermorden zu lassen. Sind die Helfershelfer gedungen, so soll der Mord folgendermaßen vor sich gehen: Eine Hofdame der Zarin-Mutter soll Rasputin durch einen telefonischen Anruf in ein Automobil locken, Rschewsky soll als Chauffeur den Wagen lenken, und an einem einsamen Platz sollen dann die von Iliodor gedungenen Meuchelmörder in Erscheinung treten. Iliodor wird Amnestie zugesichert. Diesen Plan durchkreuzt Iliodor dadurch, daß er seine Frau mit dem belastenden Material nach Rußland schickt und die Zarin-Mutter einweiht, die ihm durch Telegramm den Empfang der Schriftstücke bestätigt. Zugleich plaudert Rschewskys Geliebte ihrem zweiten Liebhaber, einem Ingenieur Heyne, die Sache aus. Rschewsky wird daraufhin verhaftet. Chwostow warnt Rschewsky vor der angeordneten Haussuchung und gibt seinem Gehilfen Bjeletzky den Auftrag, sich aller Papiere, auch derjenigen, die schon bei den Gerichtsakten liegen, zu bemächtigen. Bjeletzky widersetzt sich diesem Auftrag und wird noch von Chwostow verabschiedet; er wird dann Gouverneur von Irkutsk. Auch Stürmer, der beschuldigt wird, nach Rschewskys Verhaftung mehrere Stunden lang in seinem Kabinett sich mit ihm unterredet zu haben, ist kompromittiert. Die russische Presse, vor allem der »Rjetsch«, gibt die Enthüllungen Iliodors mit allen Einzelheiten wieder. Es scheint, daß die Zarin den Skandal zuerst nur ahnt, und auch dann, als alles Material veröffentlich wird, sind ihr die Erkenntnisse unwillkommen.

Zarskoje Selo, 10. Februar 1916

Mein einzig geliebtes Herz!

Es war ein solches Geschenk, dieser Dein flüchtiger Besuch, mein Geliebter, und obgleich wir uns wenig gesehen haben, ich fühlte doch, daß Du da warst. Und Deine zärtlichen Liebkosungen haben mich erwärmt. Ich kann mir vorstellen, was für einen tiefen Eindruck Deine Gegenwart in der Duma und im Reichsrat auf jedermann gemacht haben mag, Gott gebe, daß das ein Antrieb gewesen ist und alle nun tüchtig zusammenarbeiten werden zum Segen und zur Größe unseres geliebten Landes.

Wir, Ania und ich, haben sehr harte Tage durchgemacht wegen dieser Geschichte gegen unseren Freund – und kein Mann in der Nähe, um zu raten. Aber sie war tapfer und gut in alledem, bestand sogar eine häßliche Unterredung mit Wojeikow am Montag. Ich habe doch etwas Angst um sie, da sie durchschaut hat, daß man auch Chwostow in eine scheußliche Geschichte hineinziehen will – die Juden – und gerade, um vor der Duma einen Wirrwarr zu machen, der so tendenziös ist.

Dich zu sehen, hat einem wieder Mut und Stärke gegeben – wie doch die Menschheit niedrig ist, besonders unsere Umgebung und das »Hinterland« – die Geister sind noch immer böse.

✻

Alice, die in dem folgenden Brief erwähnt wird, ist die Prinzessin Alice von Battenberg, die 1885 geborene Kusine der Zarin,

1903 in Darmstadt mit dem Prinzen Andreas von Griechenland, dem dritten Bruder des Königs Konstantin, vermählt.

Zarskoje Selo, 12. Februar 1916
Alice schreibt, daß die Engländer in Saloniki beliebt sind, die Offiziere sind höflich, die Mannschaften benehmen sich gut gegen die Franzosen. Es schmerzt mich zu sagen, daß sie sagt, bei anderen sei es anders, und in einer kleineren Stadt hätten sie sich den Frauen gegenüber so schrecklich aufgeführt wie die Deutschen in Belgien, während die Offiziere in Saloniki vom General abwärts frech und grob sind, selbst gegen Andreas.

*

Nach einem Kriegsrat mit allen Armeeführern hat der Zar den General Kuropatkin statt Rußky zum Befehlshaber an der Nordfront ernannt. – Die Zarin kommt noch einmal auf die geplante Verbindung ihrer Tochter Olga mit dem Großfürsten Boris zurück und läßt sich dabei über den Umgang der Großfürstin Maria Pawlowna aus. Die »Belos« sind die Angehörigen des Generalleutnants und Generaladjutanten Fürst Belosselsky-Belosersky, eines Schwagers des bekannten Generals Skobeliew.

Zarskoje Selo, 13. Februar 1916
Ich bin so froh, daß Du mit dem Resultat des Kriegsrats zufrieden bist – es ist schön, daß Du sie alle gerufen und ihnen Gelegenheit gegeben hast, in Deiner Anwesenheit zu sprechen ...

Je öfter ich an Boris denke, um so mehr wird mir klar, was für eine gräßliche Clique seine und Miechens Freunde sind, reiche Franzosen, russische Bankiers, die »Gesellschaft«, Olga Orlow und die Belos und ähnliche Typen (Intrigen ohne Ende), flotte Manieren und Unterhaltungen, und Ducky ist durchaus keine passende Schwägerin – und dann Boris' tolle Vergangenheit ... Doch, was schreibe ich Dir das alles, da Du es so gut weißt wie ich? Man würde einem halb verbrauchten, blasierten jungen Mann ein reines, frisches, junges Mädchen geben, das 18 Jahre jünger ist, und sie müßte in einem Haus mit ihm leben, in dem schon manche andere Frau sein Leben »geteilt« hat. Nur eine Frau, die die Welt kennt und mit eigenen Augen wählen und urteilen kann, sollte seine Frau werden, und sie würde sich zu ihm zu stellen und einen guten Ehemann aus ihm zu machen wissen. Aber ein unerfahrenes junges Mädchen müßte schrecklich leiden, ihren Mann aus vierter oder fünfter Hand zu haben – eine reifere Frau könnte sich damit natürlich leichter abfinden, wenn sie liebte.

Zarskoje Selo, 15. Februar 1916
Die Franzosen machen um Verdun eine schwere Zeit durch. Gott gebe ihnen Glück – wie sehnt man sich für sie und die Engländer, daß sie endlich vorwärtskommen.

Zarskoje Selo, 16. Februar 1916
Wieder ein heller, sonniger Morgen, es waren sechs Grad Kälte. Ich traue mich nicht auf den Balkon wegen meines Hustens. Um halb eins kommt Witte mit seinem Bericht, nach dem Frühstück kommen andere und um sechs Stürmer. Heut wäre Sonjas Geburtstag – so traurig, ich bin noch nicht einmal an ihrem Grabe gewesen.

※

Der Zar hat sich wieder in Zarskoje Selo aufgehalten. Dem vom 2. März datierten Brief der Zarin folgt am 6. (19.) März die Entlassung Chwostows, an dessen Stelle Stürmer, unter Beibehaltung des Vorsitzes im Ministerrat, Minister des Innern wird.

Zarskoje Selo, 2. März 1916
Ich bin so bedrückt, daß wir Dir durch Grigori Chwostow empfehlen; es läßt mir keine Ruhe – Du warst dagegen, und ich ließ mich durch sie beeinflussen, obgleich ich zuerst Ania sagte, daß ich seine große Energie gern hätte, daß aber seine allzu große Eigenliebe und manches andere mir nicht gefiele; und der Teufel nahm ihn in Beschlag, man kann es nicht an-

ders nennen. Ich wollte darüber nicht an Dich schreiben, um Dich nicht zu belästigen, aber wir haben schwere Zeiten durchgemacht, und darum wäre ich ruhiger gewesen, wenn jetzt, da Du fortgehst, etwas geordnet werden könnte. Solange Chwostow am Ruder ist und Geld und Polizei in der Hand hat – bin ich, offen gesagt, nicht ruhig für Grigori und Ania.

Mein Gott, wie müde man ist! Deine geliebte Gegenwart und Deine zärtlichen Liebkosungen besänftigen mich, und ich fürchte Deine Abreise. Denke daran, daß Du das Bild unseres Freundes bei Dir hast, als einen Segen für den kommenden Vormarsch. Oh, wie wünschte ich, wir wären immer zusammen, um alles zu sehen, alles zu teilen! Welch schreckliche Zeit jetzt ist! Und wann wir uns wiedersehen, ist unbestimmt. Alle meine Gebete werden Dir unablässig folgen, Liebling. Gott segne Dich und Dein Werk und jede Unternehmung und kröne sie mit Erfolg.

Die gute Zeit wird kommen, und Du bist geduldig und wirst gesegnet werden, ich fühle es so sicher, nur muß man noch hindurchgehen. Wenn ich höre, was die »Verluste« an Leben für andere bedeuten, kann ich mir vorstellen, was Ernie jetzt leidet. O, dieser grauenhafte, blutige Krieg.

Entschuldige die schlechte Schrift, aber Kopf und Augen schmerzen, und das Herz ist schwach nach all dieser Pein . . .

Möge ER Dir helfen, für Chwostow einen guten Nachfolger zu finden, so hättest Du doch einen Kummer weniger.

Zarskoje Selo, 3. März 1916

Ania ist traurig, daß sie niemals eine Gelegenheit hatte, Dich allein zu sehen. Ich persönlich glaube, sie wird ruhiger und normaler, weniger aggressiv, wenn sie weniger Glück hat. Je mehr man hat, desto mehr verlangt man. Wenn Du mit ihr plaudern willst, dann ist es natürlich etwas anderes. Aber sie kommt über diese Dinge jetzt besser hinweg, Du hast sie trainiert, und infolgedessen ist ihr Temperament ruhiger, und wir haben keine Geschichten. Sie tötete einen mit Telefon und Besuchen und Geschichten über unseren Freund, schleudert ihren Stock im Zimmer herum und lachte auf.

Der ehemalige Kriegsminister Suchomlinow wird nach einem vom Zaren gebilligten Beschluß des Kriegsindustrie-Komitees, des obersten Ausschusses zur Untersuchung der Ursachen, die den Munitionsmangel herbeigeführt haben, dem Gerichtshof des Reichsrates überwiesen. »Mme. B.« siehe S. 63.

Zarskoje Selo, 4. März 1916

Ich bin wirklich in Angst um Ania. Sobald ein Mann fähig war, die Ermordung unseres Freundes zu versuchen und andere dafür zu kaufen, ist er auch fähig, sich an ihr zu rächen. Sie hatte am Telefon einen schrecklichen Auftritt mit Grigori, weil sie heute nicht hingegangen ist – aber ich riet ihr nicht dazu. Außerdem hat sie furchtbaren Husten und Mme. B. Dann kam Grigoris Frau und machte ihr eine Szene, daß sie nicht in die Stadt gehe, und prophezeite ihr, daß ihr etwas passieren würde, was sie sicher noch nervöser macht.

Dieser Krieg hat alles durcheinandergeworfen und alle Geister verwirrt. Ich las in den Zeitungen, Du habest gesagt, Suchomlinow soll abgeurteilt werden – das ist recht –, laß ihm die Fangschnüre nehmen. Man sagt, es werden schlimme Dinge von ihm herauskommen – daß er für Bestechungen zu haben war, das gilt hier für sicher. Es ist so traurig. Mein Gott, was für ein Unglück man hat, keine »Gentlemen«, das ist es – keine anständige Erziehung und keine innere Entwicklung und keine Prinzipien, auf die man sich verlassen kann. Man wird so bitter enttäuscht vom russischen Volk – es ist noch so weit zurück! Wir kennen so viele, und doch ist niemand fähig, einen Ministerposten auszufüllen, wenn man einen braucht. Denke an Poliwanow.

∗

Massenverhaftungen von Arbeitern in Petersburg beschäftigen in geheimer Sitzung die Duma. Es wird bekannt, daß dreizehn Arbeiter gehenkt und hundert von den Putilow-Werken, dreißig von der Fabrik Nobel, ohne daß sie Soldaten gewesen wären, zur vordersten Front geschickt worden sind. Der Streikgefahr wegen sollen alle Fabriken militarisiert werden. Fürst

Tumanow, der in diesem Zusammenhang erwähnt wird, ist der Oberbefehlshaber des Dünaburger Militärbezirkes. Der Vizeadmiral Rusin, Chef des Generalstabs der Marine, bringt aus England eine Einladung an Mitglieder des russischen Lebensmittelkomitees mit. Fürst Alexander Obolensky, der Stadthauptmann von Petersburg, sucht seine Entlassung abzuwenden.

Lili ist seine Schwester, die Prinzessin Elisabeth Nikolajewna Obolensky, Ehrendame der Zarin. – Bontsch-Brujewitsch ist der Stabschef des Generals Rußky.

Mit dem »liberalen« Ignatiew meint die Zarin den Kultusminister.

Zarskoje Selo, 5. März 1916

Liest Du das französische Buch »La Dame au parfum«? Mir wurde heute eine Sammlung englischer Bücher gebracht, aber ich fürchte, es ist nichts sehr Interessantes darunter. Keine großen Autoren schon seit langer Zeit und auch in keinem anderen Land, auch kein berühmter Künstler und Komponist – eine merkwürdige Lücke.

Man lebt zu schnell, die Eindrücke folgen sich in raschem Wechsel. Maschinen und Geld regieren die Welt und zerstören jede Kunst, und die, die sich für begabt halten, haben einen kranken Geist.

Ich bin neugierig, was sein wird, wenn der Krieg vorüber sein wird! Wird dann ein Wiedererwachen, eine Neugeburt erfolgen – werden mehr Ideale da sein, werden Menschen reiner und poetischer sein, oder werden sie trockene Materialisten bleiben? So manches sehnt man sich zu wissen, aber solch schreckliches Elend, wie es die ganze Welt erlitten hat, muß die Herzen und Geister reinigen und die stockenden Gehirne und schlafenden Seelen läutern. Oh, könnte man sie nur alle vernünftig in den richtigen und fruchtreichen Kanal leiten.

Unser Freund kam gestern zu Ania, er findet es gut, daß die Putilow-Werke vom Kriegsministerium übernommen worden sind, und bezweifelt, daß es noch mehr Unruhen geben wird – und andere die Arbeiter zum Streik hetzen werden. Er denkt, daß Du, noch bevor unsere Offensive beginnt, zurückkehren wirst, da noch so tiefer Schnee liegt ...

Ich bekam gestern einen gemeinen anonymen Brief – zum Glück las ich nur die vier ersten Zeilen und zerriß ihn sofort. Denk Dir, Andronikow und Chwostow pflegen sich manchmal mit der Abfassung anonymer Briefe zu befassen – unser Freund bekam einen vor einem Monat und ist überzeugt, daß Andronikow der Schreiber war. Wie gemein ist das – Ania bekommt fortwährend welche mit schwarzen Kreuzen, die ihr sagen, vor welchen Daten sie Furcht haben soll – so feig!

Zarskoje Selo, 6. März 1916

Also, Stürmer war beinahe eine Stunde bei mir. Wir sprachen über die Streiks – er meinte, die Fabriken müßten während des Krieges militarisiert werden, und dieser Entwurf sei seit langem bei der Duma, aber er gehe nicht durch, da sie dagegen sind. Er ist eher gegen den Wunsch des Fürsten Tumanow nach sehr strengen Maßregeln und würde es vorziehen, wenn Kuropatkin einen tüchtigeren Mann an seinen Platz stellt. – In der Tat bringt ihn das Lebensmittelkomitee zur Verzweiflung, und es gab eine ernste Debatte über die Absendung von Vertretern des Komitees nach London, als Rusin die Einladung brachte. Danach zu urteilen, wie sich jene Delegierten in Amerika benahmen, ist klar, daß man ihnen nicht erlauben kann zu reisen, da sie gegen die Regierung arbeiten. Poliwanow, Grigorowitsch und Ignatiew (der Liberale!) sind dafür – aber Grigorowitsch nur, weil Rusin die Einladung brachte.

Poliwanow ist seine Verzweiflung – er sehnt sich danach, daß Du ihn absetzt, doch sieht er ein, Du kannst es nicht tun, ohne einen guten Nachfolger zu haben. Er sagt, der eine seiner Gehilfen sei ein schlechter Mensch und tue solchen Schaden – ich habe seinen Namen vergessen, ein sehr energischer Mann, aber nicht gut. Poliwanow direkt hochverräterisch in der Art, wie er alles, was im geheimen im Ministerrat besprochen wird, sofort ausplaudert – es ist zu abscheulich! Er sprach von der verantwortlichen Regierung, die alle herbeiwünschten, selbst Gutgesinnte, die nicht begreifen, daß wir durchaus noch nicht reif dafür sind. (Wie unser Freund sagt, wäre es der völlige Ruin für alles.)

Dann, wie schwach Obolensky ist. (Denke Dir, seine Frau, die geborene Prinzessin von Mingrelien, ist zu Grigori gegangen, um ihn zu bitten, daß ihr Mann nicht abgesetzt werden soll – beachte das, Lilis Schwägerin!) Wolkonsky findet er nicht gut an seinem Platz, auch mißbilligt er sein Herumstreichen hinter den Kulissen der Duma.

In dieser Weise gingen wir alle Minister und seine Gehilfen durch.

Gott stehe ihm in seinem großen Vorhaben bei, Dir und seinem Lande gut zu dienen – es macht ihn auch traurig, daß ein so fähiger Mann wie Chwostow solches Unrecht getan hat.

Es scheint, es war ein schrecklicher Artikel im »Rjetsch« gegen Ania – was für Feiglinge sind das, eine junge Frau derart hineinzuziehen!

Ich bin froh, daß der neue Gouverneur ein netter Mann ist – wo war er vorher? – O Du Lieber, daß Du mir wieder geschrieben hast, ich danke Dir so zärtlich und mit vielen Küssen.

Ich habe gesehen, daß die Ernennung und der Wechsel diesen Morgen in den Zeitungen erschienen ist – gestern um sechs wußte Stürmer noch nicht, wann er das Schriftstück von Dir zurückerhalten würde. – Ja, Chwostow sagte zu Stürmer, er verstände nicht, warum er gehen müsse, ob infolge der Affäre – Stürmer erwiderte nichts Besonderes. In jedem Fall hat er nicht erfüllt, was Du von ihm erwartet hast, er tat keine saubere Arbeit – war vielversprechend am Anfang und dann ganz verändert. Jetzt benimmt er sich sicher nicht wie ein Gentleman. Er zeigte Mitgliedern der Duma Anias Brief, in dem sie bittet, daß man in Grigoris Zimmer in einer gewissen Nacht keine Haussuchungen abhalten sollte, »wenn es nicht wieder eine Erpressungsgeschichte ist«, schrieb sie. Es stand nichts Böses in dem Brief, aber es ist häßlich, ihn anderen zu lesen zu geben. Er war im Begriff, den Brief an Stürmer zurückzugeben, als die Verwandten davon hörten – aber Chwostow tat es nicht. Nun sagte ein Freund von ihm, es sei unwahr; er sei böse, daß man so etwas sagte, und er habe erst jetzt die zerrissenen Briefstücke in seinem Papierkorb gefunden!! (er bekam den Brief über eine Woche vorher) und er wolle sie zusammenkleben und ihr morgen zurückschicken. Das kann nur eine grobe Lüge sein, die Antwort mit dem Korb – lege diese schmutzige Geschichte beiseite, und ich bin froh, Du bist sie los.

Zarskoje Selo, 8. März 1916
Sei klug und sage Kyrill, daß Du streng mißbilligst, daß Boris ein Fest geben will. Sein Ruf ist sehr schlecht – er ist aus der Marine ausgestoßen, von Kyrill fortgeschickt und trotzdem in Babys »Atamantsi« aufgenommen worden. Eine Ehre, diese Uniform zu tragen. Kriegsdekorationen zu erhalten und einen hohen Rang, war viel zu groß, denn er hat sie nicht durch militärische Leistungen und Taten erreicht, sondern durch irgendwelche schmutzige Privatdienste. Sprich mit Kyrill und N. P. über ihn. Alle sind entsetzt, und Petrograd redet genug über ihn. (Auch Miechens Ehrgeiz, ihn ganz nahe dem Thron zu wissen, ist wohlbekannt.) Viel Schmutz überall. – So traurig die Niedrigkeit der Menschen. – Sodom und Gomorrha wahrhaftig – viele müssen noch persönlich durch den Krieg leiden, und dann erst werden sie geläutert und geändert sein. Es ist alles sehr schmerzlich, und man kann so wenig Ehrerbietung oder Achtung vor irgend jemand haben.

Hat Kuropatkin endlich Bontsch-Brujewitsch rehabilitiert? Wenn nicht, laß es schneller geschehen! Sei fester und autokratischer, mein Herzensliebling, zeige Deine Faust, wenn es nötig ist – wie der alte Goremykin noch das letztemal sagte, als er zu mir kam: »Der Kaiser muß fester sein, man muß seine Macht fühlen.« Und es ist wahr, Deine engelhafte Geduld, Sanftmut und Güte sind bekannt, und man nutzt das aus. Zeige, daß Du allein der Herr bist, und habe einen festen Willen!

Zarskoje Selo, 10. März 1916
Stürmer kam und sprach über diese Geschichte, da die Dinge ernstlich aufgeklärt werden müssen, und ich übergab ihm

Briefe von Iliodor, die alles darlegten, und er wird eine Untersuchung einleiten, bis seine Angaben nachprüfbar sind – leider scheinen sie wahr. Dann sagte er mir, damit ich Dich warnen könnte, daß Nikolascha Kriwoschein als Hilfe haben möchte. Zu Worontzows Zeiten gab es dafür einen gewissen Wikolsky, Kriwoschein hätte nötigenfalls Nikolaschas Interesse in der Duma und im Reichsrat zu vertreten, und es wäre unmöglich, daß Kriwoschein einen solchen Posten übernimmt, es würde der Ruin des Kaukasus sein, denn er ist geschickter als jeder andere und jetzt auch völlig skrupellos – ein Freund von Nikolascha und dem dicken Orlow und Januschkiewitsch. Es wäre schrecklich. Da es zur Genehmigung an Dich kommen muß, warne ich Dich.

Es ist Irrsinn von Nikolascha, einen Mann zu nehmen, den Du weggeschickt hast und der damals lauter Übles tat. Stürmer war diesmal viel weniger scheu und ganz offen – man sieht, welche wahre Liebe und Ergebenheit er für Dich hat. – Er ist verstimmt über den Konvent in Moskau, der bald zusammentreten soll. Er schickt nach dem dortigen General, um mit ihm die Dinge zu besprechen. Ich persönlich fürchte, daß der neurasthenische Schebeko seiner Aufgabe nicht gewachsen sein wird, wenn es Geschichten geben sollte. Natürlich findet er auch, daß ein Generalgouverneur dort sein müßte, ohne daß er irgend jemand in Aussicht hätte. – Er wünscht, ich könnte mich oft in der Stadt zeigen und in die Kasansche Kathedrale gehen – aber mein dummes Herz und nun das Gesicht verhindern es, und ich weiß, es würde gut sein. Deine Mutter kann es auch nicht, und Miechen macht sich in der Stadt beliebt, geht viel zu musikalischen Abenden und spielt ihre Rolle als »charmeuse«. Die Benckendorffs sind darüber auch verzweifelt, die Gräfin sagte es Ania. Sie kamen ganz krank zurück, nachdem sie ein paar Tage in der Stadt gewesen waren.

Jeder ist entsetzt über Chwostow. – Ania nahm bei Paul den Tee (nach ewiger Zeit wieder) – guter Laune. Der Junge geht ganz grün herum, weil er heute wieder zum Regiment muß. Das schreckliche, forcierte Trinken bei den Husaren hat ihn krank gemacht und auf sein Herz gewirkt. Sie und die Gardes a cheval trinken auch im Krieg kolossal, das ist ekelhaft und herabwürdigend vor den Soldaten, die wissen, daß Du es verboten hast. Bei Gelegenheit sage Besobrasow, er soll ein Auge auf die Regimenter haben und ihnen zu verstehen geben, wie scheußlich unmoralisch das in solcher Zeit ist.

Die Gräfin Benckendorff ist entrüstet über Dmitris Heimurlaube während des Krieges und findet, man müßte darauf bestehen, daß er zum Regiment zurückkehrt. Ich bin völlig derselben Ansicht, die Stadt und die Frauen sind Gift für ihn.

*

Die russische März-Offensive am Narocz-See bricht zusammen. Die Zarin unternimmt einen letzten Vorstoß gegen den Kriegsminister Poliwanow. Der reaktionäre frühere Minister des Innern, Maklakow, war bei ihr und hat ihn als Umstürzler denunziert. Am 16. (29.) März wird Poliwanows Verabschiedung bekanntgegeben. Sein Nachfolger wird gegen die Erwartung der Zarin der Chef der Intendantur und General der Infanterie, Schuwajew. Der General Iwanow, den sie zusammen mit Beljajew nennt, wird im Sinne ihres oft dargelegten Wunsches einige Tage später dem Zaren zugeteilt.

Wladimir Nikolajewitsch ist der Arzt Dr. Derewenko.

Zarskoje Selo, 12. März 1916

Meine Taube!

Ich habe wenig geschlafen in der Nacht, weil ich wieder Schmerzen im Gesicht hatte. Es fing am Abend an, gerade als ich zu Wladimir Nikolajewitsch gesagt hatte, daß ich dachte, ich sei es los und könnte heute abend in die Kirche gehen, am Sonnabend vor Kreuz-Anbetung, es ist eine solche Enttäuschung! Ich ließ mich heut früh wieder massieren und schmierte das Gesicht mit allen möglichen Sachen ein. Jetzt ist es etwas besser, aber es tut weh, und das Auge ist halb geschlossen. Ich habe wieder nach dem armen Zahnarzt geschickt – jetzt habe ich so viele Ärzte gehabt, daß ich glaube, es ist besser, er kommt und sieht es sich an, und vielleicht ändert er eine Füllung, es ist vielleicht eine neue Höhlung da. Natürlich fühle ich mich verblödet und muß Mrosowsky empfangen und unsere drei Schwestern, die von Österreich zurückgekommen sind und eine Menge zu erzählen haben. – Zwei von unseren Sanitätszügen sind voller Verwundeter zurückgekehrt. Ist es wahr, daß unsere Verluste so schwer sind? Natürlich, beim Angriff kann es nicht anders sein – wir machten auch noch viele Gefangene und Beute (während die Deutschen sagten, sie ließen uns keinen Schritt vorwärtskommen, und wir hätten riesige Verluste gehabt und sie siebzehn Offiziere und achthundert Mann gefangen) . . .

Maklakow war bei Ania und bittet, mich zu sehen, um mich zu ersuchen, daß ich Dich beschwören sollte, Poliwanow schnell zu entfernen, weil er einfach ein Revolutionär ist unter Gutschkows Fittich – Stürmer bittet um dasselbe. Sie sagen, daß sie in dem abscheulichen Kriegsindustriekomitee die Absicht haben, schreckliche Sachen zu sagen. Sie kommen in einigen Tagen zusammen, und Maklakow sagt darum, Poliwanow sollte schnell entfernt werden, jeder ehrliche Mann sei besser als er. Wenn Du Iwanow nicht nennen kannst, warum nicht den ehrlichen ergebenen Beljajew, und gib ihm einen guten Gehilfen. Stürmer mag den anderen Gehilfen von Poliwanow gar nicht, er sagt, er sei ein schlechter Mensch, ich habe den Namen nicht behalten.

Mein Lieb, zögere nicht, entschließe Dich, es ist viel zu ernst, und wenn Du ihn plötzlich absetzt, schneidest Du der revolutionären Partei die Flügel ab, nur sei schneller dabei. Du weißt, Du selbst wolltest ihn schon lange absetzen, beeile Dich. Du brauchst einen ehrlichen, ergebenen Mann, und dieser Beljajew ist es, wenn Iwanow zu eigensinnig ist. Bitte, vollzieh die Absetzung sofort, dann kann die Propaganda und alles energisch unterdrückt werden. Maklakow betet Dich an und spricht mit Tränen in den Augen von Dir, und ich werde ihn bald sehen. Versprich mir, daß Du gleich den Kriegsminister absetzen wirst, um Deinet-, Deines Sohnes und Rußlands willen – und es ist hohe Zeit –, sonst würde ich nicht so bald wieder in dieser Angelegenheit geschrieben haben. Du sagtest

mir, daß Du es gleich tun würdest, und wer weiß, ob Gott unsere Truppen nicht eher segnet, wenn dieser Günstling des alten Hauptquartiers schnell abgeschafft wird. Rodzianko und Gutschkow wissen wohl, warum sie und Januschkiewitsch Nikolascha bewogen, es Dir vorzuschlagen. Und der dicke Orlow hinter allen. Maklakow verabscheut Orlow und sagt, er sei ein Mann, der vor nichts zurückschreckt, ebensowenig wie Chwostow...
Unser Freund reist morgen ab, er konnte für den vorigen Mittwoch keine Billetts bekommen. Ich wünschte, mein Gesicht schmerzte nicht so, ich möchte gern viel mehr schreiben und kann nicht und möchte soviel über die Truppen fragen.

Herz und Seele sind bei Dir, sehnen sich nach dem Zusammensein mit Dir. –

Da – Dein Brief ist eben gekommen, ich danke Dir so zärtlich, mein Herz. – Du glaubst also, daß Schuwajew der richtige Mann ist, obgleich weniger Gentleman als Beljajew; und ist er wirklich der rechte Typ? Ich habe ihn nur einmal gesprochen und fand ihn sehr eigensinnig, also kann ich nicht urteilen. Aber wer soll sein Nachfolger sein? In jedem Fall – raffe Dich auf!

Ausgezeichnet, daß Du beabsichtigst, Iwanow Deiner Person zu attachieren, da alle es beklagen, daß der liebe Mann so müde und »alt geworden« ist. Ich kann nicht begreifen, warum Keller und Brussilow sich immer gehaßt haben. Wenn er nur kann, ist Brussilow ihm nicht recht – und der andere wieder schimpft auf ihn (privat). Werden die Minister nicht froh sein, wenn Poliwanow abgeht? Oh, die Erlösung!

Ignatiew ist auch nicht der Richtige an seinem Platz, er versucht den populären Mann zu spielen und ist ebenso links wie sein Schwager Boris Wassiljewitsch, eine reizende Clique.

Ich kann mir vorstellen, wie aufregend interessant die Arbeit jetzt ist, und sehne mich danach, in Deiner Nähe zu sein, um alles auf der Karte zu verfolgen und Angst und Freude mit Dir zu teilen.

Verzeih, daß es schien, als schmollte ich in meinem letzten Brief, es ist eine Schande – nun, ich fühlte mich so niedergedrückt und vergaß leider, es zu verbergen. Solch ständige Schmerzen bringen einen ein wenig herunter ...

Man sagt, daß der Onkel Chwostow seinen Neffen weißwaschen will, obgleich alle gegen ihn sind, daß er Bjeletzky hineinziehen möchte, der in bezug auf die Verschwörung wirklich ganz unschuldig scheint, und daß er wünscht, er solle nicht länger Senator sein. Aber dann müßtest Du auch gerecht sein und Chwostow des Hofranges verlustig erklären. Ich bedaure tief, daß er ihm belassen wurde – wie sie in der Duma sagen. Wenn er Grigori beseitigen wollte, weil er ihm nicht gehorchte, so kann er dasselbe mit irgendeinem von uns tun, der ihm mißfällt. Ich habe für Bjeletzky nichts übrig, aber es wäre sehr ungerecht, wenn er mehr leiden sollte als Chwostow. Er hat durch seine Unklugheit Irkutsk verwirkt, aber das ist genug. Der andere hat einen Mord anzustiften versucht. Genug von dieser Geschichte ...

Es geht mich nichts an, aber als ich nicht schlafen konnte, dachte ich daran, was Du über Kedrow sagtest, wäre nicht M. P. Sablin besser an Stelle von Platon (?), so ein ernster, ruhiger Mann und nicht ein ehrgeiziger »Streber«. Obgleich Kedrow klug und talentiert ist, ist er doch ein ziemlich frecher Bursche, nach seinen Briefen an den Admiral zu schließen – und der andere so diskret und ein älterer Mann für eine solche Stellung. Das ist meine eigene Meinung, nicht das Echo irgendeiner Unterhaltung mit N. P., wie Du vielleicht denken könntest. Wir erwähnten seinen Bruder in der letzten Zeit gar nicht, es war gar keine Zeit dazu.

Zarskoje Selo, 15. März 1916
Kopf und Augen tun immer noch weh, die Frau hat mein Gesicht massiert und Kopf, Hals und Schultern, und gleich stehe ich auf zur elektrischen Behandlung. Ich kann es nicht wagen auszugehen, bis der Zahnarzt da war und ich sicher bin, daß meine Backe nicht anschwillt. – Mein Lieb, ich schicke Dir hier einen Brief, den ich von Rostschakowsky erhielt, wenn Du ihn gelesen hast und zustimmst, telegraphiere mir »gut«, und ich telegraphiere es an ihn weiter. Er ist ein sonderbarer

Bursche, nicht wie die anderen – aber sicher ergeben und energisch, und da er so komisch schreibt, muß er verwendet werden. – Ich wünschte, Du könntest das elende Kriegsindustriekomitee schließen, da sie in ihrer Versammlung glatt antidynastische Fragen behandeln wollen ...

Hast Du gesehen, der Sultan hat von Wilhelm den Feldmarschallstab erhalten, solcher Hohn! ...

Ich danke Dir zärtlich für Deinen Brief, mein Geliebter, ich bin froh, daß Du wegen Poliwanow alles unternommen hast, Gott gebe, daß Schuwajew der richtige Mann am richtigen Platz sein möge, jedenfalls ein Segen, daß Du ihn los bist.

Ich werde Grigoris Telegramm mit Ania durchlesen, wenn sie aus der Stadt zurückkommt, und es Dir dann erklären. –

Zum Teufel mit diesen Generälen, warum sind sie so schwach und zu nichts gut, sei streng mit ihnen. Du hast wirklich viel zu tun, mein Liebling.

✳

Der in dem folgenden Brief erwähnte Igor ist der Prinz Igor Konstantinowitsch, der fünfte Sohn des Großfürsten Konstantin (geb. 1894).

Zarskoje Selo, 15. März 1916

Meine einzige Taube!

Ich beginne meinen Brief an Dich heute abend. Ich war so glücklich, von Dir zu hören, und ich kann mir vorstellen, wie erleichtert Du Dich fühlst, weil Du die Frage des Kriegsministeriums endlich erledigt hast. Gott segne Deine Wahl mit Erfolg, und möge er sich Deines Vertrauens würdig erweisen.

Ist es wahr, daß es mit Suchomilow sehr schlecht steht? Igor hat gehört, daß er erschossen werden soll, aber ich weiß nicht, woher er diese Nachricht bekommen hat. Sicher hatte er seine großen Fehler – aber sein Nachfolger ist meiner Ansicht nach ein noch größerer Verräter. Ich schicke Grigoris Telegramm Dir wieder zu. Er meint Bjeletzky, weil er es nicht richtig findet, daß der, der kaum zu tadeln war, so schwer leiden soll und der andere besser wegkommt, der die größte Sünde begangen hat. –

Mein Auge tut mir alle Tage wahnsinnig weh (der Kopf auch) – es kommt vom Ternanerv im Gesicht. Einer zweigt zum Auge ab in die obere Zahnreihe, der andere in die untere, und der Knoten ist vor dem Ohr. Ich habe gehört, daß viele Leute jetzt an dieser Krankheit leiden. Neidhardt hatte es so schlimm, daß die Ärzte ihn zur Erholung in den Süden schickten. Es kommt von einer Erkältung der Gesichtsnerven, die Backe und die Zähne sind viel besser, der linke Kiefer schwillt heute abend an und ab, aber die Augen tun sehr weh – darum will ich jetzt nicht mehr schreiben ...

Man sagt, Chwostow sei in Moskau und spräche herum und sagte, er sei fortgeschickt worden, weil er die deutschen Spione bei Gr. habe beseitigen wollen – so gemein! Ach, er sollte wahrhaftig abgeurteilt oder sein gestrickter Rock ihm fortgenommen werden. Er (Rasputin) sagte, Du solltest die Leute bestrafen, die in den Clubs reden. – Ania kriegt immer noch anonyme Briefe, ihr Vater und der arme Schuk. auch, worin ihm gesagt wird, er solle nicht mit ihr gehen, sonst würde er mit Ania eines gewaltsamen Todes sterben. Sie sprach mit Spiridowitsch, und er will sie bewachen lassen, er weiß, es ist jemand hinter ihr her. Er bittet sie, nur in unserem Garten spazierenzugehen, nicht zu Fuß in die Kirche zu gehen, auch nicht auf die Straße, schneller in den Wagen zu steigen – er macht sie nervös. Stürmer erzählte ihrem Vater, daß er in der Stadt Sicherheitsmaßnahmen getroffen habe.

Ich wünschte, ich könnte Ignatiews (von der Linken) populäre Reden in der Duma über die Universitäten, die überall in Rußland nötig seien, unterdrücken, er bricht sich noch den Hals mit seiner Sucht nach Popularität ...

16. März. Ich bin so gespannt, wie Schuwajew sich anstellen wird, ist er energisch? Was für ein Glück, wenn er der richtige Mann wäre! – Ja, leider sind unsere Generäle nie berühmt gewesen – woran kann das liegen? Wirf sie hinaus und ziehe junge, energische Männer heran, wie z. B. Arseniew – im Krieg muß man fähige Männer wählen und nicht nach Rang

und Alter gehen, finde ich –, es handelt sich um die ganze Armee, und man kann nicht dulden, daß Menschenleben durch aufgeblasene Generäle umsonst vergeudet werden.

Ich bin gespannt, was Dir Admiral Filimore über den Norden erzählen wird?

Ich bekam einen Brief von Malcolm, der den wilden Enthusiasmus ganz Englands über Erzerum schildert – in den Straßen und in den Clubs war es der herrschende Gesprächsstoff. Unglücklicherweise konnte er beim Englischen Roten Kreuz nicht erreichen, daß sie ihre drei Schwestern hinüber nach Deutschland schicken, so wie wir es taten, und er ist sehr enttäuscht.

Dann verschaffte ihm Daisy ein Zusammentreffen mit Max in der Schweiz – als er dort ankam, war Max krank geworden und konnte nicht mit ihm zusammentreffen. Er besuchte unsere Kriegsgefangenen-Hilfsorganisation in Bern und fand sie ausgezeichnet.

Ich werde diesen Brief nach dem Frühstück beendigen, denn jetzt muß ich aufstehen.

※

Der Zar hat (schon im Februar) das Reichsratsmitglied Pokrowsky vorläufig als Nachfolger Charitonows zum Reichskontrolleur ernannt; die Zarin kritisiert jetzt unter dem Einfluß des Reaktionärs Maklakow diese Wahl. Sie erwähnt in diesem Brief von neuem Mr. Philippe.

Zarskoje Selo, 17. März 1916

Kann man nicht sorgsamer sein mit der Versetzung in den Reichsrat? ... Man braucht tüchtige Männer und nicht irgendwen (sonst wird es so wie im Club der »Ehemaligen Offiziere«). Es muß richtig zugehen. –

Ich wußte nicht, daß der nette Pokrowsky ein Mitglied der Linken ist (ihr nettestes zum Glück), ein Anhänger von Kokowzow und dem »Block«. Ich wünschte, Du könntest an einen guten Nachfolger für Sassonow denken, es braucht kein Diplomat zu sein! So daß wir uns schon jetzt ans Werk machen könnten und zusehen, daß wir von England nicht auf später vertröstet werden und daß, wenn die Frage des Endfriedens kommt, wir fest sein können. Der alte Goremykin und Stürmer tadelten immer an ihm, daß er Europa gegenüber so feige und ein Parlamentär sei – und das wäre Rußlands Ruin.

Um Babys willen müssen wir fest sein, sonst würde seine Erbschaft schrecklich sein, denn mit seinem Charakter würde er sich nicht vor anderen beugen wollen, sondern sein eigener Herr sein wollen, und das muß man in Rußland sein, weil das Volk noch so unerzogen ist. Mr. Philippe und Grigori sagten das auch. –

Und noch etwas, Lieb, verzeihe, daß ich Dich belästige, aber um Deinetwillen sprechen sie mit mir davon. Möchtest Du nicht Stürmer Befehl geben, nach Rodzianko (dem Niederträchtigen) zu schicken und ihm bestimmt zu sagen, Du beständest darauf, daß das Budget vor Ostern fertig würde? Dann brauchtest Du sie nicht zusammenzuberufen, bis – Gott gebe es – alles besser ist – im Herbst – nach dem Kriege. Sie zögern es hin, um im Sommer wieder mit all ihren schrecklichen liberalen Vorschlägen zu kommen.

Viele sagen dasselbe und bitten Dich, darauf zu bestehen, daß sie es jetzt fertigmachen. Und Du kannst keine Konzessionen machen, ein verantwortliches Ministerium usw. und all den Unsinn, den sie wollen. Es muß Dein Krieg und Dein Friede sein und die Ehre unseres Landes und keinesfalls die Duma; sie haben in diesen Fragen kein Wort zu sagen. – Oh, wie wünschte ich, daß wir beieinander wären, ich kann das alles nicht so schreiben, wie ich möchte. Die Feder läuft wie verrückt über das Papier, und die Gedanken ziehen meinen Kopf nieder.

*

Die jüngere Schwester des Zaren, die jetzt vierunddreißigjährige Großfürstin Olga, hat die Absicht, sich von ihrem Mann, dem Herzog Peter (Petja) von Oldenburg, scheiden zu lassen, – um ihren bisherigen Liebhaber, den Rittmeister bei den Gardekürassieren Nikolai Alexandrowitsch Kulikowski, zu heiraten. Er war Peter von Oldenburg als Adjutant beigegeben.

Zarskoje Selo, 26. März 1916

Mein einziges, teures Lieb!

Wieder einmal trägt der Zug Dich fort von uns, wenn Du meinen Brief liest. Diese Woche ist nur so hingeflogen, es war eine unerwartete Freude, als Du kamst, und Du kannst Alexejew mit freundlichen Grüßen sagen, daß ich seiner mit dankbarem Herzen gedenke ...

Du kannst nicht mehr herkommen, ohne daß irgendeine Geschichte Dich schmerzt oder Dir Kummer und Sorge macht. Jetzt haben uns die Zukunftspläne der armen Olga aufgeregt, und ich kann nicht sagen, wie bitter mich das um Deinetwillen schmerzt. Deine eigene Schwester tut so etwas!

Ich verstehe alles und kann und will ihr nicht ihre Sehnsucht zunächst nach Freiheit und dann nach Glück übelnehmen, aber sie zwingt Dich, gegen die Familiengesetze zu handeln, und wenn es unsere nächsten Angehörigen betrifft, ist es viel schlimmer.

Sie, die Tochter und Schwester eines Kaisers! Vor dem Lande, zu solcher Zeit, wo die Dynastie durch harte Prüfungen geht und viele Gegenströmungen am Werk sind: es ist traurig. Die Moral der Gesellschaft geht in Stücke, und unsere Familie, Paul, Mischa und Olga gehen dabei voran, nicht zu reden von dem noch schlimmeren Benehmen von Boris, Andrei und Sergei.

Wie sollen wir nun die übrigen von solchen Heiraten zurückhalten? Es ist unrecht, sie bringt Dich in eine falsche Lage, und es kränkt mich, daß gerade sie diesen neuen Kummer über Dich gebracht hat. Was würde Dein Vater zu alledem gesagt haben? Wir sind viel zu schwach und gut gegen die Familie gewesen und hätten oft gegen die Jüngeren wettern sollen. Wenn möglich, suche eine Gelegenheit, mit Dmitri zu reden, über seine Urlaubsfahrten und zu solcher Zeit. – Ich hoffe, – böserweise vielleicht – Petja würde in die Scheidung nicht einwilligen. Es mag grausam scheinen, und ich meine es nicht so, weil ich Olga zärtlich liebe, aber ich denke an Dich zuerst und daß sie Dich unrecht handeln läßt.

Zarskoje Selo, 29. März 1916
Ania las uns gestern abend vor, das arme Mädchen, sie liest nicht gut und macht im Englischen zahllose Fehler.

Zarskoje Selo, 1. April 1916
Ich habe das Fenster ein wenig offen und höre einen kleinen Vogel im Davonfliegen zwitschern. In Gatschina sind die ersten blauen Blümchen draußen. Es ist schön, der Sonnenschein, und so ruhig heute. Es schlägt mein Herz in jeder Birke!

*

»Tante Olga« ist die Königin-Witwe von Griechenland, Christo ihr jüngster Sohn Christoph.

Zarskoje Selo, 3. April 1916
Mein einziger Liebling!

Oft habe ich Deinen lieben Brief wieder gelesen und geküßt, ich bekam ihn gestern, ja, es ist wie Sprechen, und eine ganze Woche ohne ein Wort von Deiner eigenen Schrift war traurig (was sehr verständlich ist). –

Wie wünscht man manchmal so glücklich, friedvolle Augenblicke noch einmal zu erleben, wie die, als wir mit unserer heißen Liebe, die alle Tage neue Enthüllungen brachte, allein waren. Diese ständigen Trennungen ermüden das Herz so, weil man so leidet, aber die süßen Worte, die Du dummer alter Junge sonst zu gebrauchen zu schüchtern bist, außer im Dunkeln, füllen mein Herz mit stiller Wonne, und ich fühle mich jünger, und die Nächte, die wir jetzt zusammen verbrachten, sind so ruhig und voll liebender Zärtlichkeit. Immer ungetrennt zu sein, jahrelang, da verliert man die Gewohnheit, seine Zärtlichkeit und seine Gefühle zu zeigen, aber jetzt kann man sie nicht zurückhalten, sie geben so unsagbare Tröstung und Freude.

Marie hat Dir über den Unsinn auf dem Elise alles geschrieben. Ich bin in die Znamenia gegangen und habe Kerzen hingestellt und der Jungfrau Blumen gebracht. – Paul trank Tee mit uns, heute Dmitri, und in der Kirche und zum Frühstück kommen Tante Olga und Christo. D. kam mit der gräßlichen Marianna und A. im Zuge, in Verzweiflung, zum Regiment zurückgehen zu müssen und besonders vor den Feiertagen, er findet es zwecklos, im Regiment zu sein, nichts zu tun und beständiges Trinken. Er möchte in den Kaukasus geschickt werden, um etwas anderes zu sehen in warmem Klima und irgendeinen Befehl auszuführen. Und er ist enttäuscht, daß er nicht bei Dir im Hauptquartier belassen wurde. O diese jungen Leute in der Familie mit ihrer schlechten Gesundheit und ihrer Vergnügungssucht statt Pflichtgefühl! Ich fühlte mich so elend ohne Dich in der Kirche, letztes Jahr war es nicht so ...

Wie war Brussilow? Sprach er seine Meinung aus und schien sie ihnen richtig? Ich bin neugierig, ob er fähig sein wird, einen so verantwortungsvollen Posten auszufüllen. Gott gebe es! ... Die Zeitungen sagen, Wilhelm sei vor Verdun durch Granatsplitter verwundet worden. Ist es wahr? Ich weiß es natürlich nicht.

Zarskoje Selo, 5. April 1916

Den ganzen Gottesdienst über dachte ich an Dich, all die Gebete und Deine Lieblings-Passionshymne wurden gesungen. Ich kann nicht begreifen, warum Du nicht bei mir bist, und manchmal habe ich das Gefühl, als trüge ich Dich in meiner Seele und brächte Dich mit meiner ganzen Liebe Gott dar. Wie muß Christus jetzt leiden, wenn er all das Elend und Blutvergießen ringsum sieht! Er gab sein Leben für uns, wurde gepeinigt und verleumdet, trug alles und vergoß sein kostbares Blut zur Erlösung von unseren Sünden. Und wie vergelten wir ihm dies alles, wie beweisen wir ihm unsere Liebe und Dankbarkeit? Die Schlechtigkeit der Welt nimmt immer noch zu. Während der Abendbibelvorlesung dachte ich soviel an unseren Freund, wie die Schriftgelehrten und Pharisäer Christus verfolgten, indem sie sich für vollkommen hielten (und wie weit sind sie davon entfernt!). Wirklich, ein Prophet gilt niemals in seinem Vaterlande. Und wie dankbar müssen wir sein, wie viele seiner Gebete sind erhört worden. Und wo solch ein Diener Gottes ist, da kriecht das Böse um ihn herum, versucht ihm Schaden zu tun und ihn hinwegzuziehen. Wenn sie nur wüßten, was sie für Schaden anrichten – denn er lebt allein für seinen Herrscher und für Rußland und hört alle Beschimpfungen um unsertwillen an. Wie froh bin ich, daß wir alle mit ihm zur heiligen Kommunion gegangen sind in der ersten Fastenwoche. Brauchst Du kein Missal, um dem Gottesdienst zu folgen? Ich könnte Dir meins schicken, wenn Du es möchtest, denn ich benutze jetzt das, das dem Gebetshause gehört. Ich habe die Fußbank wieder neben meinen Stuhl gestellt, damit Alexei darauf sitzen kann – aber an meiner Rechten ist der Platz so leer! Unser Freund ist so traurig, daß, da er von Petersburg fortgetrieben wurde, zu Ostern viele hungern werden. Er gibt den Armen so viel, jeden Pfennig, den er bekommt, geht zu ihnen, und das bringt den Segen, die ihm das Geld gegeben haben ...

Für Deinen köstlichen Brief meine zärtlichsten Küsse und Dank. Mein Lieb, Du kannst zu einem anderen Beichtvater gehen, wenn Du wo anders bist, und Pater Alexander wird das ganz gut verstehen – wenn Du es tust, telegraphiere mir direkt, und ich will dem Priester in der Beichte Deine Skrupel sagen, und ich bin überzeugt, er wird sich nur darüber freuen, denn er weiß ja, wie sehr Dir jetzt Stärke und Segen vonnöten sind – und mit Alexejew und Deinen Leuten hinzugehen wäre ein besonderer Segen für Dich und Dein Werk. Wenn Schaw(elsky) über unseren Freund spricht, oder der Metropolit, so bleibe fest und zeige, daß Du ihn schätzest und daß er, wenn er Geschichten über unseren Freund hört, mit Energie dagegen aufzutreten und ihre Klatschereien zu verbieten hat, und sie sollen nicht sagen, daß er irgend etwas mit den Deutschen zu tun hätte – und er ist großmütig und gütig gegen uns alle, wie Christus es war, gegen jedwede Religion, wie es ein echter Christ sein soll. Und wenn Du findest, daß seine Gebete helfen, so höre und untersuche es –

wir haben genug Beispiele gehabt – sie dürfen nicht gegen ihn reden, sei fest und stehe zu unserem Freund.

Zarskoje Selo, 6. April 1916

Mein einzig Geliebter!

Ich beginne meinen Brief noch heute abend, nachdem ich Deinen Brief noch einmal gelesen habe. Den Nachmittag verbrachte ich in Babys Zimmer und malte, während Mr. G. ihm vorlas oder den Fön hielt. Er hatte fast die ganze Zeit Schmerzen, dann schlummerte er für ein paar Minuten halb ein, und dann hatte er wieder starke Schmerzen. Er ißt beinahe nichts. Vorlesen ist das beste, weil es zeitweise seine Gedanken ablenkt, wenn die Schmerzen weniger heftig sind. Ich hoffe, er wird eine gute ruhige Nacht haben. Er beichtete mit den beiden Jüngsten, und der Priester wird ihm die heilige Kommunion bringen, wie im letzten Jahr. A. speiste mit uns und blieb bis zehn. Sie war den ganzen Tag in der Stadt gewesen und fuhr mit dem Auto zurück. Ich saß mit Baby nach dem Diner zusammen; der Arme! Die Geschwulst hat weder zu- noch abgenommen seit der letzten Nacht, und ich hoffe, es wird bald vorübergehen. Wenn er so leidet, bin ich ganz außer mir. – Mr. G. ist so reizend und gut zu ihm und weiß ganz genau, wie er mit ihm umzugehen hat. – Um zehn beichteten wir – traurig war's ohne meinen Engel, und ich vermisse Dich ganz schrecklich – ich hätte gewünscht, Du wärst zur heiligen Kommunion gegangen, und der Priester wäre einverstanden gewesen. – Später las ich die Berichte durch und machte einige Osterpakete zurecht. Heut abend war sehr starker Nebel.

Zarskoje Selo, 8. April 1916

Christ ist erstanden!

Mein geliebter Nicky!

An unserem heutigen Verlobungstage sind alle meine Gedanken bei Dir mit grenzenloser Dankbarkeit für all die tiefe Liebe und das Glück, das Du mir seit jenem denkwürdigen Tage vor zweiundzwanzig Jahren geschenkt hast. Gott möge mir helfen, Dir hundertfach all Deine zärtliche Liebe zurückzuzahlen.

Ich bezweifle wahrhaftig, ob es noch mehr so glückliche Frauen gibt wie mich – solche Liebe, Treue und Ergebenheit, wie Du sie mir diese langen Jahre in Glück und Leid gezeigt hast. Alle Angst, alles Leiden und alle Ungewißheit wurden aufgewogen durch das, was ich von Dir empfing, mein teurer Bräutigam und Gatte. Heutzutage sieht man solche Ehen selten. Deine wunderbare Geduld und Nachsicht sind unsagbar – ich kann nur Gott den Allmächtigen auf meinen Knien bitten, Dich zu segnen und Dir alles zu vergelten. Er allein kann es. Ich danke Dir, mein Herzliebling, fühle mein Sehnen, von Deinen Armen fest umschlossen zu sein und unsere schönen Hochzeitstage noch einmal zu erleben, die täglich soviel Zeichen der Liebe und Süße brachten. Die liebe Brosche werde ich heute tragen. Ich fühle noch Deinen grauen Anzug, seinen Geruch am Fenster des Coburger Schlosses. Wie lebhaft erinnere ich mich an alles, die süßen Küsse, von denen ich geträumt hatte und die ich so viele Jahre ersehnte und die ich nie zu bekommen glaubte. Du siehst, so wie damals sind Glaube und Religion so wesentlich für mein Leben. Ich kann das nicht leicht nehmen – und wenn ich mich zu etwas entschließe, dann ist es schon für immer – dasselbe ist es mit der Liebe und der Zuneigung. Ein viel zu großes Herz, das mich verzehrt. Und dazu noch die Liebe zu Christus – und sie ist immer so fest mit unserem Leben verwachsen gewesen in diesen zweiundzwanzig Jahren. Zuerst die Annahme des orthodoxen Glaubens und dann unsere beiden Freunde, die uns Gott gesandt hat. Gestern abend erinnerte mich das Evangelium so lebhaft an Grigori und seine Verfolgung um Christi und unsertwillen. Jedes Wort hatte einen Doppelsinn, und ich war so traurig, daß Du nicht neben mir standest.

Zarskoje Selo, 9. April 1916
Die Erleichterung und die Freude waren gestern groß, als ich las, daß unsere Truppen sicher in Marseille angekommen sind, und gerade zu Ostern.

Gott segne sie und lasse sie große Taten begehen und auf französischem Boden Riesenerfolge haben.

Zarskoje Selo, 10. April 1916

Christ ist erstanden!

Mein einzig Geliebter!

Ein gesegnetes Ostern für dich, Friede im Herzen und in der Seele – Kraft für Deine Werke und Erfolg und reichen Segen.

Ich habe Deine Photographie in der letzten Nacht und heute morgen dreimal geküßt, das große Bild, auf dem Du dreimal bist. – Deine Karte lag auf meiner Brust während des ganzen Gottesdienstes – ich kann Dir nicht sagen, wie unaussprechlich traurig ich mich die ganze Nacht fühlte, solches Leid im Herzen, und schwer hielt ich meine Tränen zurück. – Deine Einsamkeit ist zu hart – Gott segne und belohne Dich reich für all Deine Opfer.

Zarskoje Selo, 11. April 1916

Hier ist das reizende französische Lied, das mir Emma F. gegeben hat; »Partir c'est mourir un peu, c'est mourir 'a tout ce qu'on aime« usw. So wahr ist das – man fühlt den Tod im Innern, wenn man Lebewohl sagt!

Baby schlief wieder prachtvoll, wachte erst um neun auf und schlummerte bis zehn weiter. Er ist bleicher geworden durch die Schmerzen und den Mangel an Sonne, er fühlt sich sehr traurig ohne Dich!

Zarskoje Selo, 28. April 1916

Nein, was für ein Schneetreiben! Ich habe nicht gut geschlafen. Irgend etwas war nicht in Ordnung mit meinem Minister des Innern.

Wir haben gestern abend gearbeitet, und Olga und ich lasen abwechselnd laut eine englische Geschichte vor, die wir vor langer Zeit begonnen und ganz vergessen hatten.

Was sagst Du zu Nikolascha, der dem Eröffnungskomitee »über die Frage von Semstwos in Transkaukasien« präsidiert hat? ...

Ach, mein Blue Boy, wenn er doch bald an meine Brust käme, damit ich sein süßes Gesicht, seine Augen und Lippen mit zärtlichen Küssen bedecken könnte!!! ...

Hast Du daran gedacht, Befehl zu geben, daß die Heilige Mutter Gottes von Wladimir aus der Uspenski-Kathedrale ins Hauptquartier gebracht wird?

∗

Suchomlinow ist wegen Mißbrauchs der Amtsgewalt, verbrecherischer Fahrlässigkeit, Verschleierung der Wahrheit und Hochverrats verhaftet und in der Peter-Pauls-Festung interniert worden. Da Rasputin für ihn bittet, tut die Zarin Schritte für ihn; so bei dem Justizminister A. A. Chwostow.

Zarskoje Selo, 2. Mai 1916

Also, Stürmer fand die Idee einer Anleihe für die Eisenbahn ausgezeichnet und gerade im richtigen Moment, da alle jetzt über die Bahnen murren und es rascher Geld für sie geben wird. Er will mir um fünf Bark schicken. – Dann sprach ich über Suchomlinow – er sagte, Fredericksz habe einen Brief von der Frau bekommen (wahrscheinlich wie meiner), aber er habe gesagt, es komme ihm nicht zu, darüber mit Dir zu sprechen, er habe ihn Stürmer gegeben, der ihn dem Justizminister gezeigt hat. Der letztere schrieb dann eine lange Antwort, warum es sein müsse, und Stürmer meinte, er möchte diese Antwort jetzt Dir vorlegen, aber ich sagte, Du würdest keine Zeit haben, ihn in diesen Tagen zu empfangen, und er will nach Deiner Rückkehr um eine Audienz nachsuchen. Er war nie im Hauptquartier. Er wollte Dich nicht betrüben wegen Suchomlinows, da er weiß, Du hattest ihn gern. Ich bat ihn also, wieder mit Chwostow zu sprechen, ob man nicht Suchomlinow wenigstens an einem andern Ort halten könnte, nicht dort; Chwostow kommt um halb fünf Uhr zu mir. Wie alle Minister plötzlich bei mir sind!

Stürmer hat nichts Besonderes – nur wenn Du Rodzianko empfängst (man bemerkt, daß er zu Dir geht), möchtest Du ihm sagen, Du bestehst darauf, daß die Duma ihre Arbeit in einem Monat zu Ende führt und daß das seine Aufgabe ist, und alle übrigen sollen aufs Land gehen und nach ihren Feldern sehen. Er billigt nicht die Semstwos für den Kaukasus, da es sicher ist, daß sich die verschiedenen Nationalitäten immer bekämpfen werden. Ich dachte, Du wärst nicht damit einverstanden, aber nach Deinem Antworttelegramm an Nikolascha wünschst Du ihnen Glück.

Im Zuge, 17. Mai 1916

Mein einzig Geliebter!

In ein paar Stunden reisen wir ab – unsere reizende gemeinsame Reise ist zu Ende! Oh, wie ich es hasse, Euch beiden Lebewohl zu sagen, die Ihr mein Schatz seid, mein Sonnenlicht und mein Sonnenstrahl, und ich fühle schon mein Herz schwer und traurig. Aber es ist ein Trost zu wissen, daß Ihr beisammen seid, und so wirst Du Dich weniger einsam fühlen, und Baby wird in Dein ödes Dasein Leben bringen.

Der schöne Süden hat ihm gutgetan – laß ihn im Sand spielen, aber sich nicht zu lebhaft bewegen.

Ich bin gespannt, wann wir uns wiedersehen?

Mein Geliebter, es war ein Traum diese zehn Tage, und so lieb, so nah beieinander zu sein – solch süße Erinnerung an all Deine Liebe und zärtlichen Liebkosungen, die ich in Zarskoje schwer vermissen werde. – Unser Hospital wird mein Trost sein; wenn nur das Wetter schön ist.

*

Lord Kitchener ist unterwegs nach Rußland, um wichtige militärische und finanzielle Fragen zu besprechen.

Zarskoje Selo, 22. Mai 1916

Man sagt, Kitchener kommt am 28. hierher oder ins Hauptquartier.

*

Für das Ministerium des Innern, das nach A. N. Chwostows Sturz Stürmer verwaltet, wird Makarow vorgeschlagen, der es von 1911 bis 1912 innegehabt hat, ein Bürokrat und unversöhnlicher Gegner der Duma. Rasputin haßt ihn aus persönlichen Gründen.

Zarskoje Selo, 23. Mai 1916

Unser Freund bittet sehr, daß Du Makarow nicht zum Minister des Innern ernennen sollst – eine Partei will es, und Du erinnerst Dich, wie er sich während der Geschichte mit Iliodor und Hermogen benommen hat und wie er niemals für mich eintrat – es würde ein großer Irrtum sein, ihn zu ernennen.

✳

Kitchener und sein Stab sind an Bord der »Hampshire« westlich der Orkney-Inseln bei stürmischer See untergegangen. Nach dem Bericht der britischen Admiralität ist niemand gerettet worden.

Zarskoje Selo, 25. Mai 1916

Mein einzig geliebter Engel!

Es ist ganz grau, ein kolossaler Gußregen – das wird die Luft erfrischen. Ich habe auf dem Balkon gefrühstückt. Zärtlichen Dank wie immer für Deinen geliebtesten Brief, Herzensliebling.

Alle Deine Liebesworte erwärmen mich so, ich vermisse Dich schmerzlich – so einsame Nächte – Wie schrecklich ist das mit Kitchener! Ein richtiger Alpdruck, und welch ein Verlust für die Engländer. Wir waren in der Kirche – zum Tee kommen Miechen und Mawra.

✳

An der Südfront, zwischen Pruth und Styr, beginnt die große Offensive Brussilows, die die österreichisch-ungarische Armee des Erzherzogs Joseph Ferdinand zurückschlägt und Luck nimmt, dann jedoch stehenbleibt. Die Berichte des russischen Generals melden Siege und enorme Zahlen von Gefangenen.

Zarskoje Selo, 27. Mai 1916
Die guten Nachrichten machen mein Herz froh, für Dich besonders, so eine Ermutigung und Belohnung für all Deine harte Arbeit und Geduld. Für mich ist es wie ein zweiter Krieg, den wir beginnen. Möge Gott ihn und jede Handlung mit Weisheit und Voraussicht segnen!

Zarskoje Selo, 29. Mai 1916
Vielen Dank, meine Taube, für Deine liebe Karte, Gott sei Dank geht alles gut weiter. Wo können wir nur diese Menge Gefangener unterbringen? In Sibirien ist viel Platz, nun gib Befehl, daß alles schnell und hygienisch für sie eingerichtet wird, damit sie vor Epidemien sicher sind.

Zarskoje Selo, 30. Mai 1916
Mein geliebtes Herz!
Zärtlichsten Dank für Deinen teuern Brief. Wirklich, die guten Nachrichten erfüllen einem das Herz mit unendlicher Dankbarkeit. Wie gut, daß Du das heilige Bild zur Front gesandt hast, möge die Heilige Jungfrau allen Stärke und Weisheit geben und den Enderfolg segnen. Wie groß sind unsere Verluste?

Zarskoje Selo, 31. Mai 1916
Die Nachrichten sind wirklich wundervoll! Das idiotische Petersburg weiß sie nicht annähernd zu würdigen. Gott segne Dich und unsere Helden – bin so froh, daß das heilige Bild zu ihrer aller Segen hinkam. Das Hochamt vor dem Haus muß ergreifend gewesen sein – das bringt ihnen Deine Liebe und Deine Gebete, und sie werden empfinden, wie nahe Du ihnen bist. Ein wundervoller Tag und kühler, was eine große Wohltat nach der kolossalen Hitze ist.

*

In der Bukowina wird Czernowitz von den Russen erobert.

Zarskoje Selo, 1. Juni 1916
Alle denken in ihrer Siegesfreude an Dich, der erste Gedanke aller Verwundeten hier war, wie glücklich Du sein mußt. Solcher Lohn für Dein tiefes Leiden, Dein geduldiges Ausharren und Deine schwere Arbeit.

Heute ist es viel kühler, es regnete ein wenig. Die großen Mädchen sind in die Stadt gefahren, da Olga Spenden erhalten wird, und dann gehen sie zu Tatjana.

Zarskoje Selo, 2. Juni 1916
Die guten Nachrichten sind so eine Wohltat und helfen einem zu leben. – Aber Miechen! Sie kann einen wild machen – ich werde heute Witte sehen und über alles mit ihm sprechen, was sie betrifft – nur möchte man sie nicht zwecklos kränken, da sie es gut meint, nur sie zerstört alles durch ihren eifersüchtigen Ehrgeiz. Laß sie nicht kommen und Dich belästigen, und vor allem gib ihr keine Zusagen.

Zarskoje Selo, 3. Juni 1916
Bitte, wenn Du etwas wegen Miechen verfügst, laß es an Senator Witte oder Stürmer schreiben, da es den Reichsrat angeht, und ich fühle, daß sie den Plan hat, einen Wirrwarr zu machen, indem sie hinter meinem Rücken zu Dir geht – eine häßliche Revanche.

Zarskoje Selo, 5. Juni 1916
Ania ist nach Terioki abgereist, ihre Familie besuchen, sie wird Dienstag nachmittag zurück sein. Sie vergaß, Dir mitzuteilen, daß unser Freund sagt, es sei gut für uns, daß Kitchener starb – da er später hätte Rußland schaden können, und daß keine wichtigen Papiere mit ihm untergegangen sind. Du siehst, er hegt immer Befürchtungen wegen England, wenn der Krieg zu Ende sein wird und die Friedensverhandlungen beginnen werden.

Zarskoje Selo, 6. Juni 1916
Mein einziger Liebling!
Ich beglückwünsche Dich aus ganzem Herzen zu unseren Erfolgen und zur Einnahme von Czernowitz – Dank sei Gott dem Allmächtigen. Nur daß wir nicht zu stürmisch vorgehen – legen wir Schmalspurbahnen, um Verpflegung und Munition näher an die Front heranzubringen? Ich ließ Tatjana die Neuigkeit gleich nach dem Lazarett telephonieren – die Freude war ungeheuer. Wir verbrachten den Abend dort.

*

Die Gesandten Frankreichs, Großbritanniens und Rußlands überreichen in Athen ein Ultimatum. König Konstantin sieht sich gezwungen, alle Forderungen der Entente anzunehmen.

Zarskoje Selo, 9. Juni 1916
Geliebter süßer Engel!
Bevor ich schlafen gehe, beginne ich diesen Brief an Dich. Ich habe A. beauftragt, Dir zu schreiben, denn sie hat Dir fünf Fragen zu übermitteln, und es ist für sie leichter, es zu schreiben, da sie sich dann erinnern muß.
Wünschest Du, daß ich Stürmer holen lasse und mit ihm über die vorzubereitenden Angelegenheiten spreche, wenn ja, telegraphiere nur: »Einverstanden mit Deiner Frage.« Ich werde ihn dann Sonntag sehen, über alles sprechen und ihm sagen, er solle bei Dir anfragen, wann Du ihn empfangen kannst. Unser Freund hoffte, Du könntest für zwei Tage herkommen, um diese verschiedenen Fragen zu regeln, die er sehr wichtig findet, sie sollten schneller erwogen werden, ganz besonders
1. Die Duma. Ich erinnere mich, Dir gesagt zu haben, daß er bat, Du solltest sagen, sie sollen schnell ein Ende machen und aufs Land gehen und die Feldarbeiten überwachen.
Sende nur schnell nach Stürmer, da die Dinge hier so vertrödelt werden. Du kannst ihm Miechens Aufzeichnungen zeigen, nur zum Durchlesen.
2. Die Versetzung von Obolensky – warum ihn nicht ir-

gendwo zum Gouverneur ernennen? Aber wer ist der rechte Mann, ihn zu ersetzen? Er war niemals gegen Grigori, so tut es ihm leid, seine Versetzung zu verlangen, aber er sagt, daß er wirklich nichts tut – und man muß ernsthaft anfangen, die Verpflegung schneller sicherzustellen –, die Leute stehen schon wieder vor den Geschäften in den Straßen an.

3. Ob es nicht klüger wäre, die ganze Frage der Ernährung und Brennstoffversorgung dem Minister des Innern zu übertragen, den es mehr angeht als den Landwirtschaftsminister. Der Minister des Innern hat überall seine Leute, kann Befehle und direkte Anweisungen an alle Gouverneure geben – schließlich sind ihm alle untergeordnet, und Bobrinsky hat es nur aus Habgier selbst in die Hand genommen, und ich wünsche nicht, noch schlimmere Dinge zu unterstellen. Ich erinnere mich, der jüngere Chwostow dachte auch, es paßte besser ins Innenministerium. Dies ist eine der allerernstesten Angelegenheiten, sonst wird das Heizen zu schrecklich teuer werden.

4. Bezüglich des Städtebundes, daß Du ihnen nicht mehr persönlich danken solltest. Daß Mittel gefunden werden sollten, jetzt alles zu veröffentlichen, was sie tun und sagen, und besonders, daß Du, die Regierung, alles Geld hergibst, das sie reichlich ausgeben – es ist Dein Geld, und nicht ihres. Die Öffentlichkeit muß das erfahren. Ich habe mit Stürmer wiederholt darüber gesprochen, wie das bekanntgemacht werden könnte – durch einen Erlaß von Dir an Stürmer oder durch ein Schreiben von ihm an Dich – will es nochmals mit ihm besprechen, da sie trachten, eine zu große Rolle zu spielen, und es wird zu einer politischen Gefahr, die man schon jetzt bedenken muß, sonst werden zu viele Dinge auf einmal zu regeln sein.

Nr. 5, da konnte sie sich nicht mehr erinnern, was er ihr gesagt hat.

Der Oberste Rat dauerte von drei bis halb fünf – Rodzianko und Tschelnokow haben recht viel geredet, und Miechens Neidhardt hat mich gereizt – Stistschinsky sprach gut, Boris Wassiltschikow nicht besonders. Trepow überbrachte mir

Deine Botschaft, Dank Dir. Der liebe alte Goremykin war auch im Obersten Rat, so dünn, sehr mager, mit großen Augen – er sagte, die Hitze in Gogri hätte ihm nicht gutgetan, während seine Frau im Gegenteil sich sehr erholte und ihre Augen besser geworden seien ...

Schlaf wohl, mein Schatz, morgens und abends segne und küsse ich immer Dein Kissen – das ist alles, was ich habe! Warum nur um alle Welt dieses Ultimatum an Griechenland, bin sicher, England und Frankreich stecken dahinter – meinem einfachen Verstand scheint es ungerecht und hart – kann mir gar nicht vorstellen, wie Tino darüber hinwegkommen soll, und es kann seine Popularität schädigen. Noch eine Sache wollte ich Dir sagen, daß General Seliwanow der Richter Suchomlinows ist, und man sagt, daß er nicht unbefangen sein kann, weil ihm früher von Suchomlinow Sibirien genommen worden ist, und daß es besser wäre, das Mitglied des Reichsrates, General Schamlinow, dazu zu ernennen. Ich sage Dir dies nur, weil er das von mir wollte, aber ich sagte Ania, ich zweifle, daß Du Dich in dieser Sache einmischen wirst.

Zarskoje Selo, 12. Juni 1916
Gestern hatte ich die Freude, unseren Freund abends im kleinen Haus zu sehen, als ich auf dem Wege ins Lazarett war. Er war in ausgezeichneter Laune und so zugetan und freundlich – glücklich über die guten Nachrichten, er fragte viel nach Dir. Es tat mir gut, ihn zu sehen, und ich war froh, gerade von ihm zu unseren Verwundeten zu gehen.

Zarskoje Selo, 13. Juni 1916
Sah Stürmer, sagte ihm alles, er hat sich alle Fragen aufgeschrieben, will alles bereit haben, wenn Du ihn holen läßt. Er hofft, die Duma wird am 20. schließen.

Zarskoje Selo, 14. Juni 1916
Unser Freund hofft, daß bald ein guter Sieg sein wird (vielleicht Kowel), und wenn, dann bittet er Dich, bei der Gelegenheit Suchomlinow gegen Bürgschaft auf freien Fuß setzen zu

lassen. Gib den Befehl privat ohne viel Aufhebens an Chwostow oder den Senator, der sich um ihn zu kümmern hat, und laß ihn zu Hause wohnen unter Aufsicht von zwei anderen. Er ist alt – natürlich bleibt das Urteil bestehen, aber das wird die schwere Last für den alten Mann erträglicher machen. Er bittet Dich, dies zu tun, sobald wir einen großen Sieg haben.

Zarskoje Selo, 15. Juni 1916

Was für ein Regenguß!

A. ist in der Nacht nach Finnland gereist, um (nach acht Monaten) ihren Bruder zu sehen, der für drei Tage gekommen ist.

Miechen lebt jetzt hier!!

Zarskoje Selo, 17. Juni 1916

Mein einzig Geliebter!

Ich schreibe noch immer schlecht, weil mich mein Finger hindert. Von ganzem Herzen beglückwünsche ich Dich zu den neuen guten Nachrichten, über zehntausend Gefangene! – Heute morgen bekam ich ein Telegramm von Keller aus Kimpolung: »Gestellte Aufgabe erfüllt, südlich Bukowina vom Feind gesäubert. Bin heute durch Beinschuß verwundet worden, Knochen nicht zerschmettert, aber angesplittert. Mit Gottes Hilfe hoffe bald zur Truppe zurückzukehren zu weiterem Dienst für Eure Kaiserliche Majestät...«

Hänge Miechen an sechzig Apfelbäume!

∗

Nach fünfwöchiger Tagung wird die Duma bis zum November vertagt.

Zarskoje Selo, 20. Juni 1916

Ich sah Stürmer, der Dich bittet, etwas später kommen zu dürfen, da die Duma heute schließt, der Reichsrat am 22., und dann muß er noch eine Menge Leute empfangen – aber er möchte Dich gern vor allen andern Ministern sehen, da er Dir vorher verschiedene Angelegenheiten und Dinge sagen muß.

Er sagt, jetzt werde er energisch werden, es sei schwer für ihn gewesen, solange er noch nicht ganz eingearbeitet war, und die Duma habe ihn nur in allem behindert. Er hat Antworten auf all die Fragen, die ich ihm stellte und von denen ich Dir sagte, eingeholt. Eine Sache, die ich diesmal ihm einzuschärfen vergaß, ist das, was Nikolai vorbrachte und was äußerst wichtig ist – jetzt schon Leute auszuwählen, die die Leitgedanken für das künftige Parlament, wenn der Krieg zu Ende ist, studieren und ausarbeiten sollen – sie müssen sich schon jetzt eingehend vorbereiten und alles überdenken – sprich darüber, bitte, es ist so dringend. – Ich bin so froh, daß meine armen Sibirier jetzt Ruhe haben können ...

Habe das Vergnügen, Miechen zum Tee zu sehen! Und zweimal den Zahnarzt! So etwas Lästiges!

Zarskoje Selo, 22. Juni 1916

Ich finde, Du solltest Boris kommen lassen und ihm den Kopf waschen – wie darf er sich unterstehen, solche Sachen zu sagen – denken kann er, was er will, aber die Unverschämtheit zu haben, zu einem Engländer vor anderen Leuten davon zu reden: das ist wirklich stark. Du mußt ihm das verweisen, daß er es wagt, sich so zu benehmen, der unverschämte Bursche.

Der Lebensmittelnot des Volkes haben bisher nach Möglichkeit der Landwirtschaftsminister Naumow und die Ernährungskomitees entgegengearbeitet. Es soll nun (nach deutschem Muster) ein besonderes Ernährungsamt geschaffen werden. Die Zarin ist gegen Naumow, Stürmer für den früheren Gouverneur von Charkow, Fürsten Obolensky, bisher Chef der Abteilung für zivile Angelegenheiten im Stabe des Höchstkommandierenden. Auch von einer militärischen Leitung dieses Ernährungsamtes und sogar von einer Diktatur des Großfürsten Sergei Michailowitsch ist die Rede. Ein großer Ministerrat im Hauptquartier unter Vorsitz des Zaren schließt mit der Ernennung Obolenskys. Darauf nimmt Naumow seinen Abschied.

Zarskoje Selo, 23. Juni 1916
Stürmer hat über die Frage der Lebensmittelversorgung vernünftige Anschauungen. Wenn Du es nur seinem Ministerium übertragen willst, wohin es Hunderte von Jahren gehörte; erst der schlaue Kriwoschein hat es an sich gerissen. Für das Innenministerium ist das alles leichter, da es die nötigen Leute und den Einfluß hat und einen guten, energischen Mann an die Spitze eines Sonderausschusses stellen kann. Ich höre jetzt, daß Naumow es bekommt, das wäre wirklich schade, denn er ist nicht energisch genug und kümmert sich viel zuviel um die Meinung der Duma und des Semstwo-Verbandes. Stürmer dachte an einen Fürsten Obolensky (den Gouverneur von Charkow), der fähig wäre, dem Ausschuß vorzusitzen und herumzureisen und alles zu besichtigen und energisch in alle Einzelheiten einzugehen. Ich weiß nicht, weshalb er heute kommt – er bat so sehr, Du möchtest ihn vor den anderen Ministern zu Dir kommen lassen, damit er in Ruhe mit Dir die Fragen besprechen könne, die ich ihm mit Deiner Erlaubnis gestellt habe.

Es ist wieder sehr warm. Muß jetzt schließen, Liebster. Ich bange mich nach Dir und bedecke Dich mit brennenden Küssen. Gott segne und erhalte Dich. Immer D. ganz, ganz eigene.

Ich bedecke Deine Briefe mit Küssen und versuche zu denken. Ich höre Dich sprechen, o, Du fehlst mir schrecklich!

Zarskoje Selo, 23. Juni 1916
Mein einzig geliebter Engel!

Es ist schon halb eins, und ich bin gerade zu Bett gegangen, aber ich möchte meinen Brief anfangen, solange ich mich noch an meine Unterhaltung mit Stürmer erinnere. Der arme Mann war schon durch Gerüchte irritiert worden, die ihm Leute überbrachten, die in Mohilew gewesen waren, aber als dann noch Rodzianko auf ihn losschoß, begann er vor Überraschung beinah die Fassung zu verlieren. Es hieß, es werde eine militärische Diktatur mit Sergei Michailowitsch an der Spitze errichtet werden, daß neue Minister ernannt werden sollen usw., und der Narr Rodzianko kam auf ihn losgestürmt, um seine Meinung darüber usw. usw. zu erfragen. Er erwiderte, er wisse von gar nichts und könne daher auch keine Meinung haben. Ich beruhigte ihn, sagte ihm, daß Du mir nichts Derartiges geschrieben hast und daß ich überzeugt sei, Du würdest niemals einen Großfürsten auf einen solchen Platz stellen, am allerwenigsten Sergei Michailowitsch, der gerade genug zu tun hat mit dem Bemühen, seine eigenen Sachen in Ordnung zu bringen. Wir haben dann darüber gesprochen, daß es möglich sein könnte, daß die Generäle es für ratsam erachteten, einen Militär an die Spitze einer solchen (Ernährungs-)Kommission zu stellen, um alles die Armee Betreffende in eine Hand zu bringen und militärische Strafmaßnahmen ergreifen zu können – freilich würden ganz sicherlich die Minister dadurch in eine sehr üble Position gebracht. – Dann sprachen wir von Naumow, der ihm wieder gesagt hat, er sei seines Amtes müde und fühle sich nicht wohl und würde gern seine Entlassung nehmen. (Er billigt nicht die Regierungsrichtung, sieht die Dinge unter einem ganz anderen Gesichtspunkt. Und obwohl er ein treu ergebener und liebenswürdiger Mann ist, ist er doch auch hartköpfig und hält an den Ideen von Duma, Semstwo usw. fest und hält von deren Arbeit mehr als von der Regierung. Das ist für einen Minister aber nicht rühmlich und erschwert das Zusammenarbeiten mit ihm.) Er wünschte, Stürmer sollte Dir mitteilen, daß er seine Entlassung erbitte, aber Stürmer protestierte und sagte, er müßte es Dir schon selbst mitteilen. Obwohl er meint, Naumow habe kein Recht, während des Krieges Entlassung zu fordern, so wäre es für Stürmer doch ohne ihn leichtere Arbeit. Gestern war die letzte Sitzung des Reichsrats, unter dem Vorsitz von Golubew. Fast die ganze Rechte fehlte, war schon einige Zeit vorher abgereist, da sie genug davon hatten – Kokowzow vertrat die andere Partei und ist alles in allem ein abscheuliches Element. Diese Partei wagte die Absicht zu äußern, Trepow, Schakowskoi und Naumow zur Rechenschaft ziehen zu wollen für Dinge, die nicht seien, wie sie sein sollten, und sie wollten darauf bestehen, daß alle ihre Fragen beantwortet werden müßten. Trepow und Schakowskoi sagten, sie seien mit allen

Belegen bereit; aber sie stimmten mit Stürmer überein, es dürften keine Fragen berührt werden, für deren Beantwortung sie noch nicht vorbereitet seien. Naumow erklärte begeistert, er würde mit Freude auf jede einzelne Sache eingehen, und es würde keine Frage geben, die er nicht aufklären könne – es war recht unliebsam, aber Stürmer beharrte dabei, daß Golubew diese Fragen überhaupt nicht zulassen dürfe, und so kam zum Schluß alles doch noch zu einem ganz guten Ende.

Nun eine andere Sache. Sergei Michailowitsch hat schon zweimal von Stürmer gefordert, daß alle Fabriken militarisiert werden sollten – aber Stürmer sagte, während der Dumatagung könne man das nicht machen –, und jetzt hat er einen viel besseren Ausweg gefunden. Eine Fabrik (natürlich habe ich vergessen, in welcher Stadt) ist gerade ein Beispiel. Dort gab es Streiks, da hat man die sofortige Einberufung aller Leute und Arbeiter angeordnet, ließ sie wie bisher in den Fabriken weiterarbeiten, aber jetzt sind sie Soldaten, wenn sie wagen, einen Dienst zu verweigern, kommen sie vors Kriegsgericht. So kann man es weniger rauh und mit weniger Lärm machen, als wenn alle Fabriken gleichzeitig militarisiert werden. Es ist das beste Beispiel, und alle werden jetzt zittern, daß die Reihe auch an sie kommen kann. – Er (Stürmer) wird jetzt viel energischer und fühlt sich von schwerer Last befreit, seit die Duma nach Hause gegangen ist. – Was wird nur der odiose Rodzianko darüber gesprochen haben – es ist nicht unwahrscheinlich, daß er nicht wiedergewählt wird, denn seine Partei ist wütend, daß er die Sache so plump gemacht hat und verlangte, Du solltest die Duma schließen, als sie müde waren – und Stürmer nun sagte, sie müßten durch eigenen Beschluß auseinandergehen. Entschuldige, daß ich Dich mit all den Fragen belästige, aber ich wollte Dich im voraus warnen wegen Naumows und was den guten alten Mann bekümmert.

24. Juni. Ich freue mich, daß der Heimarbeiterausschuß endlich verstanden hat, was er zu tun hat. Naumow hat eben mit mir lange darüber gesprochen – Witte hilft ihm viel –, dieser Mann ist eine wahre Perle und meine rechte Hand in jeder Angelegenheit, und W. P. Schneider gibt nützlichen Rat, und

sie wollen es an den Obersten Rat angliedern. Entschuldige, daß ich mit Bleistift zu Ende schreibe, aber es ist keine Tinte mehr in der Füllfeder, und ich muß rasch fertigmachen (ich sitze jetzt auf dem Balkon). Wir werden die Gouverneure dafür interessieren und es über das ganze Land ausbreiten und dann Kunst und Geschmack hineinbringen, wie in meiner Schule für Volkskunst.

O Liebster, wieviel man doch tun kann, und wieviel wir Frauen helfen können, endlich sind alle erwacht und zu Hilfe und Arbeit bereit.

Zarskoje Selo, 25. Juni 1916
Kolossale Hitze. Hatte gerade eine lange Sitzung mit Witte, der Kopf dreht sich mir noch. Fred. war bei mir zum Frühstück, und ich sende Dir den eingeschlossenen Bericht über ein von Miechens Komitee arrangiertes Fest. Warum so kolossal offiziell – und vor wem defilieren unsere Truppen, vor den eroberten deutschen Geschützen oder vor Miechen? Bitte, sage, was Du wünschst, soll ich dabeisein oder nicht, vielleicht muß ich, sonst wird Miechen eine zu große Rolle spielen, nur hat sie die Medaille.

*

Der Fall des Bischofs Hermogen lebt wieder auf. Die Zarin fordert unablässig den Rücktritt des Oberprokurators Wolzin, dessen Nachfolger der hier zuerst von ihr vorgeschlagene Professor Rajew, Inspektor des Volksschulwesens, werden wird.

Zarskoje Selo, 25. Juni 1916
Lieb, ich vergaß Dir zu sagen, daß ich gestern den Metropoliten gesehen habe, und wir besprachen die Angelegenheit Hermogens, der seit einigen Tagen in der Stadt ist und Zeitungsberichterstatter usw. empfängt. Er hat kein Recht, hier zu sein, da nicht Du ihm die Erlaubnis gegeben hast, sondern nur Wolzin und der Metropolit Wladimir, in dessen Kiewer Haus er lebt. Mehrere Zeitungen schreiben über ihn, »Nowoje Wremja« sagt, der in Ungnade gefallene Bischof werde bald

nach Astrachan ernannt werden, und zugleich behaupten sie, der Synod habe ihm erlaubt zu kommen. Auch Stürmer hörte zufällig davon und äußerte sein Mißfallen, so bat ich den Metropoliten, zu Stürmer zu gehen und ihn in seinem Namen zu ersuchen, er solle Wolzin sagen, er könne Dich zwar nicht mit dieser Sache belästigen, aber er finde es nicht richtig und auch nicht den geeigneten Zeitpunkt, daß Hermogen hier ist, da man ja nicht vergessen kann, warum Du ihn abgesetzt hast, und daß nur wieder Geschichten daraus entstehen könnten; gerade jetzt müssen alle solche Sachen vermieden werden. Sie haben sich den Augenblick absichtlich gewählt, wo Grigori fort ist. Daß er schon einige Tage in der Stadt ist und daß dies selbst Stürmer nicht erfuhr, dem es die Polizei gleich hätte melden müssen – das ist befremdlich. Ich schreibe all dies für den Fall, daß Du davon erfährst – er muß an seinen Platz zurückgeschickt werden, und ich hoffe, Stürmer sagte Wolzin Bescheid, frage Stürmer. Solange Wolzin bleibt, werden die Dinge nie richtig laufen, er ist für seinen Platz ganz ungeeignet, ist ein artiger Mann von Welt und arbeitet nur mit Wladimir zusammen. Montag empfange ich Rajew (den Bruder des Doktors, Sohn des alten Metropoliten Paladi) – ich glaube, er ist Professor –, ein ausgezeichneter Mann, der die Kirche seit seiner Kindheit in- und auswendig kennt. Notiere Dir, daß Du Stürmer nach ihm fragst, er fand ihn sehr tüchtig (er sieht wahrhaftig nicht wie Wolzin aus und trägt eine Perücke). – Du kennst ihn wahrscheinlich –, er hat die Frauenhochschule unter sich, und als es in allen Schulen und Universitäten Unfrieden gab, haben sich seine Mädchen glänzend verhalten. Es interessiert mich, ihn zu sprechen, da er sich in allen Kirchendingen so gut auskennt. Bitte denke daran, mit Stürmer von ihm zu sprechen.

Zarskoje Selo, 30. Juni 1916

Entschuldige, daß ich Dich immer noch wegen dieses scheußlichen Festes am Sonntag belästige, aber ich befürchte, man kann denken, daß ich nicht hingehen will, weil es den Deutschen abgenommene Siegestrophäen sind – Miechen, Du siehst es, geht –, und man hat über tausend St.-Georgs-Ritter versammelt, die dabeisein sollen. – Schönes Wetter. – Ich mache heute Schluß mit dem Zahnarzt. – Nahm den Tee gestern mit Miechen – sehr liebenswürdig, sie sprach gar nicht von den Dingen.

Zarskoje Selo, 14. Juli 1916

Lieb, sag doch ein Wort, daß Suchomlinow nach Hause gelassen wird, die Ärzte fürchten, daß er verrückt wird, wenn er noch länger eingesperrt bleibt – verfüge diese Milde aus Deinem eigenen süßen Selbst heraus.

*

In Ostgalizien wird Brody von den Russen erobert. Der mit »Ducky«, der Großfürstin Helena, verheiratete zweite Bruder des Königs Konstantin, Prinz Nikolaus, interveniert durch einen Besuch beim Zaren für Griechenland. Eine neue große Personenkrise verändert die russische Regierung: Sassonow, den die Rechte noch zuletzt der schwächlichen Passivität beschuldigt, wird enthoben, Stürmer übernimmt auch das Ministerium des Äußern. Der Justizminister A. A. Chwostow wird Minister des Innern, Makarow, der frühere, ganz rechts stehende Minister des Innern, den die Zarin bekämpft hat, Justizminister.

Zarskoje Selo, 16. Juli 1916

Welch schöne Überraschung war Ritas Mitteilung im Lazarett – ich hatte noch keine Zeit gehabt, die Zeitung zu lesen – Brody genommen – welches Glück – die direkte Linie nach Lemberg, und der Durchbruch begonnen – jetzt kommt das Gute, das unser Freund vorausgesagt hat. Ich freue mich so für Dich – ein großer Trost und Lohn nach all Deinen Sorgen und den schweren Vorbereitungsarbeiten! Und wie sind die Verluste? Herz und Seele sind bei Euch da draußen!

Das ist recht, daß Du Nicky sich aussprechen ließest, es wird ihn beruhigt haben, und ich denke wirklich, die anderen Mächte werden nicht feig an Griechenland handeln, obwohl es ein niederträchtiges Land ist . . .

Um halb sechs nehme ich Wittes Bericht entgegen, und morgen habe ich Stürmer, mit dem ich ernsthaft über die neuen Minister sprechen muß – schade, daß man Makarow genommen hat (wieder ein Mann, der gegen Dein armes, altes Frauchen ist, und das bringt kein Glück), und ich muß unseren Freund gegen sie und auch gegen Pitirim sichern.

Zarskoje Selo, 17. Juli 1916
Hatte einen langen Brief von Olga, sagt, Deine liebe Mama ist wohlauf, guter Laune, vergnügt sich in Kiew und spricht nicht davon, von dort wegzugehen; sie sieht sie aber nur selten und arbeitet sehr hart seit drei Monaten. In drei bis vier Tagen geht ihr Freund an die Front zurück, und sie denkt daran schon mit Verzweiflung. Er kam zu ihrem Namenstag – er war irgendwo mit den Pferden die letzten zwei Monate. – Wie die Zeitungen über Sassonow herfallen, es muß für ihn sehr unangenehm sein, nachdem er sich eingebildet hat, er sei viel wert, die arme Langnase.

*

Deutschland und Österreich-Ungarn proklamieren Russisch-Polen zum selbständigen Königreich. Nikolai Nikolajewitsch hatte ihm, gestützt auf Personen wie den Grafen Zamoyski, Autonomie geben wollen.

Zarskoje Selo, 19. Juli 1916
Stürmer sprach mit mir über die polnische Frage – man muß sich da wirklich sehr klug benehmen. Du weißt, daß ich Zamoyski gut leiden mag, aber ich weiß, daß er ein Intrigant ist, so muß man diese schwierige Frage gut überlegen.

Zarskoje Selo, 20. Juli 1916
Ich sah Wojeikow, der nach Zigarren riecht und voll ist von seinen Millionen und Bauten und selbstbewußt wie immer – ganz positiv wird der Krieg im November zu Ende sein und jetzt im August wird das Ende beginnen –, er reizt mich, und ich sagte ihm, Gott allein wisse, wann das Ende kommen wird,

und viele hätten gesagt, es würde im November sein, aber ich bezweifelte es – in jedem Fall ist es unklug, immer so unverschämt selbstsicher zu sein, wie er es ist.

*

Vor dem nächsten Brief der Zarin sind weitere Personalveränderungen vor sich gegangen. Admiral Eberhardt, der Chef der Flotte des Schwarzen Meeres, ist durch den Vizeadmiral Koltschak ersetzt worden. General Rußky hat die Nordfront wieder übernommen; Kuropatkin wird Generalgouverneur von Turkestan. Der Kriegsminister Schuwajew überträgt für die Dauer einer längeren Dienstreise die Leitung des Kriegsministeriums seinem Gehilfen, General Frolow. Das konservative Reichsratsmitglied Graf A. A. Bobrinsky, von Stürmer als Gehilfe ins Ministerium des Innern berufen, ist zum Landwirtschaftsminister ernannt worden. Nur der Unterrichtsminister Ignatiew stört noch die Einheitlichkeit des konservativen Ministeriums.

Zarskoje Selo, 3. August 1916

Ich möchte Dich gern vor allen überflüssigen Sorgen und Quälereien bewahren, aber oft muß ich selbst mit langweiligen Schreibereien kommen – da kann man nichts machen. Geliebter, Gott der Allmächtige gebe Dir Weisheit und Erfolg – und den anderen Geduld, daß sie nicht hartnäckig vorwärtsstürmen und alles durch nutzlose Verluste verderben – mit bedachtsamer Beharrlichkeit vorwärts, mit sicheren Schritten, keine Überstürzung, um nicht auf den eigenen Spuren wieder zurück zu müssen – das ist viel schlimmer. – Wenn nur Alexejew das Heiligenbild von unserem Freund im rechten Geiste entgegengenommen hat, dann wird Gott sicherlich seine Arbeit mit Dir segnen. Du brauchst es nicht zu vermeiden, Grigoris Namen vor ihm zu nennen. Dank ihm, daß Du voriges Jahr festbliebst und selbst das Kommando übernahmst, als alle dagegen waren; sage ihm das, und er wird dann die Weisheit verstehen – und soviel wunderbare Errettungen von Leuten, für die er im Kriege betet, die ihn kennen – von Baby und Ania ganz zu schweigen.

Bei der Fortsetzung der russischen Offensive hat die Garde unter Besobrasow schwerste Verluste. Rasputin begibt sich nach Sibirien, Ania Wyrubowa und Lili von Dehn begleiten ihn.

                        Zarskoje Selo, 4. August 1916

A. verbrachte den Abend mit uns – sie ist in dieser Woche abgemagert, sieht müde aus, und man sieht, daß sie viel geweint hat. Sie sprach kaum etwas – erst nachdem die Kinder zu Bett waren. Sie reist Montag mit unserem Freund und der lieben Lili nach Tobolsk ab, um vor den Reliquien des neuen Heiligen zu beten. Sie ist verzweifelt, daß sie ohne Deinen Segen so weit weg soll, und gerade jetzt, wo ich eben erst zurück bin, aber er wünscht die Abreise jetzt, hält dies für den besten Augenblick.

Er fragt, ob die Zeitungsnachrichten wahr sind, daß die slawischen Kriegsgefangenen freigelassen werden sollen, er hofft, daß das nicht richtig ist, es würde ein großer Fehler sein. (Beantworte diese Frage, ja?) – Er ist auch verstimmt, weil Gutschkow und Rodzianko Befehl hätten, das Kupfer einzusammeln – wenn das wahr ist, sagt er, müßte man das aus ihren Händen nehmen, es sei nicht ihre Angelegenheit. Er bittet Dich, sehr streng mit den Generälen zu sein, die gefehlt haben. Du siehst, daß sich von allen Seiten Empörung gegen Besobrasow erhebt, weil er die Garde hinschlachten ließ – Lesch hatte Besobrasow fünf Tage vorher den Befehl zum Vorrücken gegeben, er verschob es immer wieder und verlor dann alles durch seine Dickköpfigkeit. Die verwundeten Soldaten und andere haben aus ihrer Wut keinen Hehl gemacht.

Ania erhielt einen sehr interessanten, aber traurigen Brief von N. P. – er schreibt auch, was sie getan haben – aber verzweifelt über die Generäle – Besobrasow – die jetzt nicht weiter wissen – ließ die Garde dort vorrücken, wo man wußte, daß die Sümpfe nicht passierbar sind, und befahl, andere Sümpfe zu vermeiden, die man ganz gut durchschreiten kann. Er berichtet, das Schlimmste sei die Sorge, mich traurig zu machen, aber er bat sie, mir dies zu sagen. – Hier hoffen alle, daß Du Besobrasow abberufen wirst. Ich hoffte es von Anfang an, es ist gewiß nicht schwer, einen Nachfolger zu finden, und zumindest einen, der nicht störrisch wie ein Maulesel ist. Die Garde wird es ihm nie verzeihen, und es würde ihr mißfallen, wenn Du zu ihm hältst, und würde sagen, er profitiere von seiner alten Kameradschaft mit Dir. – Verzeih mir, aber je länger ich im Zuge ruhig überdachte, was Paul geschrieben, Dmitri und die anderen gesagt haben, desto mehr finde ich wirklich, daß er gehen muß, und es wird ein glorreiches Beispiel Deiner Weisheit sein. Es ist Deine Leibgarde, die er verbrecherisch vertan hat – und er wird sich wieder mit Lesch und Brussilow nicht vertragen. Du hast ihn nach der Geschichte vom vorigen Jahr so gütig gerettet und hast ihm eine herrliche Chance gegeben, die er schandbar mißbraucht hat – man darf so etwas nicht ungestraft tun. Laß ihn büßen und andere aus seinem Beispiel Nutzen ziehen. Es tut mir leid, daß ich im Hauptquartier und zu Alexejew nicht heftiger gesprochen habe. Dein Prestige wird gewahrt werden, sonst aber wird man sagen, daß Du schwach bist und nicht für Deine Garde eintrittst, die Du immer geliebt hast – und man kann nicht noch so ein Unglück riskieren. Die Generäle wissen, daß wir noch genug Männer in Rußland haben, und sparen daher nicht mit Menschenleben – aber die waren so wundervoll ausgebildet und ausgerüstet – und alles umsonst, ich weiß, wie Dich das geschmerzt hat – aber sei vernünftig, meine Taube. – Höre auf Dein Frauchen, das nur auf Dein Wohl bedacht ist und weiß, daß dies der richtige Schritt ist – laß Alexejew anders darüber denken – nur entlasse ihn am besten gleich ganz, da Du selbst gesagt hast, daß eine scharfe Rüge ihn nur nervös machen würde. Tu's um Deiner tapferen Garde willen, und alle werden Dir dafür danken, sie sind tief verletzt durch seine Rücksichtslosigkeit, daß er sie alle hinmorden ließ.

Zarskoje Selo, 11. August 1916
Mein einziger Liebling!

Herzlichsten Dank für Deinen lieben Brief. Ich bin dankbar, daß Du Besobrasow abberufst, es hätte die Garde böse verletzt, wenn er geblieben wäre, denn alle wußten, daß er an den so großen und, ach! so nutzlosen Verlusten die Schuld hatte.

Man spricht gut von dem einen Bruder Dragomirow – Gott gebe, daß er für den Platz geeignet ist und in Eintracht mit den anderen Generälen arbeitet. Aber sie müssen einen besseren Nachrichtendienst bekommen, er wußte so gut wie von nichts.

Dmitri habe ich nicht gesehen, aber ich vermute, seine Nerven taugen wieder gar nichts, es ist wirklich ein Jammer. Laß ihn nicht so oft zu der Dame gehen – solcher Verkehr ist sein Verderben – nichts als Schmeicheleien, und er liebt das, und dann wird natürlich der Dienst schlapp. Du mußt ihn kürzer halten, und dulde auch nicht seine allzu lose Zunge.

Zarskoje Selo, 12. August 1916

Ich bin froh, daß die Dinge im Kaukasus gutgehen. Ja, es ist ganz gut, wenn Du immer zwei a. d. c. (aides de camp) je vierzehn Tage in Deinem Dienst hast und sie dann wechselst – aber behalte N. P. etwas länger, um auch einen von der Marine bei Dir zu haben, und er ist ja auch sonst nirgendwo nötig – und ich bin Deinetwegen viel beruhigter, wenn er da ist – einer von den Unsrigen, und sein Einfluß auf Dmitri ist gut...

Hatte eine interessante Unterredung mit Bobrinsky.

*

Am 14. August alter Zeitrechnung, abends um Viertel vor neun Uhr, überreicht der rumänische Gesandte in Wien die Kriegserklärung Rumäniens an Österreich-Ungarn. Tags darauf erklärt Deutschland Rumänien den Krieg.

Zarskoje Selo, 13. August 1916

Dem Himmel sei Dank, daß die Rumänen endlich marschieren wollen – und was haben wir für den 15. für Operationspläne?

Denkst Du also an Beljajew als Kriegsminister – ich denke, es würde nach allem eine kluge Wahl sein. Bobrinsky findet, die Arbeit kann nicht gut vonstatten gehen, solange Stürmer so viel zu tun hat, er kann sich nicht einer Sache recht und ganz widmen, wie er sollte, und unser Freund fand das auch.

∗

Der von der Zarin protegierte Beljajew wird infolge eines Konflikts mit Schuwajew entlassen. Gäste der Zarin sind die Prinzessin Irina und ihr Gatte, Fürst Felix Jussupow.

Zarskoje Selo, 14. August 1916

Irina und Felix tranken Tee bei mir – sie waren sehr nett und natürlich, sie sehr braun und er sehr mager, das Haar kurz und wie ein Page, er sieht viel besser aus und hält sich sauber. – Dann hatte ich Stürmer ... Wenn ich nur mit dem dummen, müden Kopf klar und ordentlich schreiben kann. – Also, um damit anzufangen, es war für ihn ein harter Schlag, daß Beljajew entlassen worden ist, da er ihm die Frage der Gefangenen übertragen hatte, die man im ganzen Land für die Kohlengruben usw. braucht, und er wollte, daß er mit den Armeeführern spräche, um zu regeln, wie viele sie entbehren können usw. Er übertrug ihm auch die dringende und wichtige Ernährungsfrage. Jetzt ist er nicht mehr im Ministerium, unbeliebt bei Schuwajew, kann ihm nicht mehr helfen, und dabei ist er wirklich ein fähiger Mann und arbeitet viel mehr als Schuwajew, der niemals im Ministerrat erscheint, sondern seine Vertreter sendet. Ich hatte sehr gehofft, daß Du gerade ihn zum Kriegsminister ernennen würdest – er ist ein echter Gentleman und kennt sich in allem aus, und ein wirklich fähiger Mann, wenn ihn auch Schuwajew nicht zu schätzen wußte. – Wir haben lange über die Ernährungsfrage gesprochen und überlegten, ob es nicht angezeigter wäre, dafür einen Militär auszusuchen (z. B. Schuwajew selbst, der das sicher bewältigen würde, da es ähnlich dem ist, was er so gut für die Intendantur getan hat – statt Minister zu sein). Alexejew sieht nicht gern Stürmer damit betraut, er hat das den anderen Ministern deutlich zu verstehen gegeben, vielleicht weil der ein Zivilist ist und ein Militär ihm lieber wäre. Er würde alle Rechte eines Ministers haben, würde bleiben, wozu Du ihn ernannt hast, an der Spitze des Ganzen, würde darauf achten, daß alles klappt, den Ministern helfen – und Du hättest nichts zu ändern. Er scheut keine Arbeit, ist frisch, wir dachten, daß Du selber vielleicht auch einen Militär vorziehen würdest. So sagte ich, ich würde das herauskriegen, und wenn Du Stürmer darüber sprechen willst, laß ihn bitte kommen – er will Dich nicht behelligen und möchte, daß die Anregung von Dir ausgeht. –

Dann wegen Wolzin, er wird ihm den Bericht jetzt geben – und möchtest Du nicht Rajew sehen, ausführlich mit ihm sprechen, um zu sehen, ob er Dir paßt. Ich glaube, er mit Schewakow als Helfer wäre wirklich gottgesandt für die Kirche. Wenn Du ihn sehen willst, telegraphiere mir das Datum, ohne seinen Namen zu erwähnen, und Stürmer wird ihn verständigen. Die anderen Kandidaten finde ich ganz ungeeignet und kirchlich ganz unwissend.

Als ich mit Bobrinsky sprach, meinte er auch, daß ein besonderer Mann die Leitung der Verproviantierung haben sollte, der nichts anderes in seinem Kopf hätte, als nur dafür zu leben und zu denken. – Der alte Chwostow kommt sich morgen zeigen.

Ich langweile Dich ungern mit so einem Brief, aber der alte Mann fühlt sich immer erleichtert, wenn er jemandem sein Herz ausschütten kann, und er ist froh, wenn ich nach dem Hauptquartier reise, ich bitte Gott täglich, mir zu helfen, Dir von Nutzen zu sein. Unser Freund ermutigt Stürmer, immer mit mir zu reden, da Du nicht hier bist, um die Dinge mit ihm zu besprechen. – Ich bin gerührt, daß der alte Mann soviel Zutrauen zu Deiner alten Frau hat.

Warum wurde Beljajew entfernt? Ist es jetzt leichter für Dich, ihn zum Minister zu ernennen?

※

Der in dem folgenden Brief erwähnte Sandro L. ist der dem Zarenhause nahe verwandte Fürst Alexander Georgiewitsch Romanowsky, Herzog von Leuchtenberg, Rittmeister im Gardehusarenregiment und Flügeladjutant des Zaren.

Zarskoje Selo (Datum fehlt)
Mein Krim-Regiment ist nicht sehr weit von Halicz, Sedow hat es schon erreicht.

Ich höre, daß Sandro L. ein schreckliches Weib zu heiraten beabsichtigt, Ignatiew, eine geborene Cavalli, früher Kokotte mit einem furchtbaren Ruf – Ihre Schwester ruiniert seit drei Jahren den alten Pistohlkors. Hoffentlich kann das verhindert werden – es wird dem närrischen Jungen großes Unglück bringen.

Kaiserliches Hauptquartier, 4. September 1916
Ich bitte, ich beschwöre Dich, mein Sonnenschein – überhaste die Geschichte mit Polen nicht –, laß Dich nicht von andern drängen, es zu tun, bevor wir die Grenze überschreiten. Ich vertraue ganz auf die unserem Freundes von Gott verliehene Weisheit, zu raten, was das Rechte ist für Dich und Dein Land. Er sieht weit voraus, und deshalb kann man seinem Urteil vertrauen. Deine Einsamkeit wird groß sein –, und so trübe – kein wahrer Freund in Deiner Nähe – ich werde ruhiger sein, wenn N. P. zurückkehrt. Er ist einer von den Unsern, von unserm Freund gesegnet, um Dir zu nützen.

∗

Generalmajor Graf Grabbe befindet sich im persönlichen Gefolge des Zaren, Ressin gehört zu seinen Flügeladjutanten.

Zarskoje Selo, 6. September 1916
Liebling, bitte laß Dir Madame Soldatenko nicht vorstellen – entsinne Dich, daß ich Dir gegenüber schon einmal meine Überzeugung von Grabbes dahingehender Absicht äußerte. Denke Dir, dieser schlechte Mensch ist so dumm und erzählt seiner Freundin Nini, er hofft, ich ginge jetzt nicht ins Hauptquartier, dann könne er sie mit Dir bekannt machen und sie Deine Mätresse werden. Wie beschämend, erniedrigend, so etwas zu sagen – sie war wütend und gab es ihm gehörig. (Kein Zweifel, warum er Dir diese aufreizenden Bücher zu lesen gibt.) Bitte, sage ihm nichts davon, aber sie halte Dir fern – sie

versucht, Isa zu sich kommen zu lassen, aber diese lehnte dankbar ab. Ihr Ruf ist sehr schlecht – N. P. weiß, mit wem sie vorher »lebte« – dies ist ihr zweiter Mann – und er würde keinen Fuß über ihre Schwelle setzen. Sie versucht, die Großfürsten und ihr Gefolge zu kapern – um eine Rolle zu spielen – ich beobachte, wie sie zu ihrer Loge hinaufsah, und fand es sonderbar, daß sie unten stand, als wir vorübergingen. Damals sagte ich Dir, ich hätte die Empfindung, sie wolle vorgestellt werden. – Es ist von Grabbe gemein und schmutzig, nachdem wir so freundlich zu ihm waren. – Ich hätte ihr nicht erlaubt, länger im Hauptquartier zu wohnen – es herrscht dort ein schlechter Ton und gibt zu Gerede Anlaß. Sicherlich wird sie heute wieder im Kino erscheinen. – Entschuldige, daß ich Dir all dies schreibe, aber ich möchte Dich vor Grabbe warnen. Er sagte dann noch zu Ressin (all das weiß ich von Ania), daß Wojeikow gehen und daß man Grabbe seinen Posten anbieten und ihn nicht annehmen wird. Dann soll Ressin vorgeschlagen werden, und er möchte den Posten doch annehmen. Ressin aber sagte, er täte es keinesfalls, denn er weiß, daß er nie dafür in Frage kommt – Grabbe war darüber höchst erstaunt. – Ich muß auf ihn achten – er spielt den Harmlosen, unterhält sich mit den Kindern, nicht gewandt, aber schlau und unaufrichtig.

*

Eine neue Krise im Ministerium des Innern: A. A. Chwostow muß gehen, da Stürmer dessen Gehilfen Klimowitsch absetzen will. Auch sind Stürmer und Chwostow uneins wegen der Frage der Neuwahlen zur Duma. Stürmer schlägt den Leiter des Ernährungsamtes, Fürsten Obolensky, vor, Rasputin und mit ihm die Zarin sind für den Vizepräsidenten der Duma und Adelsmarschall der Provinz Simbirsk, D. A. Protopopow, der auch zehn Tage nach dem hier folgenden Brief ernannt wird.

Zarskoje Selo, 7. September 1916
Mein einzig Geliebter!
  Obgleich ich sehr müde bin, muß ich meinen Brief heute

abend noch beginnen, damit ich nicht vergesse, was unser Freund mir sagte. Ich richtete ihm Deine Botschaft aus, und er sendet Dir seinen Gruß. Du solltest Dich nicht ängstigen, alles wird recht werden. – Ich erzählte ihm meine Unterhaltung mit Stürmer, der meint, Klimowitsch müsse auf alle Fälle fortgeschickt werden (er wird Senator), und dann will der alte Chwostow gehen, da er ohne ihn nicht fertig werden kann. Chwostow ist nervös und kränklich (ich weiß, er mag Stürmer nicht, ebenso wenig wie Klimowitsch, der ein schlechter Mann ist, unseren Freund haßt und dennoch vor ihm kriecht und schmeichelt). Nun will Stürmer den Fürsten Obolensky von Kursk-Charkow vorschlagen (früher mit Nikolascha im alten Hauptquartier), jetzt arbeitet er an der Ernährungsfrage, um Minister des Innern zu werden, aber Grigori bittet Dich ernstlich, hierzu Protopopow zu ernennen. Du kennst ihn und hattest solch guten Eindruck von ihm – zufällig ist er in der Duma (er ist nicht links) und wird verstehen, mit ihnen umzugehen. Dieses wüste Volk ist zusammengekommen und verlangt, Rodzianko solle zu Dir gehen, vollständigen Ministerwechsel und Annahme ihrer Kandidaten fordern – unverschämtes Pack!

Meiner Meinung nach könntest Du nichts Besseres tun, als ihn zu ernennen. Der arme Orlow war sein intimer Freund – ich glaube, Maximowitsch kennt ihn gut. Seit mindestens vier Jahren liebt er unseres Freundes Weisheit und Führung. Er ist traurig, daß Du nie hierher kommst. Deine Gegenwart ist auch hier sehr nötig, sei es auch nur für zwei Tage, unerwartet, sie würden doch dann alle empfinden: der Herr ist gekommen, nach dem Rechten zu sehen. Es wäre schön und nicht schwierig für einen kurzen Besuch, und würde die Leute glücklich machen. – Ich sagte ihm, daß Stürmer mit mir über die Veröffentlichung wegen Konstantins sprach: Du weißt, was Du zu Georgie sagtest. Er meint auch, es würde gut sein, da es Frankreich und England vor ganz Rußland verpflichtet, und nachher müßten sie dann ihr Wort halten. – Was Polen betrifft, bittet er Dich abzuwarten, ebenso Stürmer; nur nicht, ehe wir die Grenze überschreiten. Höre auf ihn, der Dein Bestes will, und dem Gott mehr Einsicht, Erleuchtung und Weisheit verliehen hat als den ganzen Militärs zusammengenommen. Seine Liebe für Dich und Rußland ist so tief, Gott hat ihn Dir zur Hilfe und Führung gesandt, und er betet so innig für Dich ...

Jetzt muß ich schlafen gehen, es ist nach zwölf, und ich bin sehr müde. Von sechs bis sieben habe ich geruht, ging dann zur Kirche. – Gute Nacht, schlaf wohl, mein Liebling – ich denke dauernd an Dich – es ist so leer und ruhig. Vier Monate haben wir nicht zusammen geschlafen – nein, sogar länger.

Zarskoje Selo, 9. September 1916

Bitte, mach Protopopow zum Minister des Innern, denn er ist von der Duma, es würde große Wirkung auf sie ausüben und ihnen den Mund stopfen.

Zarskoje Selo, 10. September 1916

Mein einzig Geliebter!

Heißesten Dank für Deinen lieben Brief. Es tat mir so leid, Dich mit all diesen Fragen zu belästigen, ich wollte Dich aber nur vorbereiten. Schakowskoi ist zu gut, als daß er abgeschoben würde, und Chwostow will gehen, Protopopow ist der passende Mann, meint Grigori, das sollte ich Dir sagen, und Fürst Obolensky gehöre neuerdings wieder zu der anderen Clique und wäre kein »Freund«.

Zarskoje Selo, 13. September 1916

Du weißt, daß Mischas Frau in Mohilew war!! Georgi erzählte es Paul, er saß im Kino in ihrer Nähe. Ermittle, wo sie gelebt hat (vielleicht im Waggon) und wie lange, und verbiete streng, daß das noch einmal geschieht.

Zarskoje Selo, 14. September 1916

Gestern hatte ich Stürmer hier und sprach alles mit ihm durch – ich bat ihn, schleunigst Obolensky abzusetzen, sonst erlebten wir die größten Straßentumulte. Gott segne Deine neue Wahl mit Protopopow – unser Freund meint, Du hättest mit seiner Ernennung sehr klug gehandelt.

Zarskoje Selo, 15. September 1916
Gestern abend sah ich unseren lieben Freund im kleinen Haus bei mir. So glücklich über Protopopows Ernennung – er meint, es ist eine äußerst kluge Berufung, natürlich würde es einige Unzufriedene geben – aber auf die nächste (nicht diese) Duma könne er viel Einfluß haben. – Er sagte mir, ich solle mit Rajew über die armen Mönche von St. Athos sprechen, die noch nicht amtieren könnten und sterben müßten, ohne die heilige Kommunion empfangen zu haben ...

Zarskoje Selo, 16. September 1916
Mir scheint, daß unsere Generäle furchtbar schlapp sind. Ach ja, er sagte, ich sollte Dir sagen, Du solltest Dich nicht grämen, einen General wegzuschicken, auch wenn er schuldlos war. Du kannst ihm immer später verzeihen und ihn reaktivieren, und ihm wird es nicht schaden, daß er gelitten hat, und es lehrt ihn die Furcht Gottes.

✳

Die Scheidung von Großfürstin Olga und des Herzogs Peter von Oldenburg wird vom Zaren bestätigt.

Zarskoje Selo, 17. September 1916
Hast Du Petja wissen lassen, daß er frei ist? Was sagt Sandro über Olgas Absichten?

Zarskoje Selo, 18. September 1916
Lieb, ich höre, daß man Pahlen den Hofrang genommen hat, weil man einen Privatbrief von ihm an seine Frau gelesen hat, worin er die Gesandten Schurken nennt, und ich verstehe, daß er das sagt. Sicher ist es ein Mißgriff, man hat wieder einen mit deutschem Namen gepackt – und er ist in Wahrheit Dir ergeben.

✳

Mit dem folgenden Brief beginnt die Zarin auf einen direkten Verkehr zwischen Gutschkow und Alexejew aufmerksam zu machen. Ebensosehr regt sie der Fall des Grafen Pahlen auf.

Zarskoje Selo, 20. September 1916

Bitte, Liebster, laß den guten Alexejew nicht darauf kommen, eine Partie mit Gutschkow spielen zu wollen, wie das im alten Hauptquartier Sitte war. Rodzianko und er sind jetzt eins und versuchen, Alexejew einzufangen, indem sie behaupten, niemand könne etwas leisten als sie. Er soll sich einzig mit dem Krieg beschäftigen – die andern haben zu verantworten, was im Hinterland geschieht. – Protopopow kommt morgen zu mir, und ich habe einen Haufen Fragen an ihn, auch über einige Ideen, die in meinem alten Kopf entstanden sind, eine Gegenpropaganda gegen den Städtebund in der Armee zu machen – damit sie überwacht und die, die man abfaßt, sofort beseitigt werden. Das Ministerium des Innern muß nette, anständige Leute als seine »Augen« draußen haben und mit militärischer Hilfe sehen, was sich tun läßt. Wir haben kein Recht, dieses zu erlauben, daß sie die Ohren der Soldaten mit schlechten Ideen füllen – ihre Ärzte (Juden) und Schwestern sind greulich ... Ich sagte Stürmer, er solle dies Protopopow erzählen, und er wird bis morgen darüber nachdenken und sehen, ob irgend etwas Praktisches getan werden kann. Ich sehe nicht ein, warum die Schlechtgesinnten immer für ihre Sache kämpfen und die Gutgesinnten klagen, aber mit gefalteten Händen dasitzen sollen und den Ausgang abwarten. – Du nimmst es mir nicht übel, wenn ich mit Ideen komme, nicht wahr, Liebling, aber ich versichere Dir, wenn ich auch krank bin, habe ich doch mehr Energie als die ganze Gesellschaft zusammengenommen und kann nicht ruhig dabeisitzen. Bobrinsky war froh, mich so zu sehen, und sagt, ich bin deshalb unbeliebt, weil man (die Linke) fühlt, daß ich für Dich eintrete, für Baby und Rußland. Ja, ich bin mehr Russin als mancher andere, und ich werde nicht still sein ...

Sicher, wenn man auf Privatbriefe zwischen Mann und Frau aufpaßt – hat man weit mehr Grund, andere zu überwachen.

Verzeih mir, aber Fred. hat da sehr unrecht gehandelt – man darf einen Mann nicht so streng aburteilen wegen privater (geöffneter) Briefe an seine Frau – das ist niedrig, finde ich. Ich hätte Fred. zu verstehen gegeben, daß das äußerst unrecht ist. Chwostow hätte sofort seinen Kammerherrenrock verlieren müssen – die Beweise liegen offen zutage –, und hier ist das ganz privat. Ich möchte, man könnte das zu Babys Namenstag in Ordnung bringen – zum Glück ist er noch Senator – und die Strafe hat lange genug gedauert – die Spioniererei geht manchmal zu weit – und ich bin fest überzeugt, daß weit mehr so schreiben und offen so sprechen – Kokowzow, Kriwoschein und viele andere sind straffrei geblieben – und sie sind gegen ihren Souverän vorgegangen und das Land, und die Pahlens ganz privat – ein schrecklicher Mißgriff von Fredericksz, und sicher nur, weil er einen deutschen Namen hat. – Dir steht der Kopf nicht nach all diesen Dingen. Du bist viel zu sehr beschäftigt – die anderen tragen die Verantwortung, Dich in die Sache hineingezogen zu haben, und es ärgert mich, daß sie Dich durch ihr Verhalten zwingen, ungerecht zu sein.

Zarskoje Selo, 21. September 1916

Poliwanow und Gutschkow arbeiten, so scheint es, wieder Hand in Hand. Zwei Abschriften von Gutschkows Briefen an Alexejew habe ich gelesen, der eine soll Dir sauber abgeschrieben zugeschickt werden, damit Du siehst, was für ein Kerl er ist. Jetzt ist mir klar, warum Alexejew auf alle Minister wütend ist. Mit jedem Brief (und es sind viele, wie man sieht) macht er den armen Alexejew wild, er schildert ihm oft die Tatsachen absichtlich ganz falsch. Die Minister empfinden alle seinen Antagonismus im Hauptquartier und sehen nun, warum. Wenn ich Dir den Brief schicke, rede einmal ernstlich mit Alexejew, da der Kerl in seinen Augen die ganze Regierung untergräbt – wirklich niederträchtig, und zehnmillionenmal schlimmer, als ein Pahlen an seine Frau hat schreiben können. – Er muß Gutschkows gefährlichem, schlauen Einfluß entzogen werden.

Dann sah ich Bischof Antoni Akmonice Churisky – bezaubernder Eindruck! Dieser warme georgische Tonfall in der Stimme – kennt unsern Freund besser als wir – war vor Jahren Rektor in Kasan. Er trug Bagration zu Grabe; ich bat ihn, mir bei der Sammlung von Leinen und allen möglichen Dingen für den Kaukasus und ebenso auch Apraxin behilflich zu sein, wenn ich ihn nächsten Monat nach dort schicke. Er spricht sehr scharf über Nikolascha und all die anderen (zu Ania) – er ist zu streng und grob mit den Georgiern. – Jetzt habe ich herausbekommen, wer der Exarch ist – erinnerst Du Dich an Platon aus Amerika –, den wir in Livadia sahen und der das Russische mit amerikanischem Akzent sprach, unsympathisch und schrecklich eingenommen von sich war, für die Amerikaner der geeignete Mann, aber nicht für den Kaukasus – und jetzt verstehe ich, warum Nikolascha wünscht, daß er Metropolit wird!!! Darum zeigte sich der Mann immer ehrgeizig, gewandt und schlau, und war immer um Nikolascha herum. Man müßte ihn fortschicken, wenn er weiterhin so unbeliebt ist... Jetzt darf man in Tiflis keinen Metropoliten haben, es ist ihnen nur um einen großartigen Hofstaat zu tun, und schließlich wollen sie auch noch besondere Minister haben. Nikolascha sagt, weil das Land unterworfen ist – Unsinn –, Polen hat auch keinen. – Denke Dir, der Synod will mich mit einer Ehrengabe und einem Heiligenbild beschenken (ich glaube, für meine Tätigkeit für die Verwundeten). Stelle Dir vor, wie ich Ärmste sie alle empfangen muß! Seit Katharina hat sie noch keine Zarin persönlich allein empfangen. Grigori ist entzückt (ich weniger) – aber ist es nicht doch komisch, nicht wahr, ich, die sie immer fürchteten und mißbilligten? Genug nun der Unterhaltung über Geschäfte...

Auch ich bedaure, daß Olga sich jetzt zu verheiraten wünscht – und wie ist es mit ihrem Spital? Und im allgemeinen kann ich mir nicht helfen, ich bedaure diese Heirat tief, obgleich ich ihr schließlich doch Glück wünsche...

Den Grund, weshalb wir nicht Zucker genug haben, weißt Du. – Butter wird jetzt in solchen Mengen ins Heer gesandt (mehr Fett und weniger Fleisch ist not), daß man hier nicht genug hat. – Fisch gibt's genügend, aber Fleisch nicht. Es interessiert mich, mich mit einem neuen Manne zu sprechen und zu hören, was er denkt. O, Kriwoschein hat alles auf seinem schlechten Gewissen – und dennoch, ist's auch noch so schlimm, wir werden einen Ausweg finden; die Rodzianko, Gutschkow, Poliwanow und Konsorten stecken hinter viel mehr, als man sieht (ich fühle es), so daß sie den Ministern manches aus der Hand winden. Du wirst ja bald alles selbst sehen und durchsprechen, ich werde unsern Freund um Rat fragen. – Sooft er gesunde Ideen hat, richten sich andere danach – Gott flößt sie ihm ein – und morgen schreibe ich Dir, was er gesagt hat. Sein Hiersein macht mich ruhiger, er meint, alles wird besser werden – die Leute verfolgen ihn weniger, sobald sie ihm mehr nachstellen, geht alles schlimmer.

✻

Von nun an genießt das besondere Vertrauen der Zarin Protopopow. Von diesem geht auch die Forderung nach der Demission des Fürsten Obolensky, des Stadthauptmanns von Petersburg, aus, der dann Rasputin flehentlich um Schonung bittet.

Zarskoje Selo, 22. September 1916

Es ist schwer, Unterredungen wiederzugeben, man ist immer in Angst, verkehrte Worte zu gebrauchen, und das gibt dann einen ganz anderen Sinn. Ich schicke Dir zunächst die Abschrift eines von Gutschkows Briefen an Alexejew, lies bitte durch, und Du wirst dann verstehen, daß der arme General außer sich gerät. Gutschkow ist unaufrichtig und von Poliwanow, von dem sie beide unzertrennlich sind, aufgeputscht. Warne den alten Mann ernstlich vor dieser Korrespondenz, sie ist geeignet, ihn zu enervieren, und sie gehen ihn nichts an, d. h. weil für die Armee alles getan werden und nichts fehlen wird. – Unser Freund bittet Dich, Dir nicht zuviel Sorge über die Frage der Lebensmittelbeschaffung zu machen, darum telegraphierte ich gestern abend noch einmal – er sagt, es wird sich alles von selbst arrangieren, und die neuen Minister haben sich dort an die Arbeit gemacht. Bobrinsky wird Dir über ihre gemeinsamen Telegramme an die Gouverneure berichtet haben, was klug war. Man muß sie zur Erkenntnis ihrer Macht und auch dahin bringen, daß sie mehr Gebrauch davon machen.

Ich sagte Protopopow, er möchte das an Dich schreiben, er meinte aber, es sei gegen die Etikette, da er noch nicht vorgestellt wurde, und wolle Dich nicht belästigen. Ich sagte ihm, daß wir beide uns in offiziellen Dingen zwar an die Etikette hielten, aber es sonst vorzögen, immer über alles unterrichtet zu sein. – Ein anderer Fehler, sagt Protopopow, dem ich voll beistimme, ist, daß die Sachen nicht von einem Gouvernement nach dem anderen ausgeführt werden dürfen – das ist absurd. In dem einen ist kaum ein Stück Vieh und in anderen mehr, als sie brauchen. Natürlich muß man es hereinlassen usw. Den Gutsbesitzern sollen all ihre Wälder konfisziert werden (ich muß zu einer anderen Feder greifen, die alte muß neu gefüllt werden). Das ist nicht gerecht, da manche nur von ihren Wäldern leben und das Leben sehr schwer für sie geworden ist. Da muß man eben etwas Verstand zur Hilfe nehmen, in einigen Besitzungen wenig einziehen und von anderen, die außer Wald noch sonstige Mittel zur Aufrechterhaltung ihres Besitzes haben, mehr. Das sagte er auch Schakowskoi.

Wir redeten anderthalb Stunden – vorher nie solange; ich entsann mich nicht einmal mehr seines Gesichts, des schüchternen Gesichts Brussilows, wenn er das eine Auge zukneift. Sehr klug, einschmeichelnd, gute Manieren, spricht auch sehr gut Französisch und Englisch, man sieht, daß er zu sprechen gewohnt ist. Er gab mir sein Wort, nicht zu schlafen – (muß aber kurz gehalten werden, sagt unser Freund, damit der Stolz nicht alles verdirbt.) Ich sprach sehr offen mit ihm, daß Deine Befehle ständig nicht befolgt, beiseite gelegt werden, wie schwer es sei, den Leuten zu glauben, Versprechen würden gemacht und nicht gehalten. Ich bin kein bißchen furchtsam mehr vor den Ministern und rede wie ein Wasserfall auf russisch!!! Sie sind auch freundlich genug, nicht über meine Fehler zu lachen. Sie sehen, ich bin energisch und erzähle Dir alles, was ich sehe und höre, und daß ich ein Schutzwall hinter Dir bin, und zwar ein sehr starker. Durch Gottes Gnade hoffe ich, Dir ein ganz klein wenig nützlich zu sein. Schakowskoi bat mich, kommen zu dürfen, wenn er irgendwelche wichtigen Anfragen hätte, auch Bobrinsky, dieser will es auch. Stürmer kommt jede Woche, und vielleicht kann ich sie so veranlassen, zusammenzuhalten. Ich bin eigensinnig und wiederhole immer und immer dasselbe, unser Freund hilft mit seinem Rat (möchten sie fortfahren, stets auf ihn zu hören!). – Alles wird und soll werden, Liebster.

Protopopow sieht sich nach einem Nachfolger für Obolensky um, es ist mehr als nötig – er nannte Spiridowitsch, aber ich sagte ihm, daß wir beide schon vorher davon gesprochen hätten und ihn für Jalta geeigneter fänden als für die Hauptstadt. Er hat Obolensky gesagt, daß er jeden Morgen zu ihm kommen solle, gab ihm Befehle wegen der Tumultuanten in der Stadt, die Nahrungsmittel vorher einzuteilen – das Volk unter Obdach, in Höfen, und nicht draußen auf den Straßen zu halten. Bisher hat er nichts getan, was ihm unangenehm gewesen wäre. –

Ich möchte es nicht immer wiederholen, es wird Dir langweilig, aber er ist ein Mann, der arbeiten will; er versprach, aufrichtig zu sein, möchte er es beweisen (die Feder hat mich schmutzig gemacht!), übergib es aber nicht militärischen Händen – ich bin überzeugt, Protopopow wird mit dieser Frage fertig werden, er wird alles tun, was in seiner Macht steht, damit es gelingt. Bobrinsky ist sehr ergeben, aber ziemlich alt – zusammen werden sie es schaffen. Schakowskoi, der Schafskopf, hat gehofft, Minister des Innern zu werden, wie mir unser Freund sagt, deswegen hat er etwas gegen Protopopow, trotzdem er ein alter Freund von ihm ist. Ich soll ihn dazu anhalten, mit den anderen zu arbeiten, er bat mich darum. (Ich tat es schon Dienstag.) Geliebter, alles, was in meiner Macht steht, werde ich tun, um Dir zu helfen, oft gelingt dies einer Frau, wenn der Mann auf sie sieht. Sie wissen, daß sie mit mir zu rechnen haben als Deinem Schutz, Deinem Auge und Ohr hinter Dir. – Es ist besser, die Lebensmittelzufuhr bleibt in der Hand der Zivilverwaltung und alles Militärische dem aktiven Heer. Dem Minister des Innern ist alles aus der Hand genommen, jetzt hat es Bobrinsky. Dafür werden sie nun gemeinsam handeln, wie sie schon mit dem Telegramm den Anfang gemacht haben. Ihre Gehilfen waren äußerst mißvergnügt, aber der Befehl, das Telegramm zu befördern, war gegeben. Man darf nichts provozieren, und militärische Maßnahmen können auch ungewollt zu hart sein, wenn sie am falschen Platze erteilt werden, und sie könnten den Gouverneuren, Vizegouverneuren usw. keine Befehle geben. – Nein, ich glaube, über diesen Punkt kannst Du jetzt ruhig sein, unser Freund meint das auch.

Gestern hatten wir einen reizenden Abend und waren so sehr traurig, daß Du nicht bei uns sein konntest, es wäre für Dich ein Ausruhen, ein Aufrichten gewesen! Es war außerdem ein Bischof da, ein alter Mann und Freund von ihm. Sehr erleuchtet und daher verfolgt und angeklagt (Wjatka), weil er Frauen geküßt habe usw. Er tat das wie unser Freund, die Leute vergangener Zeiten küßten gleichfalls alle. Lies die Apostel, auch sie küssen alle zum Willkomm. Also gut, nun schickte Pitirim nach ihm und reinigte ihn vollkommen. Er steht viel höher als der Metropolit... Es lag ein solcher Friede in der Luft, ich sehnte mich so nach Deiner geliebten Gegenwart – für Dich wäre es Ruhe gewesen, nach all Deinen endlosen Aufregungen und der Arbeit – so wunderschöne Gespräche! –

Sie sprachen von der Heiligen Jungfrau – sie hat nie irgend etwas geschrieben, so wie sie auch war – schon ihre Existenz, ihr bloßes Sein war Wunder genug – mehr bedurfte es nicht – nie sprach sie von sich selbst (und ihr Leben ist unserem Geiste bekannt). – Eben erhielt ich Deinen kostbaren Brief – ich bin so sehr glücklich, daß Du weniger traurig bist. Wie schrecklich ist es uns, nicht bei Dir sein zu können, alles mußt Du allein tragen, hast keine Seele, die Deine Sorgen teilt. Sprich mit N. P., er soll Dir nützen, unser Freund hat ihn gelehrt, die Dinge leichter zu verstehen, und er hat sich die letzten Monate, mit der großen Verantwortung auf den Schultern, sehr entwickelt. Ja, ich glaube, Du tust recht, den Angriff aufzuhalten und vom Süden aus ans Werk zu gehen. Wir müssen noch vor dem Winter nach den Karpaten vorstoßen, denn jetzt ist es dort schon sehr kalt . . .

Dann sagte unser Freund noch: General Suchomlinow solle freigelassen werden, so daß er nicht im Kerker sterbe, sonst wäre das unmild. Man solle sich niemals fürchten, Gefangene freizugeben und Sünder einem rechten Lebenswandel zurückzugeben, Gefangene würden durch ihre Leiden vor Gottes Antlitz edler als wir. Das sind mehr oder weniger seine Worte. Jeder, auch der verworfenste Sünder, hat Momente, wo seine Seele sich erhebt und durch ihr furchtbares Leiden geläutert wird – dann muß ihnen die Hand gereicht werden, um sie zu retten, bevor sie verloren sind in Bitternis und Verzweiflung. Ich habe die Bittschrift von Frau Suchomlinow an Dich – wünschst Du, daß ich sie Dir sende? Sechs Monate ist er im Gefängnis, Strafe genug (da er kein Spion ist) für all das Unrecht, das er getan hat. Er ist alt, zusammengebrochen, und es wäre schrecklich, wenn er im Gefängnis stürbe. Befiehl, daß er geholt und unter starker Bewachung in seinem eigenen Hause gehalten wird, ohne viel Lärm, bitte, meine Taube.

Zarskoje Selo, 24. September 1916

Liebster, unser Freund ist ganz außer sich, daß Brussilow nicht auf Deinen Befehl gehört hat, den Vormarsch einzustellen. Er sagt, Du hättest vom Himmel die Weisung erhalten, die Karpaten noch vor Eintritt des Winters überschreiten zu lassen, Gott würde es segnen – und nun wieder diese nutzlosen Verluste.

Hatte gestern Madame Orjewsky eine Stunde bei mir und dann den Nicky von Griechenland. Er geht morgen fort – hofft, Du erhieltest seinen letzten Brief, da Du nicht telegraphiertest. Will heute wieder schreiben. – Ich muß sagen, unsere Diplomaten benehmen sich schamlos, und wenn Tino hinausgeworfen wird, ist es unsere Schuld – schrecklich und ungerecht. – Wie dürfen wir uns in die Innenpolitik eines Landes einmischen und es durch Zwang dahin bringen, daß eine Regierung weggeschickt wird, und intrigieren, daß ein Revolutionär auf seinen Posten zurückkehrt? Ich denke, wenn Du die französische Regierung dazu bringen könntest, Sarrail abzuberufen (das ist meine Privatmeinung), würden die Dinge da unten sich sofort beruhigen. Es ist eine schreckliche Intrige der Freimaurer, deren Mitglieder der fr. General und Venizelos sind – und viele Ägypter und reiche Griechen usw., die Geld gesammelt und sogar die »Nowoje Wremja« und andere Blätter bezahlt haben, um schlecht zu schreiben und gute Artikel über Tino und Griechenland zu verbieten. Pfui der Schande!

*

Graf Alexander Paulowitsch Kutaissow, der im folgenden Brief erwähnt wird, ist Wirklicher Staatsrat und Kammerherr, Rauch Generalleutnant, Kaledin ist der später durch seinen Feldzug gegen die Bolschewisten bekannt gewordene Kosakenhetman, Adrianow ist Generalmajor à la suite des Zaren. General Komarow-Kurlow ist von Protopopow mit der Leitung des Polizeidepartements im Ministerium des Innern beauftragt.

Zarskoje Selo, 25. September 1916

Mein einzig Geliebter!

Graues, trübes Wetter – die Blätter fallen immer dichter, es ist so traurig.

Liebling, gestern sah ich Kutaissow bei mir, und wir sprachen lange zusammen – dann erzählte mir Paul von interessanten Briefen von Rauch und Rimsky; auch von anderen habe ich gehört, und alle sagen dasselbe, es wäre ein zweites Verdun, wir opferten Tausende von Leben für nichts aus purem Eigensinn. Bitte, gib Brussilow noch einmal den Befehl – hemme dies nutzlose Gemetzel – die Jüngeren fühlen, daß ihre Vorgesetzten nicht den geringsten Glauben an Erfolg mehr haben – warum den Irrsinn der Deutschen vor Verdun wiederholen? Dein so kluger, von unserem Freund gebilligter Plan, Halicz, die Karpaten, die Donau, Rumänien, halte daran fest, Du bist der oberste Herr, und alle werden Dir auf den Knien danken. Unsere ruhmreiche Garde! Diese unbezwinglichen Sümpfe – offene Strecken, kein Verbergen möglich, wenig Wälder, bald fallen die Blätter, und dann ist kein rettender Schutz beim Vormarsch. Weit um die Sümpfe herum müssen die Leute geschickt werden, furchtbar ist der Geruch all der unbegrabenen Kameraden!! Unsere Generäle schätzen die Menschenleben gar nicht mehr – abgehärtet durch die Verluste – und das ist Sünde. – Etwas anderes, wenn Du von einem Erfolg überzeugt wärst. Gott segne Dein Vorhaben, führe es aus – schone all die Leben – Süßer, ich weiß ja nichts – aber ist Kaledin für den Platz der richtige Mann, wo alles so schwierig ist?

Nun aber von was anderem. Ich suche nach einem Manne an Obolenskys Stelle (nebenbei bemerkt: er verlangte, mich aufzusuchen – sehr unangenehm, aber es ist nicht meine Sache, über ihn zu sprechen). Wäre es nichts mit Adrianow? Ist er noch in der Suite? Er war vollkommen rehabilitiert, und macht es was, daß er vor Gericht stand? Er ist ja durchaus rein daraus hervorgegangen. Solltest Du nichts gegen diesen Vorschlag haben, so telegraphiere umgehend als Zustimmung: No. I ja. Ich werde ihn dann St. vorschlagen, und er kann mit dem Minister des Innern sprechen; nicht, als wäre es Dein Befehl, sondern daß Du nichts gegen ihn hättest. In Moskau war er sehr gut, Dschunkowsky versuchte, ihm und Jussupow den Hals zu brechen – von allen war noch A. am wenigsten schuld. Du kannst aber das alles am besten selbst beurteilen. – Und wie wäre es, wenn man Obolensky, um mit ihm Schluß zu machen, an Komarows Stelle setzte? Ich glaube kaum, daß er alt werden wird, und wenn er mit dem Leben davonkommt, so wird er Invalide sein. Ein ausgezeichneter Platz, Preobraschensky, und ich halte ihn gerade dafür geeignet. Bist Du damit einverstanden, so telegraphiere: No. II ja ...

Die Kinder sind alle zur Kirche gegangen – mir ist es noch nicht möglich – wie ärgerlich!

✻

Der Bankier Rubinstein wird von der Geheimspionageorganisation des Generals Batjuschin ohne Angabe von Gründen verhaftet und fünf Monate ins Gefängnis gesperrt. Suchomlinow ist noch immer nicht freigelassen worden.

Zarskoje Selo, 26. September 1916

Protopopow möchte Dich sprechen – sage ihm doch, er solle Suchoml. freilassen, er meint, es könne gleich geschehen, er wird es dem Justizminister sagen. Schreibe Dir es auf, damit Du daran denkst, wenn Du ihn siehst, ebenso auch wegen Rubinstein, daß er stillschweigend nach Sibirien verschickt wird und nicht noch zur Aufreizung der Juden hierbleibt. – Protopopow ist mit der Art, wie unser Freund die Frage betrachtet, ganz einverstanden. Prot. ist der Meinung, es sei Gutschkow, der das Militär aufgehetzt habe, den Mann zu fassen, in der Hoffnung, Beweise gegen unseren Freund zu finden. Sicherlich hat er schmutzige Geldgeschäfte gemacht – aber nicht er allein. –
Laß den Mann offen mit Dir sprechen, ich sagte ihm, Du wünschstest das immer, geradeso wie ich ...
Der Synod überreichte mir ein reizendes altes Heiligenbild, Pitirim verlas ein schönes Schreiben – ich murmelte eine Antwort. Ich freute mich sehr, den lieben Schawelsky zu sehen. Unser Freund grämt sich, daß man auf Dich nicht gehört hat (Brussilow). Dein erster Gedanke, eine Änderung herbeizuführen, war der richtige, schade, daß Du nachgabst. Er nahm das Bild der Jungfrau, segnete Dich von fern und sagte: »Möge dort die Sonne aufgehen.« A. brachte eben diese Nachricht aus der Stadt und küßt Dich. – Obolenskys Frau bestürmte unseren Freund mit Tränen, weil ihr Mann geht, und bittet um eine gute Stelle für ihn. –

Zarskoje Selo, 27. September 1916

Warum kannst Du Poincare (den Präsidenten) nicht bitten, Sarrail abzuberufen, laß auch England und Frankreich darauf bestehen (dies meine Idee) – veranlasse, daß sie Tino, den König, verteidigen und es nicht mit Venizelos, dem Revolutinär und Freimaurer, halten. Rufe Stürmer, denn zu schreiben ist es zu schwirig – gib ihm scharfe Instruktionen. Wir benehmen uns sehr unfair, und ich begreife, daß der arme Tino ganz wirr ist.

Nimm meine kleine Liste zur Hand – unser Freund bittet Dich, über all diese Dinge mit Protopopow zu sprechen, und es wäre sehr gut, wenn Du unseren Freund erwähntest, daß er auf ihn hört und seinem Rat vertraut. Laß ihn fühlen, daß Du seinen Namen nicht scheust. Ich sprach sehr ruhig von ihm – er kam zu ihm, als er vor einigen Jahren sehr krank war ...

Sprich mit Pr. über:
1. Such. Freilassung.
2. Rubinsteins Verschickung.
3. Präfekt.
4. Erhöhung der Beamtengehälter, als durch Deine Güte gewährt, nicht von den Ministern.
5. Strikten Befehl wegen Lebensmittelzufuhr, ganz streng, daß alles in Ordnung gebracht wird, Du befiehlst es.
6. Sage ihm, er solle unseres Freundes Ratschläge hören, es würde ihm zum Segen gereichen und sein Werk fördern und das Deinige – bitte, sage ihm dies, laß ihn sehen, daß Du auf ihn vertraust –, er kennt ihn schon seit einigen Jahren.

Lege diesen Zettel vor Dich hin.

Zarskoje Selo, 28. September 1916

Süßer, denke Dir nur, Obolensky bat unseren Freund um seinen Besuch und sandte ihm ein herrliches Auto. Er empfing ihn zunächst sehr nervös, und dann sprach er mehr und mehr, bis er am Ende der Stunde zu weinen begann – dann ging Gr. weg, daß er sah, daß dies der Moment war für die Umkehr einer Seele. – Er sprach über alles, offen, wie er sein Bestes versucht habe, obgleich ohne Erfolg, daß er gehört habe, man wünsche von ihm, er solle »die Decken in den Palästen malen« (wahrscheinlich hat jemand sich dasselbe wie wir ausgedacht) – aber das sei kein Problem für ihn – er wünsche, an dem zu arbeiten, was er gewöhnt sei – und sein großer Traum sei, Generalgouverneur von Finnland zu werden. Er würde immer unseren Freund bei allem um Rat fragen. Er schimpfte auf Ania und war bestürzt, als ihm unser Freund sagte, sie sei von

Gott, und sie habe so gelitten. Dann zeigte er die zwanzig Briefe, die ihm unser Freund in den letzten Jahren geschickt hat mit Petitionen, alle zierlich verschnürt – und sagte, er hätte sie erfüllt, wenn er gekonnt hätte – als Gr. ihn nach Bestechungsgeldern fragte, sagte er, nein, aber sein Gehilfe habe viel genommen. – Ich konnte nicht über den Gedanken hinwegkommen, daß er, der stolze Mann, umgekippt ist, weil er in seinem Jammer fühlt, daß er nur bei ihm Kraft finden würde ...

Ich bin so froh, daß an der Front nichts vorgekommen ist – war so ängstlich; die Linksbewegung ist die klügste, denn um Brody herum ist alles so furchtbar befestigt, es müßte sehr schwere Artillerie dagegen eingesetzt werden – eine wahre Mauer.

Dank, Lieber, für die Erklärung über Brussilow, ich hatte es vorher nicht ganz gefaßt. Auf jeden Fall handle nach Deinen Ideen, sagt unser Freund, denn Deine ersten sind immer die richtigsten.

Zarskoje Selo, 29. September 1916

Mein einzig Geliebter!

Grau und stürmisch, Barometer sehr niedrig seit zwei Tagen, und jeder von uns, der mit dem Herzen zu tun hat, fühlt es mehr. Lag gestern bis sechs zu Bett. – St. saß eine dreiviertel Stunde bei mir. Nichts Besonderes. Er sprach von vielen Dingen – ich legte ihm mit Schärfe meine Meinung über Griechenland dar – Suchomlinow – die Minister – Teuerung – die Gefangenen – Gutschkow, alle einschließlich der Dumaleute wissen, daß er mit Alex. korrespondiert, und es wirft bei Gutgesinnten einen tiefen Schatten auf Al. Man sieht die Spinne G. und Poliw. ein Netz um Al. spinnen und sehnt sich danach, ihm die Augen zu öffnen und ihn herauszuziehen. Du kannst ihn retten – ich hoffe sehr ernstlich, daß Du mit ihm wegen der Briefe gesprochen hast. – Habe Dir nichts Interessantes zu erzählen – lasse meine Lampe brennen, gestern auch, es ist so schrecklich dunkel und trübe; – es gießt.

Zarskoje Selo, 12. Oktober 1916
Mein einziger Liebling!

Mit sehr schwerem Herzen lasse ich Dich wieder ziehen – wie ich dies Abschiednehmen hasse, es reißt einen in Stücke. Gott sei Dank ist Babys Nase in Ordnung, so daß das wenigstens ein Trost ist. Mein Lieb, ich liebe Dich so über alle Worte; zweiundzwanzig Jahre haben dieses Gefühl ständig verstärkt, und Deine Abfahrt schmerzt mich geradezu. Du bist so einsam unter dieser Masse Menschen – so wenig Wärme ringsum. Wie ich wünschte, Du hättest nur für zwei Tage kommen können, um unseres Freundes Segen zu empfangen, es würde Dir neue Stärke verliehen haben – ich weiß, daß Du tapfer bist und geduldig – aber menschlich – und eine Berührung Seiner Wange mit Deiner würde viel Schmerz gelindert und Dir neue Weisheit und Stärke von oben gegeben haben – das sind keine leeren Worte – sondern meine festeste Überzeugung. Alex. kann für ein paar Tage ohne Dich auskommen. O Männchen, Mann – tue diesem nutzlosen Blutvergießen Einhalt – warum rennen sie gegen eine Mauer, man muß den guten Augenblick abwarten und nicht immer und immer blind drauflosgehen. Vergib, daß ich das sage, aber alle fühlen es. – Du brauchst niemand sonst zu empfangen, ausgenommen Protop. Das würde gut sein, oder schicke nochmals nach ihm, lasse ihn öfter zu Dir sprechen, Deinen Rat einholen, Dir seine Absichten erzählen, es wird dem Mann ungeheuer helfen. Es ist zu Deinem Besten und dem unserer teuren Länder, daß ich all dies sage, nicht aus Sehnsucht, Dich zu sehen (dieser Wunsch, weißt Du, wird ewig bestehen). Aber ich glaube zu sehr an den Frieden, den unser Freund spenden kann, und Du bist moralisch erschöpft, Du kannst Dein altes Frauchen nicht täuschen!

Zarskoje Selo, 16. Oktober 1916
Wärmer heute, aber grau. Waren während der Hälfte des Gottesdienstes in unserer unteren Kirche und gingen dann ins Lazarett. Sahen Wesselowsky. – Schlimm manche Dinge, die er erzählt und andere junge Leute, was da im Kriege ge-

schieht – lieber Himmel, ich verstehe, daß ihre Nerven nachlassen, – keine Einigkeit, keine Zuversicht unter den Offizieren, Befehle, Gegenbefehle, mangelndes Vertrauen zu dem, was sie hören – wirklich sehr schlimm. Ach, dieser Mangel an Erziehung ist ein Jammer – jeder für sich selber – nie zusammen.

Zarskoje Selo, 17. Oktober 1916

Ich bin so froh, daß Du an Tino telegraphiert hast, es wird ihm helfen und ihm Mut verleihen.

*

Großfürst Nikolai Nikolajewitsch verläßt den Kaukasus und tritt eine Reise ins Hauptquartier an.

Zarskoje Selo, 25. Oktober 1916

Für Dich gibt es leider kein Ausruhen, so viel harte Arbeit! Und jetzt diese Geschichte wegen Polen, aber Gott schickt die Dinge zu unserem Besten, und so will ich hoffen, daß auch dies auf die eine oder andere Art zum Besten sein wird. Ihre Truppen werden nicht gegen uns kämpfen, es wird Aufruhr, Revolution, alles geben, was Du willst – das ist meine persönliche Meinung –, werde herausfinden, was unser Freund zu sagen hat.

Liebling, leb wohl, und Gott helfe Dir. – Es gefällt mir gar nicht, daß Nikol. ins Hauptquartier kommt – möge er mit seinen Leuten nichts Schlimmeres im Schilde führen. Erlaube ihm nicht, irgendwohin zu gehen, sondern schicke ihn direkt zurück nach dem Kaukasus – sonst wird die Revolutionspartei ihn wieder auf den Schild heben – und man fing gerade an, ihn zu vergessen; ihm und Sassonow haben wir für die polnische Frage zu danken – schaffe Zamoyski weg, wenn er kommt. –

Gott segne Deine Reise. Mein Herz ist sehr schwer. Ich überschütte Dich mit endlosen, glühenden Küssen. Kann es nicht ertragen, daß Du fortwährend Sorgen und Ängste hast und weit weg bist – aber Herz und Seele sind Dir immer nahe, brennen vor Liebe. – Ewig, mein Liebling, mein Sonnenlicht, Dein einziges altes Frauchen.

Zarskoje Selo, 29. Oktober 1916

Mein geliebter Schatz!

All meine zärtlichen Gedanken sind bei Dir. – Ich habe gelesen, was die deutschen Zeitungen über die polnische Frage sagen, und wie mißfällig sie darüber urteilen, daß Wilhelm es ohne Anhören der Meinung des Landes und seiner Gefühle tat, es werde für immer ein Gegenstand feindseliger Gefühle zwischen unseren beiden Ländern sein usw. Andere sehen es als ganz und gar nicht ernsthaft und höchst unbestimmt an – und ich denke, W. hat einen fürchterlichen Mißgriff begangen und wird schwer dafür leiden. Die Polen werden sich einem deutschen Fürsten nicht unterwerfen und einem eisernen Regime unter vorgeblicher Freiheit. – Wie viele vernünftige Russen, u. a. Schakowskoi, segnen Dich, daß Du nicht auf die gehört hast, die Dich baten, Polen die Freiheit zu geben, als es nicht mehr uns gehörte, da das vollkommen lächerlich gewesen wäre – und sie haben durchaus recht ...

Du weißt, daß Bontsch-Brujewitsch im ganzen einen guten Eindruck auf mich machte, und ich war doch nicht günstig ihm gegenüber gesinnt, nach all dem, was man gesagt hatte – und ich sagte es ihm ganz offen. Wir hatten etwa eine Stunde lang eine interessante Unterhaltung. Jetzt werde ich einige von den Sachen erwähnen, und Du ziehst Deinen Nutzen daraus und versuchst, die Dinge geregelt und abgeändert zu bekommen, nur sage Alex. nicht, daß Du es von mir gehört hast – er hat genug Schaden damit angerichtet, daß er diese Lüge Iwanow erzählte, und ich fühle, dieser Mann liebt mich nicht. Wir sprachen über den schwarzen Danilow – er sagt, es ist nur ein Mann für Kanzleiarbeit – keine lebendige Arbeit, immer Papier und kein gutes Element, der alte Rußky, der ziemlich schwächlich ist (schlechte Gewohnheit des Kokainschnupfens) und faul, hat eine starke energische rechte Hand nötig, um die Dinge in Gang zu halten – gute Leute sind weggeschickt worden – und andere sind gegangen, da sie nicht unter Danilow weiter arbeiten wollen.

Er erzählte mir, warum R. darauf bestand, daß Dan. bei ihm bleiben solle – Protektion, Beziehungen zu einer Frau oder irgend etwas Derartiges (habe schon wieder vergessen, was er sagte), aber es war nicht wegen seiner Geistesgaben, daß er ihn nahm. –

Unter Kurop. war der Nachrichtendienst fast völlig abgeschafft und ganz schwach. Früher wußten sie gewöhnlich alles, was in Finnland, Schweden, den baltischen Provinzen vorging – jetzt wissen sie kaum etwas. Gegenspionage wird kaum getrieben; es wird nur geschrieben – Papiere, Papiere, Paragraphenjagd – kein Leben. – Die drei Leute von der Gegenspionage in Petr. arbeiteten früher und B.-Br. mit einem Haufen anderer und sehr gut, wenn sie geführt und überwacht waren, aber als er fortgenommen wurde, hat das alles aufgehört. Die drei sind nun von Alex. eingesetzt, handeln als seine persönliche Stabsgegenspionage und verhaften nach seinen Befehlen Leute, sperren sie ein usw. und machen dann ihre Berichte nach Mohilew – das ist nicht nett, und jetzt verstehe ich allerhand Dinge, die nicht nach Recht vor sich gehen.

Stelle Dir vor, Rußky und sein Stab haben keinen aktiven Operationsplan. Ich fragte, warum sie nicht vorrücken, da Du doch Kurop. und R. den Befehl gegeben hättest, das zu tun – er sagt, es wäre vollkommen möglich, wir hätten weit mehr Truppen als die Deutschen. Sie bildeten ihre jungen Soldaten nahe den Schützengräben aus; um uns vorzutäuschen, daß Mengen da sind. R. ist mit seiner Stellung zufrieden, seine ehrgeizige Frau würde es nicht ertragen, wenn er sie einbüßt, und so zieht er es vor, ruhig festzusitzen, arbeitet nur zwei Stunden am Tage – ein guter, ehrlicher Mann, es braucht aber einen starken, richtigen Mann, um ihn in Gang zu setzen.

Sie vernachlässigen vollständig die Frage des Lebensmittelnachschubs, sagen, das Zivilministerium muß ihnen liefern – ganz verkehrt. –

Kannst Du Dir ein Bild aus dem machen, was ich schreibe? Es ist so schwer, Unterhaltungen wiederzugeben. Er schrieb mir die Punkte nieder, da ich sie zu vergessen fürchtete. Ich kann nur sagen, daß ich froh bin, seine Bekanntschaft gemacht zu haben, und von Herzen wünsche, Du könntest ihn sehen, er würde Dir vieles erzählen, was ich nicht wiederholen kann, so kompliziert und lang ist das alles. Er erbittet und wünscht nichts, nur in Deinem Interesse und zu Deinem Besten bat er, mich zu sehen, um alles auszusprechen. Er ist sehr geschickt, und man kann leicht mit ihm sprechen – aber er sagte mancherlei trübe Dinge, die man auch anderswo hört. –

Solche Unehrlichkeit überall. – Er sagt, in dieser Armee sei alles sehr schwach und desorganisiert, aber er glaube, wenn der Alte eine starke Hilfe bekomme, könne vieles zum Guten gewandt werden. Und die Truppen monatelang ohne Bewegung zu halten, wenn sie Erfolg haben könnten, sagt er, sei demoralisierend.

Immer Kontraste – Extreme.

*

In Petersburg treten am 1. November alter Zeitrechnung (14.) Duma und Reichsrat wieder zusammen. Die Zarin sucht ihren Angriffen zuvorzukommen, indem sie mit Stürmer ein Reskript verabredet, das aus der Organisaiton für die Lebensmittelversorgung die Selbstverwaltungsverbände ausschaltet und sie ganz Protopopow überträgt. Dieser Plan mißlingt, Protopopow selbst zögert.

Zarskoje Selo, 30. Oktober 1916

Mein einziger Liebling!

Vergib mir, was ich getan habe – aber ich mußte es tun –, unser Freund sagte, es sei unbedingt nötig. Protopopow ist in Verzweiflung, daß er Dir neulich das Patent gegeben hat, er dachte, das Rechte zu tun, bis Gr. ihn erzählte, daß es ganz verkehrt sei. Nun sprach ich mit Stürmer gestern, und sie glauben beide vollständig an unseres Freundes wundervolle, gottgesandte Weisheit. St. schickt Dir durch diesen Boten ein neues Patent zur Unterschrift, das die ganze Lebensmittelversorgung jetzt auf einmal dem Minister des Innern überträgt.

St. bittet Dich, es zu unterzeichnen und sofort mit dem Zug um halb fünf zurückzusenden, es wird zeitig kommen, bevor die Duma am Dienstag zusammentritt. Ich mußte diesen Schritt auf mich nehmen, da Gr. sagt, Protop. wird alles in Händen halten und all die Verbände aufheben und dadurch Rußland erretten. Deshalb muß es in seinen Händen liegen; obwohl es sehr schwierig ist, muß es getan werden. In Bobr.s Händen würde es nicht funktionieren. Vertraue unserem Freunde. Er wird Protop. helfen, und St. ist ganz einverstanden.

Vergib mir, aber ich mußte diese Verantwortung Dir zuliebe auf mich nehmen. Die Duma würde darauf bestehen, daß es in einer Hand und nicht in drei Händen liege, so ist es besser, Du gibst es vorher geradewegs an Protop. Gott würde diese Wahl segnen. –

St. hegt große Befürchtungen wegen der Duma, und ihre Tagesordnung ist übel, revolutionär – sie (die Minister) hoffen, ihren Einfluß dahin auszuüben, daß sie geändert wird. Sie wollen z. B. sagen, daß sie nicht mit solchen Ministern arbeiten könnten – welch ungeheure Unverschämtheit.

Es wird eine üble Duma sein – aber man muß sie nicht fürchten; wenn sie zu übel wird, schließt man sie eben. Es ist Krieg auch für sie, und wir müssen stark bleiben. – Sage mir, Du bist nicht ärgerlich – aber diese Leute hören auf mich, und, wenn wir von unserem Freunde geleitet werden, muß es recht sein – sie, Pr. und St., beugen sich vor seiner Weisheit.

Mein Kopf schmerzt, und ich fühle mich stumpfsinnig, schreibe also unklar, fürchte ich. – Erhalte eben Deinen kostbaren Brief aus Kiew. Millionenmal herzlichen Dank.

Zarskoje Selo, 31. Oktober 1916

Geliebter Liebling!

Unser Freund bittet Dich, unter allen Umständen die Geschichte mit Suchomlinow einstellen zu lassen, sonst haben Gutschkow und andere vor, häßliche Dinge zu sagen – tu es deshalb sofort, telegraphiere an Stürmer, ich denke, es geht ihn zunächst an? Telegraphiere folgendes:

»Nachdem ich mich selbst mit den Grundlagen der vorläufigen Untersuchungen in Sachen des früheren Kriegsministers, General Suchomlinow, bekanntgemacht habe, finde ich, daß absolut keine Gründe für die gegen ihn erhobenen Beschuldigungen vorliegen, und ersuche daher, daß das Verfahren gegen ihn eingestellt wird.«

Diese Dinge müssen erledigt sein, ehe die Duma morgen nachmittag zusammentritt.

Ich komme mir grausam vor, indem ich Dich behellige, mein süßer, geduldiger Engel – aber all meine Hoffnung liegt bei unserem Freund, der nur an Dich, Baby und Rußland denkt. – Und geleitet durch ihn, werden wir durch diese schwere Zeit kommen. Es wird harte Kämpfe kosten, aber ein Mann Gottes ist nahe, um Dein Schifflein sicher durch die Klippen zu lenken – und Dein kleiner Sonnenschein steht wie ein Felsen hinter Dir, fest und unerschütterlich, voll Entschluß, Vertrauen und Liebe, um für ihre Lieblinge und unser Land zu kämpfen. Ich werde schnell eine halbe Stunde ausfahren, um meinen Kopf für Protopopow klarzumachen. Gott wird Deine Sache schützen.

Zarskoje Selo, 1. November 1916

Unser Freund ist furchtbar ärgerlich über Protopopow, der aus Feigheit nicht bekanntgegeben haben wollte, daß die Lebensmittelversorgung jetzt ihm übertragen werden würde – mit Rücksicht auf die Duma, und unser Freund hatte ihm gesagt, er könne erklären, er habe sie übernommen und hoffe, in etwa einer Woche würde alles befriedigend geordnet sein. Protopopow möchte sie erst in zwei Wochen übernehmen – was verrückt ist.

∗

Die Katastrophe rückt näher. Großfürst Nikolai Michailowitsch reist ins Hauptquartier nach Mohilew und sucht den Zaren unter Hinweis auf die Rolle Rasputins und ihre Beurteilung im Lande gegen die Zarin aufzuhetzen. Nach seiner Rückkehr bricht in der Eröffnungssitzung der Duma ein Sturm gegen den

Ministerpräsidenten los, der in Gegenwart des als Kronzeugen genannten britischen Botschafters Sir George Buchanan geheimer Verhandlungen mit Deutschland angeklagt wird. Der bisherige und jetzt wiedergewählte Präsident der Duma, Rodzianko, erklärt in diesem Zusammenhang, Rußland werde seine Verbündeten nicht verraten, es weise jeden Gedanken an einen Sonderfrieden mit Entrüstung zurück. Miljukow, der Führer der Kadetten, beschuldigt Stürmer direkt des Verrats. Man habe ihm bei seiner Auslandsreise in London versichert, daß die Feinde Rußlands in letzter Zeit über alle wichtigen Geheimnisse genau auf dem laufenden gehalten worden seien. Als ihre Informationsquelle nennt er nicht die Zarin, wohl aber »eine Handvoll mystischer Individuen«, darunter Rasputin, Pitirim und Stürmer.

Zarskoje Selo, 4. November 1916

Mein einzig geliebter Engel!

Wärmsten Dank für Deinen eben erhaltenen lieben Brief. Ich lese von Nikolai und bin im höchsten Grade empört. Du hättest ihn in der Mitte seiner Rede unterbrechen und ihm sagen sollen, daß, wenn er noch ein einziges Mal diesen Gegenstand oder mich hineinzieht, Du ihn nach Sibirien schicken wirst – da es an Hochverrat grenzt. Er hat mich immer gehaßt und seit zweiundzwanzig Jahren schlecht von mir geredet, auch im Klub (diese selbe Unterhaltung hatte ich in diesem Jahre mit ihm) – aber im Kriege und in solchen Zeiten sich hinter Deine Mama und Deine Schwester zu stecken und nicht tapfer (ob mit oder ohne Zustimmung) für seines Kaisers Weib einzutreten – ist scheußlich und verräterisch. Er fühlt, daß die Leute mit mir rechnen, mich zu verstehen beginnen und nach meiner Meinung fragen, und das kann er nicht vertragen. Er ist die Verkörperung alles dessen, was schlecht ist, alle ergebenen Leute hassen ihn, selbst die, die uns nicht sehr lieben, ekelt er mit seinen Reden an. – Und Fred. ist alt und zu nichts nutze, und kann ihn nicht einsperren und ihm den Kopf waschen, und Du bist viel zu gut und nachsichtig und weich – solch ein Mann muß in Furcht vor Dir gehalten werden – er und Nikolascha sind meine größten Feinde in der Familie, abgesehen von den schwarzen Weibern – und Sergei. – Er konnte einfach Ania und mich nicht ertragen – nicht so sehr die kalten Zimmer, das versichere ich Dir. Ich mach mir nichts aus persönlicher Unanständigkeit, aber als Dein erwähltes Weib – sie dürfen es nicht, mein Liebling. Du mußt für mich einstehen, in Deinem und Babys Interesse. Hätten wir Ihn nicht, wäre alles längst zu Ende, davon bin ich tief durchdrungen. – Ich sehe ihn einen Augenblick vor Stürmer. Der arme alte Mann wird über die gemeine Art sprechen, in der sie mit ihm und über ihn in der Duma reden. – Miljukows Rede gestern, als er Buchanans Wort zitierte, daß Stürmer ein Verräter sei, und Buch., dem er sich in seiner Loge zuwendete, hielt den Mund – häßliches Benehmen. Wir durchleben die härtesten Zeiten, aber Gott wird uns durchhelfen, ich bin furchtlos. Laß sie schreien – wir müssen zeigen, daß wir keine Furcht haben und fest sind. Dein Frauchen ist Deine Stärke und steht wie ein Fels hinter Dir. Ich werde unseren Freund fragen, ob er denkt, es sei empfehlenswert, daß ich in etwa einer Woche fahre, da Du nicht wegkommen kannst – oder ob ich hierbleiben soll, um dem »schwachen« Minister zu helfen. Sie haben Rodzianko wiedergewählt, und seine Reden und das, was er zu den Ministern sagt, ist ganz übel.

Und Alexejew krank – alles Ungemach zugleich – aber Gott wird Dich und unser geliebtes Land nicht verlassen dank der Gebete und der Hilfe unseres Freundes.

Zarskoje Selo, 5. November 1916
Die Grundsteinlegung von Anias Kirche war nett, unser Freund war da und der nette Bischof Isidor – der Bischof Melchisedek und unser Priester usw. waren da. – Ich werde heute Grigori einen Augenblick sehen. – Stürmer ist sehr verstimmt und unglücklich, daß sie Dich so ärgern, und obendrein seinetwegen. Ich munterte ihn auf und machte ihn ruhiger und voll guter Vorsätze. Er findet, Rodzianko sollte sein Hofrang genommen werden, weil er diesen üblen Gesellen nicht Einhalt getan hat, als sie in der Duma so starke Dinge und häßliche

Unterstellung aussprachen – er hatte Fred. gesagt, er müsse ihm einen Verweis erteilen, aber der Alte hat es mißverstanden und Rodzianko geschrieben, er müsse in Zukunft dafür Sorge tragen, daß dergleichen nicht wieder vorfällt. Willst Du mir nicht sagen, daß ihm sein Hofrang sofort genommen wird oder für die nächste Sache, die er durchgehen läßt, die Dich wieder berührt – scheußlicher Mensch!... Unser Freund ist so ärgerlich, daß Olga geheiratet hat – da sie Dir gegenüber unrecht getan hat und ihr das kein Glück bringen kann. Ach, mein Lieb – auch ich empfinde mehr als Bedauern wegen dieser ihrer Haltung, obwohl ich ihr menschliches Glücksverlangen am Ende verstehe. – Liebling, Du wirst vorsichtig sein, daß Du Dich nicht von Nikolascha mit einem Versprechen oder irgendwas anderm einfangen läßt – erinnere Dich, daß Grigori Dich vor ihm und seinen schlimmen Leuten gerettet hat. Laß ihn nicht hier bleiben, sondern geradewegs nach dem Kaukasus zurückkehren, wo er bleiben muß – vergib mir, daß ich das schreibe – aber ich fühle, es muß so sein. – Sei kühl, nur nicht zu gütig, ihm und Orlow und Januschkiewitsch gegenüber – erinnere Dich um Rußlands willen, was sie tun wollten – Dich absetzen, es ist kein Geschwätz, Orlow hatte alle Papiere fertig – und ich sollte in ein Kloster – Du berührst die Sache nicht mehr – da sie vorüber ist – nur lasse sie fühlen, daß Du nicht vergessen hast und daß sie Dich fürchten müssen. Sie müssen vor ihrem Herrscher zittern – sei selbstsicher – Gott hat Dich dahin gestellt, es ist kein Stolz, und Du bist ein Gesalbter, und sie würden das nicht vergessen. Man muß Deine Macht fühlen, es ist Zeit für die Errettung Deines Landes und des Thrones Deines Kindes. Geliebter, lebe wohl, und Gott segne Dich! Ich überschütte Dich mit endlosen zärtlichen Küssen.

Zarskoje Selo, 6. November 1916

Ich werde in Angst sein, solange Nikolascha im Hauptquartier ist. Hoffe, alles wird gutgehen, und Du wirst zeigen, daß Du der Herr bist.

Zarskoje Selo, 7. November 1916

Ich sah Protopopow am Abend lange und unseren Freund in Kürze, und beide finden, damit Ruhe in der Duma wird, müßte Stürmer sagen, er sei krank, und drei Wochen auf Urlaub gehen. Es ist wahr (habe mir eben den Ärmel ganz voll Tinte gespritzt) – er ist ganz unwohl und gebrochen durch diese gemeinen Überfälle – und da er das rote Tuch ist für dieses Irrenhaus, so würde er besser etwas verschwinden, und im Dezember, wenn sie weggejagt sind, kann er zurückkehren.

*

Nikolai Nikolajewitschs Besuch im Hauptquartier bleibt nicht ohne Folgen. Offiziell wird bekanntgemacht, er werde statt des Kommandos im Kaukasus »ein wichtigeres Kommando in Europa übernehmen«. Alexejew wird wegen schlechter Gesundheit beurlaubt und provisorisch durch General Gurko, den Kommandanten einer Reservearmee, ersetzt.

Zarskoje Selo, 8. November 1916

Gott sei Dank hat Nikolascha anständige Leute mitgebracht. – Es ist sehr richtig, daß man Alexejew zu einer guten Erholung auf die Krim schickt, es ist unbedingt nötig für ihn – Ruhe, Luft und wirkliche Erholung! – Ich hoffe, daß Gurko der richtige Mann ist – persönlich habe ich kein Urteil, da ich mich nicht erinnere, je mit ihm gesprochen zu haben – den Verstand hat er – Gott gebe ihm das Herz. Es freut mich, ihn jetzt zu sehen, wie ich hoffe, sobald wir kommen. – Ressin ist in Quarantäne, Apraxin auf dem Lande, Benckendorff krank – wen soll ich mitbringen? – Ich nehme Ania und Nastinka mit, nicht Botkin, wenn nötig Wladimir Nikolajewitsch, aber Gott sei Dank scheint Babys Bein viel besser. – Stürmer hat mich wissen lassen, daß er ins Hauptquartier reist und mich vorher zu sehen wünscht. – Ich werde ihm also hübsch erzählen, was ich Dir geschrieben habe (unser Freund bittet mich darum), und, wenn möglich, vor Freitag wissen lassen, daß er aus Gesundheitsrücksichten auf Urlaub geht – da an dem Tag die Duma zusammentritt und sie eine Attacke auf ihn für diesen Tag vorbereiten – sein Urlaub wird ihre brausenden Gemüter beruhigen.

Ich finde, Grigorowitsch und Schuwajew fanden nicht die richtige Note in ihren Reden, aber Schuwajew tat das Schlimmste, er schüttelte Miljukow die Hand, der gerade jetzt Dinge gegen uns in Umlauf gesetzt hat. Wie sehr wünschte ich, wir hätten Beljajew (der ein wirklicher Gentleman ist) an seiner Stelle. – Gutschkow hat seinen Posten verlassen, weil er sich mit Poliwanow einlassen will, bitte, stimme dem Schriftstück nicht zu, das Dir vom Staatsrat zugesandt werden wird. – Poliwanow, der es darauf anlegt, wieder Kriegsminister zu werden und Freiheit für die Juden usw. verspricht, ist gefährlich und sollte keinen Posten in irgendeinem Komitee erhalten; und Gutschkow gehört an einen hohen Baum. – Auch Andronikow wird dieser Tage nach Sibirien geschickt werden.

*

Der Versuch der Zarin, Stürmer wenigstens als Vorsitzenden des Ministerkomitees zu halten, schlägt fehl. Sie wiederholt ihn noch am Vorabend des 10. (23.) November, an dem bekanntgegeben wird, daß der Verkehrsminister Trepow zum Ministerpräsidenten ernannt worden sei. Einige Tage danach wird Bobrinsky, der Landwirtschaftsminister, durch den Gehilfen im Landwirtschaftsministerium, Rittich, ersetzt. Die Duma wird für eine Woche vertagt.

Zarskoje Selo, 9. November 1916

Meine Taube!

Wärmsten Dank für Deinen süßen Brief. – Unser Freund sagt, Stürmer könne immer noch einige Zeit Vorsitzender des Ministerrats bleiben, da man ihm das nicht so sehr vorwirft, der Kampf begann erst, als er Minister des Auswärtigen wurde, was Grigori im Sommer feststellte. Er erzählte ihm damals schon, daß das sein Ende sein würde. Deshalb fleht er Dich an, daß er entweder sofort für einen Monat auf Urlaub geht oder ein anderer an seiner Stelle zum Außenminister ernannt wird, z. B. Schtscheglowitow, da er sehr geschickt ist (obwohl hart) und einen russischen Namen hat, oder Giers, Konstantinopel. In diesem Ministerium ist er das rote Tuch, es wird alles sofort ruhiger werden, wenn er geht. Aber belasse ihm den Vorsitz im Ministerrat (wenn er auf Urlaub geht, vertritt ihn nach dem Gesetz Trepow). – Alle verlangen nach dieser Stellung und sind nicht geeignet dafür. Grigorowitsch ist tadellos, wo er ist. Andere und Ignatiew drängen ihn, den Präsidentenposten zu übernehmen, für den er nicht geeignet ist. Ignatiew ist daran schuld, daß er und Schuwajew die falsche Note in ihre Reden brachten, nachdem sie von den Ministern richtig vorbereitet waren.

Jetzt rufen sie Madame Suchomlinow für Freitag vors Gericht, und deshalb habe ich Dir telegraphiert, um Dich zu bitten, den Fall Suchomlinow sofort durch Senator Kusnin einstellen zu lassen. Es ist Rache, weil man den armen alten Mann aus dem Gefängnis entlassen hat. So schrecklich unfair . . .

Sandro L. sagte, Nikolai Michailowitsch spreche scheußlich, alle sind wütend über das, was er im Klub sagt, und er sieht Rodzianko & Co. fortwährend. Entschuldige meine unangenehmen Briefe, aber mein Kopf ist von Geschäften ermüdet.

        Zarskoje Selo, 10. November 1916
Sah gestern Grigori, und dann telegraphierte er Dir, als ich ihm den Tod des alten Kaisers (Franz Joseph) erzählte. Er denkt, es sei sicherlich in jeder Hinsicht zu unserem Besten (ich auch), und hofft, der Krieg werde jetzt früher enden, da es Geschichten zwischen Deutschland und Österreich geben dürfte. Dank wegen Suchomlinow, anbei ein Brief von S. an Dich.

Welche Freude, uns bald zu treffen – eine Menge zu besprechen. Bitte, lasse Nikolai Michailowitsch fortgehen, er ist ein gefährliches Element in der Stadt. – Muß schließen, zehn Millionen Küsse und Segenswünsche von Deiner Einzigen.

         *

Mit letzter Energie spricht die Zarin nun für Protopopow, den der Zar nicht preisgeben dürfe.

11. November 1916

So innigen Dank für Deinen Brief, Teuerster. Der alte Mann tat unrecht, mir nicht alles zu erzählen über Deine andere Absicht, sie haben mich scheußlich hintergangen. Vergib mir, Liebling, glaube mir, ich flehe Dich an, setze Protopopow jetzt nicht ab, er wird sein Bestes tun, gib ihm die Möglichkeit, die Lebensmittelversorgung in die Hand zu nehmen, und ich versichere Dir, es wird alles gehen. Stürmer findet ihn lässig, weil Stürmer gezaudert und nicht schnell genug geantwortet und sie nicht alle genügend in der Hand hat. Ob Du Bobrinsky absetzen willst, ist gleichgültig, finde ich, nur nicht jetzt Protopopow, es ist nicht gut. Natürlich bedaure ich unendlich, daß Stürmer dasitzt (sehr unzeitig) und Trepow an der Spitze steht, aber wähle einen neuen Eisenbahn- und Verkehrsminister – er kann nicht zwei Dinge zugleich tun, jetzt, wo alles so ernstlich ist, – obgleich er natürlich sagen wird, er kann es. – Makarow könnte recht gut entlassen werden, er ist nicht auf unserer Seite, aber Protopopow ist ehrlich für uns. O, Liebling, Du kannst mir vertrauen. Ich mag nicht geschickt genug sein – aber ich habe ein starkes Empfinden, und das hilft oft besser als der Verstand. Entlasse niemand, bis wir uns treffen, ich flehe Dich an, laß es uns ruhig zusammen durchsprechen. Laß Trepow einen Tag später kommen oder die Papiere und Namen zurückhalten, mein Liebling, – um Frauchens willen. Du weißt nicht, wie schwer es jetzt ist, so viel durchzumachen und solcher Haß von den verderbten Cliquen bei Hof. Die Lebensmittelversorgung muß in Protopopows Hand bleiben. – Andere intrigieren gegen ihn, er hörte die Nachricht aus dem Hauptquartier vor ein paar Tagen. Die Zeiten sind ernst – brich nicht alles auf einmal ab – Stürmer war ein großer Schlag – jetzt wähle – Trepows Nachfolger als Minister und einen Jüngeren an Stelle von Bobrinsky –, aber lasse Protopopow in Ruhe. Sei nicht ärgerlich, ich sage all das Deinetwegen, und ich weiß, es würde nicht guttun. Herz und Seele sind erschöpft von Leiden, aber ich muß Dir die Wahrheit sagen. Leb wohl, mein Engel. Noch einmal, erinnere Dich, daß Du für Deine Regierung, Baby und uns die Kraft, die Gebete und Ratschläge unseres Freundes brauchst. Erinnere Dich, wie letztes Jahr alle gegen uns waren und für Nikolascha – und unser Freund Dir Hilfe und Kraft gab, daß Du alles übernehmen und Rußland retten konntest – unser Rückzug hörte auf. Er hat Stürmer gesagt, daß er das Ministerium des Auswärtigen nicht hätte übernehmen dürfen, daß es ein Ruin sein würde – ein deutscher Name, und man würde sagen, alles hätte ich getan. – Protopopow verehrt unseren Freund und wird gesegnet sein. – Stürmer ließ sich erschrecken und hat ihn monatelang nicht gesehen – so unrecht, und er hat seinen Halt verloren. O Liebling, ich bete so stark zu Gott, er möge Dich fühlen und empfinden lassen, daß er unsere Rettung ist; wäre er nicht da, ich wüßte nicht, was sich alles ereignet haben könnte. Er rettet uns durch seine Gebete und weisen Ratschläge und ist der Felsen unseres Vertrauens und unserer Hilfe. – Madame Tanejew hat laut gesagt, daß Ignatiew, Kriwoschein, Sassonow (?) usw. beabsichtigen, Protopopow das Genick zu brechen, und daß sie alles tun werden, um Erfolg zu haben. Laß sie nicht! Er ist nicht verrückt, die Frau konsultiert Bechterew nur wegen ihrer Nerven. Um meinetwillen triff keine Veränderungen, bis ich dort bin, sage Trepow, Du wolltest es einen oder zwei Tage überdenken, und sage ihm, daß Du nicht die Absicht hättest, Protopopow wegzuschicken, und bitte, gib ihm die Lebensmittelversorgung wie abgemacht – glaube mir, er wird es schaffen. – Auf dem Lande fühlt man es schon, nur das gemeine Petrograd und Moskau sprechen gegen Dich. Beruhige mich, versprich, vergib, aber ich kämpfe für Dich und Baby.

*

Die Duma nimmt am 20. November alter Zeitrechnung (2. Dezember) ihre Sitzung wieder auf. Nach einer Rede des neuen Ministerpräsidenten Trepow gegen einen Sonderfrieden hält der Abgeordnete der »Schwarzen Hundert«, Purischkiewitsch, eine wilde Rede gegen Rasputin. Es sei Zeit, die Sturmglocke auf dem Turm Iwan Weliki zu läuten. »Die Geißeln des heutigen politischen Lebens sind die Zensur, die Unfähigkeit der Regierung und die bedenklichen Vorboten des schließlichen Obsieges der deutschfreundlichen Strömungen. Ich habe darauf hingewiesen, was unsere Existenz ernstlich gefährdet und bedroht, aber ich wiederhole, daß der Grund des Übels nicht in unbedeutenden Personen wie Protopopow zu suchen ist. Ich nehme mir die Freiheit, von der Tribüne der Duma herab zu behaupten, daß der Kern des Übels in jenen dunklen Kräften liegt, die Personen wie Marionetten schieben und auf hohe Posten Persönlichkeiten schleudern, die ihnen nicht gewachsen sind. Jene dunklen Kräfte gehen von Rasputin aus. Die Existenz des Russischen Reiches ist von Fäulnis bedroht. Die letzten Nächte konnte ich nicht schlafen. Ich sah im Geist zahllose Telegramme und Briefe, die dieser des Schreibens unkundige Mensch bald dem einen, bald dem anderen Minister sendet, am häufigsten, wie man sagt, Protopopow. Und wir kennen Beispiele, daß die Nichterfüllung seiner Forderung den Sturz mächtiger und starker Personen zur Folge hatte. Wenn ihr (an die Minister) treue Untertanen seid, wenn Rußlands Zukunft euch am Herzen liegt, die unzertrennbar mit dem Glanze des kaiserlichen Namens verbunden ist, so werft euch dem Zaren zu Füßen und bittet, daß er euch gestatten möge, ihm die Augen für die entsetzliche Wirklichkeit zu öffnen.«

Ebenso greift in der zweiten Sitzung Miljukow die »dunklen, unverantwortlichen« Machthaber an. Der Reichskontrolleur Pokrowsky wird am 1. (14.) Dezember zum Minister des Äußern ernannt. In einer Rede vor der Duma lehnt auch er den Frieden mit Deutschland pathetisch ab. Die Zarin ringt verzweifelt um ihren Einfluß. Unter ihren Widersachern nennt sie jetzt auch das Reichsratsmitglied Oberjägermeister Balaschew.

Zarskoje Selo, 3. Dezember 1916

Liebling, denk daran, daß es nicht auf den Mann Protopopow oder X., Y., Z. ankommt, sondern daß es eine Lebensfrage für die Monarchie und Dein Prestige ist, das in dieser Zeit der Duma nicht erschüttert werden darf. Glaube nicht, daß sie bei ihm haltmachen werden, sondern sie werden alle anderen beseitigen, die Dir ergeben sind, einen nach dem andern – und dann uns selbst. Denke daran, als Du letztes Jahr zur Armee abreistest – als auch Du mit uns beiden allein warst gegen alle anderen, die prophezeiten, die Revolution würde kommen, wenn Du abreistest. Du erhobst Dich gegen alle, und Gott hat Deinen Entschluß gesegnet. Ich wiederhole nochmals: Es kommt nicht auf den Namen Protopopow an, sondern darauf, daß Du fest bleibst und nicht nachgibst – der Zar herrscht, und nicht die Duma. – Verzeihe, daß ich wieder schreibe, aber ich kämpfe für Deine Herrschaft und Babys Zukunft. Gott wird helfen, bleibe fest, horche nicht auf Männer, die nicht von Gott sind, sondern Feiglinge. Dein Frauchen, für das Du alles in allem bist.

Treu bis in den Tod!

Zarskoje Selo, 4. Dezember 1916

Mein Einziger, Teurer!

Leb wohl, süßer Geliebter, es ist sehr schmerzlich, Dich gehen zu lassen. Schlimmer als je nach den harten Zeiten, die wir durchlebt und durchkämpft haben. Aber Gott, der die Liebe und die Gnade ist, hat die Dinge zu einem Besseren gewendet. Nur ein bißchen mehr Geduld und tiefstes Vertrauen auf das Gebet und die Hilfe unseres Freundes. Dann wird alles gut werden. Ich bin vollauf überzeugt, daß große und herrliche Zeiten für Deine Herrschaft und Rußland kommen werden. Nimm nur Deine Energie zusammen, laß Dich nicht durch Gerede oder Briefe unterwerfen. Laß so etwas an Dir vorübergehen wie etwas Unreines, das man schnell vergessen muß. Zeige allen, daß Du der Herr bist, und Dein Wille wird geschehen. – Die Zeit der großen Nachgiebigkeit und Großmut ist vorüber – jetzt kommt Deine Herrschaft des Willens und der Macht, und sie sollen gezwungen werden, sich vor Dir in den Staub zu beugen und Deinen Befehlen zu gehorchen und zu arbeiten, wie und mit wem Du es willst. Du mußt sie lehren zu gehorchen, sie verstehen nicht den Sinn dieses Wortes. Du hast sie mit Deiner Freundschaft und Deinem Verzeihen verwöhnt. Warum haßt man mich? Weil man weiß, daß ich einen starken Willen habe und meinen Sinn nicht ändere, wenn ich überzeugt bin, daß etwas richtig ist (wenn ich im übrigen von Grigori gesegnet bin), und das können sie nicht vertragen. Aber das sind die Bösen. Denke daran, was Mr. Philippe sagte, als er mir das Heiligenbild mit dem Glöckchen gab: da Du so gütig, vertrauensvoll und vornehm bist, müßte ich Dein Glöckchen sein. Wer mit bösen Absichten käme, würde sich mir nicht nähern können, und ich würde Dich warnen. Diejenigen, die mich fürchten, blicken mir nicht in die Augen. Sie sind auf Böses aus und lieben mich nicht. Sieh die Schwarze Familie – dann Orlow und Drenteln – Witte – Kokowzow – Trepow, ich fühle es, auch Makarow – Kaufmann – Sofia Iwanowna – Sandra Obolensky usw. Aber diejenigen, die gut und Dir ehrlich und aufrichtig ergeben sind, lieben mich. Sieh das einfache Volk und das Militär, die gute und die schlechte Priesterschaft. Es ist alles so klar und berührt mich daher nicht mehr so sehr wie damals, als ich noch jünger war. Nur wenn jemand sich erlaubt, Dir oder mir böse, impertinente Briefe zu schreiben – dann mußt Du strafen. Ania erzählte mir von Balaschew (dem Mann, den ich nie leiden konnte). Ich verstand, warum Du so furchtbar spät zu Bett kamst und warum ich so angstvoll und schmerzlich wartete. Bitte, Liebster, laß Fredericksz an ihn einen scharfen Tadelbrief schreiben (er und Nikolai Michailowitsch und Basiljew sind eins im Klub). Er hat einen so hohen Rang bei Hof und wagt, ungefragt zu schreiben, und es ist nicht das erstemal – in vergangenen Tagen hat er es auch getan. Zerreiße den Brief, aber laß ihn energisch tadeln – sage Wojeikow, er möge an den alten Mann denken –, solch ein Schlag für ein eingebildetes Mitglied des Reichsrates wird sehr nützlich sein. Wir können nicht so auf uns herumtrampeln lassen. Festigkeit über alles! – Jetzt, wo Du Trepows Sohn zum Adjutanten gemacht hast, kannst Du noch mehr darauf bestehen, daß er mit Protopopow zusammenarbeitet. Er muß seine Dankbarkeit beweisen. – Denke daran, Gurko zu verbieten, daß er Reden hält und sich in die Politik einmischt – das hat Nikolascha und

Alexejew ruiniert. Dem letzteren hat Gott diese Krankheit gesandt, offenbar um Dich vor einem Mann zu erretten, der im Begriff war, seinen Weg zu verlieren und Schaden zu stiften, indem er auf böse Briefe und Menschen horchte anstatt auf Deine Befehle für den Krieg, und der sich widersetzlich zeigte. Man hat auch mir Widerstand geleistet – Beweis: was er zu dem alten Iwanow gesagt hat.

Aber bald werden alle diese Dinge vorübergehen, alles wird klarer werden, auch das Wetter, was ein gutes Zeichen ist. Denke daran.

Und unser lieber Freund betet so inständig für Dich, ein Mann, der Gott so nahe steht, gibt die Kraft, den Glauben und die Hoffnung, deren wir so dringend bedürfen. Und andere können diese große Beruhigung nicht verstehen und glauben daher, daß Du sie nicht verstehst, und versuchen, Dich zu enervieren. Aber sie werden es bald müde werden. Sollte Deine liebe Mama schreiben, so denke daran, daß die Michaels hinter ihr stehen. Beachte es nicht und nimm es Dir nicht zu Herzen. Gott sei Dank ist sie nicht hier, aber freundliche Menschen finden Mittel und Wege, zu schreiben und Böses zu tun. – Alles wendet sich zum Guten. Die Träume unseres Freundes verkünden so viel, Süßer, gehe zu der Jungfrau von Mohilew und finde dort Friede und Kraft. – Gehe nach dem Tee hin, bevor Du empfängst, nimm Baby mit Dir, ganz ruhig – es ist so friedlich dort, und Du kannst Deine Kerzen aufstecken. Zeige den Leuten, daß Du ein christlicher Souverän bist, und fürchte nichts – auch solch ein Beispiel wird anderen helfen.

Wie werden die einsamen Nächte werden? Ich kann es mir nicht vorstellen. Der Trost, Dich eng in meine Arme gepreßt zu halten, hat die Qual der Seele und des Herzens betäubt, und ich habe versucht, alle meine endlose Liebe, Bitten und Glaube und Kraft in meine Liebkosungen zu legen. So unaussprechlich lieb habe ich Dich, Du Mann meines Herzens. Gott segne Dich und mein köstliches Baby – ich bedecke Dich mit Küssen. Wenn Du niedergeschlagen bist, gehe in Babys Zimmer und sitze dort einen Augenblick ganz ruhig. Küsse das geliebte Kind, und Du wirst Dich gewärmt und beruhigt fühlen.

All meine Liebe häufe ich auf Dich, Du Sonne meines Lebens. Schlaf wohl, mein Herz und meine Seele sind mit Dir, meine Gebete sind um Dich – Gott und die Heilige Jungfrau werden Dich nie verlassen.

Immer ganz Dein eigen.

Zarskoje Selo, 5. Dezember 1916

Nach dem Diner zum Hospital gegangen – um mich selbst zu vergessen. – Ich danke Gott, daß ich Dir ein bißchen helfen konnte – auch Du, mein Süßer, werde fest und unnachgiebig, zeige die Herrenhand und den Verstand, beuge Dich nicht herab zu einem Mann wie Trepow (dem Du nicht vertrauen und den Du nicht achten kannst). Du hast gesagt, was Du zu sagen hattest, und hast Deinen Kampf um Protopopow durchgefochten, und wir werden nicht umsonst gelitten haben. – Bleibe fest, gib nicht nach – sonst wird es nie wieder Frieden geben, denn sie werden Dich in Zukunft mehr quälen, wenn Du zustimmst, als wenn sie sehen, daß sie bei fortgesetzter Hartnäckigkeit Dich zwingen, dreinzuschlagen. Mögen sie noch so hartnäckig sein, ich meine, Trepow und Rodzianko auf der einen Seite – ich werde ihnen standhalten (mit dem heiligen Mann Gottes), halte Du nicht zu ihnen, sondern zu uns, die wir nur für Dich, Baby und Rußland leben. Den Ratschlägen unseres Freundes zu folgen, Geliebter – ich versichere Dir, das ist recht – er betet so inständig Tag und Nacht für Dich – und er hat Dich so weit gebracht, wie Du jetzt bist – sei nur ebenso überzeugt, wie ich es bin, und wie ich es Ella gezeigt habe und immer tun werde – dann wird alles gut gehen. In den »Amís de Dieu« sagt einer der alten Gottesmänner, daß ein Land, wo ein Mann Gottes dem Herrscher hilft, nie, niemals untergehen kann, und das ist wahr. Man muß es nur glauben und seinen Rat erbitten – nicht glauben, daß er nicht weiß, Gott eröffnet ihm alles. Deswegen bewundern die Leute, die seine Seele nicht erfassen können, so unendlich seinen wundervollen Verstand – der bereit ist, alles zu verstehen, und wenn er ein Unternehmen segnet, so hat es Erfolg – und wenn er einen Rat gibt, so kann man beruhigt sein, daß er gut ist – wenn die Leute später schwanken, so ist das nicht sein Fehler. Aber er wird sich weniger in den Menschen irren, als wir es tun – Lebenserfahrung, gesegnet von Gott. Er bittet, daß Makarow rascher abgesetzt wird – und ich stimme ihm ganz zu. Ich sagte Stürmer, es sei unrecht, daß er ihn empfiehlt, ich sagte ihm, er sei durchaus nicht ergeben, und jetzt ist die Hauptsache, wirklich ergebene Männer zu finden – in Taten und nicht nur in Worten. Und auf die müssen wir bauen. Laß Dich nicht durch Trepow über die anderen täuschen. Protopopow und Schakowskoi sind für uns, ich meine, sie sind in erster Linie ergeben und lieben uns ehrlich und offen... Sollte Nikolai Michailowitsch abtrünnig werden (was Gott verhüten möge), so bleibe hart und gib es ihm für seinen Brief und seine Besuche in der Stadt. Ich sende Dir Grigorowitschs Nachrichten, die man mir geschickt hat. –

*

Der in dem folgenden Brief genannte Kalinin ist der Nachfolger Protopopows im Innenministerium.

Zarskoje Selo, 9. Dezember 1916
Ania hat gestern Kalinin gesehen. Er sagte, daß Trepow mit Rodzianko vereinbart hat, die Duma vom 17. Dezember bis 8. Januar zu entlassen, damit die Abgeordneten keine Zeit haben sollten, Petrograd für die Feiertage zu verlassen und um sie hier sicher zu haben. Unser Freund und Kalinin raten Dir, die Duma nicht später als am 14. Februar oder vielleicht am 15. zu schließen, sonst wird es keinen Frieden für Dich geben, und keine Arbeit wird ausgeführt werden. In der Duma fürchten sie nur dies, eine längere Pause, und Trepow wünscht Dich zu fangen und Dir zu sagen, daß es schlimmer sein wird, wenn die Leute nach Hause zurückkehren und ihre Neuigkeiten verbreiten. Aber unser Freund sagt, daß niemand diesen Abgeordneten glaubt, wenn sie allein in ihrer Heimat sind. Sie haben nur Macht, wenn sie beisammen sind. Liebling, bleibe fest und vertraue dem Rat unseres Freundes. Es ist nur zu Deinem Guten, und alle, die Dich lieben, denken recht. Höre

nicht auf Gurko oder Grigorowitsch, wenn sie um eine kurze Pause bitten. Sie verstehen nicht, was sie tun. Ich würde alles dies nicht schreiben, wenn ich nicht so besorgt um Dich wäre und um Deine liebenswürdige Freundlichkeit, die immer bereit ist, nachzugeben, wenn sie nicht durch Dein armes altes Frauchen, Ania und unseren Freund gestärkt wird. Darum hassen die Ungläubigen und Bösen unseren Einfluß (der nur zum Guten ist). Trepow hat Kalinins Vetter (Lamsdorf) besucht, aber wußte nicht, daß sie verwandt waren. Er sagte, er würde Dich am 11. besuchen und wollte darauf bestehen (der Dummkopf, der er ist!), daß Protopopow entlassen werden sollte. Liebling, sieh Dir die Gesichter an – Trepow und Protopopow –, kann man nicht deutlich sehen, daß das letztere reiner, ehrlicher und aufrichtiger ist. – Du weißt, daß Du recht hast. Behalte den Kopf oben. Befiehl Trepow, mit ihm zu arbeiten. Er darf nicht gegen den Befehl handeln. Schlage auf den Tisch!

Lieb, willst Du, daß ich für einen Tag komme, um Dir Mut und Stärke zu geben? Sei der Herr. Man ist gegen Kalinin, weil er Versammlungen der Verbände verhindert hat. Er hat sehr recht daran getan. Unser Freund sagt, »daß die Verwirrung, die in Rußland während des Krieges und nachher eintreten mußte, eingetreten ist, und wenn er (Du) nicht den Platz von Nikolai Nikolajewitsch eingenommen hätte, würde er jetzt vom Thron gestürzt sein«. Sei guten Muts, die Lärmmacher werden sich beruhigen – sende nur die Duma schneller und für längere Zeit fort – glaube mir – Du weißt, Trepow kokettiert mit Rodzianko, alle wissen das. Und Dich belügt er schlau, seine Weisheit hat ihn verlassen. Gehe zu dem geliebten Heiligenbild und werde dort stark und mächtig – denke immer an den Traum unseres Freundes, er bedeutet so, ach! so viel für Dich und uns alle.

✳

Vom 9. (22.) bis zum 11. (24.) Dezember finden in Moskau aus Anlaß des Kongresses des allrussischen Semstwoverbandes und des allrussischen Städteverbandes Demonstrationen statt, die der Polizeipräsident von Moskau, General Schebeko, mit Gewalt unterdrückt. Die Zarin fährt fort, gegen die Duma und gegen Trepow zu eifern. Manuilow (Manussewitsch) ist der ehemalige Reporter der »Nowoje Wremja«, der zum Gehilfen Stürmers avanciert ist, und gegen den ein Verfahren wegen Erpressung schwebt. Dieses Verfahren wird von dem Justizminister Makarow niedergeschlagen. Statt seiner nennt die Zarin als Leiter des Justizministeriums schon den Senator Dobrowolsky, der es nach wenigen Tagen werden wird.

Zarskoje Selo, 13. Dezember 1916

Mein einziger, teuerster Engel!

Innigsten Dank für Deine liebe Karte. Bin so begierig (da Du keine Zeit zum Schreiben hast), von Deiner Unterredung mit diesem schrecklichen Trepow zu hören. Ich lese in der Zeitung, daß er jetzt Rodzianko erzählt hat, daß die Duma vom 17. bis zur ersten Hälfte des Januar beschäftigt sein wird. Hat er ein Recht, dies zu sagen, bevor die offizielle Ankündigung durch den Senat erfolgt ist? Ich finde absolut nein, und man müßte ihm das sagen, und Rodzianko müßte einen Tadel bekommen, weil er erlaubt, daß so etwas in die Zeitung kommt. Und ich habe so inständig früher und länger gebeten. Danke Gott, daß Du wenigstens kein Datum im Januar festgelegt hast und sie daher im Februar oder überhaupt nicht einberufen kannst. Sie arbeiten nicht, und Trepow kokettiert mit Rodzianko, das wissen alle. Sie treffen sich zweimal täglich – das schickt sich nicht –, warum versucht er, mit ihm (der so falsch ist) zusammenzuarbeiten und mit Protopopow (der treu ist) – das charakterisiert den Mann. Der alte Bobrinsky kennt die Fehler der Trepows – und er ist Dir so grenzenlos ergeben, und darum hat ihn Trepow entfernt. Mein Engel, wir haben gestern bei Ania mit unserem Freund gespeist. Es war so nett. Wir erzählten alle von unserer Reise, und er sagte, wir hätten direkt zu Dir gehen sollen, da wir Dir eine große Freude bereitet und Segen gebracht hätten und, wie ich fürchte, Dich gestört hätten. Er beschwört Dich, fest zu bleiben, der Herr zu sein und nicht immer Trepow nachzugeben.

Du weißt alles viel besser als dieser Mann – und läßt noch immer ihn Dich leiten – und warum nicht unseren Freund, der durch Gott lenkt. Vergiß nicht, warum ich unbeliebt bin – das zeigt, daß es richtig ist, fest und gefürchtet zu werden. Sei Du das gleiche, Du, ein Mann – nur glaube mehr unserem Freund (anstatt Trepow), er lebt für Dich und Rußland. Und wir müssen Baby ein starkes Reich übergeben und dürfen seinetwegen nicht schwach sein. Sonst wird er eine noch schwerere Herrschaft haben, wenn er unsere Fehler gutmachen und die Zügel, die Du verloren hast, wieder anziehen muß. Du hast für Fehler zu büßen aus der Zeit Deiner Vorgänger, und Gott weiß, welche Schwierigkeiten Du bekämpfen mußt. Laß unsere Erbschaft für Alexei leichter werden. Er hat einen festen Willen und starren Kopf. Laß die Dinge nicht Deinen Fingern entgleiten, damit er nicht wieder alles aufzubauen hat. Bleibe fest, ich, Dein Schutzwall, bin hinter Dir und werde nicht nachgeben – ich weiß, er führt uns gut – und Du hörst auf einen falschen Mann wie Trepow. Nur aus Liebe zu mir und Baby unternimm keine großen Schritte, ohne es mir zu sagen und über alles ruhig zu sprechen. Würde ich so schreiben, wenn ich nicht wüßte, daß Du so leicht Deinen Sinn änderst, und was es kostet, Dich zu veranlassen, bei Deiner Absicht zu beharren? Ich weiß, ich kann Dich verletzen, wenn ich so schreibe, und das ist mein Kummer und meine Sorge – aber Du, Baby und Rußland sind mir viel zu teuer. Was ist mit Suchomlinow und Manuilow? Ich habe alles für Dich vorbereitet. Und Dobrowolsky – ein sicherer Mann – und schneller weg mit Makarow, der, glaube mir doch endlich, ein schlechter Mensch ist. Gott gebe mir Kraft, Dich zu überzeugen. Es ist schwerer, Dich stark zu erhalten, als den Haß der anderen zu ertragen, der mich kalt läßt. Ich verabscheue Trepows Hartnäckigkeit. Es waren viele Wetten in der Duma, Pitirim würde fortgeschickt werden – jetzt hat er das Kreuz bekommen. Sie waren zerschmettert und klein geworden (Du siehst, wenn Du Dich selbst als Herr zeigst). – Du hast mir nie über Balaschew geantwortet, fürchte, daß Du nichts getan hast, und Fredericksz ist alt und zu nichts gut, wenn ich nicht energisch mit ihm spreche – solch ein Fehler, die Duma nicht am 14. zu schließen, und dann könnte Kalinin wieder an seine Arbeit gehen, und Du würdest ihn sehen und mit ihm sprechen. Nur kein verantwortliches Kabinett, nach dem alle verrückt sind. Alles wird ruhiger und besser. Man wünscht nur, Deine Hand zu fühlen – wieviel Jahre hat man mir schon dasselbe erzählt – »Rußland wünscht die Peitsche zu fühlen« – das ist seine Natur – zarte Liebe und dann die eiserne Hand, um zu strafen und zu führen – wie ich wünschte, ich könnte meinen armseligen Willen in Deine Adern ergießen. Die Jungfrau ist über Dir, führt Dich, mit Dir, denke an das Wunder – die Vision unseres Freundes.

Bald werden unsere Truppen in Rumänien stärker sein. Es ist warm, und es liegt dicker Schnee. Verzeihe diesen Brief, aber ich konnte heute nacht nicht schlafen, in Gedanken um Dich – verbirg mir nichts – ich bin stark – aber höre auf mich, das bedeutet auf unseren Freund, und vertraue uns in allem – und hüte Dich vor Trepow – Du kannst ihn nicht lieben oder verehren. Ich leide um Dich wie um ein zartes, weichherziges Kind, das Führung braucht, aber auf schlechte Ratgeber hört, während ein Mann Gottes ihm sagt, was es tun soll. Süßester Engel, komme bald heim ...

Ach, Liebster, ich muß aufstehen. Weihnachtskarten den ganzen Morgen geschrieben. Herz und Seele brennen für Dich. Endlose Liebe. Ich liebe Dich zu tief und weine über Deine Fehler und freue mich über richtige Schritte.

Gott segne und beschütze, behüte und führe Dich. Küsse ohne Ende.

Dein treuestes Frauchen.

✳

Die Zarin hat von dem Brief einer Prinzessin Wassiltschikow gegen Rasputin erfahren, der in der Hofgesellschaft zirkuliert. Der König von England interveniert zugunsten der Bildung eines verantwortlichen, parlamentarischen Kabinetts.

Zarskoje Selo, 14. Dezember 1916

Sei Peter der Große, Iwan der Schreckliche, Kaiser Paul – zermalme sie alle unter Dir – nun lachst Du, Du Unartiger – aber es verlangt mich zu sehen, daß Du so mit all denen umgehst, die Dich zu regieren versuchen – und das Gegenteil muß sein. Die Gräfin Benckendorff war so empört über den Brief der Prinzessin W., daß sie der Reihe nach die älteren Damen in der Stadt besuchte, Prinzeß Lolo, Gräfin Worontzow usw., und ihnen ihre Meinung sagte und daß sie es eine Schande findet, bis wie weit die Gesellschaft herabgekommen ist, alle Prinzipien vergessend... Ich könnte Trepow für seine schlechten Ratschläge henken... Und jetzt diese gemeinen äußerst revolutionären Vertreterversammlungen in Moskau... Miljukow, Gutschkow und Poliwanow nach Sibirien!... Es ist Krieg, und in solcher Zeit ist innerer Krieg Hochverrat. Warum siehst Du die Sache nicht so an? Das kann ich wirklich nicht verstehen. Ich bin nur eine Frau, aber meine Seele und mein Gehirn sagen mir, daß es die Rettung Rußlands sein wird – sie sündigen viel schlimmer, als es die Suchomlinows jemals getan haben. – Verbiete Brussilow usw., irgendein politisches Thema zu berühren. Ein Narr, wer ein verantwortliches Kabinett verlangt, wie Georgie schreibt.

Denke daran, daß sogar Mr. Philippe sagte, man dürfe keine Verfassung gewähren, da es Dein und Rußlands Ruin sein würde. Alle treuen Russen sagen dasselbe. Vor Monaten sprach ich mit Stürmer über Schwedow, er sollte Mitglied des Reichsrats werden. Auch der gute Maklakow – sie werden tapfer für uns eintreten. Ich weiß, ich belästige Dich – ach, würde ich Dir nicht viel, viel lieber nur Liebesbriefe und Zärtlichkeiten schreiben, von denen mein Herz so voll ist –, aber meine Pflicht als Frau und Mutter und Rußlands Mutter zwingt mich, Dir alles zu sagen – gesegnet durch unseren Freund. Geliebter, Sonnenlicht meines Lebens, wenn Du in der Schlacht dem Feind gegenüberzutreten hättest, Du würdest niemals zögern, sondern wie ein Löwe vorgehen – sei auch jetzt ein Löwe in der Schlacht gegen die kleine Handvoll Bestien und Republikaner – sei der Herr, und alles wird sich vor Dir beugen. – Glaubst Du, ich würde mich fürchten? Ach nein. – Heute habe ich einen Offizier aus dem Hospital Maries und Anastasias entfernt, weil er sich erlaubte, sich über unsere Reise lustig zu machen, und behauptete, Protopopow habe das Volk bezahlt, damit es uns einen so guten Empfang bereite. Die Ärzte, die es hörten, rasten. Du siehst, Dein Sonnenschein ist im Kleinen energisch, und im Großen so, wie Du es wünschst. – Gott hat uns auf einen Thron gesetzt, und wir müssen ihn festhalten und ihn unversehrt unserem Sohn übergeben – wenn Du daran immer denkst, wirst Du auch nicht vergessen, daß Du der Souverän bist – und wieviel leichter ist das für einen Autokraten als für einen, der eine Verfassung beschworen hat.

Geliebter, höre auf mich, ja, Du kennst Dein altes treues Mädchen. »Fürchte Dich nicht«, hat die alte Nonne gesagt, darum schreibe ich ohne Furcht an meinen armen Liebling. Jetzt wollen die Mädchen ihren Tee. Sie kamen erfroren von der Ausfahrt heim – ich küsse Dich und halte Dich fest an meine Brust gepreßt, liebkose Dich, liebe Dich, sehne mich nach Dir, kann ohne Dich nicht schlafen – segne Dich.

Immer Dein einziges Frauchen.

✻

Am 15. (28.) Dezember bricht ein blutiger Aufstand in Moskau aus, meuterndes Militär beteiligt sich. Die Duma nimmt in einer Geheimsitzung, in der Miljukow seine Angriffe wiederholt, eine Tagesordnung gegen Trepow an. Sofort erläßt der Zar einen Vertagungsukas. In der Nacht zum 17. (30.) Dezember wird Rasputin im Garten des dem Fürsten Jussupow gehörenden Palais am Moika-Kanal in Petersburg erschossen. Sein Mörder ist Fürst Felix Jussupow, der Gatte der Prinzessin Irina, der, wie es dann heißt, eine persönliche Beleidigung zu rächen hat. Beistand leisten ihm der Großfürst Dmitri und der brutale Abgeordnete Purischkiewitsch. Rasputin wird (ganz wie in dem Plan Rschewskis) in ein Auto gelockt. Seine Leiche wird in der Kleinen Newa gefunden. Nachher wird Jussupow nach Rakitnoje im Gouvernement Kursk, Dmitri an die Front des Generals

Baratow in Persien geschickt, Purischkiewitsch wird von der Ochrana (der Geheimpolizei) nicht ermittelt. Der nachstehende Brief der Zarin gibt nur das Gerücht wieder, das in den Morgenstunden des 17. umläuft. Batjuschin, der zum Schluß erwähnt wird, ist der Chef der Gegenspionage, General Batjuschin.

Zarskoje Selo, 17. Dezember 1916

Ach, die Freude, der Trost, Dich wieder zu Hause zu haben!

In solcher Zeit getrennt zu sein ist zeitweise, das versichere ich Dir, absolut zum Verzweifeln – wie viel leichter ist es, alles miteinander zu teilen und über alles zu sprechen, anstatt Briefe zu schreiben, die doch weniger Eindruck machen und Dich oft belästigt haben müssen, mein armer, geduldiger Engel. Aber ich muß es versuchen und das Gegengift für das Gift der anderen sein.

Ist Baby seinen »Wurm« vollständig losgeworden? Dann wird er dicker werden und weniger durchsichtig – der teure Junge!

Wir sitzen zusammen – kannst unsere Gefühle verstehen – unsere Gedanken – unser Freund ist verschwunden. Gestern hat ihn A. gesehen, und er sagte, Felix habe ihn gebeten, nachts zu kommen, ein Auto würde ihn abholen, um Irina zu sehen. Ein Auto (Militärwagen) mit zwei Zivilisten hat ihn geholt, und er ist abgefahren.

Heut nacht großer Skandal in Jussupows Haus – große Gesellschaft, Dmitri, Purischkiewitsch usw. alle betrunken. Polizei hörte Schüsse. Purischkiewitsch rannte heraus und schrie der Polizei zu, unser Freund sei getötet.

Polizei, die suchte, und Gerichtsbeamte betraten Jussupows Haus – sie durften das vorher nicht, weil Dmitri dort war.

Der Polizeichef hat nach Dmitri geschickt. Felix wünschte, heute nacht auf die Krim zu reisen. Er bat Kalinin, ihn aufzuhalten.

Unser Freund war die letzten Tage guten Muts, aber nervös, auch für A., da Batjuschin wünschte, Material gegen Ania zu bekommen. Felix behauptet, er sei nie in das Haus gekommen, und er habe ihn nie gebeten. Scheint ein rechter Tölpel zu sein. Ich vertraue noch auf Gottes Güte, daß man ihn nur irgendwohin verschleppt hat. Kalinin tut, was er kann. Deshalb bitte ich um Wojeikow, wir Frauen sind allein mit unseren schwachen Köpfen. Ich will sie bei mir behalten – da sie sich jetzt an sie als nächstes machen werden.

Ich kann und will nicht glauben, daß er getötet worden ist. Gott sei gnädig. Solch übergroße Pein (bin ruhig und kann es nicht glauben).

Der Zar mit seinen Kindern auf dem Dach des Hauses in Jekaterinburg.

Das Tagebuch der gefangenen Zarin
(Tobolsk und Jekaterinburg)

Tobolsk

1. Januar 1918 (Montag). Beschneidung des Herrn.

Stand um halb acht auf. Um 8 zur Kirche. Olga zu Bett, 37,73 Grad. Tatjana ebenso, 38. Masern. Tatjana hat überall heftigen Hautausschlag, Kopfweh und Bluterguß in den Augen. Alexei wieder wohl. Saß mit den Mädchen und nähte. Frühstückte mit ihnen in ihrem Schlafzimmer um 12.

Schönes sonniges Wetter, saß fünfunddreißig Min. auf dem Balkon und dann bei den Mädchen bis zum Tee. Ruhte von sechs bis acht, las und schrieb.

Aß um acht mit Olga und Tatjana.

Spielte Bézigue mit N., dann las er uns vor, und ich strickte.

2. Januar (Dienstag). Hl. Seraphim.

Olgas Hautausschlag jetzt sehr stark. T. hustet und niest. Ich saß bei den Kindern.

Am 3. Jahrestag von Anias Unfall.

N. las zu Ende »Das adlige Nest«.

3. Januar (Mittwoch).

Alexei 36,2 Grad. Hat auch die Masern bekommen. Saß bei den Kindern. Frühstückte mit Olga, Tatjana und Baby. Es schneite schwach, war eine halbe Stunde draußen.

Tee – Bézigue mit Anastasia.

Ruhte. Offiziere und Soldaten sind gezwungen worden, ihre Epauletten und Dienstabzeichen herunterzutrennen. Die Soldaten haben Isa und Madeleine, Annuschka und Njuta streng verboten, in unser Haus zu kommen. Die letzteren drei warten hier seit vier Wochen und Isa seit über einer Woche.

N. las uns Turgeniew vor.

4. Januar (17., Donnerstag).
Marie hat auch die Masern bekommen. Saß bei den Kindern. Neun Uhr abds. N. las uns vor, ich arbeitete wie sonst.

5. Januar (18., Freitag).
Frühstückte mit Olga und Marie. T. und Al. frühstückten unten. Ich ging eine halbe Stunde heraus in den Küchengarten, sprach mit den Soldaten (4. Regiment).

Halb vier. Besprengung mit heiligem Wasser und Abendgottesdienst, neuer Priester, weihte die Zimmer.

N. las uns vor.

6. Januar (19., Sonnabend). Taufe des Herrn.
Ging um acht zur Kirche mit N., T., A. und Al. Lieblicher, heller, sonniger Tag. Malte und arbeitete. Olga und Marie sind auf.

Acht Uhr. Aß mit Olga und Marie in meinem Zimmer. N. las uns vor.

7. Januar (20., Sonntag).
Wieder hell und sonnig. Las Evangelium und Gebete.
Acht Uhr. Aß mit Marie in meinem Zimmer, sie ist ganz wohl, nur noch Hautausschlag im Gesicht. N. las uns vor, beendete »Bretteur« und begann »Drei Porträts« von Turgeniew. Starker Wind.

8. Januar (21., Montag).
Schneesturm, schrecklicher Wind.
Zehn bis elf Uhr. Marie, Psalm 94–104.
Zwölf bis ein Uhr. Alexei, Ev. Mark., Kap. 6–7 und Heilige Liturgie.

9. Januar (22., Dienstag). Großmama † 1901.
Schrieb Briefe und malte.

10. Januar (23., Mittwoch). Hl. Grigori.
Zehn bis elf Uhr. Tatjana, Jes. Sirach 22–27. Malte.
Frühstückte unten. Ruhte wegen Kopfweh.

11. Januar (24., Donnerstag).
Schnee. Viertel nach neun bis zehn. Anastasia: Römische Geschichte. Pulcheria. Markian. Attila. Honorius. Alarich. Genserich. Papst Leo. Kaiser Justinian. Erhöhung (unleserlich). Fünf Patriarchen des römischen Konzils. Alexander. Antiochus. Der jerusalemische Papst Nikolaus I. Petriarch Photius. Methodius und Kyrill. Kirche filioque. Kirchengeschichte beendet.
Zehn bis elf Uhr. Tatjana: deutsche Lektüre. »Freie Bahn« von Werner.
Zwölf bis ein Uhr. Olga half mir, mein Geld durchzusehen.
Ein Uhr. Frühstückte unten. Malte. Der Optiker war bei mir wegen meiner Gläser.
Viertel vor fünf. Tee. Bézigue mit Olga. Heute wird Isa aus dem Kornilow-Haus weggeschickt, sie hat mit Miß Mathar und ihrer Zofe in einem kleinen Haus Zimmer genommen.

13. Januar (26., Sonnabend).
Viertel nach neun bis zehn Uhr. Tatjana, Erklärung der Gleichnisse.
Zehn bis elf Uhr. Marie: deutsche Lektüre, »Vineta« von E. Werner.
Neun Uhr. Abendgottesdienst.

14. Januar (27., Sonntag). Hl. Nina.
Halb zwölf. Vormittagsgottesdienst.
Halb fünf. Tee. Herrliches Wetter.
Sieben Uhr. Theateraufführung. »Les Deux Timides«, Comédie Vaudeville en I acte per Mm. Marc. E. Sales.

Personnages:

Thibaudier	N.
Jules Frémissin	P. Gilliard.
Anatole Garadoux	Valja Dolgoruky.
Cécile, fille de Thibaudier	Anastasia.
Annette, femme de chambre	Tatjana.

Régisseur: P. Gilliard. Souffleur: General Tatitschew.

Sehr gut gespielt und amüsant. Außer dem Gefolge und zwei Ärzten und Kolja und Mr. Gibbs sahen nur unsere vier Zofen zu. Dauerte dreißig Minuten.

15. Januar (28., Montag).
 Anastasia hat jetzt die Masern, 36,9 Grad, und ist zu Bett.
 Zehn bis elf Uhr. Marie, Psalm 104–109.
 Zwölf bis ein Uhr. Alexei, Ev. Marc. 7–8 und Gebete.
 Brachte den Nachmittag mit Anastasia zu.

16. Januar (29., Dienstag).
 Ein Uhr. Frühstückte mit Anastasia im Schlafzimmer der Mädchen. War eine halbe Stunde draußen. Saß bei Anastasia.
 Überwachte die Probe eines neuen Stückes.
 Acht Uhr. Aß mit Anastasia und Baby. N. las uns vor. Strickte, Bézigue.

18. Januar (31., Donnerstag).
 Sonnig und starker Wind. Anastasia 36,6.
 Zehn bis elf Uhr. Tatjana, deutsche Lektüre.
 Zwölf bis ein Uhr. Marie, Heilige Schrift.
 Brachte den Nachmittag mit Anastasia zu.

19. Januar (1. Februar, Feiertag).
 Anastasia 36,4, stand auf.
 Zwölf Uhr. Malte. Herrlicher Sonnenschein.
 Ein Uhr. Frühstückte unten mit allen. Strickte.
 Viertel nach vier bis Viertel vor fünf. Alexei: Freundschaft Davids mit Jonathan. N. las uns vor. Herrliche Mondnächte.

20. Januar (2. Februar, Sonnabend).
Neun bis zehn Uhr. Tatjana: Heilige Euphemia. Jesus Sirach 21–27. Las, strickte. Strahlender, herrlicher Sonnenschein.
Halb acht. Aß mit Alexei.
Neun Uhr. Abendgottesdienst. Sehr starker Wind.

21. Januar (3. Februar, Sonntag).
Starker Wind und Schnee.
Halb zwölf. Vormittagsgottesdienst. Frühstückte unten. Strickte.
Halb fünf. Tee.
Neun Uhr. »A la Porte«, Comédie en I acte par Eugène Vercoussin.

Personnages:
Roland Delaunay, artiste . . . . Mr. Gilliard.
Une dame . . . . Tatjana.
Balthazar . . . . Alexei.
Un cocher . . . . Alexei.
Régisseur: P. G.

Gut gespielt.
Der Wind weht stark.

22. Januar (4. Februar, Montag).
Heller Sonnenschein, starker Wind.
Zehn bis elf Uhr. Marie: Heilige Schrift. Schrieb Briefe.
Auf dem Hügel über dreißig Grad Kälte.

23. Januar (5. Februar, Dienstag).
Starker Wind. Schrieb Briefe.
Viertel vor fünf. Tee in N.s und Babys kleinem Ankleidezimmer, da dort wärmer. Ruhte – der Wind ließ nach.

24. Januar (6. Februar, Mittwoch). Xenias Geburtstag.
Zehn bis elf Uhr. Tatjana: Heilige Schrift, Jesus Sirach 33–35. Schrieb.

Sechs bis sieben Uhr. Alexei: Ev. Marc. 9–10. Abendgottesdienst, Erklärung der Liturgie.

26. Januar (8. Februar, Freitag).
Schrieb – sah mit Olga Zeitungen durch.
Ein Uhr. Frühstückte unten. Strickte und sah mit Gilliard Rechnungen durch.
Sieben Uhr. Alexei: David schont das Leben Sauls in der Höhle. David und Abner. Tod des Nabal. David nimmt Abilaig zum Weib.
Acht Uhr. Aß mit Baby. N. las uns vor. Al. ging nicht heraus, da die Sehne hinter seinem linken Knie gezerrt ist, aber ohne Schmerzen.
Der Kommissar Ponkratow und seine Gehilfen Nikolski sind vom Soldatenrat aus dem Kornilow-Haus weggeschickt worden und haben nichts mehr mit uns zu tun.

27. Januar (9. Februar, Sonnabend).
Frühstückte in Babys Zimmer, da er den Tag zu Bett lag. Saß nachmittags bei ihm, stickte.

28. Januar (10. Februar, Sonntag).
Halb zwölf. Vormittagsgottesdienst. Baby auf. Frühstückte mit Alexei in meinem Zimmer. Ging eine halbe Stunde heraus. Strickte und zeichnete. Kolja kam.
Halb fünf. Tee. Ruhte. Halb acht. Essen in meinem Zimmer mit Alexei und Kolja.
Viertel nach neun. »La Bête Noire«, Comédie en I acte par M. M. E. Mandel et Cordier.

Personnages:

Le Docteur Dorthey	General Tatitschew.
Frederic Dorthey, son neveu	Marie.
Mme. de Bellemare, veuve	Tatjana.
Cyprienne, sa fille	Nastinka.
Maman Miette, gouvernante de la maison Dorthey	Olga.

Régisseur: P. Gilliard.

La scène se passe de nos jours à Pau, dans la maison de santé du Dr. D.

Sehr nett gespielt. N. las uns vor.

29. Januar (11. Februar, Montag).

Neun bis zehn Uhr. Tatjana: Heilige Schrift. Deutsche Literatur. Die Meistersinger. Hans Sachs, Hans Folg. Das Volkslied im 14., 13. Jahrhundert (»So viel Stern' am Himmel stehn«). Satirisches Gedicht »Reineke Fuchs«. Das »Narrenschiff« von Seb. Brant, die »Narrenbeschwörung« von Th. Murner. Evangelisches Kirchenlied. Martin Luther. Geistliche Lieder. Siebenunddreißig Kirchenlieder. »Herr Gott, Dich loben wir.« »Ein' feste Burg« etc. Nik. Decius, P. Speratus.

Ein Uhr. War über eine Stunde draußen.

Acht Uhr. N. las uns Leskow vor.

30. Januar (12. Februar, Dienstag).

Baby blieb im Bett, weil er sich gestern den Fuß durch Stoß verletzt hat, schlief kaum – hatte Schmerzen. Saß bei Alexei, nähte.

Ein Uhr. Frühstückte mit Baby, spielte Karten mit ihm, stickte.

Viertel vor fünf. Spielte Karten mit Alexei.

Sechs Uhr. Aß mit Baby. N. las uns vor. Der Wind heulte.

31. Januar (13. Februar, Mittwoch).

Sonnig und windig. Baby schlief schlecht.

Acht Uhr. Aß mit Baby, sein Fuß schmerzte stärker. N. las uns vor. Saß bei Baby.

1. Februar (14., Donnerstag).

Frühstückte mit Baby, saß und arbeitete in seinem Zimmer, spielten zusammen Karten. Den ganzen Tag Schneesturm. Viele von den netten Soldaten sind fort.

Viertel nach neun. Abendgottesdienst. Morgen ist kirchlicher Feiertag, sie lassen uns nicht in die Kirche gehen.

2. Februar (15., Freitag).
 Halb zwölf. Vormittagsgottesdienst. Frühstückte mit Alexei. Herrliches, sonniges Wetter, war dreiviertel Stunden draußen. Stickte in Babys Zimmer und spielte Karten mit ihm.

3. Februar (16., Sonnabend). Anias Geburtstag.

4. Februar (17., Sonntag).
 Vormittagsgottesdienst. Frühstückte unten mit allen. Baby war wieder draußen mit Kolja. Ging heraus, sonnte mich auf der Bank.
 Viertel vor neun. Tatjana, Mr. G. und Alexei spielten »A la Porte« zum zweitenmal, sehr gut, und dann folgte »Packing up«, Schwank in einem Akt von H. Gattan.

Personnages:
Mr. Chugwater . . . . Anastasia.
Mrs. Chugwater . . . . Marie.
Luggageman . . . . Alexei.
Régisseur: S. Gibbs.

Schrecklich amüsant und wirklich gut und spaßig gegeben. – N. las uns vor.

7. Februar (20., Mittwoch).
 Ein Uhr. Frühstückte unten. War eine Stunde draußen. 6 Grad in der Sonne.
 Viertel vor fünf. Tee, Bézigue wie gewöhnlich mit Olga.
 Sechs Uhr. Alexei: David verschont zum zweitenmal das Leben Sauls. Saul befragt die Hexe von Endor. Der Tod Sauls. Vorherbestimmung Davids zum Königtum. David geht nach Jerusalem. David nimmt die Festung ein, bleibt dort wohnen und nennt sie Davidsburg. David spielt, singt und tanzt vor der Bundeslade. Sein Weib verlacht ihn.

8. Februar (21., Donnerstag).
 Viertel nach neun bis zehn Uhr. Anastasia: Jesaia 5, 21–29.

Zehn bis elf Uhr. Tatjana: Heilige Schrift. Deutsch. Lit. Hans Sachs, 1494 Nürnberg. Johann Fischar. Eulenspiegel, Die Schildbürger, Der ewige Jude.

Aß mit Baby. N. las uns vor.

9. Februar (22., Freitag).
Schrieb Briefe, malte.

Zehn Uhr. Frühstückte mit Baby in N.s Zimmer. Arbeitete. War eine halbe Stunde draußen, ideales Wetter, herrlicher Sonnenschein.

Vier Uhr. Tee, häkelte und schrieb.

10. Februar (23., Sonnabend).
Noch mehr von den netten Soldaten gehen morgen fort. Sah mit Gilliard mein Geld durch.

11. Februar (24., Sonntag).
Elf Uhr. Vormittagsgottesdienst.

Zwölf Uhr. Frühstück. Ging eine halbe Stunde heraus, sah, nachdem ich gestickt hatte, den Scharfschützen zu.

Halb acht. Aß unten. Spielte Chicane mit Trina. Windig, heller Mond.

Viertel nach neun. Zum zweitenmal »Le Fluide de John« (6. Dez.)

Le Fluide de John
Comédie en un acte par M. (unleserlich).

Personnes:
Duplaque . . . . Mr. Gilliard.
John, son demestique . . . . Alexei.
Lucien, neveu de Duplaque . . . . Marie
Régisseur: P. Gilliard.

In and out of a port by H. V. Esmond.

Dramatis personae:
Margaret . . . . Tatjana
Haigh . . . . Mr. Gibbs.
Stage manager: S. Gibbs.

Sehr amüsant und nett gespielt.

12. Februar (25., Montag).
Viertel nach neun. Tatjana: Volksbücher im 16. Jahrh. Hessen pl. 1488. Ulrich v. Hutten. v. Sickingen. Burchard Waldis, Erasmus Alberus, B. Ringwald, G. Rollenhagen (Froschmäusekrieg).
Zehn bis elf Uhr. Marie: Heilige Schrift. Schrieb.
Zwölf bis ein Uhr. Alexei: Ev. Mark. Dreizehn bis vierzehn Uhr. Erklärung der Heiligen Liturgie.
Zwei bis fünf Uhr. Sah mit Gilliard Rechnungen durch. Tee. Ruhte, Kopfschmerzen.

13. Februar (26., Dienstag).
Acht Uhr. Aß mit Baby. Sprach über Geldsachen mit Valja. N. las uns vor. Hörte, daß der liebe alte General Iwanow in Kiew getötet worden ist und ebenso der Metropolit Waldimir.

14. Februar (27., Mittwoch).
Zehn bis elf Uhr. Tatjana: Jesaias 6–10.
Ein Uhr. Sah mit Gilliard Rechnungen durch.
Sechs Uhr. Alexei, Evangelium des Tages. – David führt glückliche Kriege. David begehrt das Weib des Urias. Der Prophet Nathan sagt, daß David am Tode des Kindes von David und Bathseba schuldig sei. David verläßt mit seinem Haus Jerusalem. Er geht auf den Ölberg. Simei verflucht David und bewirft ihn mit Steinen.
Acht Uhr. Aß mit Baby. Hatte Besprechung mit (unleserlich). Er sagte heute unserer Dienerschaft, daß wir nur viertausend monatlich bekommen sollen, sechshundert jeder von uns sieben, daß wir uns daher von zehn von ihnen trennen und viel eingeschränkter leben müßten – und daß wir vom 1. März

neuen (bolschewistischen) Stils alles selbst in die Hand zu nehmen hätten. N. las uns vor.

15. Februar (28., Donnerstag).
Viertel nach neun. Anastasia: Jesaias 10–13.
Zehn bis elf Uhr. Tatjana: Deutsche Lektüre.
Zwölf bis ein Uhr. Marie: Sprüche Salomonis 1–5.
Halb drei bis fünf Uhr. Sah mit Gilliard Rechnungen durch, Bezahlung aller Löhne.

16. Februar (1. März, Freitag).
Hörte, daß G. Januschkiewitsch im Zug nahe bei Gatschina getötet worden ist, Fürst Orlow bei Jalta einen Schlaganfall gehabt hat und daß u. a. Sergei (Rotes Kreuz) dort getötet wurde.

18. Februar (3. März, Sonntag).
War eine Stunde draußen. Hielt Andacht und sang mit den Mädchen und Nagorni, da der Chor nicht mehr singen will. Tee. War zugegen bei der Probe des russischen Stückes.
Halb acht. Aß unten, auch Kolja. Spielte Kabale mit Trina, eine Viertelstunde.

The Chrystal Gazer
A comic sketch by Leop. Montague.

Dram. pers.:

Miß Bessie Blank . . . . Marie.
The Chrystal Gazer . . . . Mr. Gibbs.
Stage manager: Mr. Gibbs.

19. Februar (4. März, Montag).
Hörte, daß der Cousin von Felix in Kiew getötet worden ist, auch Pod.'s Sohn!!! Sah mit Gilliard und Tatjana Rechnungen durch. Schrieb und arbeitete.

21. Februar (6. März, Mittwoch).
 Kalt und sonnig. Frühstückte unten, arbeitete, schrieb, sang.
 Viertel nach sechs. Alexei. Davids Übergang über den Jordan. Der Tod Absaloms. Joabs Kriege mit den Philistern. König David gebietet, seinen und Bathsebas Sohn zum König auszurufen und ihm zu helfen. David übergibt dem Salomo alle Prunkstoffe und Vorhänge des Tempels, den er ihm geboten hat zu bauen. David kniet vor Gott nieder. David stirbt nach vierzigjähriger Regierung. – Psalme.

22. Februar (7. März, Donnerstag).
 Kurzer Schneesturm – übten uns im Gesang, wieder kam der Chorregent nicht. – Ruhte.
 Acht Uhr. Aß mit Baby. N. las uns vor. Hörte, daß mein alter Kondratiew tot ist.

24. Februar (9. März, Sonnabend).
 Neun Uhr. Abendgottesdienst, der Chor singt jetzt wieder. Hörte, daß der liebenswürdige Gubariew getötet worden ist. Der Chor von vier Frauen, ein Tenor und der Regent singen jetzt gratis.

25. Februar (10. März, Sonntag).
 Acht Uhr. Aß allein. Spielte Chicane mit Trina.
 Halb zehn. Zum zweitenmal: »Packing up«.

Mr. Chugwater . . . . Anastasia.
Mrs. Chugwater . . . . Marie.
Luggageman . . . . Alexei.

Sehr heiter gespielt. N. las uns vor.

26. Februar (11. März, Montag).
 Frühstückte mit Baby. Brachte den Nachmittag (schreibend) mit ihm zu, da er sich an die Zehe gestoßen hat und so den Fuß hochhalten oder auf dem Boden liegen muß. Es schneite.

27. Februar (12. März, Dienstag).
Frühstückte mit Baby. Schrieb. Baby sah in die Zeitungen.

28. Februar (13. März, Mittwoch). 26. Jahrestag von Papas Todestag.
Frühstückte mit Baby. Brachte den Nachmittag wie gestern zu.
Sechs bis acht Uhr. Alexei: Gebete Salomos zu Gott. Weisheit Salomos. Salomos Urteil. Predigt Salomos. Erbauung des Tempels in sieben Jahren. Die Königin von Saba besucht Salomo. Salomo sucht Jerobeam zu töten, der sich verbirgt. Salomos Tod nach vierzigjähriger Regierung. Sein Sohn Rehabeam besteigt den Thron.

2. März (15., Freitag).
Schrieb Briefe.
Frühstückte mit Baby. Er war heute wieder draußen. Malte und schrieb.
Jahrestag von N.s Abdankung!!!

5. März (18., Montag).
Neun bis zehn Uhr. Andacht. O., T., A. und ich sangen mit dem neuen Diakon – nicht gut natürlich, da wir nicht geprobt hatten. Er blieb nach der Andacht, um einiges für den Abendgottesdienst durchzugehen. Schrieb.
Saß mit Nastinka in der Sonne auf dem Balkon.
Aß mit Alexei. Brachte den Abend ohne Gefolge zu. N. las das Leben des hl. Nikolaus vor. Früher zu Bett.

7. März (20., Mittwoch). Großpapa †.

8. März (21., Donnerstag). Großmama †.
Aß mit Alexei. N. las uns das Leben des hl. Eulogius vor.

9. März (22., Freitag).
Acht Uhr. Gottesdienst in der Kirche. Mußte den Weg zu Fuß gehen, da er im Rollstuhl zu schlecht passierbar war.

Viertel nach neun bis zwölf Uhr abds. Beichte, wir sieben, Nastinka, Valja, Tatitschew, Lisa und elf von unseren Leuten. Die Kinder begannen, und wir zuletzt.

10. März (23., Sonnabend).
Halb acht. Messe und heiliges Abendmahl. Gingen zu Fuß in die Kirche und zurück. Der Chor sang schön. Malte und las.
Viertel vor neun abds. Abendgottesdienst, kleiner Chor. Gefolge blieb zum Tee, und um halb zwölf trennten wir uns.

13. März (26., Dienstag).
Saß auf dem Balkon, herrlicher Sonnenschein. Schrieb.

14. März (27., Mittwoch).
Sechs bis sieben Uhr. Alexei. Vernichtung von Salomos Königreich. Rehabeam und Jerobeam übertreten Gottes Gebot. Tod des Kindes von Jerobeam. Sisak, der König von Ägypten, kommt nach Jerusalem und tötet alle Widersacher. Tod Rehabeams. Sein Sohn Abiam wird König. Krieg Abiams mit Jerobeam. Beider Tod. Jerobeams Sohn Nadab und Asa, verbrennt die Götzenbilder.

15. März (28., Donnerstag).
Zehn bis elf Uhr. Tatjana: Johann Arnd, »Wahres Christentum« – Periode der Nachahmung. Martin Opitz, 1517–1639. Paul Fleming. Andreas Gryphius. Friedrich von Logau (Epigramme). Simon Dach »Ännchen von Tharau«. Evangel. Kirchenlied im 16., 17. Jahrh. Paul Gerhard »Wach auf, mein Herz, und singe«. »O Haupt voll Blut und Wunden.« »Befiehl du deine Wege.« Luise Henriette (G. des Kurf. von Brdnb.), »Jesus meine Zuversicht«. Georg Neumark, »Wer nur den lieben Gott läßt walten«. Rinkart, »Nun danket alle Gott«. Die 2. schlesische Schule. Hoffmann v. Hoffmannswaldau. Lohenstein. Christian Günther. Gryphius. Wernicke. Joh. v. Canitz (Hofpoet). Chr. Weiße. Prosa-Satire und Roman des 17. Jahrh. Chr. v. Grimmelshausen (d.

Simplizissimus). Haller und Hagedorn. Gottsched. Bodmer, Leipziger (!) Bund. – Deutsche Lektüre.

Frühstückte mit Baby. Er geht nicht aus, da er Husten hat. Las ihm vor. Leikin. »Wo die Apfelsinen reifen.« Malte und arbeitete.

16. März (29., Freitag).
Las Baby vor. Heilige Liturgie.
Acht Uhr. Aß mit Baby. N. las uns laut vor. Den ganzen Tag Schneesturm.

20. März (2. April, Dienstag).
Saß den ganzen Nachmittag strickend auf dem Balkon, 20 Grad in der Sonne, in dünner Bluse und seidener Jacke.
Sah mit Gilliard Rechnungen durch.

21. März (3. April, Mittwoch).
Saß auf dem Balkon und schrieb.
Halb sieben bis sieben Uhr. Alexei: Tod von Asa. Sein Sohn Josaphat. König Ahab. Erbauung der Stadt Jericho. Elias. Die Frau von Zarpath speist ihn, und er erweckt ihren Sohn. Isebel schickt nach dem Propheten Elias. Gott erscheint ihm auf dem Berge Horeb. Tod des Ahab. Isebel wird von den Hunden zerrissen.
Acht Uhr. Aß mit Baby. Sagte drei von unseren Leuten Lebewohl, die uns einen Monat vorher verlassen haben, aber nun nach Hause gehen. N. las uns vor.

28. März (10. April, Mittwoch).
Saß mit den Kindern und nähte dann meine Juwelen ein.
Liebliches, sonniges Wetter. Saß eine Viertelstunde draußen, dann wurde ich aufgefordert, hineinzugehen.

30. März (12. April, Freitag).
Heller Sonnenschein. Baby bleibt im Bett, da er von seinem heftigen Husten einen leichten Bluterguß im Unterleib hat. Las und schrieb ab.

Ein Uhr. Frühstückte mit Baby in seinem Zimmer. Kobylinski übermittelte uns den Befehl von Moskau, daß wir Trina, Nastja, Tatj., Valja, Mr. Gibbs in unser Haus aufzunehmen hätten mit ihren Dienstboten. Daher großer Wirrwarr durch den Umzug.

Aß mit Baby, starke Schmerzen.

31. März (13. April, Sonnabend).
Brachte den ganzen Tag mit Baby zu, sehr starke Schmerzen und krank, schlief nur dreimal zwanzig Minuten, etwas besser zwei Stunden am Abend und dann wieder schlimmer.

1. April (14., Sonntag).
Saß den ganzen Tag bei Baby, jede halbe Stunde krampfartige Schmerzen drei Min. lang, gegen Abend besser.

Von morgen ab dürfen unsere Männer nicht mehr aus dem Haus.

4. April (17., Mittwoch).
Es schneite ein wenig. Baby schlief gut bis fünf Uhr und dann mit Unterbrechungen. Die Schmerzen dauern an, obgleich nicht so stark. Gill. las ihm viel vor, er aß ein bißchen Fisch mit Beerenkompott.

5. April (18., Donnerstag).
Baby hatte eine schlechte Nacht.

8. April (21., Sonntag). Unser Verlobungstag (vor vierundzwanzig Jahren).
N. ist gezwungen worden, seine Achselstücke abzulegen, wird sie aber im Haus noch tragen. Baby 38,1. Schmerzen ab und zu.

9. April (22., Montag).
Verbrannte Briefe, ordnete Papiere. Saß wie gewöhnlich bei Baby. Nach dem Frühstück schlief er bis vier Uhr, schrecklich bleich und mager. Später spielte er sogar Karten. Fast täg-

lich kommen mehr Soldaten zu Fuß und zu Pferde von überall her.

10. April (23., Dienstag).
Baby hatte wegen starker Schmerzen schlechte Nacht. 36,6. Wieder Schnee. Am Morgen kam der neue Kommissar Jakowlew uns besuchen (Eindruck eines intelligenten, sehr nervösen Arbeiters, Ingenieur). Brachte den Tag bei Baby zu.

12. April (25., Donnerstag).
Nach dem Frühstück kam der Kommissar Jakowlew, anscheinend, weil gewünscht, wegen Herrichtung der Pohodh.-Kirche für die Passionswoche. Statt dessen machte er bekannt, daß er den Befehl seiner (der bolschewistischen) Regierung, uns alle fortzuschaffen, hätte. (Wohin?) Da er sah, daß Baby zu krank ist, wünschte er N. allein wegzuschaffen (falls er nicht willig folge, sei er gezwungen, Gewalt zu gebrauchen). Ich hatte mich zu entscheiden, mit dem kranken Baby zu bleiben oder N. zu begleiten. Entschloß mich, ihn zu begleiten, da dies nötiger sein kann, und er in Gefahr ist, da wir nicht wissen, wohin und wozu (wir vermuten Moskau). Leiden furchtbar. Marie kommt mit uns, Olga will für Baby sorgen, Tatjana für den Haushalt und Anastasia will alles abrechnen. Nehmen Valja, Njuta, Eugen, Sergiewitsch mit, die sich anboten, mit uns zu gehen. Sechniew nahm die Mahlzeiten mit Baby, wir legten wenige Sachen zusammen, ganz geringes Gepäck. Nahmen Abschied von allen unsern Leuten nach dem gemeinsamen Abendtee. Saßen die ganze Nacht mit den Kindern, Baby schlief, und um drei gingen wir zu ihm, bis zum Abschied. Um vier in der Frühe brachen wir auf. Schrecklich, die lieben Kinder zu verlassen. Acht von unseren Scharfschützen gingen mit uns.

Von Tobolsk nach Jekaterinburg

13. April (26., Freitag). Reise im Wagen.
Marie in einer Landkutsche. N. mit dem Kommissar Ja.
Kalt, grau und windig. Setzten über den Irtysch nach Pferdewechsel um acht Uhr, machten um zwölf Uhr halt in einem Dorfe und nahmen Tee mit unsern Vorräten. Straße ganz grauenhaft, gefrorener Boden und Schlamm, Schneewasser bis zum Bauch der Pferde, furchtbar geschüttelt, alles tat uns weh. Nach vier Uhr sprang die Tscheka, die abgelöst wurde, herunter, und wir mußten in einen anderen Korbwagen hinüberklettern. Wechselten fünfmal die Pferde und kamen in einen anderen Korbwagen. Die anderen wechselten jedesmal auch die Kutsche. Um acht Uhr kamen wir nach Jewlewo, wo wir die Nacht in einem Haus zubrachten, in dem vorher der Kaufladen des Dorfes war. Wir drei schliefen in einem Raum, wir auf unsern Betten, M. auf der Diele auf ihrer Matratze, Njuta in dem Wohnzimmer, wo wir von unsern Vorräten aßen und unser Gepäck aufgestapelt war. V. und E. S. in einem Raum, unsere zwei Männer in einem anderen, alle auf der Diele. Gingen zu Bett um zehn Uhr, halbtot und überall Schmerzen. Man sagt uns nicht, wohin wir von Tjumen aus gehen, einige denken Moskau, die Kleinen sollen baldigst folgen, wenn der Fluß frei und Baby wohl ist. Bei jeder Gelegenheit verlor jede Kutsche ein Rad oder irgend etwas anderes knackte. Gepäck immer verspätet. Herz schmerzt, erweitert, schrieb an die Kinder durch unsern ersten Kutscher.

14. April (27., Sonnabend). Auferweckung des Lazarus.
Standen auf um vier Uhr, bekamen Tee, packten, überschritten den Fluß um fünf Uhr zu Fuß auf Brettern und dann auf einer Fähre. Warteten eine Ewigkeit, bevor wir weiterkamen, um Viertel nach sieben (der Kommissar rannte indessen ruhelos umher, telegraphierte). Liebliches Wetter, Straße grauenhaft. Wechselten die Pferde wieder sechsmal und unsere Kutscher öfters, da beide Tage dieselben Leute. Um zwölf Uhr kamen wir nach Pokrowskoje, wechselten die

Pferde, standen lange vor dem Hause unseres Freundes, sahen seine Familie und Freunde zum Fenster hinausgucken. In dem Dorfe Borki nahmen wir Tee und von unsern Vorräten in einem netten Bauernhaus. Als wir das Dorf verließen, sahen wir plötzlich Sedniew auf der Straße! Wechselten noch einmal die Kutsche. Wieder allerlei Zwischenfälle, doch weniger als gestern. Machten halt vor einer Dorschule, tranken Tee mit unsern Soldaten. E. S. lag danieder mit schrecklichem Krampf in den Beinen. Als es dunkel wurde, schnallte man die Glöckchen unserer Troika an, lieblicher Sonnenuntergang und Mond. Fuhren mit wilder Schnelligkeit dahin. Als wir uns Tjumen näherten, bildete eine Schwadron eine Kette rund um uns und begleitete uns bis zur Station. Wir setzten über den Fluß auf einer beweglichen Brücke, drei Werst von der dunklen Stadt. Um Mitternacht kamen wir in den Zug. Schrieb am Morgen zwei Briefe an die Kinder.

15. April (28., Sonntag). Im Zug nach Osten.
Jesu Einzug in Jerusalem. Palmsonntag.
Im halb fünf verließen wir Tjumen, kaum geschlafen. Herrliches sonniges Wetter. N. und ich in einem Abteil, mit einer Tür in das von Marie und Njuta, nächste Tür Valja und E. S., dann unsere zwei Männer, dann vier von unseren Scharfschützen. Auf der anderen Seite die beiden Koljas und ihre Gehilfen und eine Garderobe. Zur Teestunde brachte man den andern Suppe und ein warmes Gericht, im übrigen leben wir von unserm Tee und den Vorräten, die wir von Tobolsk brachten.
Neun Uhr. Aßen davon zum Tee. Sedniew briet ihnen Koteletts. Station Nasiwalskoje. Marie und Njuta gingen ein- oder zweimal hinaus, um etwas Bewegung zu haben. Schrieb an die Kinder.

16. April (29., Montag). Im Zug nach Westen.
Viertel nach neun. Ausweichgleise. Lieblicher Sonnenschein, erreichten Omsk nicht, wieder zurück.
Elf Uhr. Wieder dieselbe Station Nasiwalskoje. Nahrung wurde gebracht für die anderen. Ich bekam etwas Kaffee. Auf

der Station Nisjuskaja gingen die andern hinaus. Bewegung zu machen – bald darauf gingen sie wieder, da die Achse eines der Waggons Feuer fing und er abgekettet werden mußte. Sedniew richtete uns wieder eine nette Abendmahlzeit her. Schrieb unseren fünften Brief an die Kinder. N. las mir das Evangelium des Tages vor. (Die Sowjets wollen uns nicht über Omsk hinaus lassen, da sie fürchten, man möchte uns den Japanern übergeben.) Fühlte mein Herz sehr erweitert.

Jekaterinburg

17. April (30., Dienstag). Im Zug Jekaterinburg.
Acht Uhr vierzig. Jekaterinburg. Wir standen Ewigkeiten und bewegten uns auf und ab mit dem Zug, während der Kommissar Jakowlew und Busakow mit den Sowjets von hier sprachen. Um drei wurde uns gesagt, wir sollten den Zug verlassen, Jakowlew sollte uns den Ural-Sowjets übergeben. Ihr Führer nahm uns drei in ein offenes Auto, ein Lastauto mit Soldaten, die bis an die Zähne bewaffnet waren, folgten uns. Sie fuhren durch Nebenstraßen, bis wir ein kleines Haus erreichten, um das ein Zaun von hohen Holzpfählen errichtet ist. Unsern Soldaten wurde nicht erlaubt, uns zu begleiten. Hier sahen eine neue Wache und ein Offizier und Zivilisten unser ganzes Gepäck durch. Valja ist noch nicht hereingelassen worden. Bekamen unser Frühstück um halb fünf (Ration) aus einem Hotel, Borschtsch und ein Gericht, wir drei, Njuta, E. S. und unsere zwei Männer aßen zusammen. Nach uns bekamen die Soldaten ihre Nahrung. Wir drei schlafen zusammen im nächsten Zimmer (ohne Tür), Njuta im Eßzimmer, in dem E. S. und unsere Männer schlafen. (Die Kanalisation funktioniert nicht.) Bekamen Tee um halb zehn. Dann brachte man Betten für die andern und fand für uns ein Waschbecken. Gingen zu Bett um elf Uhr. Wetter war herrlich, so warm und sonnig. N. las uns aus der Bibel vor.

18. April (1. Mai, Mittwoch). Haus Ipatiew.
Wieder sonniger Morgen. 25 Grad in der Sonne. Blieb im Bett wegen Herzerweiterung, matt, Kopfweh.

Halb zwei. Den andern wurde Suppe und Eier gebracht. Ich bekam etwas gutes Brot. Marie las mir aus der Heiligen Schrift vor.

Halb vier. Tee, Brot und Malzextrakt. Marie las mir vor, N. saß an seinem Schreibtisch, der auch in unserm Schlafzimmer steht, las und schrieb.

Viertel vor neun. Tee. Schrieb an die Kinder. Unser Kommissar heißt Abdiew (begleitet uns von Tobolsk, wie es scheint), sein Gehilfe Ukrainzew (ein ehemaliger Soldat, war Treiber, wenn Mischa nahe von Borjan Jagd hatte, als er ein kleiner Junge war; vor fünfzehn Jahren spielte Olga mit ihm in Gagti, er arbeitet in einer Fabrik, bekommt monatlich dreihundert Rubel, hat eine zahlreiche Familie).

19. April (2. Mai, Kardonnerstag).

Schön, warm, sonnig, aber windig. N. las uns das Evangelium für den Tag vor. Die Soldaten tranken alles Wasser aus dem Samowar aus.

Zehn Uhr. Sie brachten Wasser zum Tee. Herz weniger erweitert. Schrieb Postkarten. Marie machte mir das Haar. Blieb im Teagown auf dem Bett liegen.

Zwei Uhr. Sie brachten Frühstück aus einer Eßstube. Die andern gingen eine Stunde in dem winzigen Garten umher. M. las mir vor.

Halb sieben. Tee. N. las mir Hiob vor. Stellten unsere Heiligenbilder auf einen Tisch im Wohnzimmer für die Lesestunde, später Abendessen. Wir saßen allein beisammen, und N. und E. S. lasen abwechselnd bis zwölf Uhr aus dem Evangelium vor. Schrieb an die Kinder.

20. April (3. Mai, Karfreitag).

Es schneite ein wenig in der Nacht und am Tag, später heller Sonnenschein. N. las uns beiden das Evangelium und Hiob vor. Stand auf und blieb dann im Teagown auf meinem Bett liegen.

Drei Uhr zwanzig brachten sie uns endlich Frühstück. Tee. Die andern gingen zuvor eine halbe Stunde umher. N. las uns vor »Das Große im Kleinen« und dann das Evangelium für den Abend.

Zehn Uhr zwanzig. Abendessen gebracht. Sedniew bereitete mir Fadennudeln. Schrieb an die Kinder.

21. April (4. Mai, Karsonnabend).

Leichter Schneefall. Schrieb zum achtenmal an die Kinder. N. las uns das Evangelium und aus dem Buch vor. Um ein Uhr vierzig brachten sie ihr Frühstück. N. bekam ein Bad.

Zwei Uhr. Sedniew kochte wieder Fadennudeln für mich.

Drei Uhr. Bekam ein Bad, auch Njuta. Legte mich wieder hin. Schrieb an die Kinder. Die andern waren zwanzig Min. draußen.

Halb sechs. Tee. N. las uns vor. Wir stellten unsere Heiligenbilder auf den Tisch.

Acht Uhr zwanzig. Priester und Diakon kamen und hielten Abendgottesdienst – auch die Soldaten von der Wache kamen.

22. April (5. Mai, Ostersonntag).

Marie las mir aus der Heiligen Schrift, N. aus dem Evangelium und einem französischen Buch vor.

Ein Uhr. Sedniew bereitete uns von gestern aufgewärmtes Frühstück. Ich war auch auf und legte mich dann wieder. Schrieb an die Kinder. Die andern gingen etwas umher. Bekam Kakao. N. las mir »Das Große im Kleinen« vor.

Acht Uhr. Abendessen, ich bekam es mit ihnen. Wir saßen eine Stunde in E. S.s Zimmer und redeten mit Ukrainzew. Wieder früh zu Bett.

23. April (6. Mai, Ostermontag). H. Alexei. Hl. Georg.

Leichter Schnee lag und Sonnenschein. N. las uns das Evangelium und »Das große im Kleinen« vor. Schrieb an die Kinder.

Abendessen wie Frühstück, nur blieb ich liegen; später saßen wir in Botkins Zimmer.

24. April (7. Mai). Heller Dienstag.
Abwechselnd Sonnenschein und Wolken. Schrieb an die Kinder.
Drei bis vier Uhr. Die andern gingen draußen umher. Kakao. N. las uns Maeterlinck vor.
Viertel nach acht. Aß Abendessen mit den andern, spielte dann Bézigue mit N., und auch M. und E. S. spielten Karten.

25. April (8. Mai, Mittwoch).
Sonnenschein und starker Wind.
Halb zwei. Es schneite ein wenig. Schrieb an die Kinder. Lag mit geschlossenen Augen, da ich fortwährend Kopfschmerzen hatte.
Acht Uhr. Aßen zu Abend – bekamen ein erstes Telegramm von den Kindern. Spielten Bézigue. Können sie nicht dazu bringen, uns irgend etwas über Valja zu sagen.

26. April (9. Mai, Donnerstag).
Schrieb zum vierzehnten Mal an die Kinder. Sonne und Wolken. Schlafe andauernd schlecht und habe Kopfschmerzen. N. las uns das Evangelium und den Predigttext des Tages vor. Jeden Morgen müssen wir aus dem Bett wegen des Wachältesten und des Kommissars, die nachsehen, ob wir da sind.
Ein Uhr. Sedniew bereitete mir Fadennudeln.
Zwei Uhr. Endlich wurde den andern ihre Nahrung gebracht. Marie und Njuta wuschen mir das Haar. Leichter Schneefall, dann trat die Sonne hervor.

27. April (10. Mai, Freitag).
Viertel nach acht befahlen sie uns, aufzustehen, da der Kommissar den Wunsch hatte, uns zu sehen, bevor in einer Viertelstunde die Wache abgelöst würde, und die Zimmer zu kontrollieren. Gestern dreimal Ablösung der Wache. Graues Wetter – leichter Schneefall. Schrieb zum fünfzehnten Mal an die Kinder. M. las mir aus der Heiligen Schrift vor. N. las uns vor.
Viertel nach vier. Wieder kamen Leute, die uns fragten,

wieviel Geld wir alle hätten, und wir alle mußten die Summe aufschreiben und dem Sowjet übergeben, damit er das Geld verwahrte. N. las uns Leikin vor.

Viertel nach acht. Aßen mit den andern. Spielten Karten in E. S.s Zimmer und redeten mit dem Wachältesten.

28. April (11. Mai, Sonnabend).

Heller Sonnenschein. Schlief besser. N. las uns das Evangelium und den Predigttext vor. Schrieb zum sechzehnten Mal an die Kinder.

Bekam ein Telegramm von Olga.

29. April (12. Mai, Sonntag).

Sonnig und windig und Wolken. Schrieb eine Postkarte an die Kinder. Nr. siebzehn. Der Kopfschmerz dauert an, schlafe sehr wenig.

Acht Uhr. Abendessen – spielten Karten. Bekam ein Bad.

30. April (13. Mai, Montag). Hl. Thomas.

Herrlicher Sonnenschein. Schrieb zum achtzehnten Mal an die Kinder.

1. Mai (14., Dienstag).

Schöner, warmer Morgen. Schrieb zum neunzehnten Mal an die Kinder.

Jetzt lassen sie uns nur zweimal täglich eine halbe Stunde draußen liegen.

Nach einer Woche hat nun die Wache gewechselt.

2. Mai (15., Mittwoch).

Schrieb zum zwanzigsten Mal an die Kinder. N. las uns wie gewöhnlich das Evangelium vor. Strahlendes Wetter, ein angenehm sanfter Wind. Heute morgen wurde allen verboten, hinauszugehen. Ein alter Mann malte alle Scheiben von draußen weiß an, so daß man nur am oberen Rand einen Streifen vom Himmel sehen kann, und es aussieht, als wäre vor den Fenstern ein dicker Nebel, wahrhaftig nicht sehr behaglich.

Sedniew fühlt sich unwohl und liegt.

Um Viertel nach drei wurden wir auf eine Stunde in den Garten gelassen. N. las wieder vor, und wir legten Patiencen.

3. Mai (16., Donnerstag).
Sie überschmierten das Thermometer, so daß man die Temperatur nicht sehen kann; anscheinend ist schönes Wetter. N. las uns vor. Immer schmerzt mir der Kopf.

Drei bis vier Uhr. Saß im Garten.

Fünf Uhr. Tee. Schrieb zum einundzwanzigsten Mal an die Kinder.

Halb neun. Abendessen, drei Kerzen in Gläsern – Kartenspiel – beim Licht einer Kerze. Sedniew ist halb wieder auf. Bekam Kaffee und Schokolade von Ella. Sie ist von Moskau weggeschickt worden und jetzt in Perm (wie wir in der Zeitung lasen).

4. Mai (17., Freitag).
Große Hitze, eine Tasse Kaffee. Es regnet ein wenig – habe ein Feuer brennen, da es drinnen so feucht ist.

Heute vor drei Wochen verließen wir Tobolsk. M. schrieb zum zweiundzwanzigsten Mal an die Kinder – und an Ella und Sinotschka (nicht abgesandt).

Hörte, daß die Kinder schon unterwegs sind.

Acht Uhr. Abendessen wieder bei Kerzenlicht. Karten.

6. Mai (19., Sonntag). Johannes der Märtyrer.
Herrlicher, strahlender Sonnenschein.

Halb zwölf. Ostergottesdienst. Die andern gingen heraus.

Ich kann nicht ermitteln, ob die Kinder abgereist sind oder nicht – bekomme von niemandem Briefe.

7. Mai (20., Montag). Hl. Myron.
Sonnenschein und Wolken.

Zum erstenmal wurde das Frühstück pünktlich gebracht. Wache und Wachkommandant nach einer Woche gewechselt.

Der Kommissar hat vom Thermometer die aufgemalte

Farbe abgekratzt, so daß man jetzt wieder die Grade sehen kann. Seit einer Woche keine Nachricht von den Kindern.

8. Mai (21., Dienstag).
Es gießt. M. las aus der Heiligen Schrift, N. wie gewöhnlich Evangelium und Predigttext für den Tag. Heute sind wir drei Wochen hier. Frühstückten spät. Hörten, daß die Kinder wahrscheinlich morgen oder Donnerstag kommen. Haben uns ein Zimmer für Baby, eins für die Herren und eins für die Mädchen gegeben (wo zuerst die Wache war).

Sonnenschein nach schwachem Gewitter.

9. Mai (22., Mittwoch). Hl. Nikolaus der Wundertäter.
Keine Nachricht von den Kindern.

10. Mai (23., Donnerstag).
Alles mit Schnee bedeckt. Vor vier Wochen verließen wir Tobolsk. Gegen elf Uhr zeigten sich plötzlich die Mädchen mit Alexei – Gott sei bedankt für solche Freude, sie wiederzuhaben. Kein anderer wurde den ganzen Tag eingelassen, außer dem Koch Charitonow und dem Küchenjungen Sedniew – nur Handgepäck mitgebracht – keine Nachricht von den andern.

Frühstück, Tee, Abendessen wie gewöhnlich. Ging eine Viertelstunde heraus, Schnee und Schlamm lag. – Legten Baby in Maries Bett und machte den vier Mädchen Lager auf Mänteln und Kissen auf der Diele im Nebenzimmer, Char auf einem kurzen Sofa, Wardin auf zwei Stühlen. In der Nacht wachte Baby alle Stunden vor Schmerz an seinem Knie auf, er glitt aus und verletzte es, als er ins Bett stieg. Wahrscheinlich Sehnenzerreißung. Kann noch nicht gehen, wird getragen. Hat vierzehn Pfund seit seiner Erkrankung verloren. – In der Nacht sah ich fern eine große Feuerbrunst.

11. Mai (24., Freitag). Ludwigs Geburtstag.
Baby und ich bekamen unsere Mahlzeiten in unserm Schlafraum. Seine Schmerzen waren ungleich heftig. Früh-

stückten um zwei Uhr. Wladimir Nikolajewitsch kam, nach Baby zu sehen und seine Kompresse zu wechseln, jedoch in Abdiews Gegenwart, so daß er kein Wort sagen konnte. Tschemandurow ist fort, da er sich nicht wohl fühlte. Wurde völlig ausgezogen und durchsucht, bevor er das Haus verließ. Nach dem Abendessen kamen Nagorni und Trupp (mit Joy) – zwei Stunden ausgefragt und durchsucht. Alle unsere andern Leute werden nach Tobolsk zurückgeschickt, wissen nur nicht, wohin. Trina, Nastinka, Tatitschew, Wolkow sind uns genommen worden. Eug. Serg. schrieb eine Bittschrift an Abdiew, Gilliard zuzulassen als völlig unentbehrlich, er müsse bei Baby sein, der sehr leidet. Baby schlief in seinem Zimmer mit Nagorni. Die vier Mädchen vor der Tür, da noch nicht alle Betten gebracht wurden. Baby hatte wieder eine schlechte Nacht.

12. Mai (25., Sonnabend).

Baby brachte den Tag wie gestern zu, Schwellungen ein klein wenig geringer, jedoch ab und zu starke Schmerzen. Trank nur eine Tasse Tee und eine Schüssel dicke Milch. Wlad. Nik. kam mit Abd. und dem Komm. Nachher sahen vier Leute vom Komitee herein. Sie durchsuchten die Sachen der Kinder, nur notwendige Koffer werden heraufgebracht. Baby ging mittags umher. Starker Schnee. Sie wollen Gilliard nicht hereinlassen, habe wieder darum gebeten. Baby nahm etwas Speise und kam dann zum Schlafen. Spielte Bézigue mit N. und dann früh zu Bett.

13. Mai (26., Sonntag).

Alles mit Schnee bedeckt, heller. Baby hatte wieder eine schlechte Nacht, fühlte sich aber den Tag über besser. Mehrmals hatte er Krämpfe, aß ein wenig mehr. Er lag den ganzen Tag in unserm Zimmer. Das Frühstück wurde wieder zu spät gebracht. Die andern gingen ein wenig hinaus. Als Wlad. Nik. kam, war noch ein Arzt im Zimmer. Der Kommissar und der Wachkommandant durchsuchten wiederum alle Sachen der Kinder. Die Geschwulst ist ein wenig verringert. Keine Nachricht von unsern Leuten.

14. Mai (27., Montag). Krönungstag.

Heller Sonnenschein. Baby hatte wieder eine schlechte Nacht, E. S. saß einen Teil der Nacht auf, damit Nagorni schlafen konnte.

Um zwei Uhr wurde Frühstück gebracht. Baby brachte den Tag in unserm Zimmer zu. Wlad. Nik. kam nicht, weiß nicht, warum. Die Kinder stopften Wäsche mit Njuta.

Um halb sieben wurden Sedniew und Charitonow zu dem Kreiskommissar geholt, aus unbekanntem Grund. Die andern spielten Karten mit Baby. Im ganzen geht es ihm besser, obwohl manchmal sehr starke Schmerzen. E. S. brachte die Nacht bei Baby zu.

15. Mai (28., Dienstag).

In der Nacht goß es. Baby schlief im ganzen gut, obwohl er alle Stunden aufwachte – Schmerzen weniger stark. Er kam wieder in unser Zimmer. Sie bekamen ihr Frühstück erst um zwei Uhr fünfundzwanzig. Sie gingen eine Stunde heraus. Wlad. Nik. kam endlich, ich kann nicht mit ihm sprechen, da Abdiew immer zugegen ist. Ich fragte, wann endlich Char. wieder eingelassen werden wird, da wir nicht wissen, wie wir ohne ihn auskommen sollen – Abd. antwortet, das wisse er nicht – ich fürchte, wir sehen weder ihn noch Sedniew wieder. Baby litt eine Zeitlang sehr, dann nach der Medizin, und als ich eine Kerze anzündete, ging es ihm besser. Nach dem Tee schnitt ich zum erstenmal N. das Haar.

16. Mai (29., Mittwoch).

Babys Nacht war besser. Herrliches Wetter. Tatjana nähte meine Juwelen ein.

Baby und ich frühstückten in seinem Zimmer, und dann kam er in das unsere, schlief ein wenig, bevor Wlad. Nik. kam (ein neuer Wachkommandant ist da) und ihm einen Gipsverband mit Schiene anlegte. Die andern gingen wie gewöhnlich umher, auch am Morgen. Baby wurde zum Essen in sein Zimmer zurückgetragen, ich legte mich nach der Abendmahlzeit mit starkem Kopfschmerz zu Bett.

18. Mai (31., Freitag).
In der Nacht goß es. Babys Nacht war besser. 36 Grad. Ich blieb zu Bett, da ich mich schwindlig fühlte und die Augen so schmerzen. Um ein Uhr wurde Baby zu uns herübergebracht. Leichter Regen, die andern gingen heraus. Es wurde laut gehämmert, sie machen die Pfähle vor Babys Fenster höher. W. N. darf nicht herein, da Abd. nicht da war. Ich blieb den ganzen Tag mit geschlossenen Augen, mein Kopfweh wurde gegen Abend schlimmer. Das Abendessen wurde um sechs Uhr gebracht, doch aßen sie es erst um acht Uhr aufgewärmt. Nach dem Abendessen wurde Baby in sein Zimmer getragen – er hatte wieder ziemliche Krämpfe im Knie.

19. Mai (1. Juni, Sonnabend).
Nacht besser. Am frühen Morgen, noch vor dem Frühstück, kam die Sonne bis zu mir. Ich brachte den Tag im Bett zu, da ich mich schwach fühlte und elend im Kopf. Baby 37,6. Er schlief bei Tag ein wenig. Die andern gingen heraus. Graues Wetter. Die Kinder wuschen wieder Taschentücher.

22. Mai (4. Juni, Dienstag).
Baby schlief gut, doch weniger als die Nacht zuvor. Schöner, heller Morgen. Baby brachte den Tag in meinem Zimmer zu – Appetit noch schlecht. Die andern gingen am Nachmittag heraus. Wlad. Nik. und Abd. kamen um sieben Uhr. Knie viel weniger geschwollen (drei Zent.), er darf morgen hinausgetragen werden. – Ich bekam um zehn Uhr ein Bad. – Abdiew hat befohlen, daß die Uhren zwei Stunden vorgestellt werden sollen (um elektrisches Licht zu sparen), so daß wir um zehn Uhr glauben sollen, es sei zwölf Uhr. Um zehn Uhr starkes Gewitter. Das Komitee hat für Alexei nicht die Erlaubnis gegeben, während er krank ist, so lange draußen zu sein, wie er will, sondern für uns alle nur eine Stunde, wie zuvor!!

23. Mai (5. Juni, Mittwoch).
Sie setzen noch höhere Planken vor alle unsere Fenster, so daß nicht einmal die Spitzen der Bäume zu sehen sind. Dann

sollen die Doppelfenster weggenommen werden, und wir können endlich die Fenster öffnen.

Um sechs Uhr kamen Wlad. Nik. und Abd. Er legte ihm wieder Gipsverband und Schiene an, da das Knie mehr geschwollen ist und wieder so weh tut.

24. Mai (6. Juni, Donnerstag). Mein richtiger Geburtstag.

Herrliches Wetter. Baby hatte eine bessere Nacht. Frühstück wurde um zwei Uhr dreißig gebracht. M. trug Baby heraus und legte ihn eine halbe Stunde auf meinen Rohr-Streckstuhl. O. und ich saßen bei ihm, und dann kamen M. und die andern drei heraus in den Garten. Sehr heiß, gräßlich stickig in den Zimmern. Wlad. Nik. kam nicht. Aß zu Abend um halb neun, dann wurde Baby in sein Zimmer zurückgetragen. Spielten ein wenig Bézigue.

25. Mai (7. Juni, Freitag).

Schönes Wetter. N. bleibt heute im Bett, da er zwei Nächte vor Schmerzen (Blasen) schlecht geschlafen hat, und es besser ist, wenn er ruhig liegt. Um zwölf Uhr nahmen wir Baby mit den Mädchen heraus, ich blieb eine halbe Stunde, und dann löste T. mich ab. Um ein Uhr mußte ich wieder hineingehen. Eine angenehme Brise, sehr warm. Frühstück wurde um Viertel nach zwei gebracht. N. und Al. bekamen ihres im Bett in unserm Zimmer, ebenso Tee und Abendessen. Nachmittags schliefen wir ein wenig. N. 37,3. Wlad. Nik. kam wieder nicht. – N. fühlte sich morgens besser, setzte sich ein wenig auf. N. 37,5. N. begann Jod zu nehmen, fünf Tr. Tatjana begann die »Kreuzritter« von Sienkiewicz laut vorzulesen.

26. Mai (8. Juni, Sonnabend).

Wlad. Nik. kam wieder nicht, sie sagen, in seinem Haus sei Scharlach, und er könne nicht vor Donnerstag kommen. Um uns her ist heute große Unruhe, seit drei Tagen geben sie uns keine Zeitung zu lesen und machen viel Lärm in der Nacht.

30. Mai (12. Juni, Mittwoch).

Wlad. Nik. kam mit Abd., aber er rührte Baby nicht an, da er sich fürchtet, es zu tun, bevor seine Quarantäne vorüber ist.

31. Mai (13. Juni, Donnerstag). Himmelfahrt, Fest meiner Ulanen.

Grauer Morgen, Sonne und Regen. Nahmen Baby in das große Zimmer und stellten den Tisch mit den Heiligenbildern auf. Sie sagten uns, kein Priester könne kommen, da ein so hoher Feiertag sei!! T. las uns vor.

Zwei Uhr fünfundvierzig. Frühstück gebracht. Die andern sagten, daß sie nicht spazierengehen dürften. – Abd. kam und sagte, wir müßten packen, da wir vielleicht jeden Moment fortkämen. Wir brachten den Rest des Tages und den ganzen Abend mit Packen zu.

Um Mitternacht kam Abd. wieder und sagte, wir kämen nicht vor ein paar Tagen fort. Er versprach uns Sedniew und Nagorni für Sonntag und Wlad. Nik. für die Reise. Er sagte, unsere andern Leute und Baby hätten drei Tage früher nach Tobolsk abzureisen.

1. Juni (14., Freitag).

Schönes, sonniges Wetter.

Sie sagen jetzt, wir müßten hier bleiben, es sei ihnen gelungen, den Führer der Anarchisten abzufassen, ihre Druckerei und die ganze Bande. Spielte Bézigue mit N., immer ohne elektrisches Licht, da es so spät ist, elf Uhr, in Wirklichkeit neun Uhr.

4. Juni (17., Montag).

Liebliches Wetter. Tatjana: Daniel 8–10.

Zwölf bis ein Uhr. Saßen draußen mit Baby, T. und An.

Ein Uhr zwanzig. Frühstück hergerichtet von Charitonow, der jetzt für uns zu kochen hat. Arbeitete, sehr heiß, stickig, da keine Fenster offen sind und überall starker Küchengeruch. Baby fährt in meinem Rollstuhl durch die Zimmer.

Männer kamen mit Abd. und sahen die Fenster nach. Wlad. Nik. und Abd. kamen.

Acht Uhr. Abendessen. Sah Charitonow beim Brotbacken zu. Halb zehn. Baby wurde in sein Zimmer geschafft. Spielte Bézigue mit N. Die Mädchen wurden gebraucht, den Brotteig zu machen.

5. Juni (18., Dienstag). Anastasias siebzehnter Geburtstag.

Schönes Wetter. Die Kinder rollten weiter den Teig und machten das Brot, und jetzt wird es gebacken. Baby wurde früher zu uns gebracht. T. las uns aus der Heiligen Schrift vor, und ich arbeitete.

Ein Uhr. Frühstückten, ausgezeichnetes Brot.

Viertel vor vier. Fuhr Baby in den Garten, und wir alle saßen dort eine Stunde, sehr heiß, schöne Fliederbüsche und dünnes Geißblattgerank, ganz hübsches Laub, aber völlig verwahrlost. Ich ruhte, matt, Atemnot.

Acht Uhr. Abendessen. Spielte Karten mit Baby – dann wurde er in sein Zimmer geholt. Spielte Bézigue mit N. Kurzes Gewitter, aber sehr stickig in den Zimmern. Freundliche Nonnen schicken jetzt Milch und Eier für Alexei und für uns Sahne.

7. Juni (20., Donnerstag).

Schönes Wetter. Ich schnitt N. das Haar.

Vier Uhr. Tee. Spielte Karten, arbeitete. T. las mir aus der Heiligen Schrift vor. Ich bekam ein Sitzbad, da man nur das heiße Wasser aus unserer Küche bringen konnte. Vor vier Wochen kamen die Kinder.

8. Juni (21., Freitag).

Stand früher auf, da sechs Frauen kamen und in allen unsern Zimmern den Boden aufwuschen. Dann kam Baby zu uns herüber. Arbeitete.

Halb vier bis vier Uhr fünfzig. Hinaus in den Garten, furchtbar heiß, saß unter den Büschen. Sie haben uns erlaubt, eine halbe Stunde länger draußen zu sein. Wlad. Nik. kommt niemals ohne Abd., so ist es unmöglich, ihm auch nur ein Wort zu sagen. Er kam und elektrisierte Babys Bein. Sein linker Arm ist wieder geschwollen.

Gewitter – Hitze, die Schwüle in den Zimmern ist erstickend.

9. Juni (22. Sonnabend).
Wieder kamen Leute (wahrscheinlich vom Komitee) und sahen die Fenster nach.

Acht Uhr. Abendessen. Spielte Karten mit N., er las Nekrassow.

10. Juni (23., Sonntag). Pfingstsonntag.
Herrliches Wetter. Ging mit T. zu E. S., der Leberkolik hatte, und sie machte ihm eine Morphiumeinspritzung. Er leidet sehr seit sechs Uhr früh, liegt zu Bett.

Zwei von den Soldaten kamen und nahmen ein Fenster in unserm Zimmer heraus, solche Freude, endlich schöne Luft und nicht mehr das weißgetünchte Fenster.

Halb zwölf. Erfuhr den großen Segen eines richtigen Mittags- und Abendgottesdienstes, die erste Messe seit drei Monaten – ganz einfach auf dem Tisch mit allen unsern Heiligenbildern und Birkenzweigen. Der alte Erzpriester amtierte. Im Zimmer um halb neun.

11. Juni (24., Montag). Pfingstmontag.
Fenster die ganze Nacht offen, gute Luft, aber solcher Lärm. Ich lag soviel wie möglich auf dem Bett, da mein Herz erweitert ist. Um drei Uhr gingen alle hinaus, nur Marie blieb bei mir. Ich lag nahe von unserm Fenster und las, und sie spielte bei Babys Bett Karten.

13. Juni (26., Mittwoch).
Baby schläft heute nacht in unserm Zimmer – mehr Luft für ihn, und um ihn näher zu haben. M.s Bett steht hinten auf seinem alten Platz. Tagsüber kolossale Hitze, obgleich es ein wenig regnete. Ich ging früh zu Bett, schlief aber nur zwei Stunden, da sie draußen solchen Lärm machten.

14. Juni (27., Donnerstag). Maries neunzehnter Geburtstag.
Am frühen Morgen 22 Grad im Zimmer. Räumte den ganzen Tag auf, häkelte. E. S. saß oft bei mir, da er jetzt aufsitzen darf; Baby fuhr herum.

Ein Uhr. Frühstück; dann gingen die andern hinaus, Olga blieb bei mir – Wlad. Nik. kam nicht, aber wieder der Kriegskommissar und der Vertreter des Komitees, um die Zimmer zu durchsuchen. Sie wollen kein anderes Fenster öffnen. Daher werden Charitinow und der kleine Sedniew in Babys Zimmer schlafen, wo es weniger heiß ist als in ihrem bei der Küche. Hitze groß.

Acht Uhr. Abendessen. Dreiundzwanzig Uhr im Zimmer, kaum geschlafen.

15. Juni (28., Freitag).
Alle gingen früher zu Bett, da sie sehr matt waren und die Hitze groß. – Halb eins im Zimmer. In der Sonne waren morgens 39 Grad. Wir hörten, wie nachts der Wache unter unserm Zimmer befohlen wurde, besonders scharf jeden Augenblick an unserm Fenster zu wachen – sie sind wieder sehr argwöhnisch geworden, seit unser Fenster offen ist, und erlauben uns jetzt nicht einmal, auf dem Fensterbrett zu sitzen.

16. Juni (29., Sonnabend).
Der Kriegskommissar sah abends nach, ob wir alle da sind. Ich gehe wegen der Hitze und meines Herzens nicht heraus.

17. Juni (30., Sonntag).
Schlief kaum vier Stunden, die Wache machte solchen Lärm. Ich kann leider keinen Gottesdienst mehr haben. Räumte auf, stickte, Herz erweitert. Die andern gingen heraus, Anastasia blieb bei mir.

18. Juni (1. Juli, Montag). Allerheiligen.
Zwanzig Uhr im Zimmer, ziemlich grau, Luft viel frischer, den ganzen Tag kam eine liebliche Brise in unser Zimmer hinein. Räumte auf.

19. Juni (2. Juli, Dienstag).
 Abd. muß morgens und abends kommen und nachsehen, ob wir alle da sind. Bei Tag kamen sie heute nachfragen, ob ich wegen meiner Gesundheit nicht hinausgehe, es scheint, das Komitee will das nicht glauben.

21. Juni (4. Juli, Donnerstag).
 Sehr heiß, halb zehn im Zimmer. Während des Frühstücks kam der Gouvernementskommissar mit einigen Leuten. Abdiew wird abgelöst, und wir bekommen einen neuen Kommandanten (der schon einmal da war, um nach Babys Bein zu sehen, und ein andermal, um unsere Zimmer zu durchsuchen) mit einem jungen Gehilfen, der anständig scheint, während der andere gewöhnlich und ungefällig scheint. Alle unsere Wachen drinnen sind fort (wahrscheinlich hat man entdeckt, daß sie unsere Sachen aus dem Schuppen heraus gestohlen haben). Beide Männer ließen sich dann alle unsere Juwelen zeigen, die wir anhatten, und der Jüngere schrieb alles genau nieder, und dann wurden sie uns weggenommen (wozu, auf wie lange, wohin? Ich weiß es nicht). Mir ließen sie nur zwei Armbänder von Onkel Leopold, die ich nicht abnehmen kann, und jedem von den Kindern ein Armband, die wir ihnen geschenkt haben und die nicht abgezogen werden können, auch N.s Verlobungsring, den er nicht abnehmen konnte. Daher gingen die andern nur von sechs bis sieben Uhr hinaus. O. blieb bei mir. Sie nahmen uns alle unsere Schlüssel, die sie uns noch gelassen hatten, von den Kisten auf der Diele, versprachen aber, sie uns zurückzugeben. Sehr heiß. Ging früh zu Bett, da ich schrecklich matt war und das Herz mir sehr weh tat.

22. Juni (5. Juli, Freitag).
 Brachte den Tag wie gewöhnlich zu. Der Kommandant kam mit unsern Juwelen, versiegelte sie in unserer Gegenwart und ließ sie auf unserm Tisch. Er wird täglich kommen, nachzusehen, daß wir das Paket nicht geöffnet haben.

23. Juni (6. Juli, Sonnabend).
Sonnig mit Wolken, einige Regenschauer am Tage. Zwei Frauen kamen und wuschen den Boden auf. Die andern gingen nachmittags spazieren, Anastasia blieb bei mir. Spielte nach dem Tee mit Baby und E. S. Karten. Der Kommandant brachte N. seine Armbanduhr im Lederetui, die er im Zimmer der Dienerschaft fand, und die aus N.s Koffer heraus gestohlen worden ist. Spielte Bézigue. Bekam ein Bad. Der Kommandant heißt Jurowsky.

24. Juni (7. Juli, Sonntag). Johannisnacht.
Abends war ein Gewitter, obgleich die Luft ganz kühl war, und es goß. Wlad. Nik. kam nicht.

25. Juni (8. Juli, Montag).
Frühstückten erst um halb zwei, weil das elektrische Licht in unsern Zimmern nachgesehen wurde. T. machte mir das Haar, während sie arbeiteten. Noch immer kein Wlad. Nik., obwohl wir täglich nach ihm fragen. Baby ißt gut und wird schwer für die andern zu tragen, grausam, sie wollen uns Nagorni nicht zurückgeben. Er bewegt sein Bein leichter, wenn er mit E. S. nach der Massage Gehversuche macht. Spielte Bézigue. In der Nacht goß es.

27. Juni (10. Juli, Mittwoch).
Sehr starke Schmerzen im Rücken und Bein, wahrscheinlich von den Nieren.
Seit zwei Tagen bekommen die anderen keine Mahlzeiten und leben von dem Rest der mageren Vorräte von Chartonow aus Tobolsk. Nahm ein Bad. Bézigue. Sie finden immer noch Ausreden dafür, daß sie uns Wlad. Nik. nicht bringen.

28. Juni (11. Juli, Donnerstag).
Der Oberkommissar bestand darauf, uns alle um zehn Uhr zu sehen, aber ließ uns zwanzig Min. warten, da er frühstückte und Käse aß. Sie wollen uns nicht erlauben, noch Sahne zu bekommen.

Halb elf. Draußen erschienen Arbeiter und legten Eisenstäbe vor unser einziges offenes Fenster. Sicher fürchten sie immer, daß wir hinausklettern oder daß wir in Berührung mit der Wache kommen. Die starken Schmerzen dauern an. Graues Wetter. Sie brachten mir für sechs Tage Eier, aber so wenig, gerade um in die Suppe zu tun. Byk sehr roh zu Charit. Blieb den ganzen Tag im Bett. Frühstückte nur, da sie die Mahlzeit so spät brachten. Anastasia las mir vor, während die andern herausgingen. Liebliches Wetter.

29. Juni (12. Juli, Freitag). Hl. Peter und Paul.

Heller Sonnenschein. Am Nachmittag gab es einige Schauer und kurze Gewitter. Die andern gingen zweimal hinaus. M. blieb bei mir. Ich brachte den Tag auf meinem Bett zu und legte mich um halb zehn wieder hin. Einsamer Abend. Jeden Tag liest eins von den Mädchen mir aus der Heiligen Schrift vor, d. h. aus einem Jahresring, der etwas über jeden Tag im Jahr enthält (vom Grafen Djatschenko).

Andauernd hören wir Artillerie vorbeiziehen, Infanterie und zweimal in dieser Woche Kavallerie. Auch Truppen, die mit Musik marschieren. Zweimal scheinen es die österreichischen Kriegsgefangenen zu sein, die gegen die Tschechen marschieren (auch frühere Kriegsgefangene von uns), die mit den Truppen kommen, die durch Sibirien marschieren und jetzt nicht weit von hier stehen. Täglich kommen Verwundete in die Stadt.

30. Juni (13. Juli, Sonnabend). Luises neunundzwanzigster Geburtstag.

Schöner Morgen. Ich brachte den Tag wie gestern, auf dem Bett liegend, zu, da der Rücken mich schmerzt, wenn ich mich bewege. Die andern gingen zweimal heraus. Anastasia blieb am Nachmittag bei mir. Es heißt, daß Nagorni und Sedniew aus diesem Gouvernement fortgeschickt worden sind, statt daß man sie uns zurückgegeben hätte. Um halb sieben bekam Baby sein erstes Bad seit Tobolsk. Es gelang ihm, allein hinein- und herauszukommen, er klettert auch allein ins Bett und heraus, kann aber noch immer nur auf einem Fuß stehen. Um Viertel vor zehn ging ich wieder zu Bett. Nachts regnete es. Hörten nachts drei Revolverschüsse.

1. Juli (14., Sonntag).
Schöner Sommermorgen, schlief kaum wegen Schmerzen im Rücken und Beinen. Um halb elf hatte ich die Freude eines Mittagsgottesdienstes. Brachte den Tag wieder auf dem Bett zu. T. blieb am Nachmittag bei mir. Heilige Schrift. Buch des Joseph, Kap. 4014. Hl. Johannes 1 bis zu Ende.

Stickte den ganzen Tag und legte Patiencen. Spielte abends eine kleine Partie Bézigue, dann legten sie ein langes Strohlager in das große Zimmer, so daß es für mich weniger ermüdend war.

2. Juli (15., Montag).
Grauer Morgen, später Sonnenschein. Frühstückte auf dem Strohlager im großen Zimmer, da Frauen kamen, den Boden aufzuwaschen, dann lag ich wieder auf meinem Bett und las mit Marie Jesus Sirach.

Zwei bis drei Uhr. Sie gingen wie gewöhnlich zweimal heraus. Am Morgen las mir T. aus der Heiligen Schrift vor. Noch immer kein Wlad. Nik. Um halb sieben bekam Baby sein zweites Bad. Bézigue. Ging zu Bett um Viertel nach zehn. Hörte nachts den Widerhall eines Kanonenschusses und mehrerer Revolverschüsse.

3. Juli (16., Dienstag).
Grauer Morgen, später lieblicher Sonnenschein. Baby hatte eine leichte Erkältung. Alle gingen morgens eine halbe Stunde hinaus. Olga und ich richteten unsere Medizin her. T. las uns aus der Heiligen Schrift vor.

Sie gingen hinaus. T. blieb bei mir, und wir lasen aus dem Propheten Obadja. Stickte. Jeden Tag kommt der Kommandant in unsere Zimmer.

Acht Uhr. Abendessen. Plötzlich wurde Lewka Sedniew geholt, er dürfe seinen Onkel sehen und flog weg – möchte wissen, ob es wahr ist, und ob wir den Jungen wiedersehen werden!!

Spielte Bézigue mit N. Halb elf zu Bett. 15 Grad Wärme.

✱

Das Zimmer, in dem die Zarenfamilie ermordet wurde.

Wenige Stunden nachdem diese Zeilen niedergeschrieben wurden – inzwischen war es Mitternacht –, drang Jurowsky mit seinem Adlatus Nikulin in die Zimmer der Zarenfamilie ein und befahl allen, sich anzukleiden. Als Grund gab er an, die Tschechoslowaken hätten ihren Vormarsch fortgesetzt, und es sei nötig, die Gefangenen an einen anderen Internierungsort zu bringen. Denselben Befehl erteilte er auch den letzten Getreuen der Zarenfamilie, der alten Demidow, Dr. Botkin, dem alten Lakaien Trupp und dem Küchenchef Charitonow, die im selben Stockwerk wohnten.

Als alle bereit waren, führte Jurowsky alle über die Hintertreppe in das Erdgeschoß und dort linker Hand in ein kleines Zimmer, das neben dem Hauseingang lag. Dann verschwand Jurowsky. Da die kleine Gesellschaft annahm, daß er Automobile oder Wagen heranhole, machte sie es sich bequem. Der Zar setzte den Zarewitsch, den er getragen hatte, auf einen Stuhl. Die Zarin ließ sich in der Nähe des Fensters nieder, eine der Großfürstinnen – wahrscheinlich Tatjana – stellte sich hinter sie. Die drei anderen lehnten an der Wand. In der Ecke nahm die Demidow Platz. Charitonow und der alte Trupp hielten sich im Hintergrund. Als es der Zarewitsch auf seinem Stuhl nicht aushielt, trug ihn der Zar in die Mitte des Zimmers und lagerte sich links neben ihn. Botkin trat an seine rechte Seite.

In diesem Augenblick wurde die Tür geöffnet. Auf der Schwelle erschien Jurowsky mit den Sowjetkommissaren Jermakow und Waganow; hinter ihnen drängten sich sieben Bewaffnete. Jurowsky hielt einen gespannten Revolver in der Hand. Er ging auf den Zaren zu und schrie ihn an: »Ihre Leute haben Sie befreien wollen, es ist ihnen nicht gelungen. Aber es ist besser, Sie zu beseitigen.« Und damit hob Jurowsky die Waffe und schoß den Zaren nieder. Das war Signal zu einer Salve auf die übrige Gesellschaft, die sofort leblos zu Boden sank. Als sich der Pulverrauch verzog, sah Jurowski, daß der Zarewitsch nur verwundet war; er sprang auf ihn zu und gab ihm einen Fangschuß. Jurowskys Helfershelfer töteten inzwischen die junge Großfürstin Anastasia und die Demidow, die durch die Kissen, die sie im Arm getragen hatten, vor den Kugeln etwas geschützt worden war.

Als die furchtbare Arbeit getan war, wurden die blutigen Leichen ausgeraubt, in Bettlaken gehüllt und auf ein draußen inzwischen vorgefahrenes Lastauto geschleppt. Es fuhr daraufhin in sausender Fahrt durch die schlafende Stadt, in eine Waldlichtung bei Koptiaki. Dort wurden die Leichen mit Schwefelsäure und Benzin übergossen, angezündet und schließlich eingeäschert. Die Scheiterhaufen wurden abgetragen und die Aschenreste, soweit sie nicht verstreut waren, wurden in einen Minenschacht geschüttet. Zur selben Zeit etwa wurden Tatitschew und Dolgoruky in Jekaterinburg erschossen; Nagorni, Sedniew und Tschemadurow waren schon vorher beseitigt worden. Die Gräfin Hendrikow und Fräulein Schneider wurden nach Perm überführt, wo sie in der Nacht vom 3. zum 4. September 1918 erschossen wurden.

Von allen, die die Zarenfamilie nach Jekaterinburg begleitet hatten, blieben nur vier am Leben: die Baronin Buxhoeveden, Gilliard, der Kammerdiener Wolkow, der geflohen war, und der kleine Küchenjunge Leonid Sedniew, den Jurowsky einen Tag vor der Mordnacht aus dem Ipatiewschen Haus entfernt hatte . . .

Bildnachweis

Ullstein Bilderdienst, Berlin (Jugendbildnis; Zarin Alexandra mit ihrer Tochter Anastasia; Familienbild der Romanows; Alexandra Feodorowna in Gala-Garderobe)
dpa, Frankfurt (Der Zar dankt ab)
Bildarchiv der österreichischen Nationalbibliothek (Rasputin)
Die Orthographie wurde behutsam der heutigen Schreibweise angeglichen.